本书为国家社会科学基金"十二五"规划 2015 年度教育学一般课题"随班就读教师融合教育素养及提升模式研究"（BHA150086）研究成果

中国教师
融合教育素养及培养研究

王 雁 等 著

教育科学出版社
·北 京·

目　录

导　言

　　教育是亘古的事业！教师是神圣的职业！国之大计，教育为本。教育大计，教师为本。有好的教师，才有好的教育。

　　融合教育（inclusive education），又称全纳教育，是指在平等和不受歧视的前提下，尽可能将特殊儿童安置在所在社区的普通学校就读，并提供最适合其需要的支持和帮助，使不同学习风格、不同能力和不同背景的特殊儿童能够得到尽可能好的公共教育。融合教育不单纯是某种特殊教育的安置形式与策略，更是促进健全儿童与特殊儿童共同发展的教育思想。融合教育的实施，离不开广大的中小学教师。提升教师的融合教育素养，是提高融合教育质量的关键因素之一。

　　一个国家特殊儿童接受教育的质量不仅对特殊儿童的一生发展具有重要意义，而且越来越成为衡量国家教育发展整体质量乃至整个社会文明程度的重要方面，理应得到高度的关注和重视。从最初感官障碍儿童特殊学校的建立，到各类特殊儿童教育机构的出现，到隔离式教育的弊端逐渐显现后"回归主流""正常化""一体化""最少受限制环境"等思想、理念及原则的出现并逐渐发展，再到主张打破普通教育与特殊教育藩篱的融合教育理念的出现和大范围的实践，特殊教育发展的历程明示，融合教育正在颠覆隔离式的特殊教育模式，引领着未来特殊教育发展的方向。

　　我国从20世纪80年代起开展的随班就读实践，虽然以尽快满足适龄特殊儿童受教育需要为出发点，与西方融合教育萌发的背景和先决条件不同，但与融合教育的思想不谋而合。这不仅在物理环境上实现了普通儿童与特殊儿童的融合，即让特殊儿童能有机会进入普通学校，与普通学生一起学习成长，还在最短的时间内以最高的效率提升了我国特殊儿童入学率，对我国青少年义务教育的普及具有战略意义，被学术界认为是西方融合教育思想在我国的初级实践形式。尽管早期的随班就读是我国特殊教育工作者结合基本国情和现实条件做出的本土探索，但在其不断发展的过程中，受国际融合教育的影响越来越大，随班就读工作已经不再是单纯将特殊儿童安置于普通学校，而是不断寻求质量的提升，向融合教育的实质迈进。

2014年1月，国务院转发教育部等部门的《特殊教育提升计划（2014—2016年）》，提出"全面推进全纳教育，使每一个残疾孩子都能接受合适的教育"的总体目标，为我国特殊教育的未来布局指明了方向。2017年修订的《残疾人教育条例》将推进融合教育作为重要的立法原则，在理念和制度上凸显了普通学校在特殊教育中的重要作用。这是在《中华人民共和国义务教育法》将随班就读列为特殊教育的一种方式之后，在法规层面首次确认了融合教育的概念与原则。[①] 2019年2月，《中国教育现代化2035》提出，办好特殊教育，推进适龄残疾儿童少年教育全覆盖，全面推进融合教育，促进医教结合，将融合教育作为今后一个时期特殊教育发展的方向。

在我国随班就读工作开展的初期，相关的政策就倡导培养教师具备一定的融合教育素养。1989年，国家教育委员会（以下简称"国家教委"）等八部委联合颁布的《关于发展特殊教育的若干意见》明确提出："各地普通中等师范学校、幼儿师范学校的有关专业课，可根据当地需要适当增加特殊教育内容；高等师范院校应有计划地增设特殊教育选修课程。"在此之后颁布的系列相关政策文件也对在教师培养中增加特殊教育相关内容做出了规定。其中法律效力层级最高的《中华人民共和国残疾人保障法》（2008年修订）规定"普通师范院校并设特殊教育课程或者讲授有关内容，使普通教师掌握必要的特殊教育知识"。2012年教育部、中央编办等部门联合颁布的《关于加强特殊教育教师队伍建设的意见》指出"改革培养模

---

① 王大泉.新修订《残疾人教育条例》的理念与制度创新 [J]. 中国特殊教育，2017（6）：3–6，12.

式，……支持师范院校和其他高等学校在师范类专业中普遍开设特殊教育课程，培养师范生具有指导残疾学生随班就读的教育教学能力"，并首次规定"将特殊教育相关内容纳入教师资格考试"。之后，相关的要求又在《特殊教育提升计划（2014—2016 年）》（2014 年）、《第二期特殊教育提升计划（2017—2020 年）》（2017 年）、《残疾人教育条例》（2017 年修订）以及《"十四五"特殊教育发展提升行动计划》（2021 年）中被强调。可见，随着融合教育理念和实践的深入发展，在提高教师专业化水平以及师资队伍整体质量的背景下，我国越来越关注和重视教师融合教育素养培养，且逐渐将其列入国家相关发展规划。除此之外，将特殊教育相关内容纳入教师资格考试的要求，可以从准入资格上强调教师的融合教育素养，从源头上保证随班就读教师队伍的质量。这也反映了特殊教育能力已经成为教师从事普通教育工作所必备的能力之一。可见，我国已从政策层面积极回应了融合教育发展对教师素养的新要求。

一、特殊教育的必然——融合教育

1994 年联合国教科文组织（UNESCO）在西班牙召开了"世界特殊需要教育大会"，通过了《萨拉曼卡宣言》（Salamanca Statement），正式确立融合教育思想。它主张"学校应该接纳所有的儿童，不应该由于身体、智力、社交、情绪、语言或者其他身体状况的问题把某部分儿童拒于教育的门外；……接受并满足学生不同的需要，既要采纳不同的学习方式和教学进度，也要通过恰当的课程设计、系统的安排、合理利用教学策略和资源，并与社区合作，保证全体学生都能得到高质量的教育"①。与隔离式教育相比，融合教育不仅是一种安置特殊儿童教育的形式与策略，更是一种渗透着人文主义精神，促进正常儿童与特殊儿童共同发展的教育思想。它以平等、自由、多样化的价值观念为基础，旗帜鲜明

---

① 联合国教科文组织.全纳教育共享手册 [M].陈云英，杨希洁，赫尔实，译.北京：华夏出版社，2004：12-13.

地反对歧视与排斥，主张有意识地消除"不公平竞争"给儿童带来的物化、驯化、异化等负面影响，以教育的宽容和发展的多元来维持人的自尊与自信。① 发展至今，融合教育不仅改变了特殊教育观念与发展模式，而且促使各国对教育目标、教育功能进行了深刻的反思，并对教育价值取向和教育定位做出了重新调整。② 它更推动了整个教育体系的变革，赋予了普通教育崭新的内涵。

世界上许多国家和地区相继出台了一系列法律法规，为融合教育发展构建了"有法可依"的政策环境。这些法律法规都强调：普通教育学校是面向所有儿童的学校，必须接纳所有学生，使其在一起接受教育，而不论学生学习困难和残疾程度如何，教学应适应包含特殊学生在内的所有学生的能力和需要。如美国的《全体残障儿童教育》法案（1975年）、《不让一个孩子掉队》法案（NCLB，2001年）、《残疾人教育法》（IDEA，2004年）及《每个学生都成功法》（ESSA，2015年），再如英国的《沃诺克报告》（Warnock Report，1978年），又如瑞典的《1985年教育法》（Education Act 1985）及《2010年新教育法》（The New Education Act of 2010），等等。在这些法律法规的引领和约束下，发达国家的融合教育取得了较高的成就。如美国有40.0%的孤独症儿童每天超过80%的时间是在普通学校的普通班级中度过的，而65.6%的发展迟缓儿童每天超过80%的时间是在普通学校的普通班级中度过的；③ 再如英国特殊学校学生的数量占比已从1978年的2%下降到1996年的1.5%；④ 又如在20世纪90年代，瑞典99%的特殊学生得以进入普通学校，仅有1%的中重度残疾学生在特殊教育学校就读。⑤ 而在我国的台湾，大多数身心障碍儿

---

① 方俊明.融合教育：当代特殊教育发展的必由之路 [N]. 中国社会科学报，2009-12-15（8）.
② 方俊明.融合教育与教师教育 [J]. 华东师范大学学报（教育科学版），2006（3）：37-42，49.
③ NATIONAL CENTER FOR EDUCATION STATISTICS. Digest of education statistics [EB/OL].[2021-08-20]. https://nces.ed.gov/programs/digest/d19/tables/dt19_204.60.asp.
④ 黄志成，王伟.英国全纳教育研究的现状 [J]. 外国教育研究，2002（3）：13-16.
⑤ PERSSON B. Exclusive and inclusive discourses in special education research and policy in Sweden[J]. International journal of inclusive education, 2003, 7(3): 271-280.

童在一般学校普通班就读（约占 80%）。[①] 可以说，融合教育已经成为发达国家或地区特殊教育发展的方向，传统的隔离式特殊教育体系渐渐瓦解。

在发展中国家，虽说融合教育实施的进程相对缓慢，隔离式特殊教育学校依然存在并承担着特殊教育的重任，但各国均立足本国国情，积极开展融合教育的探索。如泰国，2004 年全国仅 390 所学校实施融合教育小规模实验计划；到 2005 年，扩展到 2000 所普通学校；至 2008 年，实施融合教育的学校达到了 5000 所，受惠儿童的数量占所有特殊儿童的 35.13%。融合学校成为泰国特殊儿童安置率最高的学校。[②] 2005 年，南非兴起了"以结果为本的教育"（Outcomes-Based Education，OBE）课程改革，进一步重申了其开展融合教育的决心："预计到 2021 年，各级学校都将实行融合教育。"[③] 融合教育发展是大势所趋。

二、随班就读质量提升的迫切要求

随班就读特指将特殊儿童就近安置在普通学校接受教育的一种方式，是我国发展特殊教育事业的重要策略，是我国教育工作者参照国际融合教育做法并结合我国实际的一种教育创新。[④] 这一概念最早出现于我国政策，是在 1987 年国家教委发布的《关于印发〈全日制弱智学校（班）教学计划〉（征求意见稿）的通知》中。1988 年全国第一次特殊教育工作会议首次提出我国特殊教育"以一定数量的特殊教育学校为骨干、以大量特教班和随班就读为主体"的发展格局，确立了"随班就读"在我国特殊教育体系中的主体作用。尽管随班就读最初以提升特殊儿童的入学率为主要目标，与融合教育实践有很大的差异，但本质上与融合教育理念不冲突，并且在发

① 吴武典.从特殊儿童的教育安置谈特殊教育的发展：台湾的经验与省思 [J].中国特殊教育，1997（3）：15-21.

② 胡毅超.走向全纳：泰国全纳教育实践研究 [D].上海：华东师范大学，2009.

③ MAKOELLE T. Outcomes-based education as a curriculum for change: a critical analysis[M]// PIPER H, PIPER J, MAHLOMAHOLO S. Educational research and transformation in South Africa. Potchefstroom: Science Africa, 2009.

④ 朴永馨.特殊教育辞典 [M]. 3 版.北京：华夏出版社，2014：91.

展过程中逐渐显现其融合教育的属性及特征。近些年国家颁布的相关文件开始提及"全纳教育"或"融合教育"。部分省份率先开展了推动特殊儿童融合教育的探索，如北京市 2013 年启动的"北京市中小学融合教育行动计划"和新疆维吾尔自治区于 2012 年启动的"新疆全纳教育支持保障体系建设合作项目"；再如《上海市特殊教育三年行动计划（2014—2016 年）》提出的"完善特教体系、推进医教结合、实施融合教育、提供优质服务、促进内涵发展"的总目标；又如江苏省于 2017 年发布《第二期特殊教育提升计划》，启动了集教育、康复、服务于一体的融合教育资源中心建设，于 2018 年出台了《关于加强普通学校融合教育资源中心建设的指导意见》，内容涉及普通学校融合教育阵地、人员、经费、装备、课程以及管理机制等。[①] 广州、深圳等地也纷纷出台了本地区的特殊教育提升计划，结合本地区特殊教育发展的实际，突出对随班就读以及融合教育的支持。这些政策的颁布和实施，一方面表明了我国教育行政部门已充分认可融合教育理念；另一方面表明随班就读已从最初的融合教育初级形式，发展成为融合教育在中国的重要实践方式。

　　随班就读实施以来取得了巨大的发展成就。首先，随班就读使各类特殊学生就近入学，以较经济的办法和较快的速度普及特殊儿童义务教育，[②] 迅速提高了特殊儿童的入学率，解决了特殊儿童少年入学呼声高与特殊教育学校数量不能满足要求的矛盾。[③]《中国教育统计年鉴》显示，1986 年，我国残疾儿童少年在校生总数为 4.72 万人。随着 1987 年随班就读实验的开展，残疾儿童少年在校生总人数迅速上升，到 1994 年已有 21.14 万名残疾儿童少年就读于各类学校。随着 1994 年国家教委《关于开展残疾儿童少年随班就读工作的试行办法》的颁布，1995 年残疾儿童少年在校生

---

① 潘玉娇，练鹏燕.江苏规范融合教育资源中心建设：到二○二○年基本普及有特殊教育需要学生的十五年教育 [EB/OL].（2019-01-05）[2021-08-20].https://www.moe.gov.cn/jyb_xwfb/s5147/201901/t20190115_366971.html.

② 朴永馨.特殊教育辞典 [M].3 版.北京：华夏出版社，2014：58.

③ 肖非.中国的随班就读：历史·现状·展望 [J].中国特殊教育，2005（3）：3-7.

总数达到 29.56 万人，一年内增加了 8.42 万人，净增 40%，是我国特殊教育发展史上残疾儿童入学率增幅最大的一年。[①]《2020 年全国教育事业发展统计公报》数据显示，随班就读在校生 43.58 万人，占特殊教育在校生的 49.47%，[②] 成为我国特殊儿童接受教育的主要安置形式。其次，随班就读改变了主流社会对于残疾人的观念与态度，促进了社会各界人士对于残疾的理解与接纳，促进了社会文明程度的提高。与此同时，随班就读也促进了教育者思想观念的转变，使普通学校的领导及教师对教育的功能、教育的价值进行重新认识与思考，促进基础教育的变革。

我国随班就读成绩斐然，但并不能遮蔽其教育教学质量不高的问题。有研究显示，特殊儿童在普通教育环境中的教育质量、个人发展状况和自身潜力实现程度并不理想。[③]"随班就坐""随班混读""随班坐读"等依然是大部分残疾儿童在普通教育学校接受教育的最真实写照。[④] 大多数情况下，普通学校教师仅仅是在观念上、原则上支持融合教育的理想，但在实际的教学实践中仍然采用传统的隔离式教育。在随班就读融合教育属性渐趋明显，即全面推进融合教育的当下，继扩大规模后提升质量是迫在眉睫的重大议题。

三、教师素养是融合教育发展的基石

融合教育的实施，需要强大的支持保障体系。我国随班就读在发展过程中，已初步构建了支持保障体系，并积累了行之有效的管理经验。2014年颁布的《特殊教育提升计划（2014—2016 年）》进一步从我国普通学校随班就读工作的现状和存在的问题出发，围绕随班就读学校的环境建设、经费保障、教师队伍建设、教育管理、教育教学等方面对随班就读支持保

---

① 赵小红. 近 25 年中国残疾儿童教育安置形式变迁：兼论随班就读政策的发展 [J]. 中国特殊教育，2013（3）：23-29.
② 中华人民共和国教育部. 2020 年全国教育事业发展统计公报 [EB/OL].（2021-08-27）[2022-06-18]. http://www.moe.gov.cn/jyb_sjzl/sjzl_fztjgb/202108/t20210827_555004.html.
③ 钱丽霞，江小英. 对我国随班就读发展现状评价的问卷调查报告 [J]. 中国特殊教育，2004（5）：1-5.
④ 关文军. 融合教育学校残疾学生课堂参与研究 [D]. 北京：北京师范大学，2016.

障体系进行了明确的规定，具有较强的针对性和操作性。其中，教师队伍
建设无疑是个关键领域。2020 年教育部印发的《关于加强残疾儿童少年
义务教育阶段随班就读工作的指导意见》指出要"提升教师特殊教育专业
能力"。

教师的实践是教育改革与发展最终实现的必由之路。无论是从教育
的观念上，还是从教育的内容与具体方法、途径等来说，教育改革都必须
以教师专业素养、专业能力的提高为起点，并借助每一位教师的实践来完
成。[①]融合教育最终需要通过教师去实践，其专业素养及专业发展直接关系
到融合教育能否顺利实施。对于教师而言，专业素养主要是指教师从事教
育教学活动所具备的基本条件和能力，是教师专业化及专业地位确认的前
提。[②]研究表明，相对于班级规模、班级结构、物理环境、学生背景等其他
因素，教师素养对学生的学业表现有着更加重要的作用。[③][④]

融合教育背景下，特殊儿童进入普通学校，普通学校教育对象的构成
发生了改变，对教师的教学、班级管理等带来了前所未有的挑战。特殊学
生由于身体或心智发展在某些方面的障碍，其学习和生活中可能会遇到较
大的适应问题。如有的学习能力不足，无法有效参与课堂教学；有的社交
技能缺乏，无法发展正常的师生关系、同伴关系；甚至有部分残疾程度较
严重的，在自我生活、情绪管理和行为管理等方面都存在严重的问题。因
此，教师要及时做出调整与改变，才能适应因特殊学生的进入而变化了的
班级生态。这对教师原有的专业素养提出了新的要求，即教师需要具备融
合教育的理念、知识、技能等，以满足包括特殊学生在内的所有学生的教
育需要。

---

① 张正之，李敏，赵中建.由标准透视教师专业素养：兼评美国教师资格认证标准中蕴含的教师专
  业素养 [J].全球教育展望，2002（8）：18–21.
② 叶澜.新世纪教师专业素养初探 [J].教育研究与实验，1998（1）：41–46，72.
③ SANDERS W L, HORN S P. Research findings from the Tennessee Value-Added Assessment System
  (TVAAS) database: implications for educational evaluation and research[J]. Journal of personnel
  evaluation in education, 1998, 12(3): 247-256.
④ SAVOLAINEN H. Responding to diversity and striving for excellence: the case of Finland[J]. Prospects,
  2009, 39(3): 281-292.

　　随着我国随班就读工作的进一步深化和研究的不断深入，我们对影响随班就读质量因素的认识越来越全面。如有研究认为，随班就读的整体质量受政府支持力度、随班就读管理体制的完善程度、普通学校接纳程度、家长对特殊儿童上学的理解程度、经费支持程度、教师现有的必要知识和技能水平、教师接受教学巡回指导次数、教师对工作量与待遇的满意程度、资源教室和特殊教育资源中心对随班就读支持程度等诸多因素的系统影响。[①]还有研究发现，"教师缺乏必要的知识和技能"在所有影响随班就读质量的因素中居前列，并且"教师缺乏特教专业知识和方法"是目前随班就读工作存在的主要困难。[②]这些在随班就读发展过程中显现的问题，进一步表明了具备相应融合教育素养的高质量教师队伍将对我国随班就读质量的提升发挥关键的作用。

　　尽管普通中小学教师融合教育素养的培养在 20 世纪 80 年代末期就得到政策层面的关注，但我国大部分中小学教师所接受的职前专业教育和在职培训较少涉及融合教育领域，在实际工作中也缺少专业的支持与指导，以至于在实践中教师难以胜任融合教育工作。有研究者在 2006 年对 137 所师范院校进行了调查，结果表明仅有 19 所师范院校已开设或曾经开设特殊教育必修或选修课程，且规模都很小、严重缺乏系统性和科学性。[③]即使是在教育部 2011 年颁布的《教师教育课程标准（试行）》中，也未见到与融合教育相关的专门课程设置。我国普通教师职前教育课程体系中，只有在教育学或教育学概论等课程中涉及教育公平等内容时，融合教育的一些观点才会出现于教师的课堂教学中。[④]还有研究对我国在普通师范专业开设融合教育课程的、具有代表性的 6 所高校的课程大纲和教师访谈内容等进行分析发现，目前针对普通师范生开设的融合教育和特殊教育

① 翟海珍. 特殊教育需要儿童随班就读质量影响因素和对策 [J]. 山西煤炭管理干部学院学报，2010（4）：101-102.
② 王洙，杨希洁，张冲. 残疾儿童随班就读质量影响因素的调查 [J]. 中国特殊教育，2006（5）：3-13.
③ 汪海萍. 普通师范院校特殊教育课程开设情况的调查 [J]. 中国特殊教育，2006（12）：13-17.
④ 王娟，王嘉毅. 我国职前教师教育中全纳教育的现状及对策研究 [J]. 中国特殊教育，2009（12）：3-6，56.

相关课程均为选修课，在课程内容、实施以及评价等方面具备较强的灵活性和较大的自由度，课程目标和定位与普通教师在随班就读中的实际角色存在偏差。[①] 此外，对随班就读任职教师培训状况的调查研究发现，接受过相关培训的教师数量不足被调查总量的一半，且在接受过相关培训的教师中约 70% 参加了入职后的短训班、讲座等零散培训，他们在职前培养阶段几乎未接受过关于随班就读或与特殊教育内容相关的系统培训。[②] 可见，我国教师的培养（职前培养及职后培训）中融合教育的相关内容仍然缺失。

总之，融合教育的发展对普通中小学教师提出了全新的要求。面对因特殊学生进入而差异剧增的课堂，教师需要站在国家利益、社会发展以及个体发展的高度去真正认识融合教育的意义，及时和正确地判断学生的各种困难，并为其提供有效而专业的帮助与支持。教师应能正确认识和尊重学生间的差异，真正地接纳所有的儿童，并能采用有效的教育教学策略，帮助遭遇困难的学生消除障碍，满足学生个性化的学习需求，从而确保所有儿童都能接受高质量的教育。此时，如果教师教育没有给予及时的呼应，即没能进行教师融合教育素养的培养，教师队伍的质量就难以保障，进而影响融合教育的质量。

基于融合教育发展的时代意义及对教师融合教育素养的要求，本研究着眼于我国教师教育中的融合教育素养的培养（此处的"培养"也包含了"培训"），分析我国随班就读的发展及教师教育中融合教育素养培养的政策变迁，探讨其发展特点及趋势；开发设计教师融合教育素养的测评工具，评估从事随班就读工作的中小学教师融合教育素养的发展水平及特征；探寻影响教师融合教育素养的因素及其作用路径，构建教师融合教育素养提升模型；对教师融合教育素养培养的国际经验进行分析；对教师融合教育素养的培训现状以及对区域教师融合教育素养培训的经验进行研究；以个案校为例，采取行动研究法，探讨教师融合教育素养提升策略。通过以上

[①] 冯雅静，李爱芬，王雁.我国普通师范专业融合教育课程现状的调查研究 [J].中国特殊教育，2016（1）：9–15，29.

[②] 马红英，谭和平.上海市随班就读教师现状调查 [J].中国特殊教育，2010（1）：60–63，82.

研究，本书旨在全面深入了解我国教师融合教育素养的发展现状及教育状况，以促进我国教师队伍建设，更好地推动融合教育的发展。

本书涉及的相关概念及其定义如下。

教师：指在普通中小学校从事班级教育教学工作的专任教师。

随班就读教师：随班就读的师资队伍包括班级教师、资源教师和巡回指导教师等。在现阶段，主要由随班就读学校所在地的特殊教育学校教师承担资源教师和巡回指导教师工作，因此，本书的随班就读教师特指普通学校承担附设的各类特教班教育教学工作的教师及承担有特殊学生随班就读的普通班级教育教学工作的教师，即承担随班就读工作的普通中小学教师。

融合教育：又译为"全纳教育"。广义的概念采用联合国教科文组织2005年发布的《全纳教育指南：确保全民教育的通路》中的定义："通过增加学习、文化和社区参与，减少教育系统内外的排斥，应对所有学习者的多样化的需求，并对其做出反应的过程。以覆盖所有适龄儿童为共识，以常规体制负责教育所有儿童为信念，全纳教育涉及到教育内容、教育途径、教育结构和教育战略的变革和调整。"[①]狭义的概念为，让特殊儿童进入普通学校与普通儿童一起学习和生活，在相同环境中接受高质量的、适合他们自己特点的、平等的、没有歧视的教育。本书采用狭义的概念。

随班就读：指在普通学校中对特殊学生实施教育的一种安置方式，在中国特殊教育体系中起主体作用。它与西方的一体化、回归主流在形式上有某些共同之处，但在出发点、指导思想、实施办法等方面有中国特色。[②]在实际研究中，研究者通常将随班就读与融合教育进行比较或者混用。关于随班就读与融合教育的关系，从目前的研究来看，一般有三种比较典型的观点：第一种观点认为我国的随班就读是完全本土化的产物，尽管与西方的融合教育有相同之处，但不可以将二者等同对待；第二种观点则是融合教育等同于随班就读，认为我国随班就读受国际特殊教育理论如回归主

① 周满生. 全纳教育：概念及主要议题 [J]. 教育研究，2008（7）：16—20.
② 朴永馨. 特殊教育辞典 [M]. 3 版. 北京：华夏出版社，2014：58.

流或一体化思想的影响因而具有国际性；第三种观点认为随班就读是西方融合教育的形式与我国特殊教育实际的结合，是一种实用主义的融合教育模式。① 不论是哪种观点，都承认二者是将特殊儿童与普通儿童安置在一起的一种教育形式，只是随班就读处于融合教育实施的初级阶段，是一种实用的、具有中国特色的融合教育。在我国随班就读的发展过程中，融合教育对其影响越来越深，随班就读的融合特征越来越明显，无论现阶段我国随班就读的开展力度与成效如何，随着时间的推移，是有可能发展为充分有效的融合教育的。有研究者认为，融合教育是未来我国教育发展的目标和愿景，它以更加民主、公正的价值观念和全新的理论体系指引着随班就读的实践。而随班就读是通往融合教育的桥梁和过程。② 本书将我国的随班就读等同于融合教育或全纳教育，并根据上下文的语境灵活使用，不做具体区分与讨论。

教师融合教育素养： 素养，在《辞海》中与"素质"同义。有研究者认为素养与素质同义，指决定一个人行为习惯和思维方式的特质，包括知识和技能。③ 而专业素养是指从事某种工作或职业要达到的特殊的要求。对于教师而言，主要是指教师从事教育教学活动所具备的基本条件与能力。④

随班就读工作的推进，使得教师的教育对象发生了变化，其原有的知识结构需要补充和调整。教师在经过职前培养后基本具备了教育普通儿童的能力，但缺乏教导特殊儿童随班就读的能力。本书中教师融合教育素养是指教师为满足包括特殊儿童在内所有儿童的需求，所具备的与融合教育相关的理念、知识及技能等方面的素养。有的研究称之为"普通教育教师的随班就读素养"。

特殊儿童： 广义的概念，是指与普通儿童在各方面有显著差异的各类

① 邓猛，朱志勇.随班就读与融合教育：中西方特殊教育模式的比较 [J]. 华中师范大学学报（人文社会科学版），2007（4）：125-129.
② 李拉.当前随班就读研究需要澄清的几个问题 [J]. 中国特殊教育，2009（11）：3-7.
③ 张辉.新课程理念下中学化学教师专业素养的发展研究 [D]. 北京：首都师范大学，2007.
④ 张焕庭.教育辞典 [M]. 南京：江苏教育出版社，1989：753-754.

儿童，这些差异可表现在智力、感官、情绪、肢体、行为或言语等方面，既包括发展上低于普通水平的儿童，也包括高于正常发展水平的儿童以及轻微违法犯罪的儿童。狭义的概念专指残疾儿童，即身心发展上有各种缺陷的儿童，又称"缺陷儿童""障碍儿童"。[①] 本书采用狭义的概念，并根据上下文的语境灵活使用"特殊儿童"或"残疾儿童"或"障碍儿童"。

特殊教育需要儿童：指因个体差异而有各种不同的特殊教育要求的儿童。这些要求涉及心理发展、身体发展、学习、生活等长期或一定时间内高于或低于普通儿童水平的各方面，不仅涉及某一发展中的缺陷，还涉及影响学习的能力、社会等因素。

教师融合教育素养培养：是指在教师教育过程中对教师所进行的融合教育素养的培养和培训，包括职前培养、入职培训及职后培训三个阶段。本书将依据不同的表述需要灵活使用"培养"和"培训"。对于入职之前开展的关于融合教育素养的教师教育，倾向采用"教师融合教育素养培养"的表述；对于入职之后开展的关于融合教育素养的教师教育，则倾向采用"教师融合教育素养培训"的表述。

本书的第一章为中国随班就读发展的概况。从教育公平的视角探讨我国随班就读发展的阶段特征及意义，同时以随班就读发展指标的变迁为依据，描绘反映随班就读发展状况的"数据画像"。第二章为中国随班就读的政策分析。从我国随班就读的宏观政策、教师融合教育素养培养及培训的政策入手，以价值分析为主导，对相关政策进行梳理，并对其特征进行深入探究。第三章、第四章是教师融合教育素养的实证研究。第三章介绍教师融合教育素养的测评工具。首先依据教师素养的理论及国内外对教师融合教育素养的研究建构我国教师融合教育素养的理论模型，之后进行问卷调查，通过探索性因素分析及验证性因素分析，对教师融合教育素养的结构进行研究。第四章通过调查研究，对我国教师融合教育素养的发展水平及特征进行分析，与此同时分析影响教师融合教育素养的主要变量，并探

[①] 朴永馨.特殊教育辞典 [M]. 3 版. 北京：华夏出版社，2014：1.

寻其作用路径，建立这些因素的作用机制模型，为找到教师融合教育素养提升的关键策略奠定基础。第五章是对教师融合教育素养培养的国际经验的研究，从培养模式、培养项目探寻其特征及规律。第六章是教师融合教育素养培训研究。以基于地方的访谈数据呈现的教师融合教育素养现状及培训现状为基础，采用质性研究方法，呈现教师融合教育素养培训的区域经验。第七章是教师融合教育素养提升的行动研究。基于教师融合教育素养的影响因素，作用路径，培养、培训的经验及教师专业发展理论等，通过行动研究挖掘个案学校提升教师融合教育素养的"证据"，探索教师融合教育素养提升的历程及策略。

若不做具体说明，本书所指的"中国""我国"的政策、数据等，不涉及我国香港、澳门特别行政区和台湾地区。

第一章　中国随班就读发展的概况

实现有质量的教育公平一直是我国基础教育改革追求的目标，也是基础教育政策制定的价值基础。我国基础教育的发展战略经历了从"效率优先"到"效率优先、兼顾公平"再到"教育均衡发展"的转变。随班就读作为实现特殊教育高质量与公平的重要实践方式，相关政策与实践也随之持续嬗变。

第一节　随班就读发展概述

一、随班就读工作的开端（1949—1987 年）

新中国成立初期，社会各方面对人才的需求激增，要求全面提升国民素质，普及和发展基础教育成为这一时期教育发展的任务。特殊教育也将普及特殊教育、提升特殊儿童入学率作为主要的发展目标。由于当时特殊教育学校能够接纳的特殊儿童数量有限，为了实现此目标，多地在实践中创造性地生成并发展了随班就读的特殊教育安置形式，逐步确立了我国的随班就读制度。

（一）现实需求催生随班就读形式

新中国成立初期，国家颁布了大量教育相关的政策文件。1949 年 9 月 29 日通过的《中国人民政治协商会议共同纲领》中有关文化教育事业发展的论述奠定了我国教育的基调：教育应当是民族的、科学的、大众的文化教育，教育应当以"提高人民文化水平、培养国家建设人才、肃清封建的、买办的、法西斯主义的思想、发展为人民服务的思想为主要任务"。同时，为了适应这一时期国家发展工业和建设国防的需要，文件还提出了"有计划有步骤地实行普及教育"的教育目标和"发展为人民服务的思想"，强调通过"普及教育"将原本集中于少数群体的教育资源面向人民大众开放，在客观上保障了大众的公平受教育权。

此后，伴随着系列政策文件的颁布，国家逐步完成了社会主义教育制度体系的建设，教育普及的理念通过具体的政策制度得到实践。1951 年 10 月政务院出台了《关于改革学制的决定》，初步确定了各级各类教育的基本学制、修业年限和入学考核方式，强调初等教育应给儿童以全面的基础教育。同时提出"各级人民政府并应设立聋哑、盲目等特种学校，对生理上有缺陷的儿童、青年和成人"进行教育，正式将特殊教育纳入我国教育制度体系，将特殊儿童纳入受教育对象的范畴。该决定充分体现了对教育普及、文化扫盲工作的重视，以及对各类群体受教育机会的关注。之后，国家还出台了《小学暂行规程（草案）》《中学暂行规程（草案）》等文件，要求采用机会均等的考核作为入学的筛选方式。以能力作为筛选标准，不分性别、民族、宗教信仰，每个学生都有机会通过努力获得入学资格，教育机会均等得到一定程度的保障。新中国成立初期尽管并未在政策文本中明确提出"教育公平"的理念，但各项教育发展的举措却隐含了教育公平的初心。从理念层面看，国家强调教育要面向大众、为人民服务。教育要实现普及化、全面化，意味着每个人都应当有接受教育的权利。从实际教育发展举措看，建立各级各类教育的体制机制，推动教育普及的实现，客观上促进了人人接受教育权利的公平。升学考核制度中暗含的人人机会均等的思想，则体现了教育发展对教育起点公平的关注。

在国家教育政策的明确指引下，普及特殊儿童义务教育成为新中国成立初期特殊教育发展的首要任务。尽管《关于改革学制的决定》已经从根本上改变了特殊教育原本的救济慈善属性，将特殊教育纳入教育体系之中，但在这一时期资源有限的情况下，各种形式的中等教育、高等教育、技术教育是发展重点，特殊教育的发展仍处于边缘的位置。数据统计结果显示，1948 年我国盲聋学校仅 42 所，在校学生数仅 2380 人，教职员数为 360 人；到 1966 年，全国盲校、聋校增加到 226 所，学生数增加到 22800 人（该统计数据不包括我国香港和台湾）。[①] 数量有限的特殊教育学校无法在短时间内满足众多特殊儿童入学的需求，探索增加特殊儿童受教育机会的方式成为各地特殊教育实践急需解决的问题。某些地区通过使特殊儿童进入普通学校就读的形式来满足特殊儿童入学的需求，创造性地催生了随班就读这一特殊儿童教育安置形式。例如，20 世纪 50 年代，我国四川大巴山区等农村地区就曾接收当地的特殊儿童随班就读。[②] 20 世纪 70 年代，我国把有一定听力的聋生转入普通学校插班学习，以借助普通学校的语言环境带动聋生练习说话，提高他们的口语能力。[③] 这些非政府性质的民间自发行为，往往是基于校长和一线教师对特殊儿童的同情心、爱心和良心实现的，具体表现为招收个别的特殊儿童入学，并对学生进行个别辅导。[④] 尽管这些最初的尝试不涉及对特殊儿童权利的考虑，更多是为落实国家教育政策提出的教育发展任务，但也为后续我国随班就读制度的出现、特殊教育公平的实现奠定了实践基础。

（二）随班就读制度的建立

我国实行改革开放后，急需大量社会主义建设人才，提升国民素养、普及义务教育成为教育工作的重心，其中包括特殊人群。1985 年，全国教育工作会议召开，《中共中央关于教育体制改革的决定》颁布，将实行九年制义务教育确定为我国教育事业、改革教育体制的基础任务，确立了基础教育的地方分级管理原则，该决定指出："在实行九年制义务教育的同时，

---

① 朴永馨.特殊教育学 [M]. 福州：福建教育出版社，1995：41-42.
② 华国栋.残疾儿童随班就读现状及发展趋势 [J]. 教育研究，2003（2）：65-69.
③ 张宁生.试论聋童"一体化"教育安置的心理条件：一个有关加快残疾儿童入学的课题 [J]. 辽宁师范大学学报（社会科学版），1990（1）：43-45.
④ 黄志成.全纳教育：关注所有学生的学习和参与 [M]. 上海：上海教育出版社，2004：269.

还要努力发展幼儿教育，发展盲、聋、哑、残人和弱智儿童的特殊教育。"
1986 年《中华人民共和国义务教育法》以立法的形式确立了九年义务教育
制度。第九条指出，"地方各级人民政府应当合理设置小学、初级中等学
校，使儿童、少年就近入学。地方各级人民政府为盲、聋哑和弱智的儿童、
少年举办特殊教育学校（班）"，让特殊儿童、少年也能享有义务教育。但
当时，我国的特殊教育学校数量仍十分有限，远不能满足特殊儿童入学的
需求。至 1988 年，全国办盲聋哑和弱智学校 504 所，在校学生有 5.2 万余
人。① 但据 1987 年全国残疾人第一次抽样调查数据显示，截至 1986 年，
我国残疾儿童约为 817 万人，其中学龄残疾儿童约为 625 万人，其中还有
约 280 万名学龄残疾儿童未入学。② 可见，尽管特殊学校数量出现明显的
快速增长，但与普及特殊儿童九年义务教育目标的实现仍有较大的距离，
迫切需要增加新的途径满足特殊儿童的入学需求。已经在实践中存在的随
班就读形式逐渐得到重视，被视为改善特殊儿童受教育情况的重要手段。

　　1986 年，国家教委等部门《关于实施〈义务教育法〉若干问题的意见》
指出，各级人民政府"应当重视盲、聋哑、弱智等残疾儿童的义务教育，
有计划、有步骤地解决残疾儿童入学问题"，并第一次明确提出了特殊教育
学校、普通小学或初中附设特殊教学班作为特殊教育安置形式，指出"应
该把那些虽有残疾，但不妨碍正常学习的儿童吸收到普通中小学上学"。至
此，随班就读正式成为特殊儿童少年义务教育的安置形式。此后，我国开
始积极展开随班就读的实践探索。1987 年全国 15 个县市开展了随班就读
的实验研究，探索适合各地实际需求的随班就读实践方式。同年 12 月国家
教委在《关于印发〈全日制弱智学校（班）教学计划〉（征求意见稿）的通
知》中指出，"在普及初等教育的过程中，大多数轻度弱智儿童已经进入当
地普通小学随班就读。这种形式有利于弱智儿童与正常儿童的交往，是在
那些尚未建立弱智学校（班）的地区特别是农村地区解决轻度弱智儿童入

---

① 邓朴方. 邓朴方同志在中国残疾人联合会第一次全国代表大会上的报告 [EB/OL].（2008-11-14）
　　[2021-08-20].http://www.gov.cn/test/2008-11/14/content_1148847.htm.
② 李荣时. 中国残疾儿童人口的现状与对策研究 [J]. 中国人口科学，1990（4）：1-5，28.

学问题的可行办法"。该通知首次明确使用了"随班就读"一词，肯定了随班就读的积极意义，确立了我国的随班就读制度。

尽管随班就读的产生缘于提高特殊儿童的入学率，是问题解决导向下自发探索的成果，而非基于特殊儿童教育公平理念有目的地进行设计的结果，但普及特殊儿童义务教育这一目标的提出，本身就蕴含了对教育公平的价值理念的追求，由此生发出的随班就读也体现了这一价值理念。从实践的层面看，随班就读的教育安置形式保障了部分特殊儿童接受教育的机会，为特殊儿童和普通儿童在教育机会、教育质量上的公平提供了可能。

二、随班就读的探索推进与主体地位的确立（1988—2000 年）

20 世纪 80 年代中后期至 20 世纪末，教育机会、资源配置不均等教育公平问题逐渐浮出水面。促进包括特殊教育在内的教育整体均衡协调发展，成为我国教育发展的重要议题。此时，出于种种原因，特殊教育已经成为普及初等教育最薄弱的环节，全国盲、聋学龄儿童入学率不足 6%，提高特殊儿童少年入学率成为特殊教育发展的重要目标。在此背景下，随班就读发展的速度开始加快。

1988 年，全国特殊教育工作会议在北京举行，在总结前期随班就读试验成果的基础上，首次提出坚持多种形式办学，以一定数量的特殊教育学校为骨干，以大量的特教班和随班就读为主体，构建残疾儿童少年教育的新格局。[①] 会后通过了《关于发展特殊教育的若干意见》，提倡采用随班就读、特教班的形式进行教育安置，提出各地要充分利用现有普通小学招收残疾儿童入学，同时还要通过小学附设特教班的形式吸收随普通班学习困难较大的残疾儿童入学。至此，随班就读在特殊教育中的主体地位得到确立。此后，我国继续多次、多地开展大规模的随班就读试验，推进随班就读发展。1989 年国家教委委托河北、江苏、黑龙江、山西、山东、辽宁、浙江和北京等省市分别进行视力和智力残疾儿童少年随班就读实验，1992

---

① 朴永馨. 特殊教育辞典 [M]. 北京：华夏出版社，1996：35-36.

年国家教委又委托江苏、黑龙江、湖北和北京等省市进行听力语言残疾儿童少年随班就读实验。自 1990 年 5 月起，国家教委还先后在江苏、河北、黑龙江、山东、北京等省市就视力、听力语言和智力残疾儿童少年随班就读问题召开了全国或部分省市的现场会或研讨会。

1993 年中共中央、国务院颁布了《中国教育改革和发展纲要》，此文件是我国 20 世纪 90 年代至 21 世纪初教育事业建设的纲领性文件。该文件正式将全国普及九年义务教育和扫除青壮年文盲确立为我国 20 世纪 90 年代的奋斗目标，并指出要"提高教育质量，注重办学效益"。该纲要还专门针对特殊教育领域指出："各级政府要把残疾人教育作为教育事业的组成部分"，并要"采取单独举办残疾人学校或普通学校招收残疾人入学等多种形式"发展特殊教育事业。在此纲要的指导下，以普及特殊教育为目标的随班就读工作逐渐在全国范围内积极推进。1994 年 5 月，国家教委基础教育司在江苏省盐城市召开了全国残疾儿童随班就读工作会议，会议总结提炼了政府、普通学校以及特殊教育学校在开展随班就读工作时应履行的职责，强调要进一步全面开展残疾儿童随班就读工作，标志着我国随班就读工作由原来的不同障碍类别、地区分别独立地进行探索走向全国整体推进的新阶段。同年 7 月，依据会议内容国家教委印发了《关于开展残疾儿童少年随班就读工作的试行办法》，明确将随班就读定位为"发展和普及我国残疾儿童少年义务教育的一个主要办学形式"，肯定了随班就读的有效性及对特殊教育、普通教育的积极意义，提出要"高度重视和积极开展残疾儿童少年随班就读工作"；同时，还规定了随班就读在具体实践层面的各项标准，用以指导全国随班就读工作的开展。随后颁布的 1994 年《残疾人教育条例》将残疾儿童入学情况纳入了"普九"验收工作。1996 年颁布的《残疾儿童少年义务教育"九五"实施方案》提出："普遍开展随班就读，乡（镇）设特教班"，"基本形成以随班就读和特教班为主体，以特殊教育学校为骨干的残疾儿童少年义务教育格局"，将以随班就读为主体的特殊教育安置布局提升到战略高度。

三、随班就读工作进入质量提升阶段（2001 年至今）

进入 21 世纪后，我国的"两基"（基本实施九年义务教育和基本扫除青壮年文盲）任务基本完成。由于各地经济文化发展水平的不均衡，城乡二元结构、重点校制度带来的负面效应开始显现，地域、城乡、校际、群体之间的办学条件及教育发展水平存在较大差距。为了应对此情况，教育发展在继续补足"量"的基础上，重点关注公平的实现和质量的提升，以促进义务教育均衡发展。从 2004 年《全国教育事业"十五"计划和 2015 年发展规划》首次提出教育发展要"坚持社会主义教育的公平与公正性原则，更加关注处境不利人群受教育问题"起，我国教育开始步入以"公平与公正"为核心价值取向的新的历史发展阶段。随后我国持续颁布的多项重要政策文件都对教育公平思想进行了论述，不断丰富其内涵，采取多项措施持续推动教育公平的实现。2010 年出台的《国家中长期教育改革和发展规划纲要（2010—2020 年）》则把"促进公平"和"提高质量"共同作为 2010—2020 年教育发展的方针，着力解决教育发展有失均衡的问题。保障特殊儿童少年受教育机会与质量，成为推进义务教育均衡发展的重要工作内容。2006 年修订的《义务教育法》、2012 年国务院出台的《关于深入推进义务教育均衡发展的意见》等多项政策文件中都明确指出要重视发展义务教育阶段特殊教育、保障特殊群体平等接受义务教育。在国家对特殊教育发展的重视与支持下，随班就读的规模与质量都随着特殊教育事业的进步得到快速发展，随班就读工作的发展方向与实践特征也都发生了变化。

（一）朝向融合教育发展

进入 21 世纪后，中国本土生成的随班就读安置形式与融合教育理念进一步结合，随班就读的内涵得到进一步丰富，政策文件开始倡导随班就读朝向融合教育发展。2003 年教育部基础教育司印发的《全国随班就读工作经验交流会议纪要》中就论述了随班就读的内涵："随班就读是在普教系统中实施残疾儿童义务教育，是充分利用普通教育资源实施对残疾儿童的教育。这一形式打破了传统的普教与特教分离的局面，促进了两个系统的交汇与融合。"此文件指出随班就读不仅在特殊儿童少年入学方面起到决定性作用，在促进特殊儿童少年的社会融合、教育思想观念转变等方面也具有重要作用，随班就读将是今后发展特殊儿童少年义务教育的主要形式和特殊教育的重点工作。此文件虽未明确提出融合教育的思想，但相关表述拓展了随班就读的内涵：随班就读不仅是实现普及特殊儿童义务教育的工具性手段，还是促进普特融合、社会融合的重要实践方式。2014 年颁布的《特殊教育提升计划（2014—2016 年）》（以下简称《提升计划》）首次明确提出了"全纳教育"的理念，指出要"全面推进全纳教育"，探索适合我国国情的全纳教育模式，"使每一个残疾孩子都能接受合适的教育"，标志着我国特殊教育正式步入以"融合""全纳"理念为核心价值取向的新发展阶段。2017 年修订的《残疾人教育条例》首次在法规中正面确认了融合教育的概念和实施的基本原则，要求"根据残疾人的残疾类别和接受能力，采取普通教育方式或者特殊教育方式，优先采取普通教育方式"；并针对此原则做出具体规定："适龄残疾儿童、少年能够接受普通教育，但是学习生活需要特别支持的，根据身体状况就近到县级人民政府教育行政部门在一定区域内指定的具备相应资源、条件的普通学校入学接受义务教育。"后续多项政策文件中都有类似表述，引导随班就读朝向融合教育发展。

目前，已有部分经济较为发达的省市率先开始探索全面推行融合教育。例如，北京市在 2013 年率先颁布《北京市中小学融合教育行动计划》，开展特殊支持教育中心引领工程、随班就读主体工程、送教上门辅助工程、学前特殊教育服务工程、特殊教育教师队伍建设工程、特殊教育社会支持工程六大工程建设；要求通过 3 年左右的时间，支持 100 所义务教育学校建立软、硬件完备的示范性资源教室，创建 20 所市级融合教育示范学校，建立 60 个特殊儿童随园就读康复资源中心，全面建设符合首都地位的现代特殊教育体系。2016 年，浙江省教育厅印发了《浙江省特殊教育"十三五"发展规划》，提出融合教育常态化目标和具体的措施：推进特殊教育与普通教育的相互融合，随班就读向学前和高中段延伸，做到轻度残疾儿童在普通中小学随班就读零拒绝；继续推进资源教室建设，实现每个乡镇（街道）至少有一个资源教室，全省示范性资源教室达到 1000 个；扩大"特教学校＋卫星班"的特教布局，全省特殊教育"卫星班"达到 100 个。这些先行、先试的地区，能为全国范围内全面推进融合教育提供宝贵的实践经验，但与真正实现融合教育的目标仍有较远的距离，仍需长期的努力。

近年来，多项政策文件都将推进融合教育列为未来教育发展的目标之一。例如 2019 年发布的《中国教育现代化 2035》对未来一段时间融合教育的发展也做出了明确的要求：到 2035 年要实现基本公共教育服务均等化，办好特殊教育，推进适龄残疾儿童少年教育全覆盖，全面推进融合教育。2020 年 6 月教育部颁布的《关于加强残疾儿童少年义务教育阶段随班就读工作的指导意见》首次对我国随班就读工作进行了全面的部署。在总体要求部分明确指出要"坚持普特融合、提升质量，实现特殊教育公平而有质量发展，促进残疾儿童少年更好融入社会生活"；同时针对工作机制不健全、支持保障条件不完善、任课及指导教师特殊教育专业水平不高等突出问题给出了相应的指导意见。这些政策文件指明了未来随班就读发展的目标及具体方式，对随班就读工作的重视也使其主体地位得到进一步强化。

（二）强调支持保障体系建设

如果说，20 世纪 90 年代推行随班就读为特殊儿童少年"有学可上"提供了可能，保障了他们的受教育权利和部分的教育起点公平，那么在融合教育思想引领下的随班就读，在为特殊儿童学生提供接受教育机会的同时，还将通过提升随班就读质量实现特殊儿童少年在教育过程和教育结果上的公平。进入 21 世纪后，随班就读质量更受关注，在继续扩大规模的同时，我国更加重视随班就读支持保障体系的建设。2002 年教育部基础教育司和中国残疾人联合会教育就业部在北京联合召开全国随班就读工作经验交流会，首次提出要建立随班就读工作的支持保障体系，并要求在全国 100 个县（区）开展建立随班就读工作支持保障体系实验工作。会后印发《全国随班就读工作经验交流会议纪要》《关于开展建立随班就读工作支持保障体系实验县（区）工作的通知》等文件引导落实会议提出的各项要求。2004年、2010年，分别在南京和上海召开随班就读支持保障体系建设经验交流会，继续推进和深化随班就读支持保障体系建设。

这一时期，我国将建设资源教室、资源中心，建立随班就读支持网络作为支持保障体系建设工作的重点。一方面，要求通过加大随班就读财政投入，在普通学校设置资源教室，在区域内建立资源中心，为随班就读工作提供专业支持。另一方面，通过建立支持网络来保障随班就读管理工作与师资队伍建设工作。要求县（区）形成两个支持网络：第一个是县（区）教育局→乡（镇）中心学校→随班就读学校连接的管理网络，第二个是县（区）教研室（或特教学校、特教中心）、教研员→乡（镇）中心学校（骨干校教师）→随班就读点教师的教研和指导网络。在此过程中，积极推动特殊教育学校职能变革，使其承担对所在地区随班就读点的巡回指导、检查、培训、咨询等任务，充分发挥特殊学校在随班就读工作中的骨干辐射作用，为随班就读工作提供多方面的支持保障。2004年6月教育部基础教育司组织专家对6个省的随班就读支持保障实验县（区）的实验工作进行调研，结果显示，在这一年中各省市随班就读实验工作进展顺利，形成了一些有价值的经验方案，各地随班就读人数有所上升，新建了大量资源教室，各地还结合本地情况创造性地探索出因地制宜的随班就读实践模式，但各地随班就读工作开展仍存在不平衡的状况①。此后一段时间，各地区都陆续围绕上述内容开展随班就读支持保障体系建设的实践探索。至2014年颁布《提升计划》，扩大普通学校随班就读规模、加强特殊教育资源教室建设、无障碍设施建设等仍然是支持保障体系建设的重点工作内容。

近年来，国家对随班就读支持保障工作的重视程度不断提升。多项教育相关的国务院规范性文件中都出现了对加强随班就读支持保障的论述，

---

① 李天顺.深入持久地开展残疾儿童少年随班就读工作[J].现代特殊教育，2014（12）：5-8.

政策的效力级别有所提高，且不再局限于特殊教育领域的政策文件。从具体支持保障体系建设工作的内容看，呈现以下特征。

一是从之前强调建设特殊教育资源中心转向重视资源中心质量提升。例如，2017 年国务院办公厅发布的《关于进一步加强控辍保学提高义务教育巩固水平的通知》指出，"改善特殊教育学校办学条件，配备专业教师，并发挥特殊教育资源中心作用，提高普通学校随班就读质量"。2020 年教育部出台的《关于加强残疾儿童少年义务教育阶段随班就读工作的指导意见》从加强资源教室建设、发挥资源中心作用两个方面对"完善随班就读资源支持体系"做出指示。在加强资源教室建设方面，提出接收 5 名以上残疾学生随班就读的学校应当设立专门的资源教室，配备必要的教育教学、康复训练设施设备和资源教师及专业人员等要求。在发挥资源中心作用方面，提出"各地要加快建设并实现省、市、县特殊教育资源中心全覆盖，逐步完善工作机制，合理配置巡回指导教师"，并对资源中心应承担的工作内容做出指示。

二是逐渐侧重于贫困地区和农村地区的随班就读建设。相较于经济较发达地区而言，农村地区、贫困地区的随班就读工作开展进程较为缓慢。在巩固随班就读工作已有成果的基础上，重点关注这些发展相对滞后地区的随班就读支持保障体系建设。例如，2017 年国务院印发的《国家教育事业发展"十三五"规划》中第七部分第六项"保障困难群体受教育权利"指出："完善随班就读支持保障政策体系，重点支持贫困地区和农村地区普通中小学开展随班就读，推行融合教育。"

三是多项政策文件都强调进一步加强经费支持保障，加大对特殊学生就学的支持力度。例如 2015 年国务院《关于加快推进残疾人小康进程的意见》提出"推行全纳教育，建立随班就读支持保障体系"，"各地要加大残疾学生就学支持力度，积极推进高中阶段残疾人免费教育；对符合学生资助政策的残疾学生和残疾人子女优先予以资助；建立完善残疾学生特殊学习用品、教育训练、交通费等补助政策"。2015 年国务院《关于进一步完善城乡义务教育经费保障机制的通知》则明确规定了随班就读学生应和特殊教育学校学生一样，按照每生每年 6000 元标准补助公用经费。另外，国务院办公厅于 2018 年颁布的《关于进一步调整优化结构提高教育经费使用效益的意见》和《基本公共服务领域中央与地方共同财政事权和支出责任划分改革方案》都指出，要单独核定义务教育阶段随班就读学生公用经费等，要确保经费落实到学校（教学点）。2019 年修订的《特殊教育补助资金管理办法》要求为"招收较多残疾学生随班就读的义务教育阶段学校"提供补助资金支持，并对资金使用做出了具体规定。在随班就读方面，补助资金具体用于：对特殊教育学校和随班就读学生较多的普通学校进行无障碍设施改造，支持承担特殊教育资源中心职能的学校和设置特殊教育资源教室的普通学校配置必要的设施设备。

（三）随班就读建设仍需长期实践探索

尽管政策已经对随班就读支持保障体系建设工作的方向和具体内容进行了规定，但我国随班就读的发展实践与政策要求之间仍然存在较大的距离。从政策文本本身看，随班就读政策多是以指示、决定、通知等文本形式出现，且文本内容中常使用"关心""应""鼓励"等字眼，政策的约束力和实践操作性都有所欠缺。[①] 在财政经费方面，我国尚未建立起随班就读的常规拨款机制，随班就读财政投入存在总量不足、结构失衡的问题。相对而言，东部经济发达地区的随班就读发展情况较好，中西部地区的随班就读专项经费则很少，且缺乏常规性拨款，仍有不少随班就读学校从未获得随班就读专项经费的支持。[②] 我国特殊教育经费的主要来源是国家财政投入，虽然自 2007 年后特殊教育投入显著增加，但大部分的经费都用于特殊教育学校建设，2010 年至 2011 年国家共投入 41 亿元用于支持中西部地区新建、改建、扩建特殊教育学校，使用在随班就读方面的经费较为有限。[③]

[①] 黄春春，唐如前. 随班就读支持保障体系问题及对策 [J]. 湖南科技学院学报，2018（4）：132-134.

[②] 田志磊，张眉，郭楠，等. 融合教育理念下的特殊教育财政：历史、现状及未来 [J]. 教育学术月刊，2015（1）：35-49.

[③] 同②.

此外，从资源教室、资源中心建设方面看，仍有不少学校尚未建设资源教室，不少地区缺乏资源中心；已经建立资源教室、资源中心的地区，则存在使用率低、难以发挥其职能的问题。北京、上海、江苏、杭州等随班就读发展较好的地区，政府下拨了专项经费设立资源教室或资源中心，但出于难以配足配齐专职特殊教育教师、资源教室和资源中心定位与功能不明确等原因，资源教室、资源中心的服务学校数量有限，其功能难以得到充分发挥。① 人力支持方面则存在专业教师数量不足、专业发展水平较低的问题。随班就读教师存在着专业理念缺乏、专业知识与能力薄弱的问题，在支持或资源的主动获取及利用上问题尤其突出；再加上目前随班就读教师的培养培训机制尚不健全，随班就读教师专业素养难以满足实际需求。②③ 虽然近年颁布的政策文件已经对上述问题做出了相应的部署，但随班就读建设不是一蹴而就的。未来还需在国家政策的指导下，通过长期的实践探索来解决上述现实问题，从而推动随班就读走向高质量的融合教育。

第二节　随班就读群体结构变化概况

随着随班就读的发展，随班就读群体的构成也在随之变化。本节依据教育部公布的 2001—2019 年教育统计数据，对随班就读群体在不同障碍类别、学段方面的分布变化概况进行分析。

一、随班就读总体规模变化趋势

如图 1-1 所示，2001—2019 年随班就读在校生规模和招生规模总体呈现上升趋势，但两者规模变化的过程呈现不同的状态。2001—2019 年随班

① 彭霞光. 随班就读支持保障体系建设初探 [J]. 中国特殊教育，2014（11）：3-7.
② 李拉. 专业化视野下的随班就读教师：困境与出路 [J]. 教育理论与实践，2012（23）：34-36.
③ 王雁，黄玲玲，王悦，等. 对国内随班就读教师融合教育素养研究的分析与展望 [J]. 教师教育研究，2018（1）：26-32.

就读招生数呈现持续缓慢增长的趋势，2019 年达到最高点，招生数为 7.09 万人，约为 2001 年的 1.87 倍。从随班就读在校生数变化情况看，2001—2013 年在校生数呈现波动式下降的趋势，2013 年下降至谷底，约为 18.75 万人。其中 2001—2006 年随班就读在校生数缓慢下降；2007 年开始有显著提升，较上一年增长约 22.98%；2010—2013 年又逐年下降。2014—2019 年随班就读在校生数呈现持续上升趋势，平均涨幅约 13.05%。其中 2019 年涨幅最大，达 18.66%，规模扩大至 39.05 万人，约为 2013 年的 2.08 倍。

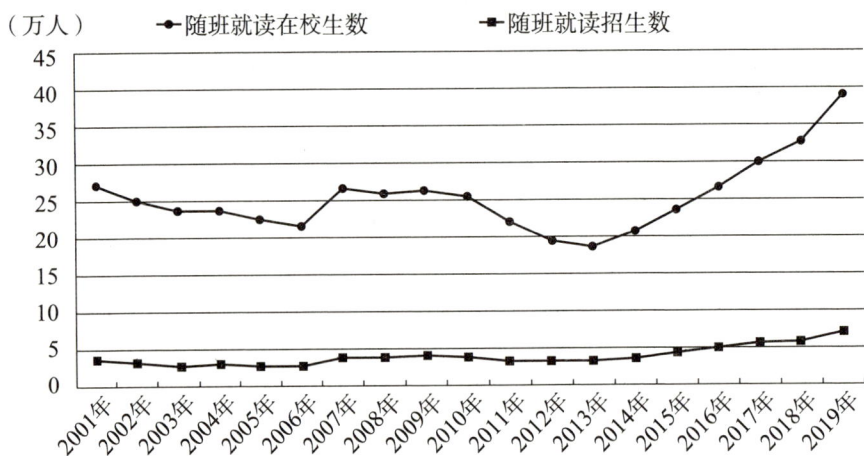

图 1-1　2001—2019 年随班就读在校生数与招生数变化趋势

数据来源：教育部公布的 2001—2019 年教育统计数据。

尽管随班就读在校生规模总体呈现上升趋势，但如图 1-2 所示，2001—2019 年随班就读在校生数占特殊教育在校生总数的比例整体呈现下降趋势。最高点为 2001 年，占比为 69.86%，最低点为 2019 年，占比为 49.15%。2013 年以来，占比基本维持在 50% 左右。

（%）

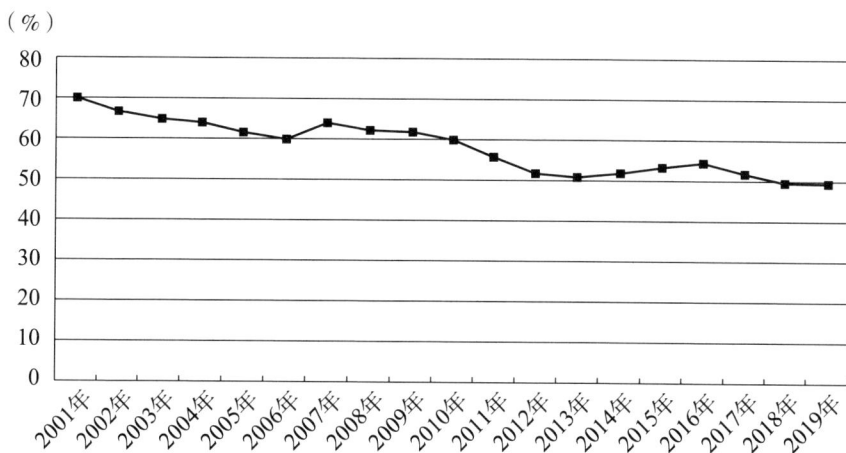

图 1-2 2001—2019 年随班就读在校生数占特殊教育在校生总数比例变化

数据来源：教育部公布的 2001—2019 年教育统计数据。

二、不同障碍类别儿童随班就读在校生数的变化趋势

教育统计数据显示，2001—2006 年随班就读对象仅包括盲、聋哑、弱智三类，2007 年变更为视力障碍、听力障碍、智力障碍和其他障碍四类，2017 年起将其他障碍类别具体化为言语障碍、肢体障碍、精神障碍和多重障碍。随着特殊教育的发展和随班就读工作的深入，在小学、初中随班就读的特殊儿童障碍类别增多，范围逐渐扩大，小学、初中阶段不同障碍类别的特殊儿童进入普通学校随班就读的规模变化呈现不同的特征。

（一）小学阶段不同障碍类别儿童随班就读在校生数变化趋势

如表 1-1 所示，小学阶段不同障碍类别儿童的随班就读在校生数变化呈现以下几点显著特征。

第一，小学阶段随班就读的特殊儿童以智力障碍为主。2001 年至 2019年，智力障碍儿童随班就读在校生数持续远超其他障碍类别。2001—2013年，智力障碍儿童随班就读在校生数持续大幅下降，从 2001 年的 188482人下降至 2013 年的 68846 人，降幅约为 63.47%。2014 年开始，智力障碍儿童随班就读在校生数开始回升，至 2019 年增长至 101682 人，但也仅占

2001 年的 53.95%。

第二，2001—2018 年，视力障碍和听力障碍儿童随班就读在校生数相对稳定。视力障碍儿童随班就读在校生数 2001 年为 19694 人，2004 年开始突破 2 万人，2004—2011 年基本稳定在 2 万人至 2.3 万人，2012—2013 年大幅度下降，减少至 15837 人，2014—2019 年又有所回升，2019 年为 1.9 万人左右。听力障碍儿童随班就读人数先从 2001 年的 22327 人下降至 2013 年的 12334 人，减少了 9993 人，之后开始持续快速上升，至 2019 年回升至 30907 人，较 2013 年涨幅达到 150.58%，达到历史最大规模。

第三，其他障碍类别儿童随班就读在校生数波动上升。其中，2007 年至 2013 年，随班就读在校生规模变化较为平稳，在 3 万人上下波动。2014 年起出现大幅度的增长，至 2016 年，其他障碍类别儿童随班就读在校生数达到 65196 人，为 10 年内最高；与 2007 年的 29101 人相比增加了约 1.24 倍；与 2013 年相比，增长了 32705 人，规模上翻了一番。

第四，2017 年新增的四种障碍类别中，肢体障碍儿童随班就读在校生数最多，且呈现显著上升趋势，2019 年增至 77862 人。多重障碍儿童数量较多，且由 2017 年的 11889 人小幅度增至 2019 年的 15559 人。

表 1-1　2001—2019 年小学阶段各障碍类别儿童随班就读在校生数

（单位：人）

年份	视力障碍	听力障碍	智力障碍	其他障碍	言语障碍	肢体障碍	精神障碍	多重障碍
2001	19694	22327	188482					
2002	18504	22308	162180					
2003	18023	21353	150948					
2004	21892	21122	147472					
2005	23118	21733	137221					
2006	22207	20620	129312					
2007	22382	21111	127836	29101				

续表

年份	视力障碍	听力障碍	智力障碍	其他障碍	言语障碍	肢体障碍	精神障碍	多重障碍
2008	20358	19427	119605	29441				
2009	20773	17865	116367	32645				
2010	20287	17189	111146	31916				
2011	21553	14866	87145	28076				
2012	18283	13674	77451	29473				
2013	15837	12334	68846	32491				
2014	16314	14469	76445	39551				
2015	17884	17784	82125	51331				
2016	17874	20846	88682	65196				
2017	18929	24959	90114		10329	53394	7007	11889
2018	18456	25576	91438		12384	63667	8407	12400
2019	19150	30907	101682		15448	77862	10920	15559

数据来源：教育部公布的2001—2019年教育统计数据。

（二）初中阶段不同障碍类别儿童随班就读在校生数变化趋势

如表1-2所示，整体而言，初中阶段不同障碍类别儿童随班就读在校生数的变化趋势与小学阶段存在显著差异。初中阶段的随班就读在校生群体中，智力障碍儿童仍然是主要的组成部分。2001—2010年智力障碍儿童随班就读在校生数较为稳定，在2.8万人上下浮动，2011年开始显著减少，2013年降至最低，仅有20659人，2014年开始有所回升，至2019年增长至34908人，达到21世纪以来最大规模。2014年开始，其他障碍类别随班就读在校生数开始超过智力障碍儿童随班就读在校生数。2017年增加障碍类别后，肢体障碍儿童随班就读在校生数最多，且呈现显著上升趋势，至2019年增加至46439人，较2017年增长了59.39%。

与小学阶段随班就读在校生变化规律相比，初中阶段最大的差异体现在视力障碍和听力障碍儿童随班就读规模的变化上。截至 2018 年，初中阶段的视力障碍儿童随班就读在校生数始终显著高于听力障碍儿童随班就读在校生数。其中，2002—2006 年视力障碍儿童随班就读规模相对稳定，2007 年开始出现大幅度增长，2011 年达到最高点，为 20698 人。2012 年出现大幅下跌，减少至 12878 人，降幅为 37.79%，2013 年有所增长，2014 年又开始下降，此后稳步增长，但总数也仅在 1 万人左右。听力障碍儿童随班就读在校生数始终较为稳定，在小范围内波动，波动规律与随班就读在校生数总体规模变化规律基本一致，最高为 2019 年，达到 11993 人。

表 1-2　2001—2019 年初中阶段各障碍类别儿童随班就读在校生数

（单位：人）

年份	视力障碍	听力障碍	智力障碍	其他障碍	言语障碍	肢体障碍	精神障碍	多重障碍
2001	9010	3193	27213					
2002	12298	5100	29683					
2003	13167	5205	27715					
2004	12190	5938	29331					
2005	11193	6048	26177					
2006	11007	5824	28149					
2007	14099	7157	27828	17510				
2008	18206	7300	28093	16875				
2009	18522	7547	27917	22870				
2010	19546	6791	27362	21425				
2011	20698	6523	24680	18271				
2012	12878	5570	22726	16445				
2013	15316	4855	20659	17196				
2014	8874	5626	22189	22529				
2015	9925	6648	24269	26625				

续表

年份	视力障碍	听力障碍	智力障碍	其他障碍	言语障碍	肢体障碍	精神障碍	多重障碍
2016	9545	7579	26176	31554				
2017	9804	9041	27164		3734	29135	2087	3228
2018	10482	9772	28997		4421	36761	2749	3558
2019	11398	11993	34908		5999	46439	3698	4562

数据来源：教育部公布的 2001—2019 年教育统计数据。

三、不同学段的随班就读变化趋势

（一）小学、初中阶段随班就读在校生数变化趋势

如图 1-3 所示，2001—2006 年，小学阶段随班就读在校生数逐渐下降，由 2001 年的 230503 人下降至 2006 年的 172139 人，初中阶段随班就读在校生数基本保持平稳，在 4.5 万人上下浮动。2007—2013 年，小学阶段随班就读在校生数呈现出波动下降的趋势，自 2014 年起开始逐年显著上升，至 2019 年达到历史至高点，为 271528 人。初中阶段随班就读在校生数则整体平稳，自 2014 年开始上升速度增快，同样于 2019 年达到最高点，为 118997 人。2013—2019 年，小学阶段随班就读在校生数增长了 142020 人，涨幅约为 1.10%，初中阶段随班就读在校生数增长了 60971 人，涨幅约为 1.05%。这表明虽然小学与初中阶段的随班就读规模都得到扩展，但初中阶段的规模扩展速度低于小学阶段。

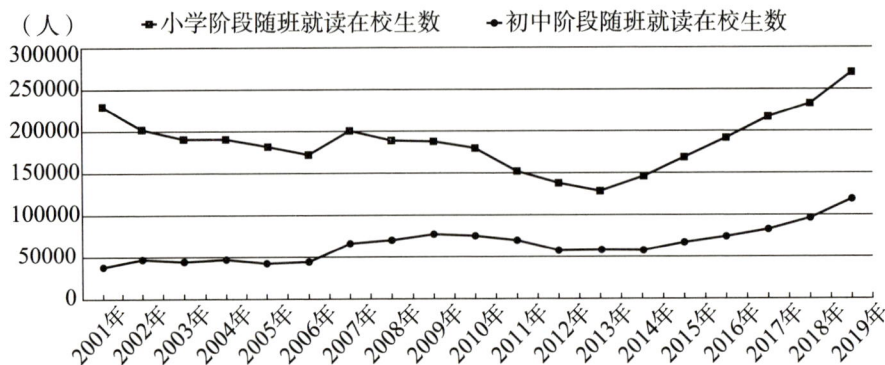

图 1-3　2001—2019 年小学、初中阶段随班就读在校生数变化

数据来源：教育部公布的 2001—2019 年教育统计数据。

（二）不同年级随班就读在校生数变化趋势

如图 1-4 所示，小学阶段各年级随班就读在校生数随时间变化的走势基本一致。2002—2013 年，各年级随班就读在校生数都呈现波动下降的趋势，均于 2013 年达到最低点。自 2014 年起呈现显著上升趋势，至 2019 年达到最高点。各年级中，随班就读在校生数最多的为五年级和六年级，其次为二至四年级，一年级随班就读在校生数显著少于其他年级。

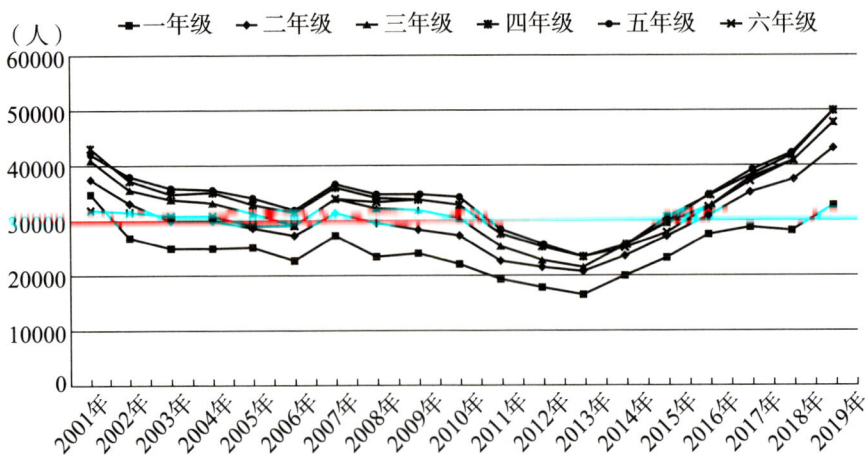

图 1-4　2001—2019 年小学阶段随班就读在校生数变化

数据来源：教育部公布的 2001—2019 年教育统计数据。

如图1-5所示，2001—2019年初中七至九年级随班就读在校生数变化走势也趋于一致，总体呈现持续上升趋势。其中，2006—2007年上升幅度最大，七至九年级涨幅平均约为49.32%。2007—2014年略有波动，2014年开始七至九年级随班就读在校生数呈现持续上升趋势，且各年级增长数逐年增加。此外，十年级的随班就读在校生数显著低于其他年级随班就读在校生数。十年级随班就读在校生数在2003—2004年间由123人大幅增加至峰值1350人，2006—2019年间虽有波动但总体变化不大。

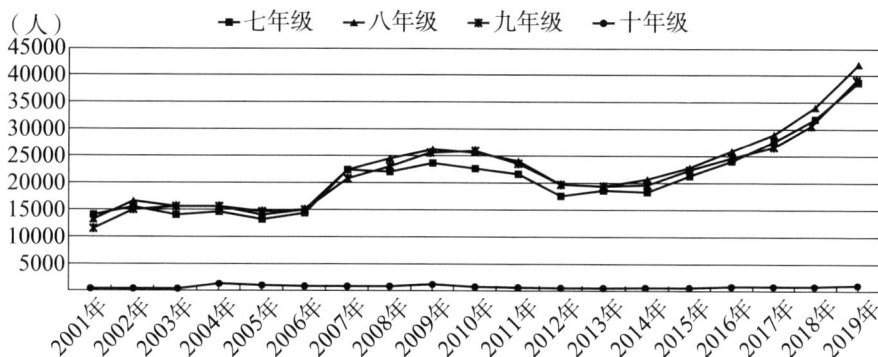

图1-5 2001—2019年初中阶段随班就读在校生数变化

注：2001—2006年教育统计数据采用"十年级"的表述，2007年改为"初中四年级"的表述，为统一称呼，此处采用"十年级"的表述。

数据来源：教育部公布的2001—2019年教育统计数据。

四、随班就读群体结构变化特征分析

从以上分析看，2001—2019年我国随班就读总体规模显著增长，随班就读对象的范围也有所扩展，能够为更广泛的群体提供随班就读教育服务。同时，不同学龄阶段、不同障碍类型的规模变化也存在一定的差异。综合分析各项数据，随班就读群体结构变化呈现出以下特征。

（一）随班就读群体规模逐渐扩大，在特殊教育在校生数中的占比下降

规模逐渐扩大是随班就读发展的一个显著的趋势，在随班就读招生数和随班就读在校生数的变化过程中尤为明显。同时，虽然近年来随班就读

在校生数在持续增长，但随班就读在校生数占特殊教育在校生数的比例却在下降。结合近年来的研究成果和特殊教育的实践工作经验看，随班就读在校生数占比的下降可能与特殊学校规模扩大、质量提升以及随班就读自身存在的质量问题有关。一方面，2007 年以来，国家逐步加大对特殊教育学校建设的支持，特殊教育学校数量增长较快，特殊教育学校在校生规模的快速增长导致随班就读在校生占比有所下降。另一方面，随班就读教育质量难以保障可能是重要的原因。从已有研究中看，由于普通学校管理者和教师秉持医学模式为主的残疾观、随班就读的学校系统资源保障不足等，普通学校教育水平不高、特殊学生难以获得高质量的教育，随班就读儿童回流到特殊教育学校的现象频频发生。[1][2] 与此同时，特殊教育学校提供特殊教育服务的能力和专业度都有所上升，成为更多特殊儿童家庭的首选。

占比的下降并不代表随班就读主体地位的动摇，而是特殊教育、随班就读的发展步入新阶段的体现。正是由于近年来随班就读发展过程中困难与问题集中凸显，大众对随班就读的态度更加理性，由最初的因了解不足而不看好，到逐渐接纳并积极支持，现在又开始转向怀疑、趋于理性认同及谨慎的态度。人们对随班就读的期待不再局限于特殊儿童的进入，更关注进入后随班就读的实际质量。

（二）随班就读的障碍类别增加，障碍程度加重

随着随班就读的发展，随班就读群体构成也在发生变化。最为直观的是进入普通学校随班就读的儿童的障碍类别逐渐增多，由最初仅盲、聋哑、弱智三类扩展为七类障碍儿童。此外，小学、初中阶段智力障碍随班就读在校生规模都呈现大幅下降的趋势，即使 2014 年后有所回升，与刚进入21 世纪时也存在较大差距。而其他障碍类别的随班就读在校生数却在持续升高。这种变化可能与我国医疗与特殊教育的发展有关。由于特殊儿童的诊断和评估技术发展，对特殊儿童障碍类别的诊断更为准确，原本归于其

---

① 杨希洁. 当前特殊教育发展若干特点及问题的思考 [J]. 中国特殊教育，2019（8）：8-13.
② 傅王倩，肖非. 随班就读儿童回流现象的质性研究 [J]. 中国特殊教育，2016（3）：3-9.

他障碍类别中的各类障碍学生逐渐被归入独立的障碍类别。此外，从各障碍类别规模看，近两年多重障碍、精神障碍等类别儿童的随班就读在校生数量逐渐增加，反映出普通学校招收的中重度障碍学生数量逐步增加。对全国多个地区的随班就读学校的残疾学生发展状况的调查数据印证了此趋势。结果显示，所调查的残疾学生中，轻度障碍占比 60.6%，中度障碍占比 36.4%，重度障碍占比 3.0%；不同残疾类型中人数最多的是孤独症儿童，占 49.7%，其次是听力障碍儿童（25.5%）和智力障碍儿童（11.5%）。[1]

　　随班就读对象范围的扩展和障碍程度的加重与我国随班就读发展对质量与公平的追求息息相关。随着国家强调教育公平，政策文件强调保障特殊儿童平等受教育权，优先采用随班就读的形式为特殊儿童提供教育。尤其是"零拒绝"政策出台后，越来越多的普通学校开始接纳各类障碍儿童随班就读。同时，国家推动随班就读发展的各项措施的实施使得普通学校接纳特殊儿童随班就读的能力有所提升。早期开展随班就读工作时，由于教师融合教育素养的缺乏和普通学校现实条件的限制，普通学校对特殊儿童的接纳程度有限。例如，针对学前教师对融合教育的态度的研究结果显示，持"不赞成"态度的比例为 47.76%。[2] 农村小学生对随班就读同伴接纳态度的调查结果则显示，学生更愿意接纳视障、智障类特殊学生，接纳的关键取决于特殊学生是否具有良好的性格和行为习惯。[3] 进入 21 世纪后，国家不仅关注随班就读规模的扩大，更强调通过建立支持保障体系、加强师资队伍建设等手段提升随班就读质量。近年来，普通学校教师对特殊儿童随班就读的接纳程度有所提升。例如，融合教育态度相关研究的综述显示，从普通教育教师、随班就读教师到特殊教育教师对待融合教育的态度都呈现出由消极保守向积极支持的变化趋势，从普通学生家长到特殊学生家长对融合教育的态度也呈现由消极向积极过渡的态势。[4] 同时，学校实际

①　杨希洁. 随班就读学校残疾学生发展状况研究 [J]. 中国特殊教育，2010（7）：3-10.
②　赵红，徐莉. 融合教育背景下幼教工作者对特殊儿童态度的调查 [J]. 教师教育学报，2018（1）：32-40.
③　江小英，王婧. 农村小学生对随班就读同伴接纳态度的调查报告 [J]. 中国特殊教育，2013（12）：10-18.
④　高利. 中国大陆地区融合教育态度研究进展及启示 [J]. 绥化学院学报，2019（7）：19-23.

满足特殊儿童教育需求的能力也在提升。例如，于素红对上海市 300 所普通学校随班就读工作现状的调查结果显示，部分普通学校已经在随班就读管理制度、教研活动、个别化教育、融合教育、家校合作等方面做出了系列调整，以保障随班就读的顺利开展。①

（三）不同学段随班就读发展失衡

整体来看，我国随班就读在各学龄阶段都获得了较大的发展，但不同学龄阶段随班就读的发展存在不均衡的现象，初中阶段随班就读规模扩展速度显著慢于小学阶段。这可能与初中阶段随班就读发展滞后、小学与初中阶段随班就读衔接不畅等问题有关。许多针对不同障碍类别学生随班就读的研究都曾就这一问题进行讨论。例如，对听力障碍学生随班就读状况的研究结果显示，听障学生随班就读存在教育观念、目标和语言教学内容更新缓慢，后续教育服务不足等问题。② 研究者针对智力障碍学生小升初随班就读现状的调查结果显示，随班就读生升入中学后，大部分小学不能将相关的档案材料移交给相应的中学，而中学教师出于工作量大、升学压力大等原因，难以做到为随班就读学生建立成长档案，因此缺乏对随班就读学生接受教育状况的监督、检查、评价等措施；同时，中学对智障随班就读学生的接纳程度偏低，教师对随班就读学生的关注与指导随意性较大，导致随班就读质量较低。③ 也有研究者对我国残疾儿童随班就读的影响因素进行了研究，结果显示，"两免一补"政策使得义务教育阶段残疾儿童家庭支出负担减轻，但残疾儿童在普通高中和中职随班就读的年度教育支出均值为每年 3931 元，经济压力大导致许多较为贫困的家庭难以承受，因此降低了残疾儿童在此学段随班就读的可能性。④ 未来应当采取多种措施促进中学阶段随班就读的发展。

---

① 于素红.上海市普通学校随班就读工作现状的调查研究 [J].中国特殊教育，2011（4）：3-9.
② 闫艳军，袁慧洁.聋儿随班就读存在的相关问题与对策 [J].中国听力语言康复科学杂志，2007（2）：46-48.
③ 刘红云，董兴芳.智障随班就读学生小升初转衔教育存在问题与解决策略 [J].现代特殊教育，2014（5）：49-51.
④ 侯晶晶.我国残疾儿童随班就读的影响因素研究 [J].教育研究与实验，2015（5）：49-57.

　　随着义务教育的目标由提升入学率转变为协调可持续发展，特殊教育的发展目标也经历了由提升特殊儿童入学率到提供公平而有质量的教育的转变。在此背景下，由最初在农村自发的实践，逐渐被纳入国家教育政策文件、成为正式的教育安置形式之一，到强调特殊儿童优先选择随班就读的安置形式，再到朝向融合教育发展、建立支持保障体系、强调质量提升，随班就读如今已经深深植根于中国的大地，使得众多特殊儿童受益。进入21世纪后，随班就读规模逐渐扩大，能够接受随班就读的特殊儿童障碍类别不断增加。与此同时，不可忽视的是，当前随班就读在不同障碍类别、不同学段方面存在发展失衡的问题。持续扩大随班就读规模、扩大受益人群，持续提升随班就读的质量，将是当前及未来随班就读事业发展长期奋斗的目标。

第二章　中国随班就读发展的政策分析

教育政策分析是横跨教育理论与教育实践的桥梁。对随班就读政策本身的分析，可以管窥我国随班就读政策制定和实践的内在逻辑与发展线索，帮助我们更好地理解随班就读的内涵及其在我国特殊儿童少年全面发展方面的重要作用。实现随班就读质量的提升，随班就读师资队伍质量的提升是关键。因此，本章还将针对随班就读教师融合教育素养的培养与培训相关的政策进行分析。为保证术语使用的统一性，本章中的随班就读教师是指在普通学校承担附设的各类特教班教育教学工作的教师及承担特殊学生随班就读的普通班级教育教学工作的教师，不包括资源教师、巡回指导教师；随班就读师资队伍则包括班级教师、资源教师和巡回指导教师。

第一节　政策分析的基础

国家政策一直是随班就读发展的强劲动力。因此，对随班就读政策的分析，有助于更好地理解我国随班就读的发展脉络和发展困境。

随址就读政策是我国教育政策体系的有机组成部分，与教育政策一脉相承。教育政策通常被理解为是一种有目的的、有组织的动态发展过程，是政党和政府等政治实体在一定历史时期为实现一定的教育目标和任务，通过协调教育的内外关系而规定的行动依据和准则。^①教育政策本质属于国家公共政策的有机组成部分，其内涵体现了公共政策的本质属性。从公共政策的属性看，教育政策的主体是享有公共权威的政府部门，政策是决策主体主动进行价值选择的活动，根本目的是协调平衡各方面的利益与价值冲突、在社会范围内对教育利益进行分配。而随班就读政策具有教育政策的这些本质特征。

　　我国有关教育政策的研究起步较晚，目前还未形成统一的教育政策分析范式，但也有几种受到广泛认可的教育政策分析框架可供参考。依据政策分析希望回答的问题，政策分析可以分为事实分析、价值分析和规范分析三个维度。^②其中事实分析是对政策及活动做出的事实判断，回答"是什么"或"怎么样"的问题；价值分析是对政策活动进行价值判断，回答政策决策的背后"期望什么""利益为什么如此分配"等问题；规范分析是对政策活动进行规范判断和命令判断，回答"应该是什么"及"应该怎么样"的问题。若将教育政策视为一个动态的结构，从结构变迁的角度可以将政策视为外围层、中间层和核心层相互作用和动态变化的结果。^③核心层是直接与人相关的教育政策，中间层是国家、各级教育主管部门制定的与教育有关的政策、法律、法规，外围层是与教育政策直接或间接相关的国家宏观政治、经济、文化政策以及特定社会的意识形态、风俗传统和价值观念，可以从上述的三层结构视角看教育政策在变迁道路、变迁途径和变迁动力方面的动态变化特征。此外，从教育政策的本质看，教育政策是各种相互冲突的教育利益的协调，是"价值负载的"，是政策文本和政策过程的统一。基于此，教育政策分析可以采用三维框架，包括价值分析、内容分析和过程分析三个维度。其中价值分析主要回答教育政策的价值准则，内容分析主要回答教育政策的目标、手段和对象，过程分析则关注教育政策

---

① 孙绵涛.教育政策学 [M].武汉：武汉工业大学出版社，1997：8.
② 刘复兴.教育政策的价值分析 [M].北京：教育科学出版社，2003：5-6.
③ 邵泽斌，张乐天.教育政策：一个结构主义的分析视角 [J].教育理论与实践，2007（6）：14-18.

从制定、执行到评价的所有形式化阶段。[1] 也有研究者在综合多种教育政策分析框架的基础上提出，目前西方的政策分析框架并不完全适用于中国的政策环境，同时研究者也常常忽视了政策主体及政策主体性价值的重要作用，因此提出了教育政策主体性价值的分析模式。[2] 提倡分析国家、执政党、政府、非政治社会组织以及个人和家庭等教育政策主体的价值诉求与选择，及不同主体间的价值冲突及其在教育政策中的意义。不论基于何种视角，教育政策分析框架中都包含了政策价值、政策内容和政策过程三个基本维度。

涉及随班就读的政策众多，依据政策所涉及内容和着眼点的不同，可以将这些政策大致划分为宏观和微观两类。宏观层面的随班就读政策着眼于随班就读事业的整体发展，包括随班就读整体发展理念、目标、组织形式等内容；微观层面的随班就读政策通常聚焦于随班就读发展的某个方面，如本章将着重探讨随班就读师资培养与培训的相关政策。后者虽也涉及发展理念、目标、组织形式等内容，但基本是在宏观政策的指导下对具体领域进行的具体规定。

本章将对宏观层面的随班就读政策和微观层面的随班就读教师培养与培训政策分类进行分析。为了更好地阐释已有宏观层面随班就读政策文本及变迁历程的内在逻辑，本章采用以价值分析为主导、事实分析为基础的综合分析框架。通过价值分析，阐释随班就读政策背后价值选择的变迁趋势；在政策内容分析方面着重阐明随班就读政策在目标、手段和对象方面的变化及其与价值变迁之间的内在联系；通过过程分析阐释随班就读政策的变迁道路、变迁途径、变迁动力，揭示随班就读政策过程的动态性。与随班就读宏观政策相比较，微观层面的随班就读教师培养与培训的相关政策内容更为具体，主要是对应当为随班就读工作培养与培训出怎样的教师、谁来培养或培训教师以及如何培养与培训教师等问题的具体规定，通常包

---

① 孟卫青.教育政策分析：价值、内容与过程 [J].现代教育论丛，2008（5）：38—41，49.

② 王宁.教育政策主体性价值分析框架研究：以中国国家助学贷款为实例[D].武汉：华中科技大学，2011.

含了培养与培训对象、主体、内容、手段等内容。培养与培训政策变迁背后的价值理念、变迁过程基本与随班就读宏观政策一致，政策内容的变迁更多体现在上述内容的具体规定上。鉴于此，综合考虑政策分析的基本框架及随班就读教师培养与培训政策的特点，本章主要针对培养与培训政策的目标、主体及途径进行分析。其中，目标分析主要揭示随班就读教师培养与培训理念、标准的变化，主体分析主要揭示培养单位的变迁，途径分析则主要呈现培养与培训方式的变化。

第二节　随班就读宏观政策的分析

新中国成立以来，我国颁布的重要随班就读相关政策文本有 30 多个，具体内容如表 2-1 所示。

表 2-1　部分随班就读相关政策文本

颁布时间	名称	颁布主体	内容（部分）
1986 年	《关于实施〈义务教育法〉若干问题的意见》	国务院办公厅转发颁布（国家教委、国家计委、财政部、劳动人事部提出）	十、残疾儿童的义务教育 （三十一）各级人民政府在实施义务教育的过程中，应当重视盲、聋哑、弱智等残疾儿童的义务教育，有计划、有步骤地解决残疾儿童入学问题。在制订特殊教育发展规划时，要从实际出发，分步骤实施。具体实施办法，由各省、自治区、直辖市制订。 （三十二）盲、聋哑、弱智儿童的入学年龄可以适当放宽，由各地根据城乡不同条件确定。 教学要求，要根据盲、聋哑、弱智儿童的特点，区别对待。具体教学要求，参照国家有关规定，由各省、自治区、直辖市教育主管部门确定。 办学形式要灵活多样，除设特殊教育学校外，还可在普通小学或初中附设特殊教学班。应该把那些虽有残疾，但不妨碍正常学习的儿童吸收到普通中小学上学。

颁布时间	名称	颁布主体	内容（部分）
1987 年	《关于印发〈全日制弱智学校（班）教学计划〉（征求意见稿）的通知》	国家教委	二、在普及初等教育的过程中，大多数轻度弱智儿童已经进入当地普通小学随班就读。这种形式有利于弱智儿童与正常儿童的交往，是在那些尚未建立弱智学校（班）的地区特别是农村地区解决轻度弱智儿童入学问题的可行办法，原教育部于 1983 年在《关于普及初等教育基本要求的暂行规定》中已经予以肯定。各地教育部门在举办弱智学校（班）的同时，对这种形式应当继续予以扶持，并帮助教师改进教学方法，加强个别辅导，使随班就读的弱智儿童能够学有所得。各地教研部门要注意总结推广这方面的经验，为教师提供教育和管理弱智儿童的业务知识和资料。
1988 年	《中国残疾人事业五年工作纲要（1988—1992 年）》	国务院批准（国家计委、国家教委、民政部、财政部、劳动部、卫生部、中国残联制定）	42. 坚持多种形式办学。办好现有的盲、聋和弱智学校，新建一批特教学校。同时，采取有力措施，积极推动普通学校和幼儿园附设特教班，及普通班中吸收肢残、轻度弱智、弱视和重听（含经过听力语言训练达到三级康复标准的聋童）等残疾儿童随班就读。 45. 要切实把残疾人基础教育纳入九年义务教育的轨道，作为各地普及初等教育的任务之一。采取积极措施，在宣布普及初等教育的地区，应使适龄的残疾少年儿童全部入学；尚未普及初等义务教育的地区，要努力提高残疾少年儿童的入学率。 46. 学前教育对残疾儿童尤其重要。大力提倡在残疾儿童家庭、特教学校附设的学前班、普通幼儿园增设的特教班中，对残疾儿童进行行走定向、听力语言、心理康复、智力开发和功能训练。

颁布时间	名称	颁布主体	内容（部分）
1989年	《关于发展特殊教育的若干意见》	国家教委、国家计委、民政部、财政部、人事部、劳动部、卫生部、中国残联	6. 多种形式办学，加快特殊教育事业的发展。 各地要充分利用现有普通小学，积极招收虽有一定残疾，但可以在普通班学习的残疾儿童入学。 在普通小学附设特教班，吸收随普通班学习困难较大的残疾儿童入学。 积极创造条件，举办多种形式的特教学校。可以直接办校，也可以先办班后办校；可以办全日制学校，也可以办半工半读学校；可以办课程设置齐全的学校，也可以办课程设置暂不齐全的学校；可以每年招生，也可以隔年招生。 各地学校要继续创造条件，积极吸收肢体残疾和有学习障碍、语言障碍、情绪障碍等少年儿童入学，并努力改进教学方法，探索教学规律，使他们受到适当的特殊教育。 高等院校、中等专业技术学校和技工学校要继续认真贯彻落实招收残疾学生的有关规定。有条件的省、自治区、直辖市，要选择一、两所大专院校，试招盲、聋等残疾学生在适合的专业中学习。 儿童福利机构要积极创造条件，采用多种形式，对残疾儿童进行特殊教育和训练。 各地还可因地制宜，积极探索其他办学形式。 7. 特殊教育的布局。 盲童教育，原则上以省、自治区、直辖市为单位划片设校，或以地市为单位设校；并有计划地在聋童学校和普通小学附设盲童班，或吸收掌握盲文的盲童在普通小学随班就读。 聋童教育，根据生源情况原则上以县为单位办班办校。

续表

颁布时间	名称	颁布主体	内容（部分）
1989 年	《关于发展特殊教育的若干意见》	国家教委、国家计委、民政部、财政部、人事部、劳动部、卫生部、中国残联	弱智教育，城市可以在普通小学、残疾儿童福利机构分散办班或随班就读，也可以集中办校；农村实行就近入学，随班就读，加强个别辅导；有条件的县、乡（镇）也可以办班或建校。 在特教学校（班）合理布局的基础上，各省、自治区、直辖市及其所属地、市，应有重点地办好几所盲、聋和弱智学校或特教班，作为教学研究中心，发挥以点带面、典型示范的作用。
1990 年	《中华人民共和国残疾人保障法》	全国人民代表大会常务委员会	第二十二条　普通教育机构对具有接受普通教育能力的残疾人实施教育。 普通小学、初级中等学校，必须招收能适应其学习生活的残疾儿童、少年入学；普通高级中等学校、中等专业学校、技工学校和高等院校，必须招收符合国家规定的录取标准的残疾考生入学，不得因其残疾而拒绝招收；拒绝招收的，当事人或者其亲属、监护人可以要求有关部门处理，有关部门应当责令该学校招收。 普通幼儿教育机构应当接收能适应其生活的残疾幼儿。
1994 年	《关于开展残疾儿童少年随班就读工作的试行办法》	国家教委	一、总则 1.深入贯彻执行《中华人民共和国义务教育法》和《中华人民共和国残疾人保障法》，开展残疾儿童少年随班就读工作，是发展和普及我国残疾儿童少年义务教育的一个主要办学形式，是建立适合我国国情的残疾儿童少年义务教育新格局的需要。实践证明，这是对残疾儿童少年进行义务教育的行之有效的途径。 2.残疾儿童少年随班就读有利于残疾儿童少年就近入学，有利于提高残疾儿童少年的入学率，有利于残疾儿童与普通儿童互相理解、互相帮助，促进特殊教育和普通教育有机结合，共同提高。

续表

颁布时间	名称	颁布主体	内容（部分）
1994年	《关于开展残疾儿童少年随班就读工作的试行办法》	国家教委	3.各级教育行政部门必须高度重视和积极开展残疾儿童少年随班就读工作，并使其逐步完善。
	《残疾人教育条例》	国务院	第十七条 适龄残疾儿童、少年可以根据条件，通过下列形式接受义务教育： （一）在普通学校随班就读； （二）在普通学校、儿童福利机构或者其他机构附设的残疾儿童、少年特殊教育班就读； （三）在残疾儿童、少年特殊教育学校就读。 地方各级人民政府应当逐步创造条件，对因身体条件不能到学校就读的适龄残疾儿童、少年，采取其他适当形式进行义务教育。
1996年	《残疾儿童少年义务教育"九五"实施方案》	国家教委、中国残联	三、主要措施。 1.同步实施 普遍开展随班就读，乡（镇）设特教班，30万以上人口，残疾儿童少年较多的县设立特殊教育中心学校，基本形成以随班就读和特教班为主体，以特殊教育学校为骨干的残疾儿童少年义务教育格局。 2.积极开展学前教育 普通幼儿教育机构和普通小学附设的学前班，积极招收残疾儿童随班就读，并根据需要开设残疾儿童班，特教学校、儿童福利院开设学前班，与家庭结合，开展残疾儿童的早期教育、早期康复。

续表

颁布时间	名称	颁布主体	内容（部分）
1998 年	《关于认真做好"两基"验收后巩固提高工作的若干意见》	教育部	一、坚持"两基"为"重中之重"方针，突出重点，抓好薄弱环节。 省级人民政府和教育行政部门要立足于 21 世纪经济建设、社会发展以及人民群众对教育的需求，从本地实际和现有工作基础出发，实事求是地确定现阶段巩固提高重点内容，基本要求和期限，不同地区可有不同侧重和不同要求。对大中城市薄弱学校建设，农村初中阶段教育，特殊教育，流动儿童少年就学，扫除妇女文盲和流动人口文盲等薄弱环节应加大工作力度并实行倾斜政策。 八、大力发展特殊教育事业。要把残疾与正常儿童少年同步接受义务教育纳入巩固提高规划，统筹安排。要采取多种办学形式，确保"九五"残疾儿童少年义务教育目标实现。30 万人口以上，残疾儿童少年较多的县（市、区），要形成特殊教育学校、普通学校特殊教育班和随班就读的残疾儿童少年义务教育格局，使残疾儿童少年能够较好地接受义务教育。 要在试点的基础上，逐步对有学习能力的残疾青壮年开展扫盲教育。
	《特殊教育学校暂行规程》	教育部	第十二条　特殊教育学校应接纳其主管教育行政部门批准、不适应继续在普通学校就读申请转学的残疾儿童、少年，并根据其实际情况，编入相应年级。 第十四条　特殊教育学校对学业能力提前达到更高年级程度的学生，可准其提前升入相应年级学习或者提前学习相应年级的有关课程。经考查能够在普通学校随班就读的学生，在经得本人、其父母或者其他监护人的同意后，应向主管教育行政部门申请转学。

续表

颁布时间	名称	颁布主体	内容（部分）
2001 年	《关于"十五"期间进一步推进特殊教育改革和发展的意见》	国务院办公厅转发颁布（教育部、国家计委、民政部、财政部、人事部、劳动保障部、卫生部、税务总局、中国残联提出）	8.进一步加强对普通学校特殊教育班和残疾学生随班就读工作的指导，努力提高教学质量。各级教育行政部门要把办好普通学校特殊教育班和搞好残疾学生随班就读工作，作为一项重要任务来抓；要制定切实可行的政策，鼓励普通学校招收残疾学生；要加强对普通学校特殊教育班和随班就读教学工作的指导、监控，尽快建立普通学校特殊教育班和随班就读的教学管理制度，努力提高教学质量，降低辍学率。支持随班就读学生较多的学校建立资源教室，配备指导教师，为残疾学生提供教学指导，帮助他们解决学习困难。特殊教育学校要定期派出教师对普通学校特殊教育班和残疾学生随班就读的教学工作进行巡回指导。特殊教育研究部门要努力研究提高普通学校特殊教育班和随班就读教学质量的有效途径。教育部要编写有关随班就读方面的指导手册，指导开展随班就读工作。 17.努力改善办学条件，为残疾学生提供良好的教育环境。……要加强特殊教育学校和附设特殊教育部（班）的普通学校校园校舍建设，确保校舍无危房和校园校舍的安全，努力达到国家或省、自治区、直辖市人民政府有关部门规定的校园校舍建设要求。
2003 年	《关于开展建立随班就读工作支持保障体系实验县（区）工作的通知》	教育部基础教育司	一、实验目的： 建立随班就读工作支持保障体系，使随班就读这个残疾儿童少年接受义务教育的主要形式更加科学化、规范化、制度化。通过各部门的全力支持和多方面的有效保障，使广大符合条件的残疾儿童少年能够顺利地进入普通中小学，并能留得住，学得好。

续表

颁布时间	名称	颁布主体	内容（部分）
2006 年	《中华人民共和国义务教育法》（2006 年修订）	全国人民代表大会常务委员会	第十九条 县级以上地方人民政府根据需要设置相应的实施特殊教育的学校（班），对视力残疾、听力语言残疾和智力残疾的适龄儿童、少年实施义务教育。特殊教育学校（班）应当具备适应残疾儿童、少年学习、康复、生活特点的场所和设施。 普通学校应当接收具有接受普通教育能力的残疾适龄儿童、少年随班就读，并为其学习、康复提供帮助。
2008 年	《教育部基础教育司 2008 年工作要点》	教育部基础教育司	六、全面树立和落实科学发展观，推进基础教育各项事业持续协调健康发展。 23. 筹备召开第四次全国特殊教育工作会议，启动实施特殊教育学校建设工程，进一步加强随班就读支持保障体系建设，加快推进特殊教育学校课程改革工作，提出大力发展特殊教育学校职业教育的意见，提高特殊教育质量。
2009 年	《关于进一步加快特殊教育事业发展的意见》	国务院办公厅转发颁布（教育部、发展改革委、民政部、财政部、人力资源社会保障部、卫生部、中央编办、中国残联提出）	二、完善特殊教育经费保障机制，提高特殊教育保障水平 8. 加强特殊教育学校建设。 各地要统筹安排在普通学校、儿童福利机构或者其他机构附设的特教班、高中阶段特殊教育学校（班）和高等特殊教育专业的建设。 三、加强特殊教育的针对性，提高残疾学生的综合素质 12. 全面推进随班就读工作，不断提高教育质量。重点推进县（区）级随班就读支持保障体系的建立和完善。所有实施义务教育的学校要积极创造条件，接收具有接受普通教育能力的适龄残疾儿童少年随班就读，不断扩大随班就读规模。

续表

颁布时间	名称	颁布主体	内容（部分）
2009 年	《关于进一步加快特殊教育事业发展的意见》	国务院办公厅转发颁布（教育部、发展改革委、民政部、财政部、人力资源社会保障部、卫生部、中央编办、中国残联提出）	建立特殊教育学校定期委派教师到普通学校巡回指导随班就读工作的制度，确保随班就读的质量。 四、加强特殊教育师资队伍建设，提高教师专业化水平 16.加强特殊教育教师培养培训工作。……要加强对在普通学校、儿童福利机构或其他机构中从事特殊教育工作的教师和特殊教育学校巡回指导教师的培训。
2010 年	《教育部2010年工作要点》	教育部	13.关心和支持特殊教育。完善特殊教育体系。支持中西部地区新建和改建一批特殊教育学校。扩大随班就读和普通学校特教班规模。研究制定特殊教育学校建设标准和课程标准。加强特殊教育教师专业培训。
2010 年	《国家中长期教育改革和发展规划纲要(2010—2020 年)》	国务院	第十章 特殊教育 （二十九）完善特殊教育体系。到 2020 年，基本实现市（地）和 30 万人口以上、残疾儿童少年较多的县（市）都有一所特殊教育学校。各级各类学校要积极创造条件接收残疾人入学，不断扩大随班就读和普通学校特教班规模。全面提高残疾儿童少年义务教育普及水平，加快发展残疾人高中阶段教育，大力推进残疾人职业教育，重视发展残疾人高等教育。因地制宜发展残疾儿童学前教育。
2011 年	《残疾人教育条例》（2011 年修订）	国务院	第十七条 适龄残疾儿童、少年可以根据条件，通过下列形式接受义务教育： （一）在普通学校随班就读； （二）在普通学校、儿童福利机构或者其他机构附设的残疾儿童、少年特殊教育班就读；

续表

颁布时间	名称	颁布主体	内容（部分）
2011 年	《残疾人教育条例》（2011 年修订）	国务院	（三）在残疾儿童、少年特殊教育学校就读。地方各级人民政府应当逐步创造条件，对因身体条件不能到学校就读的适龄残疾儿童、少年，采取其他适当形式进行义务教育。 第二十一条 普通学校应当按照国家有关规定招收能适应普通班学习的适龄残疾儿童、少年就读，并根据其学习、康复的特殊需要对其提供帮助。有条件的学校，可以设立专门辅导教室。 县级人民政府教育行政部门应当加强对本行政区域内的残疾儿童、少年随班就读教学工作的指导。 随班就读残疾学生的义务教育，可以适用普通义务教育的课程计划、教学大纲和教材，但是对其学习要求可以有适度弹性。
	《教育部2011 年工作要点》	教育部	12. 保障残疾儿童少年受教育权利。印发开展残疾儿童少年随班就读工作的指导意见，扩大随班就读和普通学校附设特教班规模，提高残疾儿童少年义务教育普及水平。支持中西部地区新建和改建特殊教育学校。研究制定特殊教育学校课程标准。开展医教结合改革实验。推动残疾儿童学前教育和残疾人高中阶段教育发展，完善特殊教育体系。
2012 年	《教育部2012 年工作要点》	教育部	32. 关心和支持特殊教育。制定普通学校接受残疾学生随班就读的政策措施。研究制定"基本普及残疾儿童少年九年义务教育攻坚计划"。继续推进特殊教育学校建设工程。继续推进"医教结合"试点。加强特殊教育师资培养培训基地建设。审议印发三类特殊教育学校课程标准，组织编写特殊教育各学科教材。

续表

颁布时间	名称	颁布主体	内容（部分）
2013 年	《教育部2013年工作要点》	教育部	21. 支持特殊教育。继续实施好特殊教育重大项目。启动实施残疾儿童少年义务教育攻坚计划。启动特殊教育重点建设项目，支持薄弱特殊教育学校基本配足配齐教学康复仪器，支持普通学校残疾学生随班就读资源教室（中心）建设。印发盲、聋和培智三类特殊教育课程标准，启动三类特殊教育教材编写和课程资源建设工作。继续开展"医教结合"实验。改革特殊教育教学方法。
2014 年	《特殊教育提升计划（2014—2016 年）》	国务院办公厅转发颁布（教育部、发展改革委、民政部、财政部、人力资源社会保障部、卫生计生委、中国残联制定）	二、总体目标和重点任务 （一）总体目标。 全面推进全纳教育，使每一个残疾孩子都能接受合适的教育。 三、主要措施 （一）扩大残疾儿童少年义务教育规模。 扩大普通学校随班就读规模。尽可能在普通学校安排残疾学生随班就读，加强特殊教育资源教室、无障碍设施等建设，为残疾学生提供必要的学习和生活便利。有条件的儿童福利机构可设立特教班。 （三）加大特殊教育经费投入力度。 随班就读、特教班和送教上门的义务教育阶段生均公用经费参照上述标准执行。 （五）加强特殊教育教师队伍建设。 加强普通学校随班就读、资源指导、送教上门等特殊教育教师培训。 （六）深化特殊教育课程教学改革。 改革教育教学方法。加强个别化教育，增强教育的针对性与有效性。开展"医教结合"实验，提升残疾学生的康复水平和知识接受能力。探索建立特殊教育学校与普通学校定期举行交流活动的制度，促进融合教育。

颁布时间	名称	颁布主体	内容（部分）
2014 年	《教育部2014年工作要点》	教育部	29.关心和支持特殊教育。启动实施《特殊教育提升计划（2014—2016 年）》，大力提升特殊教育普及水平、经费保障能力和教育教学质量。实施特殊教育改善办学条件项目，在普通学校设立特殊教育资源教室（中心）、薄弱特殊教育学校改善办学条件等方面给予支持。继续实施特殊教育学校建设项目。支持高等学校特殊教育专业建设、残疾人中等职业学校和高校特殊教育学院建设。召开全国特殊教育工作会议。
2015 年	《教育部2015年工作要点》	教育部	37.关心支持特殊教育发展。落实好《特殊教育提升计划（2014—2016 年）》。继续实施特殊教育重大项目。扩大普通学校随班就读规模，加强资源教室建设和无障碍设施改造。支持有条件的地区建设孤独症儿童少年特殊教育学校（部）。发布盲、聋和培智三类特殊教育学校课程标准，启动起始年级教材编写。加强特殊教育教师队伍建设。制订残疾人参加普通高考和研究生考试的特殊保障办法。组织开展特殊教育改革实验区工作。
2016 年	《普通学校特殊教育资源教室建设指南》	教育部	特殊教育资源教室是推进残疾儿童少年在普通学校随班就读工作的关键支撑，对全面提高特殊教育普及水平具有不可替代的重要作用。近年来，一些地区积极推进随班就读工作，对特殊教育资源教室建设进行了有益探索，积累了许多好的做法和经验，但总体来看，特殊教育资源教室工作基础薄弱，存在数量严重不足、设备配备较差、资源教师缺乏和资源教室作用发挥不足等突出问题亟待解决。

续表

颁布时间	名称	颁布主体	内容（部分）
2016 年	《普通学校特殊教育资源教室建设指南》	教育部	各级教育行政部门要坚持特教特办的原则，科学规划，统筹安排，合理布局，协调落实好普通学校特殊教育资源教室建设所需的资金、人员和相关政策，切实做好特殊教育资源教室的建设与管理工作。
	《关于加快中西部教育发展的指导意见》	国务院办公厅	（七）保障残疾人受教育权利。以普及残疾儿童少年义务教育为重点，扩大特殊教育资源总量，提高残疾人接受教育的比例，提高特教教师职业吸引力，推进全纳教育。国家实施特殊教育提升计划，重点支持中西部各省（区、市）建设特教学校和特教资源中心，改善特教学校办学条件，提高质量和水平。到2020年，形成较为完善的特殊教育体系，为每一位残疾儿童少年提供更加适合的教育。 扩充特教资源总量。……扩大普通学校随班就读规模，在残疾学生较多的普通中小学和中等职业学校设立特教资源教室，对残疾学生实施特殊教育和康复训练。……支持中等职业学校积极招收残疾学生，帮助学生掌握一技之长，提高就业能力。鼓励普通高校招收残疾学生，支持普通高校设置特教学院，扩大残疾学生接受高等教育机会。 拓展特教服务模式。……探索孤独症儿童教育模式，优先考虑就近入学、随班就读，鼓励特教学校及有条件的普通学校开办孤独症特教班，支持民办机构、福利院及其他康复机构为孤独症儿童提供教育和康复服务。逐步提高特教信息化水平。 提高特教经费保障水平。到2016年底，义务教育阶段特教学校生均公用经费基准定额达到6000元。对承担随班就读、特教班和送教上门任务的义务教育阶段学校，残疾学生生均公用经费参照上述标准执行。

续表

颁布时间	名称	颁布主体	内容（部分）
2017 年	《残疾人教育条例》（2017年修订）	国务院	第十七条 适龄残疾儿童、少年能够适应普通学校学习生活、接受普通教育的，依照《中华人民共和国义务教育法》的规定就近到普通学校入学接受义务教育。 适龄残疾儿童、少年能够接受普通教育，但是学习生活需要特别支持的，根据身体状况就近到县级人民政府教育行政部门在一定区域内指定的具备相应资源、条件的普通学校入学接受义务教育。 第十八条 在特殊教育学校学习的残疾儿童、少年，经教育、康复训练，能够接受普通教育的，学校可以建议残疾儿童、少年的父母或者其他监护人将其转入或者升入普通学校接受义务教育。 在普通学校学习的残疾儿童、少年，难以适应普通学校学习生活的，学校可以建议残疾儿童、少年的父母或者其他监护人将其转入指定的普通学校或者特殊教育学校接受义务教育。 第二十条 县级人民政府教育行政部门应当会同卫生行政部门、民政部门、残疾人联合会，建立由教育、心理、康复、社会工作等方面专家组成的残疾人教育专家委员会。 残疾人教育专家委员会可以接受教育行政部门的委托，对适龄残疾儿童、少年的身体状况、接受教育的能力和适应学校学习生活的能力进行评估，提出入学、转学建议；对残疾人义务教育问题提供咨询，提出建议。 依照前款规定作出的评估结果属于残疾儿童、少年的隐私，仅可被用于对残疾儿童、少年实施教育、康复。教育行政部门、残疾人教育专家委员会、学校及其工作人员对在工作中了解的残疾儿童、少年评估结果及其他个人信息负有保密义务。 第二十二条 招收残疾学生的普通学校应当将残疾学生合理编入班级；残疾学生较多的，可以设置专门的特殊教育班级。

续表

颁布时间	名称	颁布主体	内容（部分）
2017 年	《残疾人教育条例》（2017年修订）	国务院	招收残疾学生的普通学校应当安排专门从事残疾人教育的教师或者经验丰富的教师承担随班就读或者特殊教育班级的教育教学工作，并适当缩减班级学生数额，为残疾学生入学后的学习、生活提供便利和条件，保障残疾学生平等参与教育教学和学校组织的各项活动。 第二十三条 在普通学校随班就读残疾学生的义务教育，可以适用普通义务教育的课程设置方案、课程标准和教材，但是对其学习要求可以有适度弹性。 第二十六条 县级人民政府教育行政部门应当加强对本行政区域内的残疾儿童、少年实施义务教育工作的指导。 县级以上地方人民政府教育行政部门应当统筹安排支持特殊教育学校建立特殊教育资源中心，在一定区域内提供特殊教育指导和支持服务。特殊教育资源中心可以受教育行政部门的委托承担以下工作：（一）指导、评价区域内的随班就读工作；（二）为区域内承担随班就读教育教学任务的教师提供培训；（三）派出教师和相关专业服务人员支持随班就读，为接受送教上门和远程教育的残疾儿童、少年提供辅导和支持；（四）为残疾学生父母或者其他监护人提供咨询；（五）其他特殊教育相关工作。
	《关于做好残疾儿童少年义务教育招生入学工作的通知》	教育部办公厅、中国残联办公厅	三、"一人一案"落实教育安置。各地要按照"全覆盖、零拒绝"的要求，以区县为单位，根据残疾儿童的实际制订教育安置方案，逐一做好适龄残疾儿童少年的入学安置工作。优先安排残疾儿童少年就近或者到指定的具备条件的普通学校接受义务教育，对于学习和生活上需要特别支持的残疾学生，要提供专业支持。对于不能接受普通教育的残疾儿童少年，安置到特殊教育学校入学，

续表

颁布时间	名称	颁布主体	内容（部分）
2017 年	《关于做好残疾儿童少年义务教育招生入学工作的通知》	教育部办公厅、中国残联办公厅	没有特教学校的区县由地市教育行政部门统筹。对于需专人护理、不能到校就读的残疾儿童少年，通过提供送教上门或远程教育等方式实施义务教育，并纳入学籍管理。必要时，委托区县残疾人教育专家委员会，对残疾儿童少年适应学校学习生活和教育的能力进行评估，提出入学安置建议。 四、加强条件保障。以区县为单位统筹规划特殊教育资源教室建设，配好资源教师，为普通学校招收残疾儿童少年创造条件。按特教学校标准足额拨付随班就读和送教上门的残疾学生生均公用经费，落实普通学校的特教教师和承担随班就读工作教师的待遇，提高学校招收残疾儿童少年的积极性。
	《第二期特殊教育提升计划（2017—2020年）》	教育部、发展改革委、民政部、财政部、人力资源社会保障部、卫生计生委、中国残联	二、总体要求 （一）基本原则 1.坚持统筹推进，普特结合。以普通学校随班就读为主体、以特殊教育学校为骨干、以送教上门和远程教育为补充，全面推进融合教育。普通学校和特殊教育学校责任共担、资源共享、相互支撑。 （二）总体目标 到2020年，……特殊教育学校、普通学校随班就读和送教上门的运行保障能力全面增强。……普通学校随班就读质量整体提高。 （三）重点任务 2.增强特殊教育保障能力。……全面加强随班就读支持保障体系建设。 三、主要措施 （一）提高残疾儿童少年义务教育普及水平 以区县为单位，逐一核实未入学适龄残疾儿童少年数据。通过特殊教育学校就读、普通学校就读、儿童福利机构（含未成年人救助保护机构）特教班就读、送教上门等多种方式，落实"一人一案"，做好教育安置。

续表

颁布时间	名称	颁布主体	内容（部分）
2017年	《第二期特殊教育提升计划（2017—2020年)》	教育部、发展改革委、民政部、财政部、人力资源社会保障部、卫生计生委、中国残联	优先采用普通学校随班就读的方式，就近安排适龄残疾儿童少年接受义务教育。以区县为单位统筹规划，重点选择部分普通学校建立资源教室，配备专门从事残疾人教育的教师（以下简称"资源教师"），指定其招收残疾学生。其他招收残疾学生5人以上的普通学校也要逐步建立特殊教育资源教室。依托乡镇中心学校，加强对农村随班就读工作的指导。有条件的儿童福利机构继续办好特教班或特殊教育学校。 （二）加快发展非义务教育阶段特殊教育 普通高中和中等职业学校通过随班就读、举办特教班等扩大招收残疾学生的规模。招生考试机构为残疾学生参加中考提供合理便利。普通高等学校积极招收符合录取标准的残疾考生，进行必要的无障碍环境改造，给予残疾学生学业、生活上的支持和帮助。 支持普通高校、开放大学、成人高校等面向残疾学生开展继续教育，支持各种职业教育培训机构加强残疾人职业技能培训，拓宽和完善残疾人终身学习通道。
2018年	《教育部2018年工作要点》	教育部	26.办好特殊教育。全面实施第二期特殊教育提升计划（2017—2020年）。落实"一人一案"，提升残疾儿童少年义务教育普及水平。加快特殊教育课程教材体系建设。印发《关于加强普通学校随班就读的指导意见》《关于加快发展残疾人职业教育的若干意见》。督促30万人口以上县（市）独立设置特教学校。推动以区（县）为单位加快建立特殊教育资源中心。推进国家特殊教育改革实验区建设。
	《关于做好2018年普通中小学招生入学工作的通知》	教育部办公厅	（二）统筹保障不同群体入学。……推进融合教育，依法保障能够接受普通教育的适龄残疾儿童少年就近就便随班就读。

续表

颁布时间	名称	颁布主体	内容（部分）
2019 年	《教育部2019年工作要点》	教育部	14.办好特殊教育 目标任务：给残疾学生特别扶助和优先保障，提升残疾人受教育水平。 工作措施：……研制《关于加强残疾儿童少年随班就读工作的指导意见》。
	《中国教育现代化2035》	国务院	实现基本公共教育服务均等化。 推进适龄残疾儿童少年教育全覆盖。 全面推进融合教育。 促进医教结合。
	《特殊教育补助资金管理办法》	财政部、教育部	第四条　补助资金支持范围为全国独立设置的特殊教育学校和招收较多残疾学生随班就读的义务教育阶段学校。重点支持中西部省份和东部部分困难地区。 补助资金主要用于以下方面： （一）支持特殊教育学校改善办学条件，为学校配备特殊教育专用设备设施和仪器等。 （二）支持特殊教育资源中心（教室）配置必要的设施设备，对随班就读学生较多的义务教育阶段学校进行无障碍设施改造。 （三）支持向重度残疾学生接受义务教育提供送教上门服务，为送教上门的教师提供必要的交通补助；支持探索教育与康复相结合的医教结合实验，配备相关仪器设备，为相关人员提供必要的交通补助。
2020 年	《关于加强残疾儿童少年义务教育阶段随班就读工作的指导意见》	教育部	参考全文

续表

颁布时间	名称	颁布主体	内容（部分）
2021 年	《"十四五"残疾人保障和发展规划》	国务院	（三）健全残疾人关爱服务体系，提升残疾人康复、教育、文化、体育等公共服务质量。 5. 健全残疾人教育体系。坚持立德树人，促进残疾儿童少年德智体美劳全面发展。制定实施《第三期特殊教育提升计划（2021—2025 年）》。巩固提高残疾儿童少年义务教育水平，加快发展非义务教育阶段特殊教育。健全普通学校随班就读支持保障体系，发挥残疾人教育专家委员会作用，实现适龄残疾儿童少年"一人一案"科学教育安置。……开展残疾人融合教育示范区、示范校和优秀教育教学案例遴选。支持高校开展残疾人融合教育。

一、价值分析：效率优先转向公平优先

随班就读从最初产生于应对特殊儿童的入学问题，到如今成为我国推行融合教育的重要实践方式，其背后的核心价值取向和政策内容都发生了明显的变化。自 1987 年国家教委《关于印发〈全日制弱智学校（班）教学计划〉（征求意见稿）的通知》正式提出"随班就读"这一概念后一段时间内，政策中有关随班就读的论述都与"提升残疾儿童入学率"等字眼紧密联系。1989 年《关于发展特殊教育的若干意见》指出，我国特殊教育，特别是残疾儿童少年教育"已经成为普及初等教育最薄弱的环节"，为了改善这一问题，要求"多种形式办学"，各地"充分利用现有普通小学，积极招收虽有一定残疾，但可以在普通班学习的残疾儿童入学"；同时增设特教班，"吸收随普通班学习困难较大的残疾儿童入学"，尽可能提升特殊儿童入学率。1994 年国家教委印发的《关于开展残疾儿童少年随班就读工作的试行办法》对随班就读工作进行了详细的规定，在总则部分明确指出了随班就读的性质和随班就读的重要意义，但仍然强调其效率的重要性。文件提出，开展

残疾儿童少年随班就读工作"是发展和普及我国残疾儿童少年义务教育的一个主要办学形式，是建立适合我国国情的残疾儿童少年义务教育新格局的需要"。文件还指明了随班就读的积极意义，如"有利于残疾儿童少年就近入学，有利于提高残疾儿童少年的入学率"。1996年国家教委和中国残联发布的《残疾儿童少年义务教育"九五"实施方案》提出了"九五"期间残疾儿童少年入学率的目标，并确立了"以随班就读和特教班为主体，以特殊教育学校为骨干的残疾儿童少年义务教育格局"。选择随班就读作为特殊儿童教育的主体，而不选择特殊教育学校，其渊源就在于随班就读安置形式在提升入学率上有突出表现，是完成特殊教育发展目标的有效手段。

从上述内容可以看出，早期的随班就读安置方式带有鲜明的工具性，本质是提升特殊儿童入学率的有效手段，最重要的职能就是保证特殊儿童能够"有学上"。这种效率优先情况直到21世纪才发生转变。进入21世纪后，教育发展的区域、城乡、群体失衡问题逐渐显现。政府需要营造良好的教育制度环境以促进教育公平发展，确保教育的公共性。国家教育发展的价值理念转向"效率优先、兼顾公平"，之后逐步过渡到以"教育公平"作为基本的政策价值取向。有关随班就读的政策文本中也开始出现大量关于权利和质量问题的论述。

2001年国务院办公厅转发的教育部等九个部门联合提出的《关于"十五"期间进一步推进特殊教育改革和发展的意见》（以下简称《"十五"期间特教改革和发展意见》）将保障特殊儿童受教育的权利视为社会主义制度优越性的重要体现，不再仅从追求效率的角度审视随班就读，而更多从保障受教育权、特殊儿童少年教育公平的视角定位随班就读、制定随班就读政策。此后的政策文本中随班就读更多与"公平""质量""零拒绝"等词语挂钩，被视为体现教育公共性、实现教育公平的方式。如2006年修订的《中华人民共和国义务教育法》明确指出要保障适龄特殊儿童少年接受义务教育的权利，在特殊教育方面，"普通学校应当接收具有接受普通教育能力的残疾适龄儿童、少年随班就读"，明确规定随班就读为特殊儿童少年的基本权利之一，但此时的随班就读权利仍然为少数特殊群体享有。教育部颁布的《教育部 2010 年工作要点》明确了我国教育事业发展基本价值理念的转变，提出要"切实改变单纯以升学率、发展规模和发展速度衡量发展成效和工作成绩的观念和做法，推动教育以人为本、全面协调可持续发展"。在新思想的指引下，关心和支持特殊教育、扩大随班就读和普通学校特教班规模成为全面提高教育质量、促进教育公平的重要举措。2014年颁布的《提升计划》、2017 年教育部办公厅和中国残联办公厅颁布的《关于做好残疾儿童少年义务教育招生入学工作的通知》陆续提出要全面推进融合教育，按照"全覆盖、零拒绝"的原则制定残疾儿童教育安置方案。随班就读不仅是一种教育安置形式，还被视为特殊儿童少年应享有的一种教育权利。2017 年修订的《残疾人教育条例》中的第十八条提出："在特殊教育学校学习的残疾儿童、少年，经教育、康复训练，能够接受普通教育的，学校可以建议残疾儿童、少年的父母或者其他监护人将其转入或者升入普通学校接受义务教育。在普通学校学习的残疾儿童、少年，难以适应普通学校学习生活的，学校可以建议残疾儿童、少年的父母或者其他监护人将其转入指定的普通学校或者特殊教育学校接受义务教育。"这强调特殊儿童需要首先符合进入普通教育学校的基本条件，才能够在普通教育学校进行随班就读。当前实践中的"零拒绝"实际指向让所有特殊儿童少年入学，二者仍有较远的距离。

总体而言，尽管随班就读仍然带有较强的工具性，但由于制定目标本身的价值理念已经发生变化，随班就读存在的意义和随班就读工作的具体规定背后的逻辑都已经不再是"效率优先"，当前的随班就读以追求"公平兼效率"为基本的价值取向。如何通过随班就读这一有效手段来保障特殊儿童的受教育权利，实现资源的均衡协调配置，体现教育本身的公共性与全民性，是政策当前较为关注的问题。

二、内容分析：随班就读内涵逐步丰富

随着政策价值理念的变更，随班就读在政策对象、目标和手段方面也发生着重大转变。

（一）对象：范围逐渐扩大

在对象方面，随班就读的对象范围逐渐扩大，逐渐从有条件地选择特殊儿童进入随班就读范围向无条件接受所有特殊儿童随班就读发展。早期文件大多会明确规定随班就读对象的残障程度，主要面向障碍程度较轻的、能够适应普通学校教育教学的盲、聋哑和智力障碍三类特殊儿童少年。如《中国残疾人事业五年工作纲要（1988—1992年）》中就明确规定，"采取有力措施，积极推动普通学校和幼儿园附设特教班，及普通班中吸收肢残、轻度弱智、弱视和重听（含经过听力语言训练达到三级康复标准的聋童）等残疾儿童随班就读"。1994年国家教委印发的《关于开展残疾儿童少年随班就读工作的试行办法》对随班就读对象的表述出现了变化："残疾儿童少年随班就读的对象，主要是指视力（包括盲和低视力）、听力语言（包括聋和重听）、智力（轻度，有条件的学校可以包括中度）等类别的残疾儿童少年。"随班就读的对象仍然以盲、聋哑、智力障碍类为主，但对障碍程度的规定条件有所放宽，且不再局限于上述三种残障类别的儿童少年。1998年教育部发布的《特殊教育学校暂行规程》提出，"经考查能够在普通学校随班就读的学生，在经得本人、其父母或者其他监护人的同意后"可以申请转入普通学校随班就读，这明确了特殊儿童可以在特殊教育学校和随班就读两种安置形式之间流动，该文件将特殊教育学校中的部分学生也纳入了随班就读的潜在对象。

进入21世纪后，在政策推动下，随班就读逐渐成为特殊儿童的一项基本权利，随班就读对象的范围不断扩大，并且政策开始强制规定此权利的实现。2003年的《关于开展建立随班就读工作支持保障体系实验县（区）工作的通知》就第一次明确提出："接受符合条件的残疾儿童少年进校随班就读，是各个普通中小学校应尽的义务和责任，不得以任何理由加以拒绝。"但从该政策文本的具体内容看，虽然要求不得拒绝特殊儿童少年进入普通学校，但

仍需要特殊儿童少年首先达到普通学校的就读标准，并且未对"符合条件"进行详细的说明，导致随班就读仍然是少数特殊儿童群体的权利。2014年《提升计划》进一步提出"尽可能在普通学校安排残疾学生随班就读"，意味着随班就读成为特殊儿童少年教育安置的首要选择，能够进入随班就读的特殊儿童范围进一步扩大。2016年国务院办公厅印发的《关于加快中西部教育发展的指导意见》提出要"支持中等职业学校积极招收残疾学生"，将随班就读对象的学龄范围进一步扩大到职业教育阶段。2017年教育部办公厅、中国残联办公厅颁布了《关于做好残疾儿童少年义务教育招生入学工作的通知》，提出"全覆盖、零拒绝"的理念，强调"优先安排残疾儿童少年就近或者到指定的具备条件的普通学校接受义务教育"。可见，随班就读对象的残障类别、学段都有所拓展，随班就读对象的范围逐步扩大。

（二）目标：转向质量提升与教育公平的实现

在随班就读目标方面，逐渐由最初侧重追求效率和扩大规模转向侧重公平实现和质量提升。1987年"随班就读"概念首次提出时就指明，鼓励随班就读的目的在于解决"轻度弱智儿童入学问题"。此后直至20世纪90年代末，与随班就读有关的政策文件中，随班就读发展目标的相关表述大都围绕扩大随班就读规模、提升特殊儿童入学率展开。2001年国务院办公厅转发的教育部等九个部门联合提出的《"十五"期间特教改革和发展意见》才明确提出要"进一步加强对普通学校特殊教育班和残疾学生随班就读工作的指导，努力提高教学质量"，"要把办好普通学校特殊教育班和搞好残疾学生随班就读工作，作为一项重要任务来抓"。至此，我国随班就读的工作目标发生了重要转变，开始进入关注质量提升的阶段。

2003年教育部基础教育司出台了《关于开展建立随班就读工作支持保障体系实验县（区）工作的通知》，明确提出这一时期随班就读工作实验的目标是通过建立随班就读支持保障体系，让特殊儿童少年顺利地进入普通中小学，而且"留得住""学得好"，规模与质量两手抓。此后很长一段时间，政策文本中有关随班就读的论述在目标部分都会强调提升随班就读质量，但在效力层级较高的政策文本中仍然大多以"扩大随班就读规模"为最主要的目标。到 2014 年，教育部等七个部门联合制定的《提升计划》在总体目标与重点任务部分明确提出要"全面推进全纳教育"，要"提高普及水平""加强条件保障""提升教育教学质量"，在主要措施部分对随班就读各项支持工作进行了规划。至此，随班就读实践正式步入以质量的全面提升为首要目标的新发展阶段。此后，《残疾人教育条例》（2017 年修订）和《第二期特殊教育提升计划（2017—2020 年）》（以下简称《二期提升计划》）都强调对随班就读的支持指导工作，强调提高随班就读质量。2019 年出台的《中国教育现代化 2035》在对未来教育发展进行部署时，将实现"基本公共教育服务均等化"作为未来的十大战略任务之一，其中明确要求"办好特殊教育""全面推进融合教育"。这表明我国随班就读建设将以质量提升为重要目标展开长期的探索。

（三）手段：强调支持保障与优惠政策补偿

进入 21 世纪后，随班就读政策在要求扩大规模的基础上还强调通过加强支持保障体系建设和设置优惠政策补偿处境不利人群受损的利益来实现教育公平。

一方面，主要采取建立随班就读支持保障体系等具体手段来实现特殊儿童的教育质量提升。其中，建立资源教室和资源中心以及巡回指导制度是建立随班就读支持保障体系的重要内容。2001 年《"十五"期间特教改革和发展意见》提出支持随班就读学生较多的学校建立资源教室，配备指导教师，特殊教育学校要定期派出教师对普通学校特殊教育班和残疾学生随班就读的教学工作进行巡回指导。2017 年《二期提升计划》仍然强调资源教室的建设，并做出了更为详细的规定：以区县为单位统筹规划，重点选择部分普通学校建立资源教室，配备专门从事残疾人教育的教师，指定其招收残疾学生。其他招收残疾学生 5 人以上的普通学校也要逐步建立特殊教育资源教室。同时，该文件还强调通过加强随班就读管理机制建设、随班就读师资队伍建设等手段来促进随班就读发展。

此外，在推进融合教育的过程中，国家积极推动特殊教育学校转型为融合教育的有机组成部分，为随班就读提供支持保障。自 2009 年《关于进一步加快特殊教育事业发展的意见》和 2010 年颁布的《国家中长期教育改革和发展规划纲要（2010—2020 年）》提出市（地）和 30 万人口以上的县（市）都建立一所特殊教育学校后，特殊教育学校的数量快速增长，教育统计数据显示，从 2001 年的 1531 所到 2019 年的 2192 所，增长了 43.17%。特殊教育学校规模的扩大和质量的提升，使依托特殊教育学校为当地随班就读特殊儿童提供支持成为可能。《二期提升计划》进一步提出要"支持特殊教育学校建立特殊教育资源中心，提供特殊教育指导和支持服务。没有特殊教育学校的区县，依托有条件的普通学校，整合相关方面的资源建立特殊教育资源中心"。通过在特殊教育学校建立特殊教育资源中心，充分利用特殊教育学校资源为随班就读工作的开展提供支持。

另一方面，通过设立各种优惠政策等补偿手段来实现特殊儿童的教育公平。最为常见的手段是直接向特殊儿童家庭发放财政补助，从而鼓励特殊儿童按时入学。例如 2003 年颁布的《关于开展建立随班就读工作支持保障体系实验县（区）工作的通知》明确指出，"有关方面要加大对随班就读工作资金投入的力度"，包括经常性的、制度化的投入和"免费义务教育项目""贫困学生助学金项目"等项目性投入。2010 年《国家中长期教育改革和发展规划纲要（2010—2020 年）》提出要"加大对家庭经济困难残疾学生的资助力度"，"逐步实施残疾学生高中阶段免费教育"。2014 年颁布的《提升计划》不仅强调要直接对随班就读的残疾儿童家庭进行资助，还要求对随班就读工作人员进行补偿，以提高随班就读工作的吸引力，从而吸引高质量的随班就读师资，提升随班就读质量。该计划强调，对在普通学校承担残疾学生随班就读教学和管理工作的教师，在绩效考核中给予倾斜；为承担"医教结合"工作的相关医务人员提供工作和交通补贴。此后颁布的各项随班就读政策文件也都强调财政补助的重要性，尤其重视随班就读生均经费和向随班就读工作者工资待遇倾斜的落实。2017 年，《关于做好残疾儿童少年义务教育招生入学工作的通知》进一步提出，在"两免一补"的基础上，要"提高补助水平"，确保残疾儿童能顺利入学。

除了上述经济方面的补偿外，政策文件还提出通过"送教上门""远程教育"等方式，为随班就读的特殊儿童提供额外的学业辅导与支持，为特殊儿童父母及监护人提供咨询与其他家庭服务；通过"环境改造"，从生活环境上予以补偿。例如2017年修订的《残疾人教育条例》第二十六条指出，特殊教育资源中心可以受教育行政部门的委托承担随班就读教师培训、家庭咨询、送教上门等工作。同年颁布的《二期提升计划》也做出了类似的规定，同时还指出，招收残疾考生的普通高等学校要"进行必要的无障碍环境改造，给予残疾学生学业、生活上的支持和帮助"。

三、过程分析：自下而上到自上而下的转变

我国随班就读政策在变迁道路、变迁途径、变迁动力方面都体现出多元化的特征。在政策变迁道路方面，主要呈现由外向内的发展路径，即教育政策、特殊教育政策等外围政策首先发生变化，从而推动随班就读政策的变化。随班就读政策的发展始终与我国教育整体发展紧密相连，教育政策整体的变迁直接影响随班就读政策背后的价值取向、逻辑原则的变迁。早期教育发展以普及义务教育为最重要的目标，决定了随班就读政策也是以提升特殊儿童入学率为主要目标，以扩大随班就读规模为随班就读发展的主要手段。后来教育政策强调教育公平的实现，随班就读政策也随之发生变化，转向强调提升随班就读质量和实现特殊儿童教育公平，随班就读的适用对象和发展手段也产生了变化。

进入21世纪后，随着随班就读制度的逐渐成熟，随班就读政策的变迁道路逐渐转为由外而内的被动变迁和由内而外的主动变迁的结合。这种由内而外的变迁表现为随班就读政策开始强调通过随班就读制度的规范化，通过建设高质量的随班就读师资队伍、建立支持保障体系、完善随班就读管理机制来进行自我规范与发展，从而反过来推动特殊教育整体布局的变革。例如，建立随班就读支持保障体系要求特殊教育学校积极转变职能，由单纯的教育安置机构转变为集安置、教育教学、随班就读支持服务于一身的多功能教育机构，为随班就读工作提供支持。由内而外的变迁路径还表现为随班就读发展倾向融合教育，逐步推动普通教育领域配合变革，进

而影响我国教育政策的整体规划。例如，2014 年《提升计划》提出了全面
推进全纳教育的长远目标，这一目标的确定与推行，逐渐推动普通教育领
域也为全纳教育的实现做出改变。这一变化也反映于我国教育发展的政策
文本之中，随班就读发展的目标逐渐转变为我国教育发展的目标之一。

从政策变迁途径看，我国随班就读政策的变迁以路径创新为主，辅以
路径依赖模式。路径创新是指形成了与以往截然不同的社会政策和社会价
值观念，进而引发了教育政策的变革；路径依赖是指教育政策在变迁中遵
循已有的惯常，按照既定的文化观念、社会政策要求进行变革。[①] 最初提出
随班就读概念时，就是先在实践中生成了新的本土化的特殊儿童教育安置
方式，再推动教育政策变迁。政策文本逐渐要求大量建设特殊教育学校，
推动特殊教育学校职能转变，依托特殊教育学校建设资源中心，为随班就
读提供支持，形成了颇具中国特色的随班就读支持保障体系布局，这些都
是基于我国国情探索出的创新道路。

同时，路径依赖式发展体现为推动随班就读向融合教育发展，主要采
取渐进的方式进行，基本维持普通教育与特殊教育二元并存的常态。当前
随班就读的相关政策主要来自特殊教育领域，但特殊教育领域出台的随班
就读政策对普通教育系统的约束力极其有限，普通教育领域为随班就读做
出的努力也十分有限。随班就读的发展主要倡导推动特殊教育和普通教育
逐渐实现功能的转变、资源的重新配置和双方的合作，而不是选择重组式
的变革。但向融合教育发展的随班就读的主战场必然是普通教育学校，普
通教育学校必须肩负起主体职责，积极推动普通教育向融合教育转变。

从变迁动力看，我国随班就读政策变迁是自然演进和理性构建共同
作用的产物。自然演进是指教育政策沿着自身内在的逻辑逐步变迁，而理
性构建是指教育政策的变迁与政策制定主体的价值倾向和利益需求密切相
关。[②] 一方面，随班就读自产生到向融合教育发展，从最初强调规模到规模

---

① 邵泽斌，张乐天.教育政策：一个结构主义的分析视角 [J].教育理论与实践，2007（6）：14-18.
② 同①.

与质量并重，其政策的变迁遵循了逐步实现特殊儿童教育公平和质量提升的内在逻辑。另一方面，随班就读政策的变迁始终与我国教育整体发展理念的变迁密切相关，国家和政府作为政策制定的主体，其秉持的价值取向的变化，是推动我国随班就读变迁的深层动力。随班就读从制度确立到要求全面推进融合教育，是政策制定主体基于理性思考之后对特殊儿童教育未来进行理性建构的结果，也是国家对随班就读相关的各利益群体进行协调、规范和引导的产物。

第三节　随班就读教师培养政策的分析

职前培养是教师专业化发展的起点，教师的职业认知、专业素养都形成于此阶段，在培养阶段提升教师的融合教育素养对他们未来成功应对大差异课堂具有重要意义。早在 1988 年国务院转发的国家计委等部门制定的《中国残疾人事业五年工作纲要（1988—1992 年）》就对随班就读教师的融合教育素养做出了规定，但当时强调教师应当具备融合教育素养仅是指教师应当具备特殊教育的基本知识和技能。20 世纪 90 年代颁布的《中华人民共和国残疾人保障法》和《残疾人教育条例》都对普通师范生的融合教育素养培养工作做出了规定，从法律层面确立了教师融合教育素养培养的正式地位，成为此后相关政策制定的重要依据。进入 21 世纪后，随着随班就读发展对质量提升的需求日益迫切，我国对教师融合教育素养培养的关注也日益增加。如表 2-2 所示，十几年间多项政策涉及随班就读教师培养，提倡推动普通师范院校开设特殊教育相关课程，提出将特殊教育相关内容纳入教师资格考试，培养具有指导特殊儿童随班就读教育教学能力的教师。

表 2-2 部分随班就读教师融合教育素养培养相关政策文本

颁布时间	名称	颁布主体	内容（部分）
1989 年	《关于发展特殊教育的若干意见》	国家教委、国家计委、民政部、财政部、人事部、劳动部、卫生部、中国残联	三、领导与管理。 18.加强师资队伍建设。 各地普通中等师范学校、幼儿师范学校的有关专业课，可根据当地需要适当增加特殊教育内容；高等师范院校应有计划地增设特殊教育选修课程。
1990 年	《中华人民共和国残疾人保障法》	全国人民代表大会常务委员会	第三章 教育 第二十五条 ……普通师范院校开设特殊教育课程或者讲授有关内容，使普通教师掌握必要的特殊教育知识。
1991 年	《中国残疾人事业"八五"计划纲要（1991 年—1995 年）》	国务院批准（国家计委、国家教委、民政部、司法部、财政部、人事部、劳动部、文化部、广播影视部、卫生部、国家体委、中国人民银行、国家工商局、国家税务局、国务院贫困地区经济开发领导小组、中国残联制定）	三、"八五"计划期间的主要任务、指标和措施。 （二）教育 4.在国家教委直属师范大学增加特殊教育专业的布点。每省（自治区、直辖市）要有一个特殊教育师资培养、培训基地。陆续在各级普通师范院校开设特殊教育课程。

续表

颁布时间	名称	颁布主体	内容（部分）
1992 年	《全国残疾儿童少年义务教育工作"八五"实施方案》	国家教委、中国残联	三、主要措施 （三）加强师资和管理人员的培训工作 3. 自 1992 年起，各地普通中等师范学校应有步骤地开设特殊教育基础知识必修课程，高等师范院校应设置特殊教育选修课程，以适应残疾人教育发展的需要。
1994 年	《关于开展残疾儿童少年随班就读工作的试行办法》	国家教委	五、师资培训。 21.……普通中等师范学校要分期分批开设特殊教育课程，以保证从事随班就读教学新师资的来源。
	《残疾人教育条例》	国务院	第六章 教师 第四十一条 普通师范院校应当有计划地设置残疾人特殊教育必修课程或者选修课程，使学生掌握必要的残疾人特殊教育的基本知识和技能，以适应对随班就读的残疾学生的教育需要。
1996 年	《残疾儿童少年义务教育"九五"实施方案》	国家教委、中国残联	三、主要措施。 4.师资队伍建设 各级普通师范院校增设特殊教育课程或在有关课程中增加特殊教育内容，使学生毕业从教能够适应随班就读工作的需要。
2001 年	《关于"十五"期间进一步推进特殊教育改革和发展的意见》	国务院办公厅转发颁布（教育部、国家计委、民政部、财政部、人事部、劳动保障部、卫生部、税务总局、中国残联提出）	11.……普通师范学院（校）和幼儿师范学校（专业）要有计划地开设特殊教育课程或讲座，在学生中普及特殊教育知识。

颁布时间	名称	颁布主体	内容（部分）
2008 年	《中华人民共和国残疾人保障法》（2008 年修订）	全国人民代表大会常务委员会	第三章 教育 第二十八条 ……普通师范院校开设特殊教育课程或者讲授有关内容，使普通教师掌握必要的特殊教育知识。
2009 年	《关于进一步加快特殊教育事业发展的意见》	国务院办公厅转发颁布（教育部、发展改革委、民政部、财政部、人力资源社会保障部、卫生部、中央编办、中国残联提出）	四、加强特殊教育师资队伍建设，提高教师专业化水平 16.……鼓励和支持各级师范院校与综合性院校举办特殊教育专业或开设特殊教育课程。
2011 年	《教师教育课程标准（试行）》	教育部	（一）幼儿园职前教师教育课程目标与课程设置 2.课程设置 学习领域"1.儿童发展与学习"对应的建议模块中包含"特殊儿童发展与学习"。
2012 年	《关于加强特殊教育教师队伍建设的意见》	教育部、中央编办、发展改革委、财政部、人力资源社会保障部	二、加大特殊教育教师培养力度。……支持师范院校和其他高等学校在师范类专业中普遍开设特殊教育课程，培养师范生具有指导残疾学生随班就读的教育教学能力。
2014 年	《特殊教育提升计划（2014—2016 年）》	国务院办公厅转发颁布（教育部、发展改革委、民政部、财政部、人力资源社会保障部、卫生计生委、中国残联制定）	三、主要措施 （五）加强特殊教育教师队伍建设 将特殊教育相关内容纳入教师资格考试。……鼓励高校在师范类专业中开设特殊教育课程，培养师范生的全纳教育理念和指导残疾学生随班就读的教学能力。

续表

颁布时间	名称	颁布主体	内容（部分）
2016 年	《关于加快中西部教育发展的指导意见》	国务院办公厅	（七）保障残疾人受教育权利扩大高等院校特教专业培养规模，鼓励高校师范类专业开设特教课程。
2017 年	《残疾人教育条例》（2017年修订）	国务院	第六章 教师 第四十四条 ……普通师范院校和综合性院校的师范专业应当设置特殊教育课程，使学生掌握必要的特殊教育的基本知识和技能，以适应对随班就读的残疾学生的教育教学需要。
	《第二期特殊教育提升计划（2017—2020 年）》	教育部、发展改革委、民政部、财政部、人力资源社会保障部、卫生计生委、中国残联	三、主要措施 （五）加强专业化特殊教育教师队伍建设 普通师范院校和综合性院校的师范专业普遍开设特教课程。在教师资格考试中要含有一定比例的特殊教育相关内容。
2020 年	《关于加强残疾儿童少年义务教育阶段随班就读工作的指导意见》	教育部	六、提升教师特殊教育专业能力 12.抓好培训培养。……落实师范院校和综合性高校的师范专业普遍开设特殊教育课程的要求，优化随班就读工作必备的知识和内容，提升师范毕业生胜任随班就读工作的能力。

一、培养以提升教师融合教育素养为目标

1988 年对随班就读教师培养问题的相关规定提出未来承担随班就读工作的教师应在具备普通教育相关素养的基础上，同时掌握特殊教育的基础

知识和技能。之后，多项政策文件都要求在师资培养的过程中增加特殊教育知识与技能相关内容。例如，1990 年颁布的《中华人民共和国残疾人保障法》提出："普通师范院校开设特殊教育课程或者讲授有关内容，使普通教师掌握必要的特殊教育知识。"1994 年国家教委颁布的《关于开展残疾儿童少年随班就读工作的试行办法》做了更具体的规定，提出"普通中等师范学校要分期分批开设特殊教育课程，以保证从事随班就读教学新师资的来源"。2011 年教育部颁布了《教师教育课程标准（试行）》，其中学前教师教育部分包含"特殊儿童发展与学习"模块。特殊教育相关内容成为学前师资培养的必修内容，融合教育素养的培养对象向所有学前教师扩展。这一时期，随班就读教师融合教育素养要求教师同时具备普通教育素养和特殊教育素养，其中特殊教育素养主要指掌握特殊教育基本知识与技能。但对于普通教师究竟应当具备多少知识与技能，特殊教育素养应当达到什么水平才能够判定为能胜任随班就读工作，一直没有明确的说明。

此后，关于教师职前培养的政策文本越来越多地强调教师应当具备融合教育素养，同时融合教育素养的内涵也开始发生变化——不仅要求掌握特殊教育基本知识与技能，而且逐渐关注教师融合教育理念的形成和随班就读教育教学能力的提升。例如，2012 年教育部等部门出台的《关于加强特殊教育教师队伍建设的意见》倡导普遍开设特殊教育课程，"培养师范生具有指导残疾学生随班就读的教育教学能力"。2014 年出台的《提升计划》进一步做出明确规定，要求培养具备"全纳教育理念和指导残疾学生随班就读的教学能力"的教师。2020 年颁布的《关于加强残疾儿童少年义务教育阶段随班就读工作的指导意见》也有类似的表达，要求"落实师范院校和综合性高校的师范专业普遍开设特殊教育课程的要求，优化随班就读工作必备的知识和内容，提升师范毕业生胜任随班就读工作的能力"。

综上所述，随班就读教师培养在对象范围和要求标准方面发生了变化。一是培养对象由部分教师转向所有教师，解决了原本随班就读教师身份与普通教师身份之间的冲突。二是随班就读教师培养目标由过去仅关注特殊教育知识与技能的掌握向强调随班就读教育教学能力的整体提升转变。总体而言，当前随班就读教师培养主要依托现有的专业设置、课程体系，通过在师范院校和综合高等院校增加部分特殊教育相关课程或内容培养具备融合教育素养的专业人才。

二、培养主体逐步扩大

培养主体是关于"谁来培养随班就读教师"的问题，从政策内容表述看，随着随班就读工作的深入，随班就读教师培养主体逐渐由以中等师范院校为主转向以高等院校为主，并且政策对培养主体的相关规定逐渐明确。1989 年颁布的《关于发展特殊教育的若干意见》对培养主体做出规定，要求普通中等师范学校、幼儿师范学校和高等师范院校增加特殊教育内容。从 1991 年的《中国残疾人事业"八五"计划纲要（1991 年—1995 年）》提出要"陆续在各级普通师范院校开设特殊教育课程"开始，政策文件普遍使用"普通师范院校"来指代各级各类师范院校，不再单列各类别师范院校。上述政策将随班就读教师培养主体限定为各地普通中等师范学校、幼儿师范学校和高等师范院校，基本确定了我国随班就读教师的主要来源。20 世纪 90 年代后期，由于中师生优待政策取消、教师学历要求提升带来了中师升格压力、大学高中扩招导致优秀初中生源流失等，中等师范院校遭遇生存危机，逐步退出教育历史舞台。[①] 在此背景下，随班就读师资培养的主体转而以高等师范院校为主。2009 年颁布的《关于进一步加快特殊教育事业发展的意见》首次将随班就读教师的培养主体扩展到非师范类院校，提出要"鼓励和支持各级师范院校与综合性院校举办特殊教育专业或开设特殊教育课程"。随后 2012 年《关于加强特殊教育教师队伍建设的意见》指出，由"师范院校和其他高等学校在师范类专业中普遍开设特殊教育课程"，培养主体进一步明确为师范院校和其他高等院校的师范类专业。后续多项相关政策内容表述都与此一致。

总体而言，当前的随班就读教师的培养仍然是"单一主体"模式，其培养任务主要落在高等师范院校或综合院校的师范专业，随班就读教师培

---

① 刘秀峰.辉煌与消逝：中等师范教育发展的回溯与反思 [J]. 教育发展研究，2017（10）：56-62.

养仍然是一种半开放的模式。此外，2017 年教育部颁布的《普通高等学校师范类专业认证实施办法（暂行）》虽提出各类教师教育课程设置应当符合教师专业标准和教师教育课程标准的要求，但仅在学前职前教师教育课程设置中增加了"特殊儿童发展与学习"的内容，而对义务教育阶段的各类教师教育课程没有做出相关规定。因此，实际能够依照上述政策要求，重视融合教育素养培养的义务教育阶段师资培养单位数量十分有限，未来有待进一步扩展。

三、培养途径逐渐规范化与强制化

自 1989 年《关于发展特殊教育的若干意见》提出在各级师范院校的专业课中增加特殊教育内容开始，很长一段时间内，我国教师融合教育素养的培养主要依靠在普通教师教育的课程体系中添加特殊教育的相关内容来实现。1994 年颁布的《关于开展残疾儿童少年随班就读工作的试行办法》进一步规定，中等师范学校"分期分批"开设特殊教育课程，以保证从事随班就读教学新师资的来源，但文件并未对"分期分批"的具体操作方式进行说明。2001 年颁布的《"十五"期间特教改革和发展意见》则提出除开设特殊教育课程外，还可以通过讲座的形式普及特殊教育知识。2002—2007 年，政策文本中都未出现随班就读教师培养的相关规定，2008 年修订的《中华人民共和国残疾人保障法》中的相关表述则与 1990 年最初颁布时的表述完全一致。在此时期，随班就读教师培养问题的探讨处于相对停滞阶段。上述政策文本中对培养途径的规定使用的是"选修""添加内容""讲座"等词语，特殊教育相关内容主要以附加的形式存在，未被系统性地纳入教师培养方案中。同时政策文本多用"陆续开展""应当""有计划"等词语，相关规定的强制性、可操作性都较低，不能引起培养单位足够的重视，难以真正落实。

2011 年《教师教育课程标准（试行）》建议将"特殊儿童发展与学习"课程模块纳入学前教师教育课程体系中，之前以零散补充等形式出现的特殊教育课程和内容才开始以规范化的形式被纳入学前阶段教师教育课程体系，标志着随班就读教师的培养进入了新的发展时期。目前这种变化仅出现在学前教育阶段，但绝大多数的随班就读学生集中于义务教育阶段，未来需积极推动义务教育阶段随班就读教师培养相关政策的完善。2014年《提升计划》又提出"将特殊教育相关内容纳入教师资格考试"，融合教育素养正式成为普通教师的从业要求之一，准入标准的变更倒逼师资培养机构在培养阶段加强准教师的融合教育素养培养，进一步增加了教师融合教育素养培养的强制性。综上所述，随班就读教师的培养途径逐步从选修设课走向必修设课，从知识普及性质的讲座走向系统规范的课程，从对培养过程发力到对培养全过程、培养结果等多个环节的协同把关，随班就读人才培养途径逐渐正规化、强制化。

四、随班就读教师培养的政策建议

依据随班就读教师培养的政策分析结果，未来随班就读教师培养政策可以在以下几方面进行完善。

一是将教师融合教育素养的培养纳入普通教育或师资队伍建设的相关政策。改革开放以来随班就读教师融合教育素养职前培养的数十项政策主要来自特殊教育领域，普通教育领域政策较少涉及这一内容，这就大大限制、削弱了政策的执行范围及力度。然而与随班就读相关的师资培养涉及整个教师培养体系改革，仅靠特殊教育领域政策难以达到预期效果，这也是造成当前政策执行受阻、政策影响受限的主要原因。未来应站在教育发展的高度，以教师教育变革为载体，将普通教师职前培养融合教育素养的要求纳入教育或师资队伍建设的相关政策，提高普通教师融合教育素养培养意识，推动师资培养的变革。

二是从特殊教育知识技能培养转向融合教育素养的培养。从政策表述看，前期基本使用"特殊教育课程""特殊教育基本知识与技能""指导残疾学生随班就读的教育教学能力"等描述随班就读教师的融合教育素养内容。关于特殊儿童本身的知识及教育技能仅是教师融合教育素养中的部分内容，融合教育素养还应包括融合教育理念、融合环境调整、融合课程调整等。目前政策文件中使用的术语不能完全表达融合教育素养的全部内涵，未来可考虑直接使用"融合教育素养"这一术语，并从整体的融合教育素养出发，对培养内容和方式等做出具体规定。

三是扩展随班就读师资培养单位数量，循证决策，出台更加详尽、具体的规定。已有政策文本仅是积极倡导师范院校和其他高等学校的师范类专业普遍开设特殊教育课程，而实际响应政策倡导开设了相关课程的培养单位数量十分有限。例如，研究人员对 22 所师范院校的小学教育专业课程设置情况的调查发现，仅有 5 所院校开设了融合教育的相关课程。同时，已有政策对普通师范院校开设特殊教育相关课程的性质、内容、师资力量、经费保障等问题缺乏具体规定。研究发现，即使是已经在普通教师培养方案中增设特殊教育课程的学校，也存在缺乏统一、核心的规范和导向等问题。[①] 目前随班就读教师职前培养的规模和质量都不尽理想。应当考虑在未来实现开放式的教师教育模式，要求所有教师培养单位都将融合教育素养纳入培养内容，并建设实践基地协助各类院校培养具备融合教育素养的教师。在扩大培养单位规模的同时，还应当循证决策，通过专家论证、实地调研等方式探索适宜的课程内容、培养模式等，并在国家政策层面对培养方式、培养单位质量标准等内容做出更详尽、具体的规定。

第四节　随班就读教师培训政策的分析

当特殊儿童进入普通班级，该班级承担教学工作的教师就会自动成为随班就读教师。因此，随班就读教师的身份总是随着特殊儿童的进入和转出动态变化。如何通过在职培训帮助这类教师顺利进行身份转变、应对岗位变化提出的教育教学能力要求，以及如何通过在职培训普遍提升在职教师的融合教育素养以满足未来岗位变化的需要都是随班就读教师队伍建设一直关注的问题。1988 年《中国残疾人事业五年工作纲要（1988—1992年）》对随班就读师资培训的问题做出规定。1994 年颁布的《随班就读工

---

① 冯雅静.我国关于普通教师特殊教育素养培养的政策支持 [J]. 中国特殊教育，2017（3）：28-31，37.

作试行办法》对随班就读教师的培训工作进行了详细的规定，基本建立起我国随班就读职后培训体系。进入 21 世纪后，多项政策文件都涉及随班就读教师职后培训的相关内容，如表 2-3 所示。随着时间的推移，政策文本中关于随班就读教师培训承担单位、方式、内容的规定更趋具体化和可操作化，随班就读教师培训体系日趋完善和规范，为随班就读培训工作的顺利开展提供了强有力的保障。

表 2-3　部分随班就读教师融合教育素养职后培训相关政策文本

颁布时间	名称	颁布主体	内容（部分）
1988 年	《中国残疾人事业五年工作纲要(1988—1992 年)》	国务院批准（国家计委、国家教委、民政部、财政部、劳动部、卫生部、中国残联制定）	四、措施 43. 加强特教师资培训。……按照混校、混班的需要，对普通学校的教师进行特教知识培训。
1992 年	《全国残疾儿童少年义务教育工作"八五"实施方案》	国家教委、中国残联	残疾儿童、少年教育学校应发挥骨干、示范作用。……对特殊教育班和随班就读的教师进行短期培训。 三、主要措施 （三）加强师资和管理人员的培训工作 4. 各地要加强特殊教育教师（包括随班就读教师）岗前培训和在职培训工作。
1994 年	《关于开展残疾儿童少年随班就读工作的试行办法》	国家教委	五、师资培训。 21. 地方各级教育行政部门应当把视力、听力语言和智力残疾儿童少年随班就读的师资培训工作列入计划，设立培训基地，采取多种形式，对教师进行岗前和在职培训。 普通中等师范学校要分期分批开设特殊教育课程，以保证从事随班就读教学新师资的来源。

续表

颁布时间	名称	颁布主体	内容（部分）
2001 年	《关于"十五"期间进一步推进特殊教育改革和发展的意见》	国务院办公厅转发颁布（教育部、国家计委、民政部、财政部、人事部、劳动保障部、卫生部、税务总局、中国残联提出）	10. 大力加强特殊教育教师的培养、培训工作。"十五"期间，……加大承担普通学校特殊教育班和随班就读教学工作教师培训的力度，使任课教师都能够接受一次比较正规的短期培训，掌握基本的特殊教育教学方法。教育部要编写承担随班就读教学工作教师培训教材，制定特殊教育教师资格条件有关规定。
2003 年	《全国随班就读工作经验交流会议纪要》	教育部基础教育司、中国残联教育就业部	形成省、地（市）县的管理与指导网络，特别是建立以县为单位的网络：即县教育局→乡镇中心学校→随班就读学校连接的管理网络和县教研（或特教学校、特教中心）→乡骨干校教师（中心校／特教校）→随班就读点教师的教研和指导网络。区、县教研室要起龙头作用，对本地区随班就读工作进行研究、指导培训、咨询辅导等。……特殊教育学校要配合教研室承担起对全县各随班就读点巡回指导、检查、培训，咨询等任务。加强随班就读教育教学工作的业务管理。加强随班就读教师的业务培训，为他们提供资料，提供咨询、提供指导。各地要以县为单位，以县特殊教育学校为依托，县里没有特教学校的，要以地市特教学校为依托，有计划地开展随班就读教师的业务培训，并做到经常化，制度化。

续表

颁布时间	名称	颁布主体	内容（部分）
2003 年	《关于开展建立随班就读工作支持保障体系实验县（区）工作的通知》	教育部基础教育司	二、实验内容： 5.县（区）要形成两个网络：县（区）教育局→乡镇中心学校→随班就读学校连接的管理网络；县（区）教研室（或特教学校、特教中心）、教研员→乡（镇）中心校（骨干校教师）→随班就读点教师的教研和指导网络。保证随班就读工作管理上层层抓，层层落实；教研方面层层抓，层层落实。县（区）教研室要起龙头作用，对本地区随班就读工作进行研究、指导培训、咨询辅导等。要充分发挥县特殊教育学校在随班就读工作的重要作用。特殊教育学校要配合教研室承担起对全县各随班就读点巡回指导、检查、培训、咨询等任务。
			10.加强随班就读教师的业务培训，为他们提供资料，提供咨询、提供指导。以县特殊教育学校为依托，有计划地开展随班就读教师的业务培训，并做到经常化、制度化。
2009 年	《关于进一步加快特殊教育事业发展的意见》	国务院办公厅转发颁布（教育部、发展改革委、民政部、财政部、人力资源社会保障部、卫生部、中央编办、中国残联提出）	四、加强特殊教育师资队伍建设，提高教师专业化水平 16.……要加强对在普通学校、儿童福利机构或其他机构中从事特殊教育工作的教师和特殊教育学校巡回指导教师的培训。

续表

颁布时间	名称	颁布主体	内容（部分）
2011 年	《教师教育课程标准（试行）》	教育部	（一）幼儿园职前教师教育课程目标与课程设置 2.课程设置 学习领域"1.儿童发展与学习"对应的建议模块中包含"特殊儿童发展与学习"。
2012 年	《关于加强特殊教育教师队伍建设的意见》	教育部、中央编办、发展改革委、财政部、人力资源社会保障部	三、开展特殊教育教师全员培训。……各地要同步开展特殊教育学校教师和承担随班就读任务教师的全员培训。
2014 年	《特殊教育提升计划（2014—2016 年）》	国务院办公厅转发颁布（教育部、发展改革委、民政部、财政部、人力资源社会保障部、卫生计生委、中国残联制定）	三、主要措施 （五）加强特殊教育教师队伍建设 推动地方确定随班就读教师、送教上门指导教师和康复训练人员等的岗位条件。……加强普通学校随班就读、资源指导、送教上门等特殊教育教师培训。
2016 年	《普通学校特殊教育资源教室建设指南》	教育部	八、管理规范 （四）指导评估。区域内特殊教育指导中心或特教学校应加强对资源教室的业务指导和评估，定期委派专人为资源教师提供培训和业务支持，并对区域内资源教室的运行及成效进行考核评价，并将结果上报主管教育行政部门。
2017 年	《残疾人教育条例》（2017 年修订）	国务院	第二章 义务教育 第二十六条 县级人民政府教育行政部门应当加强对本行政区域内的残疾儿童、少年实施义务教育工作的指导。

续表

颁布时间	名称	颁布主体	内容（部分）
2017 年	《残疾人教育条例》（2017年修订）	国务院	县级以上地方人民政府教育行政部门应当统筹安排支持特殊教育学校建立特殊教育资源中心，在一定区域内提供特殊教育指导和支持服务。特殊教育资源中心可以受教育行政部门的委托承担以下工作： （一）指导、评价区域内的随班就读工作； （二）为区域内承担随班就读教育教学任务的教师提供培训； ……
	《第二期特殊教育提升计划（2017—2020 年）》	教育部、发展改革委、民政部、财政部、人力资源社会保障部、卫生计生委、中国残联	三、主要措施 （五）加强专业化特殊教育教师队伍建设。 在教师资格考试中要含有一定比例的特殊教育相关内容。……加大培训力度，对特殊教育教师实行 5 年一周期不少于 360 学时的全员培训。"国培计划"加强特殊教育学校校长和骨干教师的培训。省一级承担特殊教育学校教师培训，县一级承担普通学校随班就读教师、资源教师和送教上门教师培训，增强培训的针对性和实效性。
2020 年	《关于加强残疾儿童少年义务教育阶段随班就读工作的指导意见》	教育部	12. 抓好培训培养。要充分依托"国培计划"和地方各类教师培训项目，大力开展随班就读教师培训，将特殊教育通识内容纳入教师继续教育和相关培训中，提升所有普通学校教师的特殊教育专业素养。……各级教研部门要定期组织随班就读教师开展专题教研活动，通过公开课或优质课评选、优秀成果培育推广、专题讲座等多种方式，有效支持随班就读教师专业发展，不断提高随班就读教师工作水平。

一、以建设专业化随班就读师资队伍为长远目标

早期随班就读相关的培训工作仅面向随班就读教师群体，即为随班就读班级的科任教师提供业务培训。

例如，1988年颁布的《中国残疾人事业五年工作纲要（1988—1992年）》明确提出："按照混校、混班的需要，对普通学校的教师进行特教知识培训。"1994年颁布的《关于开展残疾儿童少年随班就读工作的试行办法》对随班就读的对象和形式进行了具体的描述。其中第21条指出："地方各级教育行政部门应当把视力、听力语言和智力残疾儿童少年随班就读的师资培训工作列入计划，设立培训基地，采取多种形式，对教师进行岗前和在职培训。"后来随着随班就读工作的推进，仅为随班就读教师提供培训已不足以应对提升随班就读质量的需求，政策逐步要求为整个随班就读师资队伍提供培训。例如，2009年《关于进一步加快特殊教育事业发展的意见》提出"要加强对在普通学校、儿童福利机构或其他机构中从事特殊教育工作的教师和特殊教育学校巡回指导教师的培训"，将巡回指导教师纳入培训对象的范围。2014年《提升计划》和2016年《普通学校特殊教育资源教室建设指南》都将资源教师纳入培训对象，要求为其提供培训和业务支持。

综上可见，随班就读相关培训工作由最初仅为随班就读教师培训向为随班就读师资队伍中的各类教师分类开展培训转变。目前，培训的目的也不再仅是提升随班就读教师业务能力以应对现实需求，而是着眼于打造一支专业化的随班就读师资队伍以支持当前及未来随班就读质量提升。

二、培训主体多层级网状化

随班就读师资队伍的构成较为复杂，既包括直接提供随班就读教育教学的普通学校教师，还包括为随班就读提供支持的资源教师、巡回指导教师等，涉及多方机构。培训对象的复杂性也带来了培训主体的复杂性。

1994年国家教委颁布的《关于开展残疾儿童少年随班就读工作的试行办法》对随班就读教师培训的承担单位做出规定：应当由"地方各级教育

行政部门"负责随班就读的培训工作,对教师进行岗前和在职培训。2003年《全国随班就读工作经验交流会议纪要》和教育部《关于开展建立随班就读工作支持保障体系实验县(区)工作的通知》出台,对随班就读教师的培训与教研工作进行了整体、详细的部署。文件提出,形成省、地(市)县的管理与指导网络,特别是建立以县为单位的网络:即县教育局→乡镇中心学校→随班就读学校组成的管理网络和县教研(或特教学校、特教中心)→乡骨干校教师(中心学校/特教学校)→随班就读点教师组成的教研和指导网络;同时强调区、县教研室要起龙头作用,对本地区随班就读工作进行研究、指导培训、咨询辅导等。从两个文件的具体内容看,我国随班就读教师培训工作的基本思路出现以下重要转变:第一,由原先仅由各级教育行政部门提供培训的单一主体结构,转向由各级教育行政部门和中心学校、特教学校、特教中心等实践机构共同承担。扩展随班就读培训承担单位,能最大限度地利用各方资源。教育行政部门的牵头能为培训的顺利开展提供行政力量的保障,而实践机构的参与则能使培训更加具有针对性和实践性,提高培训效率。第二,培训主体由最初各级教育行政部门转向以县为主的各类单位,形成了我国随班就读工作管理和随班就读教师培训一体化的多层级、多机构立体网络。以县级特教学校、特教中心作为随班就读培训的主要阵地,有助于依据各地区实际需求提供更具针对性的培训。

此后随班就读教师培训相关政策在上述内容的基础上进行了调整与丰富。例如,2009年颁布的《关于进一步加快特殊教育事业发展的意见》要求"高等特殊教育学院、其他有关院校和专业机构"也要参与培训工作,随班就读教师培训的承担单位进一步扩大。随班就读培训工作开始呈现高校、政府、学校三方合作的趋势,旨在培训出兼具理论素养与实践能力的随班就读教师。2017年出台的《二期提升计划》进一步对随班就读师资队伍中不同类别教师的培训承担单位进行了详细规定,要求"省一级承担特殊教育学校教师培训,县一级承担普通学校随班就读教师、资源教师和送教上门教师培训",不同层级的教育行政部门负责不同类别的教师培训减轻了县一级特殊教育学校的培训任务,使培训网络进一步优化。基于上述内容可以看出，随班就读教师培训主体从最初的不明确，到确定为教育行政部门，再到形成多层级、多机构的立体培训主体网络，呈现出培训主体网状化的趋势。

三、培训途径逐渐系统化与制度化

与随班就读教师的培养工作相比较，培训工作形式多样化，机会增加，有规范化与制度化的趋势。早在 1992 年，国家教委和中国残联颁布的《全国残疾儿童少年教育工作"八五"实施方案》就明确提出了随班就读教师培训的形式，要求为其提供岗前培训与在职培训，还提出残疾儿童、少年教育学校要为其提供短期培训。1994 年颁布的《关于开展残疾儿童少年随班就读工作的试行办法》中的表述基本与之一致，但首次提出要设立培训基地，并提倡采用多种形式进行培训。2003 年颁布的《全国随班就读工作经验交流会议纪要》开始提倡有计划地进行随班就读教师培训工作，推动培训走向经常化和制度化。之后虽然多项政策文件都有涉及随班就读教师培训的内容，但直到 2012 年《关于加强特殊教育教师队伍建设的意见》才首次提出要为"承担随班就读任务教师"开展全员培训。2020 年颁布的《关于加强残疾儿童少年义务教育阶段随班就读工作的指导意见》特别提出要通过"国培计划"和地方各类教师培训项目大力开展随班就读教师培训工作，同时要求各级教研部门要定期组织随班就读教师开展专题教研活动，通过公开课或优质课评选、优秀成果培育推广、专题讲座等多种方式，有效支持随班就读教师专业发展，不断提高随班就读教师工作水平。该文件基本囊括了当前随班就读教师培训的主要形式，不仅重视各级各类的集中式短期培训，而且倡导培训与日常专业发展活动的整合。

进入 21 世纪后，国家还重视通过各项支持保障措施来促进随班就读教师培训工作质量的提升。2001 年颁布的《"十五"期间特教改革和发展意见》提出"教育部要编写承担随班就读教学工作教师培训教材"，期望通过编写统一的培训教材，为培训内容的确定提供依据，以此来解决各地、各机构培训质量参差不齐的问题。2003 年的《全国随班就读工作经验交流会议纪要》明确要求强化随班就读教育教学工作的业务管理，区、县教研室应对本地区随班就读工作进行研究、指导培训、咨询辅导，开始关注对随班就读培训过程和质量的监管与督导。2016 年《普通学校特殊教育资源教室建设指南》也指出，区域内特殊教育指导中心或特教学校应加强对资源教室的业务指导和评估，定期委派专人为资源教师提供培训和业务支持。

综上所述，政策文本中涉及随班就读教师培训途径的表述呈现出以下变化：一是培训形式从最初的集中短期培训，发展到建立随班就读教师培训基地，提供多形式、制度化、经常化的随班就读培训，这反映出随班就读教师培训模式从短期、零碎式向长期、系统式转变的趋势。二是培训的途径变得多样，除常规的培训与讲座外，逐步增加"国培计划"、专题教研和咨询等多种形式。三是支持随班就读师资培训质量提升的方式也发生了变化，从最初仅关注提供各种形式的专业发展机会，转向在提供专业发展机会的同时注重采取培训资源优化、对培训进行监管与支持等多种保障措施。

四、随班就读教师培训的政策建议

依据随班就读教师培训政策的分析结果，未来的随班就读教师政策可以在以下几方面进行完善。

一是推动随班就读培训对象扩展至全体普通教育教师。目前随班就读教师培训工作仍主要面向已经成为巡回指导教师的教师群体，且尚未在各地区都做到全员培训。随着随班就读招生数和在校生数的逐渐增加，未来将有更多普通教育教师成为随班就读教师，每一位普通教育教师都应为此做好准备。应当为普通教育教师提供随班就读相关的全员培训，为未来随班就读工作的开展储备专业人才。

二是从融合教育素养出发整合培训内容。就培训的内容而言，已有培训相关政策大多使用"特殊教育内容和相关知识的培训""提高普通学校教师的特殊教育能力"等表述，将培训的内容限定为特殊教育知识和技能。

但融合教育素养不完全等同于特殊教育的知识和技能，也不是普通教育素养和特殊教育素养的简单叠加，还包括融合教育理念、融合环境中的课程调整等内容。仅通过培训补充一些特殊教育知识和技能，仍旧无法使教师应对包含特殊学生在内的大差异课堂。应从整体的融合教育素养出发，整合随班就读教师所需的普通教育素养和特殊教育素养，统筹规划随班就读教师培训的内容和形式。

三是将普通学校教师融合教育素养职后培训的内容写入更多普通教育的政策文件中。已有的随班就读教师培训政策文件中有如《教师教育课程标准（试行）》等少数属于普通教育领域的文件，但其余均来自特殊教育领域，普通教育领域对随班就读教师融合教育素养培训工作的重视程度不足。随班就读工作的主要阵地应当是普通教育学校，在普通教育支持不足的情况下，特殊教育领域政策文件实际的执行效果将大打折扣。未来应将普通教师融合教育素养职后培训的内容写进更多的普通教育领域政策文件中，以加强对普通教育领域的约束力。

第三章　教师融合教育素养的结构分析

第一节　对教师融合教育素养的研究

一、教师专业素养一般结构分析

素养与"素质"同义，指决定一个人行为习惯和思维方式的特质，包括知识和技能。[①]专业素养是指对从事某种工作或职业的特殊要求。对于教师而言，素养（或素质）主要是指教师从事教育教学活动所具备的基本条件与能力。[②]据顾明远主编的《教育大辞典》，教师素养是教师为完成教学任务所应具备的心理和行为品质的基本条件。[③]叶澜指出，教师素养集中表现了当代教师的质量，是教师专业化及专业地位确认的前提。[④]如此可以将教师专业素养理解为能够帮助教师胜任教育教学工作的、具有较强专业性的一系列条件的总和，体现了教师职业的专业性。

研究者曾对教师的素养结构进行了深入的研究。林崇德等对中小学教师的素质结构进行了研究，认为教师素质系统在结构上应当包括职业理想、

① 张辉.新课程理念下中学化学教师专业素养的发展研究[D].北京：首都师范大学，2007.
② 张焕庭.教育辞典[M].南京：江苏教育出版社，1989：753-754.
③ 顾明远.教育大辞典：第2卷：师范教育　幼儿教育　特殊教育[M].上海：上海教育出版社，1990：16.
④ 叶澜.新世纪教师专业素养初探[J].教育研究与实验，1998（1）：41-46，72.

知识水平、教育观念、教学监控能力以及教学行为与策略五个相互作用的因子，其中教学监控能力处在教师素质的核心地位。[①] 叶澜认为，教师的专业素养应当包括以下三个方面：第一，与时代精神相通的教育理念。这是教师专业行为的理性支点，具体表现为教育观、学生观和教育活动观。第二，多层复合的知识结构，包括当代科学和人文两方面的基本知识，以及工具性学科的扎实基础和熟练运用知识的技能技巧；1—2 门专门性的学科知识与技能；教育学科类知识。第三，当今社会强调教师新的能力，包括交往能力、管理能力和教育研究能力。[②] 这可以概括为教育理念、与学科相关的知识和技能以及其他一般能力的教师素养结构。欧洲教师教育协会（Association for Teacher Education in Europe，ATEE）指出，教师素质是一个综合、概括的概念，不仅包含知识和技能，更包含一定的个性因素（尊重、关怀、勇气、同情等）、个人价值、态度、身份认同、信仰等。阿尔农（S. Arnon）和雷赫尔（N. Reichel）对教师素质结构研究的主要观点进行了总结：理想教师的素质结构中最重要的两个组成部分是专业知识（既包括学科知识，又包括教学法知识）和适合教学的个性品质。[③]

综上所述，尽管对教师素养结构的认识有些许差异，但相关论述表现出了较强的一致性，即均从教师胜任教学工作所必备的知识、技能、教育理念（态度、心理）三个方面进行规定，分别作为教师素质的动力系统、知识系统和能力系统。[④] 我国于 2012 年颁布的《幼儿园教师专业标准（试行）》《小学教师专业标准（试行）》《中学教师专业标准（试行）》均从专业理念与师德、专业知识以及专业能力三个方面对教师应具备的素养进行了规定，这表明在教师专业素养结构方面已达成共识。

教师素养的一般结构是进一步探讨教师融合教育素养的基础。随着随

---

① 林崇德，申继亮，辛涛. 教师素质的构成及其培养途径 [J]. 中国教育学刊，1996（6）：16–22.
② 叶澜. 新世纪教师专业素养初探 [J]. 教育研究与实验，1998（1）：41–46，72.
③ ARNON S, REICHEL N. Who is the ideal teacher? Am I? Similarity and difference in perception of students of education regarding the qualities of a good teacher and of their own qualities as teachers[J]. Teachers and teaching: theory and practice, 2007, 13(5): 441-464.
④ 马超山，张桂春. 教师素质结构模型初探 [J]. 辽宁师范大学学报（社会科学版），1989（4）：33–36.

班就读工作的推进，对普通中小学的教师而言，班级中特殊儿童的加入使其工作任务发生了改变，其原有的知识结构需要加以补充调整。教师在经过系统的职前培养后基本具备了教育普通儿童的能力，但缺乏教育特殊儿童的能力，即缺乏实施融合教育的能力。本研究仅关注教师在融合教育情境下需要突出强调和具备的品质，而不关注其一般的教学技能和专业学科知识素养，即关注教师为满足包括特殊儿童在内所有儿童的需求，所应具备的与融合教育相关的理念、知识及技能等方面的素养。教师素养的一般结构为探究教师融合教育素养结构及内涵提供了分析框架。

二、国家性教师专业标准对融合教育素养的相关要求

一些融合教育发展程度较高的国家和地区，在教师专业标准中明确而清晰地呈现了对教师在融合教育中的角色和素质的要求，对教师融合教育素养的规定全面而详细。

美国针对教师素质规定的标准有两个：一个是由美国州际教师评估与支持联盟（Interstate Teacher Assessment and Support Consortium，InTASC）制定的，是针对新教师提出的要求；另一个则是由美国国家教师专业标准委员会（National Board for Professional Teaching Standards，NBPTS）为有经验的教师制定的标准。[1] 其中于 2011 年修订的 InTASC 教师标准共十条，分为四个领域，分别为学生及其学习、学科内容知识、教学实践、专业责任。在每条标准下分别有实践（能力）、知识以及情感三方面的要求。除"学科内容知识"领域内的两条标准未涉及对特殊学生进行教学的知识和技能等相关内容，其余八条标准均提及教师教育特殊儿童等多样化学生时所应具备的知识、能力及情感，见表 3-1。[2] 这些标准强调了教师首先要从情感上接纳特殊儿童，

---

① 冯雅静，朱楠，王雁. 美国国家性教师专业标准中融合教育相关要求探析 [J]. 教师教育研究，2016（4）：121-128.

② INTERSTATE TEACHER ASSESSMENT AND SUPPORT CONSORTIUM (InTASC). InTASC model core teaching standards: a resource for state dialogue [EB/OL]. [2021-08-10].https://www.ccsso.org/sites/default/files/2017-11/InTASC_Model_Core_Teaching_Standards_2011.pdf.

尊重学生间的个体差异，将促进所有学生参与并有效学习作为自身专业责任，致力于为所有儿童提供恰当的教育。同时强调了在将特殊儿童作为常规教学指导工作的一部分时应在知识体系中增加的内容，以及在实践中有效运用的技能。

表 3-1　InTASC 教师标准中对融合教育素质的相关要求（部分）

领域	标准	子标准	具体表述
学生及其学习	1. 学生的发展	实践	1b：教师在考虑学生能力、兴趣以及需要的基础上设计适合学生发展的教学，以促进每个学生的学习
		情感	1h：教师尊重学生在能力和需要上存在的个体差异
	2. 学习差异	实践	2a：教师能够设计、调整并实施满足学生多样化学习需求的教学，并用不同方式展开学习的学生提供机会 2b：为有特殊学习需要的学生提供及时的、合适的帮助（如与个人学习进度相符、恰当的任务要求、沟通、适宜的评估和应答模式） 2f：教师为满足学生的特殊学习差异和需要，对资源、支持以及特殊教育辅助技术提供的服务进行评估
		知识	2h：教师理解学生的特殊需要，包括残疾学生和超常儿童，并且知道如何使用策略和资源来满足这些需要
		情感	2i：教师相信所有的学生都能够达到较高的学习水平，并坚持帮助学生实现最大的潜能 2m：教师尊重每一个学生，并且将学生视为有着不同个人和家庭背景、能力、观点、天赋和兴趣的个体
	3. 学习环境	知识	3i：教师知道学生的多样性将如何影响沟通，并知道如何在不同的环境中与学生高效地交流
教学实践	6. 评估	实践	6g：教师有效地使用合适的评估数据来确定学生的学习需要，并提供个别化的学习体验 6h：教师尽量使所有学生能够满足特定评估的需要，并且特别为残疾学生和有语言学习需要的学生调整评估内容和条件
		知识	6k：教师知道不同的测验种类和相应的目的，知道如何设计、调整或选择合适的评估方法来满足特定的学习需要和个体差异需要，从而尽量减少歧视

续表

领域	标准	子标准	具体表述
教学实践	6. 评估	知识	6p: 教师知道如何使所有学生都为评估做好准备，并且知道如何为有残疾和语言学习需要的学生调整评估内容和条件
		情感	6v: 教师致力于为残疾学生和有语言学习需要的学生调整评估内容和条件
	7. 教学计划	实践	7b: 教师在实施课程计划时考虑如何满足每个学生的学习需要、如何选择合适的教学策略、进行何种调整、选择何种资源和教材来对个体或小组进行差异教学 7e: 教师与具备专业知识的相关人员（特殊教师、相关服务提供者、语言学习专家、图书管理员、媒体专家）合作进行教学设计，以满足学生的特殊学习需要
		知识	7i: 教师了解学习理论、个体发展规律、文化多样性、个体差异以及这些如何对教师制订教学计划产生影响 7j: 教师理解学生学习的优势和需要，以及知道如何设计能够适应这些优势和需要的课程 7k: 教师知道一系列有实证依据的教学策略、资源和科学技术，并且知道如何使用它们来实施教学计划，以满足多样化的学习需要 7m: 教师知道什么时候以及如何获得相关人员的帮助并与其合作
		情感	7n: 教师尊重学生多样化的优势和需求，并且致力于为其设计高效的课程
	8. 教学策略	知识	8i: 教师知道什么时候以及如何使用合适的策略进行差异教学，使所有学生都参与复杂的思维活动和有意义的学习任务
		情感	8p: 教师在设计和调整教学的时候致力于加深对多样化学生的优势和需要的认识与了解
专业责任	9. 专业学习和伦理实践	知识	9j: 教师了解与学生权益和教师责任相关的法律（如教育公平、适合特殊学生的教育、保密、隐私保护、恰当的干预、主动报告可能发生的虐待儿童的行为）

续表

领域	标准	子标准	具体表述
专业责任	10.领导和合作	实践	10b：教师与其他学校专业人员合作来进行课程规划和学习，以满足学生的多样化学习需要

2009年欧洲特殊需要教育发展署（2014年更名为"欧洲特殊需要教育和融合教育发展署"）在其发布的《提升融合教育质量的关键原则：给决策者的建议》中提出七条关键原则，其中的两条涉及对教师的要求。第一条是扩大参与以增加所有学生的教育机会。例如：确保所有教师都接受过培训，并且能够为所有学生承担责任；为所有学生开发个性化的学习方法，为一些可能需要更有针对性的学习方法的学生制订个人教育计划（IEP）或类似的个性化教学计划；教师采取团队合作方式教学；等等。第二条是面向所有教师的全纳教育的培养和培训。如未来让教师在包容的环境中有效工作，就要让教师具备适当的价值观和态度、技能和能力、知识和理解力。2012年欧洲特殊需要教育发展署出台了《欧洲融合教育教师素养框架》[①]，提出了融合教育情境下对教师的素养要求。如在"态度与信念"维度，提出"融合教育是一种社会变革"，"尊重、重视和理解学生的多样性"，"某些情况下，特定的学习困难需要通过课程和教学方法的调整给予回应"，"融合教育需要所有教师的团队合作"，等等；在"知识与理解"维度，提出"融合教育适用于所有学生，而非仅仅是那些被认为有特殊需要或高危而被排除在获得教育机会之外的学生"，"基于共同合作方法进行融合教学"，"教师在融合课堂与其他不同领域的专家和工作人员合作教学"，等等；在"技能与能力"维度，提出"准备挑战隔离的态度以及在隔离环境中工作的应对策略"，"判断应对多种情况的最合适的方式"，"与其他专业人员合作解决问题"，等等。这些标准充分体现了《提升融合教育质量的关键原则：给决策者的建议》中的关键原则。

[①] EUROPEAN AGENCY FOR DEVELOPMENT IN SPECIAL NEEDS EDUCATION. Teacher education for inclusion: profile of inclusive teachers [EB/OL]. [2021-08-10]. https://www.european-agency.org/sites/default/files/Profile-of-Inclusive-Teachers.pdf.

我国于 2012 年颁布的幼儿园、小学、中学教师专业标准也体现了对教师融合教育素养的要求，见表 3-2。卡林顿（S. Carrington）等人对中澳两国国家性的教师标准文件进行分析，发现中澳两国都对教师在融合教育背景下所需要具备的核心理念，如平等对待每位学生、关注学生多样性和个别化学习需要等提出了要求。[①] 但与欧美教师标准中对融合教育素养的要求相比，我国中小学教师标准对教师融合教育素养的要求较少。如在"专业理念与师德"维度，仅是在平等对待学生、尊重其人格、尊重个体差异等方面体现了融合教育理念。[②] 在"专业知识""专业能力"维度，均根据学生身心发展特点及学生发展需要对教师做出规定，对应对特殊儿童进入普通学校就读的融合教育知识及相应技能则少有涉及。

表 3-2　中国教师标准对融合教育素养的相关要求

融合教育素养	《幼儿教师专业标准（试行）》	《小学教师专业标准（试行）》	《中学教师专业标准（试行）》
差异观、平等观	尊重个体差异，平等对待每一位幼儿	尊重个体差异，平等对待每一位小学生	尊重个体差异，平等对待每一位中学生
了解需求及策略	主动了解和满足有益于幼儿身心发展的不同需求，了解有特殊需要幼儿的身心发展特点及教育策略与方法	主动了解和满足有益于小学生身心发展的不同需求，了解不同年龄及有特殊需要的小学生身心发展特点和规律	主动了解和满足中学生的不同需要
为每一个学生提供适合的教育	—	尊重教育规律和小学生身心发展规律，为每一个小学生提供适合的教育	尊重教育规律和中学生身心发展规律，为每一位中学生提供适合的教育

① CARRINGTON S, SAGGERS B, ADIE L, et al. International representations of inclusive education: how is inclusive practice reflected in the professional teaching standards of China and Australia?[J]. International journal of disability, development and education, 2015, 62(6): 556-570.

② 高利，朱楠，雷江华. 中小学与特殊教育教师专业标准的比较及启示 [J]. 中国特殊教育,2018（6）：23-28.

续表

融合教育素养	《幼儿教师专业标准（试行）》	《小学教师专业标准（试行）》	《中学教师专业标准（试行）》
合作	具有团队合作精神，积极开展协作与交流；与同事合作交流；与家长进行有效沟通合作	具有团队合作精神，积极开展协作与交流；与同事合作交流；与家长进行有效沟通合作	具有团队合作精神，积极开展协作与交流；与同事合作交流；与家长进行有效沟通合作
个别教学计划	—	合理制定小学生个体与集体的教育教学计划	—

三、教师融合教育素养的结构与内涵

教师应具备哪些融合教育素养？学者在阐述时基本上采用了两种思路，一是从教师应具备的整体素养去分析；二是仅关注了特殊儿童进入班级后应补充调整的、与融合教育相关的素养，并不探讨学科知识、教学技能等内容。尽管研究者对教师融合教育素养结构与内涵的认识略有差异，但大都围绕着教师的理念（或态度）与品质、知识及能力展开。

（一）美国融合教育教师素养的结构及内涵分析

美国融合教育教师素养在专业价值、专业知识及专业能力三个基本维度下的条目见表 3-3。[1] 其中在专业价值维度下的融合教育教师素养包括六个方面：一是崇尚融合教育理念。坚信融合教育是实现教育机会均等和实现人权的根本保证。二是坚持教育机会均等。真正意义上的融合教育应该对所有学生民主和公正。三是推崇个人道德与价值观。价值观和道德观是个人基本素质的体现，决定着教师的行为。四是端正对学生多元化的态度。在融合教育课堂中，不同障碍类型学生的存在是多元化的一种体现。特殊儿童同样是教育的资源和财富，教师应该学会用专业的眼光看待不同的学生，平等对待每个人。五是重视个性与天性的自然发展。教师应采取因材

---

① 周丹，王雁. 美国融合教育教师素养构成及启示 [J]. 比较教育研究，2017（3）：89-95，100.

施教的方法，针对不同特点的学生采取相应的教学方法，并能够像对待普通学生一样，对特殊学生也有一定的学习成就期望。六是以终身学习为个人责任。教师应该把当前从事的融合教育工作作为继续学习与发展的基础，认识终身学习的重要性，不断促进个人专业发展。专业知识维度下的条目都是融合教育过程中需要的各种知识，并且尤其重视融合教育的实践指导知识。专业能力维度下的条目较多，体现了对教师专业能力的高要求，突出了两种专业能力：一是合作教学能力。恰当使用合作教学可以帮助教师更好地带动特殊学生融入课堂，并促进个人合作能力的发展。二是差异教学能力。差异教学可以保证在融合教育情境中为不同特质学生（包括残疾学生）提供具有针对性的学习机会。

表 3-3　美国融合教育教师素养的主要条目

基本维度	素养条目
专业价值	崇尚融合教育理念，坚持教育机会均等，推崇个人道德与价值观，端正对学生多元化的态度，重视个性与天性的自然发展，以终身学习为个人责任
专业知识	国家法律及各州法律，融合教育发展，特殊学生特性，心理学与生理学知识，融合教育课程与教学，实践指导知识
专业能力	合作教学能力，差异教育能力，制订和实施 IEP 的能力，多元评估能力，与家长、同事及专业人员合作沟通能力，课堂实践能力，课堂管理与行为管理能力，反思性教学能力，应对不同障碍类型学生所需的特定技能

（二）我国教师融合教育素养的结构与内涵分析

教师的融合教育理念（或态度）是"魂"，不仅直接关系到教师的教学行为，而且还间接影响着未来教育的性质和质量。教师如何看待融合教育有着举足轻重的作用，甚至是融合教育成败的关键。[①] 在理念上，教

[①] HODKINSON A. Inclusive and special education: inclusive and special education in the English educational system: historical perspectives, recent developments and future challenges [J]. British journal of special education, 2010, 37(2): 61-67.

师应认同融合教育思想，即追求自由、平等的人权，强调参与，拒绝排斥，承认融合教育背后的价值及意义，持有真诚接纳的态度，尊重每个儿童的禀赋和需要，接纳学生身上存在的差异性和多样性，树立非功利性、平等积极的教育价值观、民主机会观、过程观、学生评价观和合作教学观等。[①]

教师应具备与融合教育相关的知识与技能，这是实施融合教育的核心。在知识层面上，教师应掌握与融合教育相关的知识，包括融合教育发展的历程与趋势，相关的法律法规，特殊儿童的定义、分类及身心特点，特殊儿童的学习特点及教学策略，特殊儿童的行为管理，特殊儿童的早期发现与诊断等，特定班级的教师应该具备与自己班上的特殊儿童有关的基础知识。在能力层面上，需要教师具备与特殊儿童沟通交流的能力（如手语、盲文等），特殊儿童的评估能力，个别化教育计划制订与实施能力，差异教学能力，课程调整能力，与家长、同事及专业人员合作能力，实施合作教学能力，环境创设能力等。

有研究者采用内容分析、比较教师专业标准及向一线教师和高校特殊教育专业教师征询意见等方法，归纳我国教师融合教育素养的核心条目。其中专业知识层面三项，分别为"残疾儿童定义、分类及身心特点""残疾儿童学习和行为特点""特殊教育相关法律、政策"；专业技能层面八项，分别是"差异教学能力""多元、客观鉴别与评估能力""沟通、交流能力""课程调整能力""与家长、同事及专业人员合作能力""实施合作教学能力""和谐环境创设能力""自我发展、反思能力"；专业态度层面两项，即"承认融合教育背后的价值和意义""接纳学生身上存在的差异性和多样性"。[②]

---

① 王雁，黄玲玲，王悦，等.对国内随班就读教师融合教育素养研究的分析与展望 [J].教师教育研究，2018（1）：26–32.

② 冯雅静.随班就读教师核心专业素养研究 [J].中国特殊教育，2014（1）：4–9，23.

四、教师融合教育素养结构与内涵的特点

(一)对教师融合教育素养的全方位规定

从国外对教师应具备的融合教育素养的研究到对教师专业标准的分析表明,对教师融合教育素养的要求已经不再停留在研究者们所认为的"应然态",而是具体体现在教师的专业标准中,并且分布在专业标准的各个领域。如在 InTASC 关于教师融合教育素养的标准中,属于"实践(能力)"和"情感"领域的条目要求各有五条,属于"知识"领域的条目有六条。再如有研究对美国融合教育教师素养进行分析,发现专业价值维度下及专业知识维度下的教师融合教育素养各六条,而在专业能力维度下则是九条。[①] 又如《提升融合教育质量的关键原则:给决策者的建议》要求,教师应该具备能有效应对不同学生需求的技能、知识和理解,并且需要积极的态度和价值观以确保将满足所有学生多样化的需求视为自己的责任并对所有学生保持高期待值。可见教师融合教育素养不仅在情感、价值、观念等方面强调接纳特殊儿童,尊重学生间的个体差异,将促进所有学生参与并有效学习作为自身的专业责任,把当前从事的融合教育工作作为继续学习与发展的基础,同时还在专业知识、专业能力维度下各有规定和要求。

(二)"特殊"被纳入多样性、多元化的概念中

在美国及欧洲等国家和地区,融合教育的对象不仅包括残疾儿童、超常儿童等特殊儿童,还包括大量在种族、语言以及家庭社会背景方面与主流社会有较大差异的弱势儿童。如 InTASC 教师标准如此定义多样化学生:由于性别、语言、文化背景、能力水平、残疾、学习风格以及(或)社会经济地位的影响而在学业技能习得方面需要不同教学策略的学生。多样性主要体现在以下两个方面,一方面是个体差异,包括个性、兴趣、学习风格、生活阅历等;另一方面是群体差异,包括种族、能力、性别认知、性

---

① 周丹,王雁.美国融合教育教师素养构成及启示 [J].比较教育研究,2017(3):89-95,100.

别表达、性取向、国籍、语言、宗教、政治立场、社会经济地位等。又如，《欧洲教师能力与资格准则》提出，教师应能够以融合的方式满足不同学生的个别需要，并且理解所处的社会、文化和历史情境。如此看来，"特殊"如同种族、语言、家庭背景等特征一样，属于多样性、多元化的范畴，是每个教师都应该主动、自然接纳和关注的内容，而不是将其作为一种异常状态而"特殊对待"。因而融合教育的发展是实现所有人教育平等的重要推手。教师应在考虑学生能力、兴趣以及需要的基础上设计适合学生发展的教学，以促进每个学生的学习，促进所有学生的学业、实践、社交和情感学习。融合教育适用于所有学生，而非仅仅是那些被认为有特殊需要或高危而被排除在获得教育机会之外的学生等，即不是仅指满足特殊儿童的需求。

（三）我国教师"普教素养＋特教素养"的"补充式"要求

从我国随班就读工作开展的初期，相关的政策就对培养教师具备一定的融合教育素养有所倡导。1989 年，国家教委等八部委联合颁布的《关于发展特殊教育的若干意见》明确提出："各地普通中等师范学校、幼儿师范学校的有关专业课，可根据当地需要适当增加特殊教育内容；高等师范院校应有计划地增设特殊教育选修课程。"2012 年教育部、中央编办等联合颁布的《关于加强特殊教育教师队伍建设的意见》指出"改革培养模式，……支持师范院校和其他高等学校在师范类专业中普遍开设特殊教育课程，培养师范生具有指导残疾学生随班就读的教育教学能力"，并首次规定"将特殊教育相关内容纳入教师资格考试"等。《"十五"期间特教改革和发展意见》要求"加大承担普通学校特殊教育班和随班就读教学工作教师培训的力度"，提出"使任课教师都能够接受一次比较正规的短期培训，掌握基本的特殊教育教学方法"。2017 年修订的《残疾人教育条例》第四十五条规定："县级以上地方人民政府教育行政部门应当……在普通教师培训中增加一定比例的特殊教育内容和相关知识，提高普通教师的特殊教育能力。"可见，不论是教师的准备，还是教师职后的专业发展，都强调对教师进行特殊教育基本知识与技能的补充,以应对特殊学生进入班级之后给教育教学带来的挑战。

上述教师"普教素养＋特教素养"的"补充式"的要求,与国外实施融合教育之初最普遍的做法基本一致:对普通学校教师进行基本的特殊教育方面的训练;也与我国随班就读发展的实际吻合,因为我国随班就读的主要对象就是各类特殊儿童。

然而,融合教育的发展早已超越对教师仅"补充"一些基本的特殊教育方面的知识与技能的做法。尽管早期我国的随班就读是特殊教育工作者结合基本国情和现实条件做出的本土探索,但在不断的发展过程中,随着受国际融合教育的影响越来越大,随班就读工作已经不再是单纯地将特殊儿童安置于普通学校,而是开始寻求质量的提升,向融合教育的实质迈进。《提升计划》指出:"全面推进全纳教育,使每一个残疾孩子都能接受合适的教育。"2017年修订的《残疾人教育条例》将推进融合教育作为重要的立法原则,在法规层面上首次确认了融合教育的概念与原则。融合教育不仅针对特殊儿童,而且关注和理解所有儿童,特别关注那些在教育中易受伤害的、被边缘化和被排斥的儿童群体所面临的各种困难。教师要帮助的对象不仅包括传统特殊教育领域的残疾儿童,而且包括普遍存在、数量众多的在学习、行为和情感等方面有困难的儿童。因此,教师要正确认识和尊重学生间的差异,真正接纳所有儿童,并能采取有效的教育策略,帮助遭遇困难的学生,满足学生个性化的学习需求,从而确保所有儿童都能接受高质量的教育。

对我国教师融合教育素养的认识与理解应有以下几个方面的突破。

第一,打破教师的"融合教育素养"等于"特殊教育素养"的偏颇认识,深化和丰富教师融合教育素养的结构与内涵。教师的融合教育素养的内涵并不是一成不变的,而是随着人们对教育质量的要求不断提高而逐渐深化和丰富的。因而教师的融合教育素养也就有了动态的属性和特征,应兼顾两个方面的发展和变化,一是纵向上随着我国随班就读工作的推进,其融合属性越来越明显,发展至今已经触及融合教育的本质;二是横向上我国随班就读的现实特征与美国等发达国家相去甚远，即使是国内不同地区的随班就读（融合教育）的现实特征也有巨大的差异。显然，既不能照搬发达国家的教师融合教育素养，也不能固守着一定时期内的研究成果而一成不变。应立足于国际融合教育发展的前沿以及我国融合教育发展的实际，深化和丰富教师的融合教育素养内涵。我国已有研究多是通过理论分析、逻辑推演、中外比较等方法，借鉴国外先进的理念对教师应具备的融合教育素养的模型进行建构。今后的研究需要更多地以教师专业发展理论、融合教育理论为基础，结合我国随班就读实际，遵循问卷编制标准，既有自上而下的理论建构，又有自下而上的实践检验，系统建构教师融合教育素养的模型，使其有理有据；以研究为基础，科学回答教师的融合教育素养应包括哪些理念、态度、伦理、信念及道德等，应怎样突破特殊教育知识与能力的局限。例如，"差异教学能力"这一普通素养中的能力要求，是国内外研究者都认可的实施融合教育必备的技能之一。[1][2]我们需要深入地探讨，当有特殊儿童进入普通班级，对教师的差异教学能力与原来的差异教学能力的要求是否一样？可喜的是国内有研究者分析了差异教学能力的基本要素和从事随班就读工作所特别要求的差异教学能力要素，研究了教师从事随班就读工作差异教学能力的构成。[3]还有研究发现教师具备与专业人员合作进行教学设计、进行课程规划和学习等的合作能力，也是美国等发达国家对教师实施融合教育的能力要求，[4]然而我国的随班就读支持保障体系远不如发达国家完善，普通学校缺少如特教教师、相关服务提供者、语言学习专家等专业支持，那么合作能力在教师的融合教育素养中又该如何体现？回答这些问题，需要对教师应具备的融合教育素养进行深度挖掘

---

① ANDREWS J, LUPART J. The inclusive classroom: educating exceptional children [M]. 2nd ed. Scarborough, ON: Nelson Thomson Learning, 2000: 15-16.

② 华国栋. 特殊需要儿童的心理与教育 [M]. 北京：高等教育出版社，2004：110-112.

③ 李泽慧，周珉. 对随班就读教师差异教学能力构成的分析 [J]. 中国特殊教育，2009（1）：25-33.

④ MCCORMICK L, NOONAN M J, OGATA V, et al. Co-teacher relationship and program quality: implications for preparing teachers for inclusive preschool settings [J]. Education and training in mental retardation and developmental disabilities, 2001, 36(2): 119-132.

和不断丰富。

第二，在教师专业标准中明确教师的融合教育素养是其专业素养的组成部分。融合教育先行国家的经验告诉我们，在教师专业标准中体现融合教育的特色和要求是大势所趋，不仅有利于从准入环节确保所有教师具备融合教育的基本意识和能力，而且能促进以培养胜任融合教育工作的教师为宗旨的教师教育体系的形成。美国的 InTASC 教师标准对教师在教育特殊学生方面的具体要求进行了明确的规定，使教师能清晰地知晓自身在融合教育中的角色和职责等。该标准在指出要求教师与其他专业人员合作进行教学的同时进一步具体指明各类专业人员包括哪些，即特殊教师、相关服务提供者、语言学习专家、图书管理员等。在教学计划方面，该标准明确指出了教师在差异教学中需要考虑的具体内容，即如何选择合适的教学策略、进行何种调整、选择何种资源和教材。我国教师专业标准对教师融合教育素养的要求已有所显现，但在素养条目涉及的范围、数量和具体程度方面，与融合教育先行国家的相关规定相比仍有非常大的差距。为此，我们应在教师专业标准中将满足所有学生的正常与特殊学习需要明确为教师的法定职责，对教师应具备的融合教育基本理论、知识及能力等做具体规定，即对教师融合教育素养的相关规定应当充分体现在专业理念与师德、专业知识以及专业能力三个方面。

第三，加强融合教育的师资队伍建设，分层次细化教师融合教育素养。在融合教育具体实践中，由于学生遭遇的困难具有复杂性和多样性的特点，因而所需要的支持涉及不同专业领域及专业水平。在这一方面，全纳教育先行的国家的经验大多是构建一个金字塔形的全纳教师体系[①]：金字塔的底部是具备全纳教育基本技能的教师，人数最多，一般是指所有教师；金字塔的中部由掌握全纳教育高级技能的教师组成，人数次之，一般每所学校只有少数教师胜任；金字塔顶部则由掌握了更专业的全纳教育技能的专家组成，人数最少，往往不是每所学校都配置，而是几所学校资源共享。借

① 沈卫华.全纳：未来教师专业发展的重要课题 [J].教育科学研究，2010（6）：70-73.

鉴我国研究者提出的随班就读教师不是单指某一类型的教师，而是一个由多层次、不同专业背景的专业人员构成的群体的、集合的概念，[①] 我国实施融合教育的师资队伍也是一个多层级的结构：一是在普通学校里承担融合教育教学工作的学科教师（一般是指所有的教师，也是本书中所指的教师）。由于特殊儿童进入普通班级，在大差异班级教育教学中兼顾所有儿童成为学科教师的常规任务与内容。二是能为融合教育班级中的特殊儿童提供跨专业、跨学科特殊教育和辅导，同时为其他教师提供培训的资源教师。三是来自特殊教育学校或特殊教育资源中心，具有更为广泛的知识、技能和丰富的融合教育经验的巡回指导教师，他们负责区域内各学校融合教育工作的督导、教师培训等工作。他们一般在有需要时介入学校教育，为有困难的儿童提供专业评估与干预，为教师提供专业指导与咨询。毫无疑问，他们都需要具备普通教育和特殊教育的能力。[②] 但身份的不同决定了其工作任务、范围等的不同，所具备的专业素养也有差异，尤其是融合教育素养方面的分层。如资源教师，需要热爱融合教育工作，有事业心、精通普教业务，并且接受过特殊教育专业培训，具备特殊教育的实践经验，熟悉资源教室的工作内容。在专业能力方面，为特殊需要学生制订个人教育计划是资源教师的基本功；开发、运用、整合资源是资源教师工作的基本内容，既包含人力资源的整合又包含物质资源的整合。[③] 再如巡回指导教师，应根据专业背景和任务分工，具体分为听障、视障、智障等专业教师、康复训练师、心理治疗师等，他们应为特殊儿童提供更高水平和层次的专业支持与康复训练，同时承担对其他教师进行指导与咨询的任务。由此看来，需要分层次、分类别实施教师融合教育素养教育。

---

① 李拉. 论随班就读教师队伍的专业化 [J]. 教育理论与实践，2014（17）：21-23.

② 朱楠，王雁. "复合型" 特殊教育教师的培养：基于复合型的内涵分析 [J]. 教师教育研究，2015（6）：39-44.

③ 孙全红. 融合教育背景下资源教室建设与资源教师专业发展 [J]. 现代特殊教育，2016（17）：28-29.

第二节　教师融合教育素养模型建构

本节所指的随班就读教师专业素养，即普通学校教师需具备的与随班就读工作相关的专业素养，是其整体专业素养的一部分，与随班就读教师融合教育素养等同，也就是指教师的融合教育素养，以下不做区分，并根据上下文语境弹性使用。对于教师融合教育素养模型的建构，一方面需要自上而下的理论建构，即通过文献分析及遵循相关理论形成教师融合教育素养模型的概念框架。深入随班就读教师的工作实际，开展质性访谈，深度挖掘教师融合教育素养的要素，才能建构教师融合教育素养的理论模型。另一方面需要自下而上的实践检验，采用量化的研究方法，对建构的理论模型进行检验，研制出信度、效度高的教师融合教育素养测量工具。将质性研究与量化研究结合，通过多种方法获得多种来源的资料，能够全面、真实地反映教师融合教育素养结构，系统建构教师融合教育素养模型，编制规范、科学的教师融合教育素养测量工具。

一、研究的框架及思路

（一）教师融合教育素养结构理论来源分析

胜任力模型（competency model）是指完成某一特定的任务需要具备的胜任特征的总和，它是针对特定职位要求的一组胜任特征。教师胜任力（teacher competency）是指教师个体具备的、与实施成功教学有关的一种专业知识、专业技能和专业价值观。

胜任力理论模型主要有冰山模型和洋葱模型两种，如图 3-1 所示。[1][2] 胜任力的冰山模型主张有五种类型的胜任力：动机（motives）、特质

---

① 徐建平. 教师胜任力模型与测评研究 [D]. 北京：北京师范大学，2004.

② SPENCER L M, JR, SPENCER S M. Competence at work: models for superior performance [M]. New York: John Wiley & Sons, 2008: 11.

（traits）、自我概念特征（self-concept characteristics）、知识（knowledge）、技能（skills）。其中知识是指个体所拥有的特定领域的信息、发现信息的能力以及用知识指导自己行为的能力，技能是指完成特定生理或心理任务的能力，自我概念特征是指个体的态度、价值观或自我形象，特质指个体的生理特征和对情境或信息的一致性反应，动机是指个体行为的内在动力。按照冰山模型，知识和技能是可见的、相对表面的外显特征，处于水面以上，可以看得见，是最容易改变的；动机和特质是更隐蔽的，位于人格结构的更深层，潜藏于水面之下，不易触及；自我概念特征则位于二者之间。洋葱模型是在冰山模型的基础上演变而来的，是从另外一个角度对冰山模型的解释。它把胜任力特征由内到外概括为层层包裹的结构，最核心的是动机、特质等个体潜在的特征，向外是自我概念和态度价值观，最外层是技能特征、知识。知识和技能是容易培养的，也易于评价，而核心特征最不易发展。

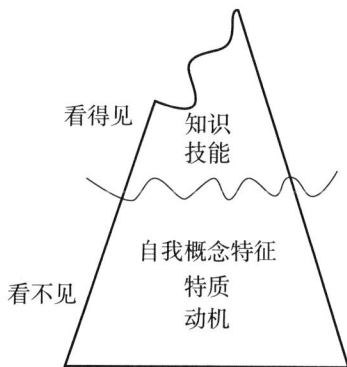

a. 冰山模型

图 3-1　胜任力理论模型

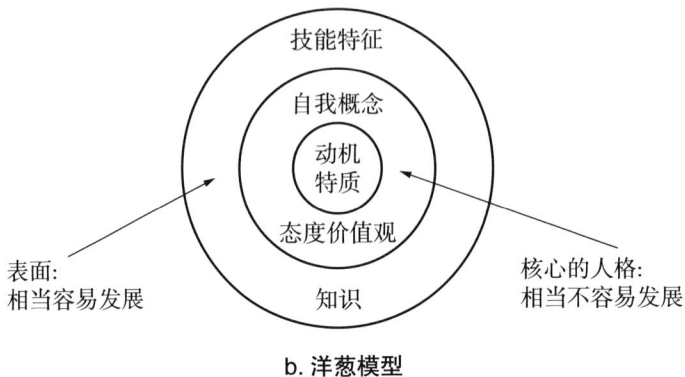

b. 洋葱模型

图 3-1　胜任力理论模型（续）

对于教师而言，素养（或素质）主要是指教师从事教育教学活动所具备的基本条件与能力，是教师为有效完成教育教学活动、实现教育教学目标所必需具备的观念、知识、技能及能力等的总和。胜任力理论模型在指导教师融合教育素养模型建构时，不仅强调关注表面的融合教育知识、技能等易于发展与测量的特征，还强调挖掘深层次的态度价值观等，这些特征不易受外界影响，却对个体行为与表现起关键作用。

（二）**教师融合教育素养结构要素的概念框架**

我国研究者在对教师应具备的融合教育素养结构进行探讨时，或者从理论层面探讨，或者进行实证研究。有的仅关注与随班就读工作相关的素养；有的则是从教师整体素养的角度，分析融合教育背景下教师应具备的素养。如有的研究从专业理念、专业知识和专业能力来分析随班就读教师专业素养及存在的问题。[①] 有的则从融合教育的态度、价值和期望，民主教育观以及教育特殊学生的知识、技能和情感基础三个层面描述随班就读教师专业素养。[②] 还有的或从知识、技能、能力、态度方面，或从专业理念、知识和能力方面，或从知识、技能、态度方面分析随班就读教师应具备的融合教育素养。也有研究者对随班就读教师的教育教学活动进行跟踪、观察和记录，并从知识、技能、能力、态度四个方面概括随班就读教师所应

---

① 李拉.专业化视野下的随班就读教师：困境与出路 [J].教育理论与实践，2012（23）：34-36.

② 赫振君，兰继军.论全纳教育与教师素质 [J].中国特殊教育，2004（7）：1-4.

具备的 33 项指标。[①] 尽管不同的研究者对教师融合教育素养结构的认识略有差异，但大都是围绕着教师专业理念（或态度）与品质、专业知识及专业能力展开。由此形成教师融合教育素养结构要素的概念框架，即态度、知识、能力，如图 3-2 所示。

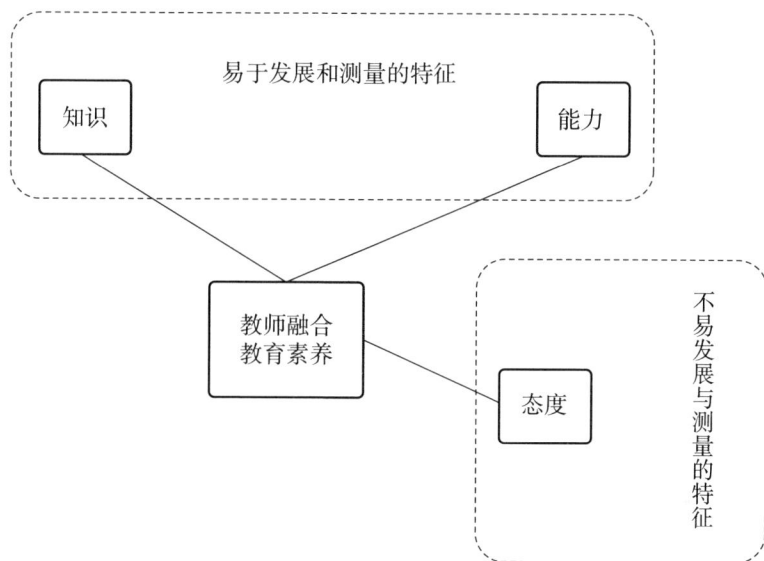

图 3-2　教师融合教育素养的概念框架

（三）研究思路

本研究将以随班就读教师为主要研究对象，遵循问卷编制标准，通过自上而下的理论建构以及自下而上的实践检验，系统建构教师融合教育素养模型。基于以上的研究目标，本研究的思路如图 3-3 所示。

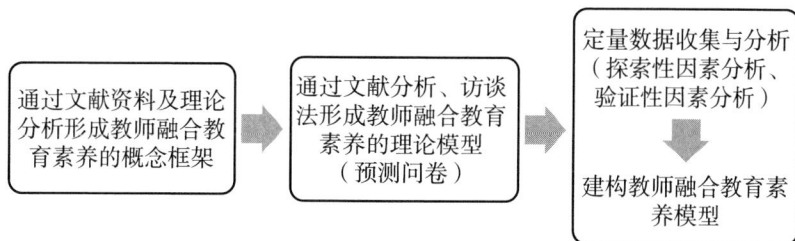

图 3-3　研究思路

---

① 李泽慧，周珉. 对随班就读教师差异教学能力构成的分析 [J]. 中国特殊教育，2009（1）：25-33.

二、初步的质性研究——编制教师融合教育素养问卷

（一）研究的目的、方法及数据分析技术

本研究运用访谈法获取质性数据，深入挖掘随班就读教师融合教育素养内涵，形成随班就读教师融合教育素养问卷（构建教师融合教育素养模型）。

本研究采用头脑风暴式的集体访谈以及半结构化的个体访谈。

我们通过相互讨论、递归协商、相互评论和交流验证的方式开展同时性的和合作性的工作。此种方式有助于生成可靠的访谈数据。这些数据已被系统地交叉验证，避免了个人偏见的影响，因此可以尽可能地实现主体间的可验证性和可重复性。

（二）研究过程

我们选择在北京义务教育阶段学校（包括小学和初中）探讨随班就读教师专业素养。为达成此目的，我们分别开展了集体访谈和个体访谈。集体访谈安排在更为自然的对话环境（教师熟悉的学校）中进行，通过讨论与头脑风暴，获取了随班就读教师对所需专业素养的各种观点。下一步是对这些数据（即观点）进行主题分析，而主题分析的概念框架则源于前述已有的文献分析。"态度""知识""技能"等主题词反复地出现在集体访谈中。有趣的是，集体访谈参与者也提到了"主动获取支持"。这个主题促使我们进一步开展以"主动获取支持"（与"能动性"类似）为焦点的个体访谈，目的在于深入发掘随班就读教师的专业素养。

具体来说，首先，我们开展了两次时长各 1 小时的集体访谈。第一次集体访谈在朝阳区的一所小学进行，共有 5 位随班就读教师参与；第二次集体访谈在海淀区的一所初中进行，共有 10 位随班就读教师参与。两所学校均为研究者的研究合作学校。朝阳区的这所小学是随班就读实践的示范校，而海淀区这所初中则是随班就读实践的一般类学校。以性别和教龄作为标准，我们要求两所学校的领导各推荐 12 位教师参与访谈，并向这些教师发出邀请。被访谈者是那些愿意接受访谈的教师。被访谈者的人口结构特征如表

3-4 所示。根据被访谈者在随班就读实践中表现出的差异，我们企图深入洞察被访谈者对融合教育素养的不同观点，即尽量选取差异性较强的教师。

表 3-4 集体访谈参与者的人口结构特征

学校所在区	参与人数	教龄			性别	
		<3 年	5—10 年	>15 年	女	男
朝阳	5	2	1	2	4	1
海淀	10	5	3	2	7	3

其次，我们开展了时长 1 小时的个体访谈。个体访谈的邀请被发送给参与集体访谈的各位教师。有 3 位教师接受了邀请，其中 2 位是朝阳区学校的教师，1 位是海淀区学校的教师。2 位朝阳区学校的教师中，1 位随班就读教学经验丰富，1 位随班就读教学经验一般。而那位海淀区学校的教师的随班就读教学经验相对较少。为进一步丰富数据资料，我们又访谈了 2 位来自海淀区和原宣武区的管理本区随班就读工作的行政人员。海淀区的行政人员见证了本区多所学校成功开展了随班就读工作，而原宣武区的行政人员则是在最近几年才开始关注随班就读工作。

（三）研究结果

集体访谈中，被访谈者讨论的内容主要是"什么是随班就读教师核心的专业素养？"。受已有文献概念框架的启示，我们以主题的方式分析和呈现访谈数据。首先，简略地分析态度、知识和技能主题，因为这些内容在已有文献中已被充分论述。我们集中讨论第四个主题，即教师主动获取支持的能力，也被称为能动性。我们认为，这可能是对已有随班就读教师专业素养的重要补充。

1. 积极态度

可以清晰地从访谈数据中看出对特殊学生进入普通班级学习的积极态度。所有访谈者均认为积极态度是一项重要的随班就读教师专业素养。在集体访谈中，面对"对于胜任的随班就读教师来说，什么是重要的？"这一问题，一位教师的回答是：

我认为最重要的事情是善待有特殊需要的学生。就我个人而言，我会让特殊学生参与班级活动，而不是排除或者忽视他们。他们与普通学生一样拥有平等的受教育权。我也会要求班级同学友好地对待他们，而不是歧视他们。

在集体访谈中这样的观点被其他被访谈者认同。其中一位被访谈者补充道："不要放弃任何人。"另一位被访谈者总结道："随班就读教师所做的任何事情都要考虑学生的特殊需要。"根据伊格雷（A. H. Eagly）和柴肯（S. Chaiken）的框架，上述教师对特殊学生的积极情感和帮助学生的强烈倾向可以被编码为"感情"或教师态度的"情感层面"，也可以被编码为"行为倾向"或教师态度的"行为层面"。[①]被访谈者相信，随班就读可以"提升学生信心"和"为智障学生、听障学生和肢体障碍学生创造一个友好的学习环境和一个融合的社群"。再次引用伊格雷和柴肯的框架，随班就读教师的上述描述可以被编码为"信念"，或教师态度的"认知层面"。[②]

2. 必要知识

除了积极态度，当被问及随班就读教师重要的胜任特征时，很多被访谈者还提到了必要知识。被访谈者提及的随班就读教师必要知识包括"特殊教育理论""有关融合教育的最新国家政策和地方法规""儿童的心理、生理和教育需要""开展和评估随班就读实践"等。上述对随班就读教师知识的描述与一些西方文献的论述是一致的。[③④]

3. 关键技能

除了积极态度和必要知识，被访谈者还提到了随班就读实践所需的各

---

① EAGLY A H, CHAIKEN S. The psychology of attitudes [M]. Fort Worth: Harcourt Brace Jovanovich, 1993: 1-21.

② 同①.

③ BOCALA C, MORGAN C, MUNDRY S, et al. Do states have certification requirements for preparing general education teachers to teach students with disabilities? Experience in the northeast and islands region (Issues & Answers Report, REL 2010-No. 090)[R]. Washington, D.C.: U.S. Department of Education, Institute of Education Science, National Center for Education Evaluation and Regional Assistance, Regional Educational Laboratory Northeast and Islands, 2010.

④ INTERSTATE TEACHER ASSESSMENT AND SUPPORT CONSORTIUM (InTASC). InTASC model core teaching standards: a resource for state dialogue [EB/OL]. [2021-08-10]. https://www.ccsso.org/sites/default/files/2017-11/InTASC_Model_Core_Teaching_Standards_2011.pdf.

种技能。在集体访谈中，一位经验丰富的教师评论：

　　教师需要在班级里同时教育特殊学生和普通学生。为满足完全不同的学生需要，教师在设计教学时需要更具策略性。组织课堂内外的团体活动也需要技能。我们需要思考如何让特殊学生参与学习和文化活动，同时，需要思考如何让其他同学真诚地接纳特殊学生。

　　依据费希尔（D. Fisher）等人的框架，这些技能可以编码为"为满足差异，识别学生学习特征，以及调整、辨别、修改教学方法的能力"。① 当被问及"在未来需要发展哪些技能？"时，一位新任教师说：

　　我发现班级中有特殊学生是非常具有挑战性的。其中一位学生非常情绪化。她会在班级中突然大哭。起初她吓到了我，我不知道该做什么。我认为这对于我以及每一位随班就读教师来说都是绝对重要的技能。我们需要知道如何恰当地应对学生的情绪问题。

　　根据伊多尔（L. Idol）的分类，上述描述可以被编码为"学生规范和班级管理"。② 在集体访谈中，教师还提到了其他重要的技能，包括"与社区合作开展课外活动""与资源教师和学校心理健康教师合作以促进学生发展""与父母沟通了解特殊学生的过去和现状"等。根据已有文献，这些技能可以被编码为"合作技能"。③④

---

① FISHER D, FREY N, THOUSAND J. What do special educators need to know and be prepared to do for inclusive schooling to work?[J]. Teacher education and special education, 2003, 26(1): 42-50.

② IDOL L. Toward inclusion of special education students in general education: a program evaluation of eight schools [J]. Remedial and special education, 2006, 27(2): 77-94.

③ INTERSTATE TEACIIER ASSESSMENT AND SUPPORT CONSORTIUM (InTASC). InTASC model core teaching standards: a resource for state dialogue [EB/OL]. [2021-08-10]. https://www.ccsso.org/sites/default/files/2017-11/InTASC_Model_Core_Teaching_Standards_2011.pdf.

④ BOCALA C, MORGAN C, MUNDRY S, et al. Do states have certification requirements for preparing general education teachers to teach students with disabilities? Experience in the northeast and islands region (Issues & Answers Report, REL 2010-No. 090)[R]. Washington, D.C.: U.S. Department of Education, Institute of Education Science, National Center for Education Evaluation and Regional Assistance, Regional Educational Laboratory Northeast and Islands, 2010.

4. 主动获取支持能力

有趣的是，在集体访谈中，许多被访谈者提及寻求资源的重要性。这是我们分析的焦点。

随班就读工作中，每一位教师都会遇到困难和问题。这促使我们积极地寻求支持，如专家、领导和资源教师的支持。我们有一个随班就读工作讨论组，开展定期讨论。我们会讨论我们遇到的问题和需要。如果我们自己无法解决问题，我们会参加随读教师培训课程，或者向特殊教育中心寻求帮助。

当被问及"还有人对寻求支持有所评论吗？"时，两位教师补充道：

我同意这个观点。随班就读教师需要各种支持。我们需要尽最大努力向领导、家长、社区寻求支持。教师获取支持的能力非常重要。

教师的责任心在随班就读实践中扮演着重要角色。我的意思是我们需要积极地开展随读工作。当我们无法解决问题时，我们不得不努力思考、刻苦工作和努力寻找帮助。

上述访谈内容似乎表明，以一种积极的方式从各种资源中寻求支持与帮助是重要的。此外，这些访谈内容也与西方文献和实践相一致。例如，美国州际教师评估与支持联盟认为，教师应该能够获取资源以支持特殊学生的学习。[1] 同样，汤姆林森（C. A. Tomlinson）认为寻求各种不同的物质资源是教师满足学生特殊需要的一种必需技能。[2] 博卡拉（C. Bocala）等所调查的 9 个地区中有 5 个地区要求教师在学校内寻求支持和资源，并且要与其他专业人员、家庭成员和各种背景的社区成员合作，帮助和服务特殊学生。[3] 因此，

---

[1] INTERSTATE TEACHER ASSESSMENT AND SUPPORT CONSORTIUM (InTASC). InTASC model core teaching standards: a resource for state dialogue [EB/OL]. [2021-08-10]. https://www.ccsso.org/sites/default/files/2017-11/InTASC_Model_Core_Teaching_Standards_2011.pdf.

[2] TOMLINSON C A. The role of the teacher in a differentiated classroom [M] //TOMLINSON C A. How to differentiate instruction in mixed-ability classrooms. 2nd ed. Upper Saddle River, NJ: Pearson Education, 2001: 16-20.

[3] BOCALA C, MORGAN C, MUNDRY S, et al. Do states have certification requirements for preparing general education teachers to teach students with disabilities? Experience in the northeast and islands region (Issues & Answers Report, REL 2010-No. 090)[R]. Washington, D.C.: U. S. Department of Education, Institute of Education Science, National Center for Education Evaluation and Regional Assistance, Regional Education Laboratory Northeast and Islands, 2010.

作为一项必需技能，寻求支持并非新鲜事物。在我们的集体访谈中，寻求支持也被反复提及。这表明，在中国背景下，寻求支持是一项重要的技能。考虑至此，我们开始着手个体访谈，探讨教师对寻求支持的理解。

当被问及主动寻求支持是否重要时，所有访谈者都明确地做出了肯定回应。例如，原宣武区教育部门的行政人员如此强调寻求支持的重要性：

在职教师寻求建议与资源以支持随班就读实践是特别重要的。"去做"与"等待"的结果是完全不同的。如果教师期望更好的结果，他们不能等待帮助。相反，他们必须非常积极地寻求支持。

上述描述表明，寻求支持需要积极的努力和个人的投入。努力和投入程度存在个体差异，并在随班就读实践中产生完全不同的结果。

当被问及"与其他专业胜任力相比，如何理解寻求支持？"时，被访谈者指出他们在寻求支持能力方面存在不足，并认为寻求支持比态度、知识和技能更为重要。例如，一位小学教师如此描述：

考虑到现行条件，我认为寻求支持比态度、知识和技能更为重要。例如，我们地方教育部门会定期组织随班就读教师培训。培训者是领域专家，他们会与我们分享随班就读工作的背景知识、研究进展和政策方针，也会告诉我们如何在课堂中开展教学。我们对于培训都有兴趣，也会积极学习。但是，与专家沟通的机会和时间是有限的。在大多数情况下，我们不得不自己动手。教师需要学习，并且应用于实践。我们不得不自己去发现信息，知道如何获取知识和寻求支持。

这位教师谈及了积极态度，如对培训感兴趣并积极学习，也提到背景知识、研究进展和新政策，以及真实环境下的教学技能。从上述访谈可知，通过培训获得的胜任力是不足的、有限的。教师似乎更强调在寻求支持上的个人努力。

当被要求提供寻求支持的案例时，被访谈者提到了他们在寻求各种资源以帮助特殊学生时所做出的努力。一位经验丰富的初中教师提供了一个恰当的例子：

存在各种不同的支持。有时，支持源于我们学校，但更多时候，它取决于我们个人。例如，我们学校非常支持开发适用于特殊学生的校本教材。

我们已经开展这项工作很多年了。我负责语文教材的编写。学校仅提供规章制度层面的支持，因此，我不得不去寻求实质性支持。我必须自己学习，例如寻找网络资源和阅读大量的文献与资料。

当被问及寻求支持的重要性的背后原因时，海淀区教育部门的行政人员解释：

讲到随班就读，很多学校在资源和师资上是不足的。并不是所有学校都有资源教室和资源教师。在此背景下，教师必须依靠他们的主观性和能动性来满足学生的特殊需要。教师必须牢记，寻求支持和发展寻求支持的能力是重要的。

上述描述与原宣武区教育部门行政人员的描述是一致的：

现在，支持体系还不完善，可用资源很少，教师必须成为随读工作的主导者和掌控者。就如同当你饥饿时，你需要出去觅食而不是坐等食物。当缺少食物时，没有人会提供食物，只能自己去寻找可以吃的东西！

与行政人员的观点相一致，教师提到来自外部系统的支持是不足的、有限的和少量的。这些访谈内容充分反映出现阶段我国随班就读支持保障体系的不完善，当所提供的支持有限时，教师需要寻找支持并获取支持，这也是对能动性的理解。教师能动性是指一种积极的和能动的机能，它表现为随班就读教师计划、启动、执行有意识的行动以促进随班就读实践。这种能动性要求教师在其教学认识论的指导下，努力掌控自己的专业实践。[①] 同时，此种能动性也需要教师具备解决问题的能力。[②] 数据表明，能动性是随班就读教师在特定社会结构和组织框架下独立寻求支持的能力，并且此种能力并不受制于特定社会结构和组织框架。

根据伊格雷和柴肯的观点，能动性是一种行为倾向，因此，它可以被定义为态度的"行为层面"。[③] 同时，与西方文献相同，寻求支持的能动性

---

① CAMPBELL E. Teacher agency in curriculum contexts [J]. Curriculum inquiry, 2012, 42(2): 183-190.

② EMIRBAYER M, MISCHE A. What is agency?[J]. American journal of sociology, 1998, 103(4): 962-1023.

③ EAGLY A H, CHAIKEN S. The psychology of attitudes [M]. Fort Worth: Harcourt Brace Jovanovich, 1993: 1-21.

可以被理解为必需的技能。①②③ 考虑到我国对随班就读工作的支持相对缺乏，教师主动获取支持能力在我们的访谈中作为一个重要的主题凸显出来也就不足为奇了。因此，我们将教师寻求和获取支持的能力（简称为"获取支持能力"）假设为随班就读教师专业素养的第四个维度。

通过初步的质性研究，我们发现教师融合教育素养包括四个方面，即专业态度、专业知识、专业技能及获取支持能力，是一个多因子构成的复杂结构模型。以此作为教师融合教育素养的基本结构维度，从访谈资料中筛选观点，并结合已有的文献分析结果及相关问卷的题项，形成了《教师融合教育素养问卷》，如表 3-5 所示。问卷采用李克特 5 点计分：1 为"非常不同意"，2 为"不太同意"，3 为"不确定"，4 为"比较同意"，5 为"非常同意"。

表 3-5　教师融合教育素养问卷

维度	题项内容描述
专业态度	1. 特殊学生都应该像正常学生一样平等接受教育
	2. 随班就读使特殊学生更自信
	3. 我有信心能教好班里的特殊学生
	4. 随班就读对特殊学生的社会交往能力有促进作用
	5. 随班就读有利于减轻社会对特殊学生的歧视
	6. 特殊学生在普通班级能够取得学习进步的机会

---

① BOCALA C, MORGAN C, MUNDRY S, et al. Do states have certification requirements for preparing general education teachers to teach students with disabilities? Experience in the northeast and islands region (Issues & Answers Report, REL 2010-No. 090)[R]. Washington, D.C.: U. S. Department of Education, Institute of Education Science, National Center for Education Evaluation and Regional Assistance, Regional Educational Laboratory Northeast and Islands, 2010.

② INTERSTATE TEACHER ASSESSMENT AND SUPPORT CONSORTIUM(InTASC). InTASC model core teaching standards: a resource for state dialogue [EB/OL]. [2021-08-10]. https://www.ccsso.org/sites/default/files/2017-11/InTASC_Model_Core_Teaching_Standards_2011.pdf.

③ TOMLINSON C A. The role of the teacher in a differentiated classroom [M] //TOMLINSON C A. How to differentiate instruction in mixed-ability classrooms. 2nd ed. Upper Saddle River, NJ: Pearson Education, 2001: 16-20.

续表

维度	题项内容描述
专业态度	7. 随班就读使教师更加关注学生的个体差异
	8. 随班就读工作有助于学校整体改革与质量提升
专业知识	9. 我了解国家制定的随班就读方面的政策法规
	10. 我了解教育特殊学生的基本原则与方法
	11. 我了解地方政府管理部门制定的随班就读规章与管理制度
	12. 我了解所教特殊学生的心理与行为特征
	13. 我了解所教特殊学生的教育评估方法
	14. 我了解随班就读相关的实践措施
	15. 我了解融合（全纳）教育的理论
专业技能	16. 在班里，普通学生与特殊学生能互相帮助、互相学习
	17. 我能在班上针对特殊学生开展分层教学
	18. 我能与其他教师或相关专业人员针对特殊学生开展合作教学
	19. 我能对特殊学生使用弹性的作业布置方式和评价方式
	20. 我能针对特殊学生的特点调整教学目标与要求
	21. 我能使用小组讨论、合作学习的方法来帮助特殊学生
	22. 我能使用个别辅导的方式来满足特殊学生的学习需要
	23. 我能对特殊学生进行有效的行为管理
	24. 我能使普通学生与特殊学生间的关系融洽
	25. 我能与学生家长有效合作来帮助特殊学生
	26. 我能与社区人员有效合作来帮助特殊学生
获取支持能力	27. 我能主动获得特殊学生家长的帮助来教育孩子
	28. 我能争取各级领导支持随班就读工作
	29. 我能主动寻求特殊学校教师的指导与帮助
	30. 我能够与相关专业人员建立联系，并获得他们的指导与服务（如医疗、语言矫正等）

续表

维度	题项内容描述
获取支持能力	31. 我能够搜集并利用多种教与学的材料来帮助特殊学生
	32. 我能够利用资源教室来帮助特殊学生
	33. 我能够动员社区各方面力量支持我的教学
	34. 我能够获得相关的设备支持我的教学

专业态度描述的是随班就读教师如何看待随班就读工作对特殊学生、教师专业化发展、学校及社会发展的影响，共 8 题；专业知识考察的是随班就读教师对随班就读工作相关的政策法规、理论知识、实践知识的掌握情况，共 7 题；专业技能考察的是随班就读教师在针对特殊学生特点的教学目标制定、教学内容实施、教学效果评价过程中的具体表现，共 11 题；获取支持能力考察的是随班就读教师对支持的寻求和获取，共 8 题。

三、教师融合教育素养的结构探索与验证

（一）研究目的、对象及方法

对《教师融合教育素养问卷》进行验证，形成教师融合教育素养模型。

对编制完成的《教师融合教育素养问卷》进行大样本调查，以获取量化研究数据。采用 SPSS 20.0 和 Mplus 6 完成数据处理，主要的统计方法为因素分析和信度分析。

在北京市各城区内以方便取样的方式选取 1761 名从事过随班就读工作的中小学教师。在问卷发放与回收的具体操作中，一种方式是在随班就读教师在职培训班上现场发放并收回，另一种方式是联系各区县随班就读工作相关负责人协助发放并回收。在 1761 名随班就读教师中，朝阳区 78 人，东城区 165 人，房山区 192 人，海淀区 271 人，顺义区 413 人，石景山区 181 人，西城区 449 人，另有 12 名教师未填写相关信息。在数据分析前，对 1761 份问卷进行初步整理，删除极端数据。首先，删除 38 份各项填答

均为满分（即 5 分）的问卷。其次，删除 8 份题项缺失值在 10 个及以上的问卷。对于缺失值数在 10 个以下的数据，则采用点上线性趋势法（linear trend at point）[①] 对缺失值进行置换。最后，对剩余的 1715 份问卷进行总分、平均数和标准差的计算，并删除 12 份总分值低于平均数 3 个标准差的问卷。删除极端数据后，共剩余 1703 份问卷，占发放问卷总数的 96.7%。

　　本研究收集了教师的性别、学段、职称、学历、任教科目、随班就读教龄、所教特殊学生总数、是否担任特殊学生班主任、累积接受随班就读培训时长等基本信息，1703 名调查对象的基本信息如表 3-6 所示。

表 3-6　调查对象基本信息（n=1703）

变量	水平	人数	比例
性别	男	263	15.4%
	女	1408	82.7%
	缺失数	32	1.9%
学段	小学	1193	70.1%
	初中	510	29.9%
职称	初级及以下	565	33.2%
	中级	908	53.3%
	高级	137	8.0%
	缺失数	93	5.5%
学历	大专及以下	131	7.7%
	本科	1506	88.4%
	研究生	38	2.2%
	缺失数	28	1.6%
任教科目	语数外	1078	63.3%
	其他科目	550	32.3%
	缺失数	75	4.4%

---

① 吴明隆. 问卷统计分析实务：SPSS 操作与应用 [M]. 重庆：重庆大学出版社，2010：97-100.

续表

变量	水平	人数	比例
随班就读教龄	3 年以下	674	39.6%
	3—5 年	196	11.5%
	6—10 年	255	15.0%
	11—15 年	57	3.3%
	15 年以上	70	4.1%
	缺失数	451	26.5%
所教特殊学生总数	5 人及以下	1451	85.2%
	6—10 人	159	9.3%
	11—15 人	52	3.1%
	15 人以上	41	2.4%
是否担任特殊学生班主任	担任特殊学生班主任	578	33.9%
	未担任特殊学生班主任	1091	64.1%
	缺失数	34	2.0%
累积接受随班就读培训时长	未接受	1242	72.9%
	1 个月以内	271	15.9%
	1 个月以上	190	11.2%

运用 SPSS 20.0 软件将所获得的 1703 份有效问卷随机依约 50% 的比重分成两份样本。两份数据在 34 个题项上的同质性检验均不显著（$p>0.05$），表明两份数据的同质性优良。其中一份样本数据共 820 份，用于项目分析和探索性因素分析，对问卷的理论模型进行修正、完善，初步建构教师融合教育素养模型；另一份样本数据共 883 份，用于验证性因素分析和信度分析，验证构建的教师融合教育素养模型，即确定正式的问卷。

（二）研究结果

1. 项目分析

通过项目分析（item analysis）获得题项测验性能指标，根据指标筛选符合要求的题项，以提高问卷的有效性。本研究的项目分析具体采用决断比值、题项与总分的相关系数、信度检验、共同性和因素负荷 5 个标准对项目进行分析（见表 3-7）。

　　决断比值。对调查对象所填答题项的得分求和，并由高至低排序。以自上而下和自下而上的 27% 的分数（148 分和 120 分）作为临界值，将被调查对象分为高分组和低分组。采用独立样本 t 检验求出高低二组在各题项平均数上的差异。一般将临界比值（critical ration，CR）的 t 统计量的标准值设为 3.000，t 统计量小于 3.000，表示题项的鉴别度较差。该问卷各题项 t 值均在 3.000 以上，说明各题项具备良好的鉴别度。

　　题项与总分的相关系数。题项与总分的相关越高，表示题项与整体的同质性越高，所要测量的心理特质或潜在行为越为接近。题项与总分的相关系数不显著，或两者为低度相关（相关系数小于 0.400），表示题项与整体问卷的同质性不高。该问卷中，题项与总分的相关系数均在 0.400 以上，题项与问卷整体的同质性较高。

　　信度检验。这是指在指定题项删除后，整体问卷的信度系数（克隆巴赫 α 系数）变化情况。如果题项删除后的问卷整体信度系数比原先的信度系数高，则此题项与其余题项所要测量的属性或心理特质可能不相同，代表此题项与其他题项的同质性不高，在项目分析时可以考虑将此题项删除。该问卷有 4 题（第 1 题、第 28 题、第 30 题和第 32 题）删除后的问卷整体信度达到 0.953，高于原信度系数 0.952。

　　共同性。这是指题项能解释共同特质的变异量，共同性的数值越高，表示能测量到此心理特质的程度越高。题项的共同性越低，表示此题项能测量到的心理特质的程度越低，可考虑删除。在项目分析中，将整体问卷设定为一个特质，共同性值若低于 0.200，表示题项与共同特质的关系不密切。该问卷除第 28 题和第 30 题外，其他 32 个题项的共同性值均高于0.200。

　　因素负荷。这是指题项与共同特质的相关程度，题项在共同特质上的因素负荷越高，表示题项与共同特质的关系越密切。因素负荷小于 0.450，

表示题项与共同特质的关系不密切。该问卷除第 28 题和第 30 题外，其他
32 个题项与共同特质的相关程度均高于 0.450。

根据项目分析结果，第 1 题、第 28 题、第 30 题和第 32 题应做删除
处理。但根据问卷结构假设，研究者认为，上述题项所涉及的内容是教师
"专业态度"和"获取支持能力"的重要内容。另外，在项目分析中，第
28 题和第 30 题在决断比值和题项与总分的相关系数方面的统计量均达到
标准，而第 1 题和第 32 题在决断比值、题项与总分的相关系数、共同性和
因素负荷上也达到了标准。因此，经过项目分析后，初始问卷的 34 个题项
均进入因素分析。

表 3-7　项目分析结果

题项	决断比值	题项与总分的相关系数	题项删除后的 α 系数	共同性	因素负荷
T1	13.246***	0.469***	0.953	0.213	0.462
T2	18.897***	0.580***	0.952	0.322	0.567
T3	25.294***	0.697***	0.951	0.487	0.698
T4	18.872***	0.581***	0.952	0.337	0.580
T5	18.748***	0.585***	0.952	0.339	0.582
T6	21.315***	0.649***	0.951	0.427	0.654
T7	16.320***	0.553***	0.952	0.321	0.567
T8	24.650***	0.678***	0.951	0.458	0.677
T9	20.169***	0.638***	0.951	0.406	0.637
T10	21.603***	0.671***	0.951	0.459	0.677
T11	19.228***	0.645***	0.951	0.413	0.643
T12	19.940***	0.666***	0.951	0.469	0.685
T13	20.893***	0.672***	0.951	0.463	0.680
T14	23.615***	0.714***	0.951	0.521	0.722
T15	19.551***	0.648***	0.951	0.421	0.649

续表

题项	决断比值	题项与总分的相关系数	题项删除后的 α 系数	共同性	因素负荷
$T16$	17.458***	0.600***	0.952	0.384	0.619
$T17$	24.111***	0.727***	0.951	0.561	0.749
$T18$	22.676***	0.723***	0.951	0.555	0.745
$T19$	17.831***	0.621***	0.952	0.422	0.650
$T20$	21.867***	0.698***	0.951	0.517	0.719
$T21$	18.801***	0.637***	0.952	0.446	0.668
$T22$	20.582***	0.678***	0.951	0.483	0.695
$T23$	19.259***	0.653***	0.951	0.453	0.673
$T24$	17.025***	0.602***	0.952	0.391	0.626
$T25$	16.804***	0.602***	0.952	0.379	0.616
$T26$	19.094***	0.615***	0.952	0.365	0.604
$T27$	16.757***	0.578***	0.952	0.327	0.571
$T28$	11.958***	0.451***	0.953	0.166	0.407
$T29$	15.582***	0.536***	0.952	0.240	0.490
$T30$	13.006***	0.474***	0.953	0.182	0.427
$T31$	20.883***	0.669***	0.951	0.431	0.656
$T32$	14.359***	0.509***	0.953	0.228	0.477
$T33$	19.159***	0.620***	0.952	0.334	0.578
$T34$	19.506***	0.611***	0.952	0.330	0.575
判断标准	≥ 3.000	≥ 0.400	≤ 0.952	≥ 0.200	≥ 0.450

注：* 为 $p < 0.05$，** 为 $p < 0.01$，*** 为 $p < 0.001$，下同。

2. 因素分析

（1）探索性因素分析。

为明晰问卷的因素结构，采用 SPSS 20.0 对正式问卷进行探索性因素分析。采用主成分分析法，并经正交旋转抽取公共因素。取样适当性 KMO 值为 0.955，巴特利球形检验统计量为 17229.977（$df=561$，$p<0.001$），说明数据适合进行因素分析。在未限定提取因素数量的条件下进行因素提取，并根据以下标准确定因素的数目：因素的特征值大于 1；因素解必须符合陡阶检验，如图 3-4 所示；题项的因素负荷大于 0.400；抽取出的因素在旋转前至少解释 3% 的总变异；每个因素至少包含 3 个以上题项。另外，对于在 2 个因素上负荷均比较高的题项，则根据负荷最大原则，并参照理论构想进行筛选。根据以上标准，结合问卷设计时的理论构想，多次重复这一探索过程，相继剔除 6 个题项（$T9$、$T17$、$T24$、$T26$、$T27$、$T31$），直至变异累计率趋于稳定，抽取出的因素数目与各因素包含的题项与预先设计题项接近并数量趋于稳定，最终得到了教师融合教育素养模型的四因素结构。如表 3-8 所示，4 个因素的特征值都大于 1，累积方差贡献率达到 61.323%，剩余 28 个题项在相应因素上均具有较大的负荷，处于 0.445—0.824 之间。其描述性统计结果（每个题项的平均数、标准差、分数）如表 3-9 所示。

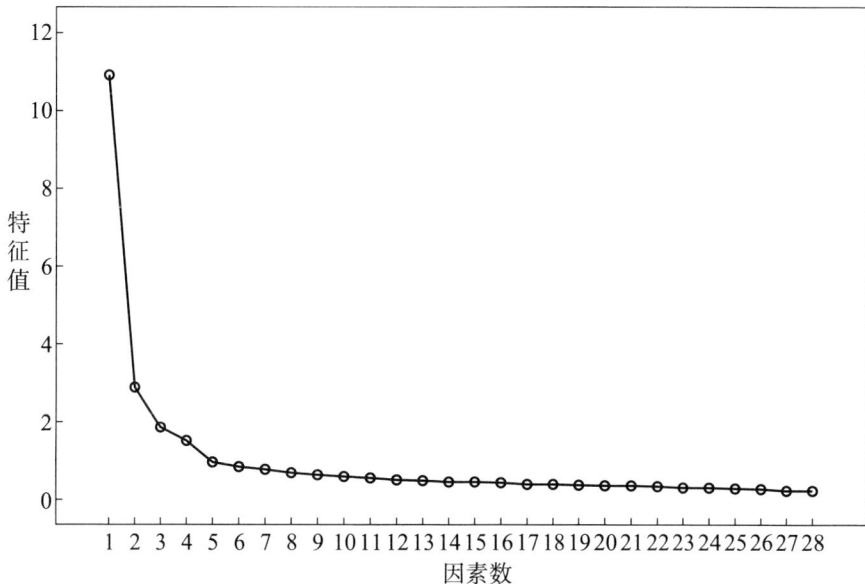

图 3-4　碎石图

表 3-8 探索性因素分析的因素负荷矩阵

题项	因素一	因素二	因素三	因素四	共同度
T5	0.824				0.728
T2	0.822				0.731
T4	0.821				0.732
T6	0.695				0.630
T1	0.691				0.509
T3	0.685				0.651
T8	0.593				0.571
T7	0.445				0.437
T21		0.781			0.689
T19		0.757			0.656
T20		0.687			0.640
T25		0.666			0.533
T18		0.655			0.639
T23		0.621			0.540
T22		0.608			0.550
T16		0.521			0.496
T11			0.776		0.707
T14			0.757		0.740
T13			0.757		0.698
T10			0.734		0.666
T12			0.651		0.621
T15			0.621		0.549
T33				0.781	0.702
T29				0.771	0.642

续表

题项	因素一	因素二	因素三	因素四	共同度
T30				0.734	0.568
T34				0.711	0.616
T28				0.654	0.452
T32				0.637	0.477
特征值	10.914	2.891	1.876	1.489	
贡献率	38.978	10.326	6.701	5.318	61.323

表 3-9　探索性因素分析后保留题项分析结果

维度	题项	平均数 ± 标准差	决断比值	题项与总分的相关系数
专业态度	T1	4.43 ± 0.93	13.246***	0.469***
	T2	3.78 ± 1.18	18.897***	0.580***
	T3	3.94 ± 1.02	25.294***	0.697***
	T4	4.21 ± 0.90	18.872***	0.581***
	T5	4.18 ± 0.92	18.748***	0.585***
	T6	3.83 ± 1.06	21.315***	0.649***
	T7	4.20 ± 0.87	16.320***	0.553***
	T8	3.57 ± 1.10	24.650***	0.678***
专业知识	T10	3.58 ± 0.96	21.603***	0.671***
	T11	3.42 ± 0.99	19.228***	0.645***
	T12	3.75 ± 0.86	19.940***	0.666***
	T13	3.39 ± 0.94	20.893***	0.672***
	T14	3.52 ± 0.93	23.615***	0.714***
	T15	3.45 ± 1.04	19.551***	0.648***
专业技能	T16	4.12 ± 0.88	17.458***	0.600***
	T18	3.90 ± 0.87	22.676***	0.723***

维度	题项	平均数 ± 标准差	决断比值	题项与总分的相关系数
专业技能	T19	4.11 ± 0.79	17.831***	0.621***
	T20	3.94 ± 0.88	21.867***	0.698***
	T21	4.17 ± 0.76	18.801***	0.637***
	T22	3.96 ± 0.83	20.582***	0.678***
	T23	3.98 ± 0.80	19.259***	0.653***
	T25	4.08 ± 0.83	16.804***	0.602***
获取支持能力	T28	3.13 ± 1.15	11.958***	0.451***
	T29	3.08 ± 1.15	15.582***	0.536***
	T30	2.76 ± 1.13	13.006***	0.474***
	T32	3.51 ± 1.16	14.359***	0.509***
	T33	2.98 ± 1.16	19.159***	0.620***
	T34	3.39 ± 1.20	19.506***	0.611***

根据以上分析结果，题项的因素归属及题项内容如下：抽取的第一个因素包括 $T1$、$T2$、$T3$、$T4$、$T5$、$T6$、$T7$、$T8$ 共 8 个题项，其内容反映了随班就读教师对特殊学生受教育权利和对自己从事随班就读工作的认识以及随班就读对特殊学生个体、教师、学校及社会发展的意义的认识，命名为"专业态度"；抽取的第二个因素包括 $T10$、$T11$、$T12$、$T13$、$T14$、$T15$ 共 6 个题项，其内容反映了随班就读教师在教育特殊学生时所需的政策法规、融合教育理论、特殊学生的身心特点及教育特殊学生的实践措施等知识，命名为"专业知识"；抽取的第三个因素包括 $T16$、$T18$、$T19$、$T20$、$T21$、$T22$、$T23$、$T25$ 共 8 个题项，其内容反映了随班就读教师在教学实施和教学评价过程中所需的课程调整、弹性评价及差异教学、合作等技能，命名为"专业技能"；抽取的第四个因素包括 $T28$、$T29$、$T30$、$T32$、$T33$、$T34$ 共 6 个题项，其内容反映了随班就读教师在随班就读工作中对主要资源的主动寻求或获取的情况（也是一种教师的能动性），命名为教师的"获取支持能力"。

（2）验证性因素分析。

验证性因素分析（confirmatory factor analysis，CFA）是依据一定的理论对潜在变量与观察变量的关系做出合理假设并对这种假设进行检验的统计方法。验证性因素分析通常有两种方式：一是纯粹验证分析，即只用一个模型拟合一个样本数据，根据分析结果决定是拒绝还是接受这个模型；二是选择模型分析，即提取出数个模型，比较各模型拟合样本数据的优劣，决定哪个模型最为可取。[①] 本研究采取第一种方式。用 Mplus 6 软件对通过探索性因素分析得到的教师融合教育素养模型进行验证。在验证性因素分析前，首先对探索性因素分析后的各题项的正态分布情况进行检验，结果表明各变量均呈显著的负偏态分布。从表 3-9 中各题项分数的分布情况也可见一斑。黄芳铭指出，峰度的绝对值大于 25 时，对极大似然法（maximum likelihood，ML）会产生足够的影响，[②] 加之，非随机化的抽样方式也会影响极大似然法对数据的估计，[③] 因此，验证性因素分析选用稳健最大似然估计法这一不需要假设变量正态分布的估计法对数据进行估计。[④] 在拟合指数的选择上，邦斯马（A. Boomsma）、麦克唐纳（R. P. McDonald）和霍（M-H. R. Ho）建议使用卡方（χ^2）值、近似误差均方根（root mean square error of approximation，RMSEA）及其 90% 置信区间、比较拟合指数（comparative fit index，CFI）、非标准拟合指数（nonnormal fit index，TLI）和标准化残差均方根（standardized root mean square residual，SRMR）。[⑤⑥] χ^2 值是主要的模型拟合指数，在某种自由度之下获得一个显

① 侯杰泰，温忠麟，成子娟. 结构方程模型及其应用 [M]. 北京：教育科学出版社，2004：154-166.
② 黄芳铭. 结构方程模式：理论与应用 [M]. 北京：中国税务出版社，2005：228.
③ 同② 121.
④ 王济川，王小倩，姜宝法. 结构方程模型：方法与应用 [M]. 北京：高等教育出版社，2011：59.
⑤ BOOMSMA A. Reporting analyses of covariance structures [J]. Structural equation modeling, 2000, 7(3): 461-483.
⑥ MCDONALD R P. HO M-H R. Principles and practice in reporting structural equation analyses [J]. Psychological methods, 2002, 7(1): 64-82.

著的 χ^2 值，代表观察矩阵与理论估计矩阵之间是不匹配的。[①] 但学者里格登（E. E. Rigdon）认为，使用真实世界的数据来评价理论模型时，χ^2 统计通常帮助不大，因为 χ^2 值受估计参数及样本数的影响很大。[②] χ^2 检验最适合的样本数为 100 到 200。[③] 所以，一般用 χ^2/df 来取而代之。本研究的验证性因素分析结果表明，χ^2/df 为 3.779，CFI 为 0.908，RMSEA 为 0.056（90% 置信区间为 0.053 至 0.059），SRMR 为 0.051。其中，χ^2/df 在 2.000 至 5.000 之间时，模型可以接受，[④]CFI 和 TLI 的值大于 0.900 是可以接受的，而 SRMR 和 RMSEA 的值小于 0.080 是可以接受的[⑤]。总之，本研究所建构的模型与数据之间拟合良好，如图 3-5 所示。

另外，因素负荷表明题项反映潜在变量的程度，一个足够大的因素负荷代表题项具有良好的结构效度。塔巴奇尼卡（B. G. Tabachnica）与菲德尔（L. S. Fidell）认为，社会科学领域的问卷的因素负荷都不会太高。当因素负荷为 0.710，也就是该因素可以解释观察变量 50%（负荷值的平方）的变异量时，是非常理想的状况；当负荷值为 0.630，也就是该因素可以解释观察变量 40% 的变异量时，是非常好的状况；当负荷值为 0.550，也就是该因素可以解释观察变量 30% 的变异量时，是好的状况；当负荷值为 0.450，也就是该因素可以解释观察变量 20% 的变异量时，是普通的状况。[⑥] 另外，在选择因素负荷的标准时应考虑到样本量的大小，若是样本量较小，则因素负荷的选取标准要高些；若样本量较大，则因素负荷的选取标准可以较低。陈顺宇认为，样本若为 350，因素负荷的选取标准应不低于 0.300。[⑦] 结合图 3-5 中具体的因素负荷值以及本研究被调查对象总量，我们认为，《教师融合教育素养问卷》的结构模型因素负荷较理想。

---

① 黄芳铭.结构方程模式：理论与应用 [M].北京：中国税务出版社，2005．147．

② RIGDON E E. A necessary and sufficient identification rule for structural models estimated in practice [J]. Multivariate behavioral research, 1995, 30(3): 359-383.

③ 吴明隆.结构方程模型：AMOS 的操作与应用 [M].重庆：重庆大学出版社，2009：41．

④ 侯杰泰，温忠麟，成子娟.结构方程模型及其应用 [M].北京：教育科学出版社，2004：188．

⑤ 同④ 189-191．

⑥ 邱皓政，林碧芳.结构方程模型的原理与应用 [M].北京：中国轻工业出版社，2009：101．

⑦ 吴明隆.问卷统计分析实务：SPSS 操作与应用 [M].重庆：重庆大学出版社，2010：200．

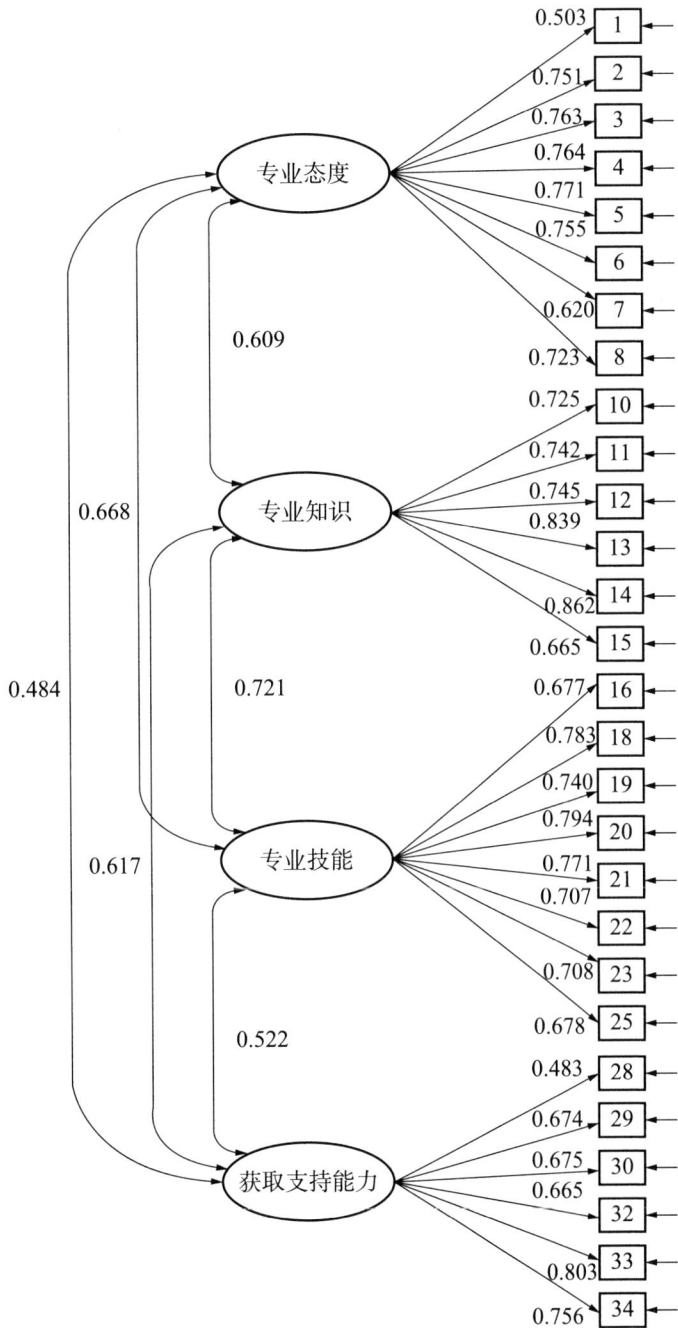

图 3-5 《教师融合教育素养问卷》的结构模型因素负荷

总之，因素分析的结果说明该模型的构想是合理的，拟合度较好，可以被接受，即教师融合教育素养模型是由 4 个因素组成的多维模型。

3. 信度分析

测验信度（reliability）是指测验结果的一致性程度或者可靠性程度。一份信度系数好的量表，其总量表的信度系数最好在 0.800 以上，如果在 0.700 至 0.800 之间，算是可以接受的范围；如果是分量表，其信度系数最好在 0.700 以上，如果是在 0.600 至 0.700 之间，也可以接受；如果分量表的信度系数在 0.600 以下或总量表的信度系数在 0.800 以下，应考虑重新修订量表或增删题项。[①] 在《教师融合教育素养问卷》中，专业态度、专业知识、专业技能、获取支持能力 4 个维度的信度均在 0.800 以上，且总问卷的信度水平达到 0.900 以上，因此，《教师融合教育素养问卷》的信度值较高，表明该测量工具的可靠性高，如表 3-10 所示。

表 3-10 《教师融合教育素养问卷》各维度的信度检验结果

	专业态度	专业知识	专业技能	获取支持能力	总体融合教育素养
α 系数	0.887	0.891	0.902	0.834	0.939

四、分析与讨论

本研究在分析教师融合教育素养、教师专业标准等已有研究文献的基础上，在胜任力理论的指引下，从对教师素养、融合教育素养的概念界定出发，提出教师融合教育素养概念分析框架，再自下而上通过初步的质性研究，建构了教师融合教育素养的理论结构，即一个四因素的多维结构，包括专业态度、专业知识、专业技能及获取支持能力。再在理论结构的基础上，根据理论结构中四因素的内涵和外延，参考已有的教师融合教育素养结构研究及相关问卷，并结合访谈获取的数据资料，尽量做到题项与特质匹配，题项尽量反映特质的内涵，编制教师融合教育素养的初始问卷。

---

① 吴明隆.SPSS 统计应用实务：问卷分析与应用统计 [M].北京：科学出版社，2003：109.

运用实证研究的方法获取大样本的问卷调查数据，对所获的数据进行项目分析、探索性因素分析及验证性因素分析等，对理论模型进行检验与修正，筛选题项，确定教师融合教育素养的因素，最终形成教师融合教育素养模型，并编制了《教师融合教育素养问卷》。

对经过探索性因素分析修正后的教师融合教育素养的一阶四因素模型进行检验，各项指标都达到了拟合优度模型的水平，说明教师融合教育素养模型是合理的，即教师融合教育素养是由专业态度、专业知识、专业技能及获取支持能力4个因素组成的多维结构。对《教师融合教育素养问卷》的信度分析发现该问卷的信度值较高，可以用于测量教师的融合教育素养水平。

融合教育先行国家的经验告诉我们，融合教育的实施需要强大的支持保障体系。一个教师无法也没有必要成为融合教育领域所有问题的专家。融合教育的发展也不可能仅靠普通班级教师的"单打独斗"。为了满足班级学生多样化的需求，尤其是为特殊儿童提供恰当的教育，必定需要如特殊教育教师、相关专业人员及资源教室、辅助设备等的支持。

我国的研究者指出，随班就读的诸多理论困惑与实践问题需要随班就读教师在专业发展的意识下主动探索和解决，通过能动的实践，获取实践智慧，提升专业水平。[1] 随班就读是发端于"为了提升残疾儿童的入学率而寻找他途"的一种实践探索，发展至今融合教育的属性渐趋明显。但一直以来，随班就读支持保障体系的建设存在很多不足[2][3]，这是随班就读质量不高，表现为"随班就坐""随班混读""随班坐读"的主要原因。我们通过对随班就读教师的访谈发现，教师认为，要想做好随班就读工作，需要自己主动地去做，主动寻找帮助。由此看来，当所获得的支持是有限的的时候，教师需要具备寻求并获取支持的能力。同样，再好的资源、再完

善的支持，如果被置于一个"无动于衷"的教师面前，也是发挥不了作用的。这也从另外一个角度说明了教师寻求并获取支持能力的重要性，也凸显了寻求并获取支持能力属于教师胜任力模型中深层次的特征，即"主动""积极""能动"的成分。因而以"获取支持能力"命名的教师寻求并获取支持的能力（也是一种能动性）成为并行于"态度""知识""技能"的第四个因素，是教师融合教育素养中的一个独立因素。

　　另外，本研究各题项得分都超过理论中值，普遍偏向高分。一方面可能与社会赞许效应和自我价值保护有关。因《教师融合教育素养问卷》属于自陈式问卷，与其他同类问卷一样，对于问题的回答往往体现出人们良好的主观愿望。或许应该在问卷中设置测谎题项来加以控制，但有研究发现这不能解决根本问题。[1] 有研究者认为，行为评定问卷如果采用他人评价的方式，即由熟知被试的第三者依照长期观察的结果对被试加以评定，如由了解被试的上级或下属填答则可能使社会赞许效应得到一定的控制，这可能是一个解决问题的办法。[2] 还有研究者在研究教师胜任力模型时提出，可以尝试在每一个分问卷中增加一个效度题项，由被试对自己有关胜任力特征的品质进行自我评价，将得分作为效标分数，计算各分问卷分数与其对应的效度题项分数之间的相关，以判断各分问卷的效度以及整个问卷的效度。[3] 这可能也是一个解决问题的办法。另一方面，问卷采用李克特5点计分，易造成评价均值趋中现象，即因受中国传统文化倡导中庸思想的影响，被试在填答时倾向选择"不确定"选项，或许采用李克特6点计分能够避免此现象的出现。

　　总体来说，本研究经过自上而下的理论建构，以及采用质性与量化研究相结合的方法，建构了教师融合教育素养的一阶四因素模型，包括专业态度、专业知识、专业技能及获取支持能力4个因素；编制了信效度良好的《教师融合教育素养问卷》，可以用于教师融合教育素养的测量。

---

① 徐建平.教师胜任力模型与测评研究 [D].北京：北京师范大学，2004.

② 石学云.特殊教育教师胜任力研究 [M].北京：教育科学出版社，2012：89.

③ 同①.

第四章　教师融合教育素养发展现状及影响机制研究

第一节　教师融合教育素养发展现状及影响机制的研究设计

融合教育在中国的发展经历了从无到有、从初期的无奈之举到如今对教育公平理念主动追求的艰难过程。2017 年我国修订的特殊教育活动法律层级最高的文件《残疾人教育条例》特别突出融合教育理念，在法规层面首次确认融合教育的概念与原则，并指出"残疾人教育应当提高教育质量，积极推进融合教育，根据残疾人的残疾类别和接受能力，采取普通教育方式或者特殊教育方式，优先采取普通教育方式"。2020 年，我国特殊教育在校生 88.08 万人，其中，附设特教班在校生 4211 人，占特殊教育在校生的 0.48%；随班就读在校生 43.58 万人，占特殊教育在校生的 49.47%；送教上门在校生 20.26 万人，占特殊教育在校生的 23.00%。[1] 显然，融合教育是我国现阶段特殊教育发展的主体形式，越来越多的特殊学生以融合教育的方式接受义务教育。然而，我国融合教育在发展过程中始终没有摆脱"随班就坐""随班混读"等低质量的标签，如何提升融合教育的质量，应是当下发展融合教育需要破解的"局"。

---

[1]　教育部. 2020 年全国教育事业发展统计公报 [EB/OL].（2021-08-27）[2022-06-14]. http://www.moe.gov.cn/jyb_sjzl/sjzl_fztjgb/202108/t20210827_555004.html.

尽管影响融合教育质量的因素多种多样，但融合教育要靠广大的教师去实施，这已经是不争的事实。有人认为随班就读的成效在很大程度上取决于任课教师对随班就读和随读生的认识与理解程度，取决于教师对特殊教育教学技能的掌握程度。[①] 研究发现，相对于班级规模、班级结构、物理环境、学生背景等其他因素，教师的专业素养对学生的学业表现有着更加重要的影响。[②] 还有研究认为掌握相关专业技能是融合教育成功践行的重要预测源[③]，是教师满足每一位特殊学生需要的根本保障[④]。另有研究结果显示，普通教师在特殊教育知识和技能上的匮乏及由此带来的困难与限制，已经成为制约我国随班就读质量提升的瓶颈。可见，广大的中小学教师是否具备融合教育素养是融合教育质量提升的关键。因此，如何在融合教育的背景下强化教师的融合教育理念、提升教师所具备的融合教育素养，成为社会各界十分关注的话题。我国教师的融合教育素养现状如何？影响教师融合教育素养提升的关键因素有哪些？这些因素是如何作用的？通过对这些问题进行深入剖析，寻找制约教师融合教育素养提升的多种因素，尤其是透过教师专业发展的研究脉络去探索教师融合教育素养提升的根本动力，寻找促进教师融合教育素养不断发展的行之有效的途径，有助于建构教师融合教育素养的提升模式。

一、研究思路

本研究以我国随班就读教师（在普通学校承担特殊学生随班就读班级教学任务的教师，以下简称"教师"）的融合教育素养现状为切入点，通过问卷调查，考察教师的融合教育素养水平，探究教师融合教育素养的知识、

---

① 马红英，谭和平. 上海市随班就读教师现状调查 [J]. 中国特殊教育，2010（1）：60 63，82.

② SAVOLAINEN H. Responding to diversity and striving for excellence: the case of Finland [J]. Prospects: quarterly review of comparative education, 2009, 39(3): 281-292.

③ JOHNSTONE C, CHAPMAN D W. Contributions and constraints to the implementation of inclusive education in Lesotho [J]. International journal of disability, development and education, 2009, 56(2): 131-148.

④ BLECKER N S, BOAKES N J. Creating a learning environment for all children: are teachers able and willing?[J]. International journal of inclusive education, 2010, 14(5): 435-447.

态度、技能及获取支持能力的具体情况。在此基础上，通过文献分析，选取教师能动性、学校融合氛围及教师工作压力三个因素，考察其与教师融合教育素养的关系，并探寻各因素的作用路径，形成教师融合教育素养影响因素的作用机制模型，进而建构教师融合教育素养提升模式。

首先，采用信效度良好的《教师融合教育素养问卷》，测量我国教师融合教育素养综合水平，以及专业知识、专业态度、专业技能及获取支持能力各分维度的水平，并分析教师融合教育素养各分维度之间的差异。

其次，分析教师融合教育素养在地域、人口统计学因素（性别、年龄）、职业特征因素（教龄、职称、学段、所教学科、从事随班就读工作年限、教授学生障碍类型、是否担任班主任）、教育因素（专业背景、学历、是否参加培训）等方面的特征差异。

再次，探讨教师能动性、学校融合氛围、教师工作压力与教师融合教育素养之间的关系。

最后，探索教师融合教育素养及教师能动性、学校融合氛围、教师工作压力之间的路径关系。在此基础上形成教师融合教育素养的影响因素作用机制模型，并对实证研究结果进行分析和阐释，进而构建教师融合教育素养提升模式。本研究的思路如图 4-1 所示。

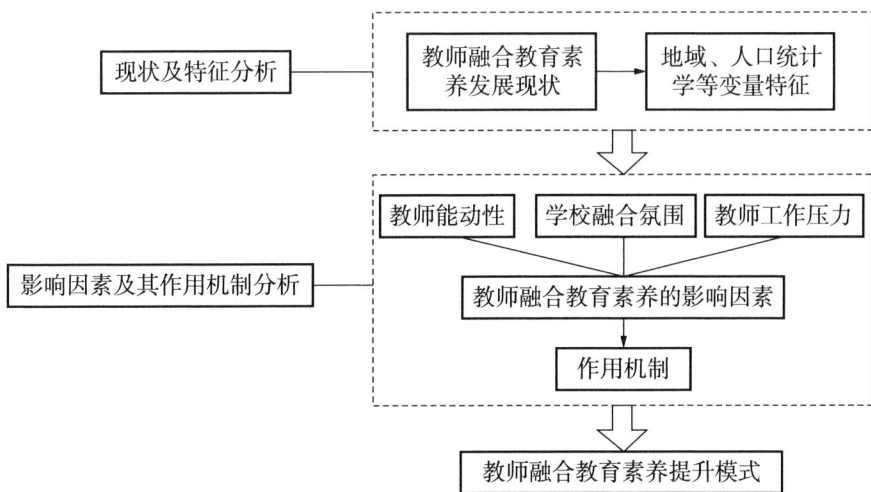

图 4-1　研究的总体思路

二、研究方案

（一）研究对象

1. 抽样原则

本研究在我国行政区划的基础上，采取方便整群抽样的方式在全国范围内选取普通学校从事随班就读工作的教师开展问卷调查。在抽样的操作过程中，考虑不同地区的社会发展水平、融合教育发展情况以及样本量代表性等因素，适时调整抽样方式，以获得真实、可靠、有效的样本数据。

2. 问卷调研方案

（1）区域划分。

根据我国区域划分方法，将我国的行政区域划分为 8 个地区，即华北地区、华中地区、华东地区、华南地区、西北地区、东北地区、西南地区、港澳台地区。

华北地区包括北京市、天津市、河北省、山西省、内蒙古自治区。华东地区包括上海市、江苏省、浙江省、山东省、安徽省、江西省、福建省。东北地区包括辽宁省、吉林省、黑龙江省。华中地区包括湖北省、湖南省、河南省。华南地区包括广东省、广西壮族自治区、海南省。西南地区包括四川省、重庆市、贵州省、云南省、西藏自治区。西北地区包括陕西省、甘肃省、新疆维吾尔自治区、青海省、宁夏回族自治区。港澳台地区包括香港特别行政区、澳门特别行政区、台湾省。

（2）省（直辖市）抽样。

综合多方面考虑，本研究按照我国 8 大行政区的划分选取华北、华东、华南和西南 4 个区域的 6 个省 / 直辖市（北京、上海、江西、广东、四川、云南）中的 139 所学校（已实施随班就读）发放问卷，共回收问卷 2130 份，有效问卷 1676 份，有效率为 78.69%。具体信息如表 4-1 所示。

表 4-1　抽样信息分布

抽样地区	华北	华东		华南	西南		总计
省（直辖市）	北京市	上海市	江西省	广东省	四川省	云南省	
城市	北京市	上海市	南昌市	广州市	成都市	昆明市	6 个
区	海淀区	长宁区	西湖区	荔湾区、越秀区	武侯区	五华区	7 个
学校（所）	45	19	19	24	8	24	139
发放时间（2018 年）	11 月上旬	5 月	7 月中旬	10 月	7 月下旬	6 月下旬	6 次
有效问卷（份）	434	111	146	466	383	136	1676

注：为保持各区域数据均衡，四川省数据采用随机抽取原数据的 50%。

为了确保问卷项目数据的有效性，研究者对回收的问卷做了相对严格的筛选。如果问卷出现以下情况则视作无效，予以剔除：一是问卷中信息缺失太多，整份问卷漏答题目超过 3 个或者个人基本信息项目缺失超过 2 项的予以剔除；二是整份问卷答题方式有明显的规律性则予以剔除，如选择同一答案或呈波浪形的规律性作答；三是多个不同被试选择相同答案的予以剔除。

（3）问卷的发放。

大部分问卷是委托当地教育局或特殊教育研究中心的行政人员进行现场发放和回收的，少部分问卷是委托当地特殊教育研究中心的行政人员发放的电子版问卷。现场发放问卷共计 1233 份，有效问卷共计 1095 份，有效率为 88.81%；电子版问卷共计 897 份，有效问卷共计 581 份，有效率为64.77%。

（4）样本基本信息。

本研究共选取 1676 名教师为研究对象。收集的基本信息如表 4-2所示。

表 4-2 样本基本信息（*n*=1676）

项目	水平	人数（人）	所占百分比
性别	男	244	14.6%
	女	1432	85.4%
学段	小学	1237	73.8%
	中学	439	26.2%
年龄	21—30 岁	377	22.5%
	31—40 岁	663	39.6%
	41—50 岁	545	32.5%
	51—60 岁	91	5.4%
教龄	0—2 年	183	10.9%
	3—10 年	472	28.2%
	11—20 年	711	42.4%
	20 年以上	310	18.5%
从事随班就读教学工作年限	0—2 年	817	48.7%
	3—10 年	528	31.5%
	11—20 年	272	16.2%
	20 年以上	59	3.5%
专业背景	师范专业	1453	86.7%
	非师范专业	223	13.3%
所教学科	基础学科	883	52.7%
	其他学科	793	47.3%
学历	专科及以下	246	14.7%
	本科及以上	1430	85.3%
职称	缺失	207	12.4%
	未评定	94	5.6%
	三级	177	10.6%
	二级	546	32.6%
	一级	538	32.1%
	高级	114	6.8%

续表

项目	水平	人数（人）	所占百分比
教授学生障碍类型	一种障碍类型	645	38.5%
	多种障碍类型	1031	61.5%
是否参加培训	参加过	1101	65.7%
	未参加过	575	34.3%
教师身份	班主任	971	57.9%
	非班主任	705	42.1%

（二）研究工具

本研究主要涉及 4 个变量，分别为教师融合教育素养、教师能动性、教师工作压力与学校融合氛围，使用相关的 4 个问卷作为研究工具。

1. 教师融合教育素养

本变量采用《教师融合教育素养问卷》进行测量，该问卷共有 28 个题项，包括 4 个维度，其中专业态度（8 个题项）描述的是教师如何看待随班就读工作对特殊学生发展、教师专业化发展、学校及社会发展的影响；专业知识（6 个题项）考察的是教师对随班就读工作相关的政策法规、理论知识、实践知识的掌握情况；专业技能（8 个题项）考察的是教师在针对特殊学生特点的教学目标制定、教学内容实施、教学效果评价过程中的具体表现；获取支持能力（6 个题项）具体考察的是教师对支持的寻求和获取。问卷采取李克特 5 点计分。"非常不同意"记 1 分，"不太同意"记 2 分，"不确定"记 3 分，"比较同意"记 4 分，"非常同意"记 5 分。教师根据自己的实际情况作答。得分越高，表示融合教育素养越高。对问卷进行效度分析发现，专业态度、专业知识、专业技能、支持能力 4 个维度的内部一致性信度（0.925，0.943，0.941，0.928）均在 0.900 以上，分半信度（0.904，0.934，0.915，0.903）均在 0.900 以上；且问卷总的内部一致性信度达到 0.900 以上（0.967），分半信度达到 0.850 以上（0.880）。对问卷进行验证性因素分析得出：χ^2/df=4.902，CFI=0.972，TLI=0.965，RMSEA=0.048，SRMR=0.0393，模型各项指标符合拟合标准，说明《教师融合教育素养问卷》具有良好的结构效度，该问卷可以用于后续的研究。

2. 教师能动性

本变量采用《随班就读教师能动性问卷》[①]进行测量，该问卷共 17 个题项，由教学效能感和建构性参与两个维度构成，两个维度与总分之间的相关系数分别为 0.792 和 0.980，呈现高度相关，说明该问卷具有较好的结构效度。教学效能感和建构性参与的内部一致性信度分别为 0.897 和 0.926，分半信度分别为 0.840 和 0.869，总的内部一致性信度为 0.945，分半信度为 0.820，表明总问卷和各维度具有较好的内部一致性，可知该测量工具可靠，可以用于测量教师的能动性水平。对问卷进行验证性分析，得到各拟合指数：χ^2/df=4.936，CFI=0.978，TLI=0.969，RMSEA=0.048，SRMR=0.0331，模型各项指标符合拟合标准，该问卷可用于后续研究。

3. 教师工作压力

教师工作压力采用《中小学教师职业压力源问卷》[②]进行测量，该问卷包括 5 个维度，共 22 个题项。其中工作负荷压力 6 个题项，学生学业压力 5 个题项，社会与学校评价压力 4 个题项，专业发展压力 4 个题项，学生问题行为压力 3 个题项。该问卷各维度及总问卷的内部一致性信度在 0.720—0.900 之间，重测信度在 0.860—0.920 之间，表明其具有良好的信度。鉴于研究对象是班级中有特殊儿童（从事随班就读工作）的普通班级教师，与一般普通教师有所不同，因此在使用该问卷时对题项加以调整，并进行验证性因素分析，经过修正后得到拟合指数：χ^2/df=4.905，CFI=0.981，TLI=0.971，RMSEA=0.048，SRMR=0.0296，模型各项指标符合拟合标准，该问卷可用于后续研究。

4. 学校融合氛围

学校融合氛围采用《学校融合氛围问卷》[③]进行测量，该问卷的内部一致性信度为 0.807。原版为英文问卷，在使用之前需要进行翻译和修订。主

① 周丹. 随班就读教师能动性结构及相关因素的作用机制研究 [D]. 北京：北京师范大学，2019.

② 李琼，张国礼，周钧. 中小学教师的职业压力源研究 [J]. 心理发展与教育，2011（1）：97-104.

③ SCHAEFER J. Impact of teacher efficacy on teacher attitudes toward classroom inclusion [D]. Minneapolis: Capella University, 2010.

要包括以下五个步骤：第一步，翻译英文原版问卷。请 1 名特殊教育专家、1 名特殊教育专业的博士研究生和 1 名英语专业的博士研究生按照自己的理解分别独立完成对原始问卷题项的直译工作。第二步，整合 3 份译文，形成问卷中文版初稿。由 1 名特殊教育专业的博士研究生和 1 名特殊教育专家校对直译稿，经过讨论后形成问卷中文版初稿。第三步，按照中文表达习惯修订初稿，再按照专业术语使用规范对问卷的中文版初稿进行内容审核，使语言表述简洁顺畅、条目含义清晰准确，形成问卷第二稿。第四步，采用英文回译法修订第二稿，完成问卷第三稿。第五步，再次邀请特殊教育专家对第三稿所有题项进行评定。经拟合修订，该问卷共 9 个题项，包括学校校长支持（包括 5 个题项）和参与学校实践活动（包括 4 个题项）两个维度。对问卷进行效度分析，总量表的内部一致性信度为 0.968，分半信度为 0.887，分问卷内部一致性信度为 0.946 和 0.954，分半信度为 0.837 和 0.927，9 个题项能解释总方差的 79.89%。对该问卷结构进行验证性因素分析，经修正后，模型拟合指数为：χ^2/df=4.855，CFI=0.995，TLI=0.992，RMSEA=0.048，SRMR=0.0111，模型各项指标符合拟合标准，该问卷可用于后续研究。

（三）研究方法

本章采用的研究方法主要是问卷调查法和文献分析法。

1. 问卷调查法

问卷调查法是一种既可以用于收集定量数据，又可以收集定性数据的调查方法。按问卷调查的目的可以分为描述性问卷和解释性问卷两种，其中描述性的问卷调查是为了尽可能精确地估计总体的某种属性或某一现象的现状，解释性的问卷调查是为了检验变量间是否存在某种关联。本部分研究均有涉及。

2. 文献分析法

文献分析法是指通过对收集到的某方面的文献资料进行研究，以探明研究对象的性质和状况，并从中引出自己观点的分析方法。

第二节　教师融合教育素养发展的现状及特征

一、关于教师融合教育素养发展现状的研究

融合教育背景下，普通班级中教育对象的变化对教师原有的知识结构等提出了补充、调整的要求，即教师需要具备融合教育的理念、知识、技能等，以满足包括随班就读学生在内的所有学生的教育需要。在融合教育的发展过程中，研究者就已经着手从理念、知识及技能等方面对教师应具备的融合教育素养的现状开展了调查研究，呈现了我国不同时期、不同地区教师融合教育素养的样态。

（一）教师融合教育理念发展的现状

教师是专门的职业，教育理念是其"魂"，它不仅直接关系到教师的教育行为，而且还间接影响着未来教育的性质与质量。教师的融合教育理念涉及对融合教育的理解，以及在融合教育背景下教师对教育教学中各元素的观念与态度。在对融合教育理念发展现状的研究方面，多数研究者采用问卷调查及访谈等，了解教师对特殊儿童随班就读的认识及看法。

刘春玲等对上海市普通小学 357 名教师的调查发现，98% 的教师认为特殊儿童与普通儿童在人格上是平等的，95.8% 的教师认为特殊儿童应当享有与正常儿童平等的受教育权利。但同时，39.6% 的教师对于普通学校教师能否接纳特殊儿童持否定（19.1%）或怀疑（20.5%）的态度；82.6%的教师认为特殊儿童会让教师缺乏成就感，81.8% 的教师认为自己想教好特殊儿童，但担心不能胜任。[①]韦小满等通过北京市普通教师与特教教师对随班就读态度的对比研究发现，相对于特教教师来说，普通中小学教师对随班就读的态度是消极的。[②]邓猛调查了武汉市 223 名参与随班就读工作的

[①] 刘春玲，杜晓新，姚健. 普通小学教师对特殊儿童接纳态度的研究 [J]. 中国特殊教育，2000（3）：34-36.

[②] 韦小满，袁文得. 关于普小教师与特教教师对有特殊教育需要学生随班就读态度的调查 [J]. 中国特殊教育，2000（3）：31-33.

教师对融合教育的态度，发现其对融合教育的总体态度由对融合教育之利弊和对特殊学校之利的认知组成，其中分别有 39.74% 和 31.33% 的教师强烈支持或比较支持融合教育之利，说明随班就读教师对融合教育持较积极的态度，但分别有 49.46% 和 29.88% 的调查对象强烈赞成或比较赞成特殊学校之利，即如果可以选择，随班就读教师会支持特殊学生在特殊学校接受教育，这说明尽管多数教师赞成融合教育，但他们绝大多数都更倾向于由特殊学校来教育特殊学生。[①] 曾亚茹研究发现，普通小学教师对随班就读的态度总体上是正向与积极的，但这种正向与积极的态度尚处于形成过程的初级阶段。[②]

马红英等的调查显示，上海市随班就读教师对随班就读有理性上的认同，对特殊学生总体接纳态度较好。[③] 王红霞等调查发现，小学教师和学校领导对融合教育的开展仍持保留态度，即会因学生障碍、环境等多方面因素"视情况而定"。[④] 张玉红等调查发现，学校师生和家长对融合教育的接纳态度是消极的，其中教师对融合教育的态度最消极。[⑤] 赵红等对桂林市开展融合教育的幼儿园的教师进行调查发现，58.21% 的教师在"融合教育使特殊儿童和普通儿童相互促进"选项上选择了"比较赞成"或"十分赞成"，62.69% 的教师在"融合教育有效地促进特殊儿童社会交往能力的提高"选项上选择了"比较赞成"或"十分赞成"，说明大部分幼教工作者认同融合教育的作用。但是，教师对特殊儿童入园的接纳程度较低，只有 26.87% 的教师愿意接纳特殊儿童进入幼儿园。[⑥] 熊琪等对南京市 592 名随班就读教师

---

① 邓猛. 普通小学随班就读教师对全纳教育态度的城乡比较研究 [J]. 教育研究与实验，2004（1）：61-66.

② 曾亚茹. 普通小学教师对随班就读的态度、教学策略与所需支持的研究 [J]. 中国特殊教育，2007（12）：3-7, 18.

③ 马红英，谭和平. 上海市随班就读教师现状调查 [J]. 中国特殊教育，2010（1）：60-63, 82.

④ 王红霞，彭欣，王艳杰. 北京市海淀区小学融合教育现状调查研究报告 [J]. 中国特殊教育，2011（4）：37-41.

⑤ 张玉红，高宇翔. 新疆普通学校师生和家长对全纳教育接纳态度的调查研究 [J]. 中国特殊教育，2014（8）：14-20.

⑥ 赵红，徐莉. 融合教育背景下幼教工作者对特殊儿童态度的调查 [J]. 教师教育学报，2018（1）：32-40.

进行调查发现，随班就读教师融合教育态度平均分为 2.70 分，略高于理论中值 2.50 分，处于中等水平。四个维度得分由高到低依次为：融合价值观（3.51 分），安置方式（2.49 分），儿童权利（2.35 分），教师工作量（2.12分）。[1] 高利对融合教育态度相关的研究进行了综述，结果显示，普通教育教师、随班就读教师、特殊教育教师对待融合教育的态度都呈现出由消极保守向积极支持的变化趋势，普通学生家长和特殊学生家长对融合教育的态度也存在由消极向积极过渡的态势。[2]

可见，在教师融合理念方面，有的是积极的，有的是消极的，还有的持保留意见，并表现出融合理念随融合教育进程的不同而不同，以及区域性差异等特点。总体而言，在随班就读初期，由于认识不足，教师更多持消极态度；随着融合教育理念的传播，大多数教师接受并持积极态度；教师对提升融合教育质量及融合教育开展的实际困难，持有理性认同及现实的谨慎态度。

（二）教师融合教育知识、技能发展的现状

具备融合教育相关知识和技能有助于教师应对融合教育的挑战，是保障教师顺利开展教育教学的核心。当前，对教师融合教育素养中的专业知识、专业技能发展现状的研究，大多采用的是调查法。

有研究发现，很多普教教师不赞成有特殊教育需要的学生随班就读，认为这些学生的学习能力一般较差，而自身又不具备特教专业知识和技能，要教会这些学生有些力不从心。[3] 更多研究发现，普教教师缺乏对特殊教育基础常识的了解；[4] 教师对融合教育缺乏理论性的认识，不了解融合教育的基础知识；[5] 教师不了解特殊儿童的学习特点和教育需求，缺乏对特殊儿童

---

① 熊琪，CUMMING T，李泽慧. 随班就读教师融合教育教学效能感研究 [J]. 中国特殊教育，2019（2）：50-57.

② 高利. 中国大陆地区融合教育态度研究进展及启示 [J]. 绥化学院学报，2019（7）：19-23.

③ 韦小满，袁文得. 关于普小教师与特教教师对有特殊教育需要学生随班就读态度的调查 [J]. 中国特殊教育，2000（3）：31-33.

④ 张宁生，陈光华. 再论融合教育：普小教师眼中的"随班就读" [J]. 中国特殊教育，2002（2）：1-6.

⑤ 曾亚茹. 普通小学教师对随班就读的态度、教学策略与所需支持的研究 [J]. 中国特殊教育，2007（12）：3-7，18.

开展课堂教学和课外指导的能力；①普通学校随班就读数学教师特殊教育知识与技能整体水平不高，特教知识、能力结构不合理，在深度和广度方面都存在明显的缺失②。谭和平等的调查发现，有69%的教师认为自己缺乏特殊教育知识，有81.5%的教师反映自己缺乏特殊教育的技能。③张玉红等的研究发现，随班就读教师对各方面的支持缺乏主动利用的意识，利用度也较低。④杜灵宇的研究发现，教师对知识和技能维度的培训需求较大，随班就读教师教龄高，知识基础较弱但技能较强。⑤

有研究对教师融合教育课程与教学调整的现状进行调查发现，教师融合教育课程与教学调整的水平处于中等以下；作业调整得分最高，其次为教学调整、目标调整、评价调整，而教材调整得分最低；尚未学习过课程与教学调整是普通小学教师实施融合教育课程与教学调整困难的主要原因之一。⑥还有研究对北京市中小学教师实施融合教育的情况进行调查发现，59.06%的教师认为自己能够根据特殊学生的特点设计恰当的教学目标，61.43%的教师认为自己能够组织恰当的教学活动，62.34%的教师认为自己能够选择合适的教学方法，68.27%的教师认为自己能够为特殊学生的学习提供有意义的示范和指导；66.33%的教师认为自己能依据特殊学生的年龄、能力和课程特点灵活地实施评价，60.19%的教师认为自己能够针对特殊学生的特点灵活地设计评价内容和方法，64.44%的教师认为自己能使用合适的材料和支持开展评价。⑦还有研究者以北京市小学随班就读教师为研究对象，通

---

① 马红英，谭和平. 上海市随班就读教师现状调查 [J]. 中国特殊教育，2010（1）：60–63，82.

② 徐梅娟. 随班就读班级数学教师特教知识与技能掌握情况调查研究 [J]. 南京特教学院学报，2011（4）：9–13.

③ 谭和平，马红英. 上海市随班就读教师专业化发展需求的调查研究 [J]. 基础教育，2012（2）：63–70.

④ 张玉红，高宇翔. 新疆普通学校师生和家长对全纳教育接纳态度的调查研究 [J]. 中国特殊教育，2014（8）：14–20.

⑤ 杜灵宇. 云南少数民族农村地区随班就读教师职后培训内容需求研究：以陇川县为个案 [D]. 昆明：云南师范大学，2018.

⑥ 魏寿洪，廖进，程敏芬. 成渝两地普小教师融合教育课程与教学调整实施现状研究 [J]. 中国特殊教育，2018（6）：14–22.

⑦ 颜廷睿，关文军，邓猛. 北京市中小学融合教育实施情况的调查研究 [J]. 残疾人研究，2017（2）：90–96.

过自编的《随班就读教师课程调整量表》，对其课程调整现状进行调查，教师课程调整的总体得分处于中等稍偏上的水平，其中课程过程调整、课程评价调整均为 2.60 分，课程目标调整得分略低。[①]

综合已有对教师融合教育素养中的知识、技能发展现状的研究发现，我国教师融合教育的知识不足，能力不强，尤其在支持或资源的主动获取及利用方面表现出较多的问题。

纵观以上对教师融合教育素养发展现状的研究，大多数研究的取样范围仅限于研究者所在的学校或地区，缺少全国抽样的大样本研究，忽略了融合教育开展的地域差异。已有研究虽然也采用访谈法及观察法，但主要采用问卷调查法，较少采用混合研究设计探究问题。因此多种研究方法的综合运用是需要关注的问题。

二、教师融合教育素养发展现状

（一）总体教师融合教育素养水平

对 1676 名教师的融合教育素养的问卷数据分析发现，在教师融合教育素养各维度中，教师自我报告的各维度平均得分在 3.33—3.77 之间，而我国教师在总体融合教育素养上得分为 3.53。这说明我国教师融合教育素养水平一般，各维度得分从高到低依次为专业技能、专业态度、获取支持能力、专业知识（见表 4-3）。

进一步采用重复测量方差分析检验各个维度间的差异情况，结果表明四个维度间差异显著（$F=310.704$，$p<0.001$）。多重分析结果显示，专业技能得分显著高于专业态度、专业知识与获取支持能力得分，专业态度得分显著高于专业知识与获取支持能力得分，而专业知识得分与获取支持能力得分无显著差异。因此，教师融合教育素养水平中最好的是专业技能，其次是专业态度，再次为获取支持能力，最差的为专业知识。该结果与王雁等人对北京市中小学教师融合教育素养的调查结果基本一致，该研究发现教师

---

① 王悦. 随班就读教师课堂支持对其课程调整的影响：自我效能感的中介作用 [D]. 北京：北京师范大学，2018.

的融合教育素养水平高低顺序为专业技能、专业态度、专业知识、获取支持能力，且教师在专业技能、专业态度上的得分显著高于专业知识与获取支持能力。[①]

表4-3　教师融合教育素养四个维度的多重比较

维度	平均数	标准差	F 值	比较结果		
				自变量	目标变量	平均差
获取支持能力	3.35	0.87		专业技能	专业态度	0.189*
专业技能	3.77	0.75		—	专业知识	0.439*
专业知识	3.33	0.84	310.704*	—	获取支持能力	0.419*
专业态度	3.58	0.84		专业态度	专业知识	0.249*
总体融合教育素养	3.53	0.71		—	获取支持能力	0.229*
				专业知识	获取知识能力	0.200

（二）不同特征的教师融合教育素养水平

为分析在地域、人口统计学因素、职业特征因素及教育因素方面教师融合素养水平的特点，本研究对各因素不同水平的均值进行了差异比较（独立样本 t 检验和单因素方差分析），其结果如下。

1. 地区因素

在区域因素上，不同地区的教师在总体融合教育素养及专业态度、专业知识、专业技能、获取支持能力各维度上存在显著差异 [$F_{总体}$（3，1672）=16.805，$p<0.001$；$F_{专业态度}$（3，1672）=9.377，$p<0.001$；$F_{专业知识}$（3，1672）=8.401，$p<0.001$；$F_{专业技能}$（3，1672）=38.185，$p<0.001$；$F_{获取支持能力}$（3，1672）=6.128，$p<0.001$]。事后检验发现，华北地区的教师在总体融合教育素养、专业态度、专业知识、专业技能上的得分显著高于华东、西南与华南地区，华南地区在总体融合教育素养、专业技能及获取支持能力上的得分均低于华北、华东及西南地区，如图4-2 所示。

[①] 王雁，王志强，冯雅静，等. 随班就读教师专业素养现状及影响因素研究 [J]. 教师教育研究，2015（4）：46-52，60.

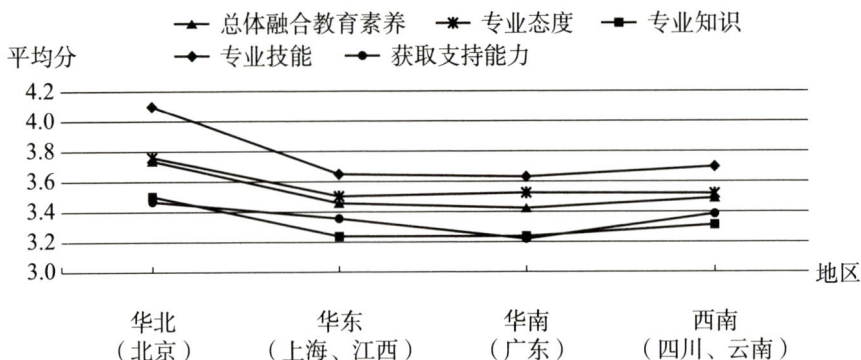

图 4-2　不同地区教师融合教育素养状况

2.个体因素

（1）性别。

不同性别的教师在获取支持能力和专业知识维度上得分存在显著差异 $[F_{获取支持能力}（1，1675）=2.860，p<0.05；F_{专业知识}（1，1675）=1.428，p<0.01]$。男教师在获取支持能力和专业知识上的得分均显著高于女教师，不同性别素养水平如图 4-3 所示。

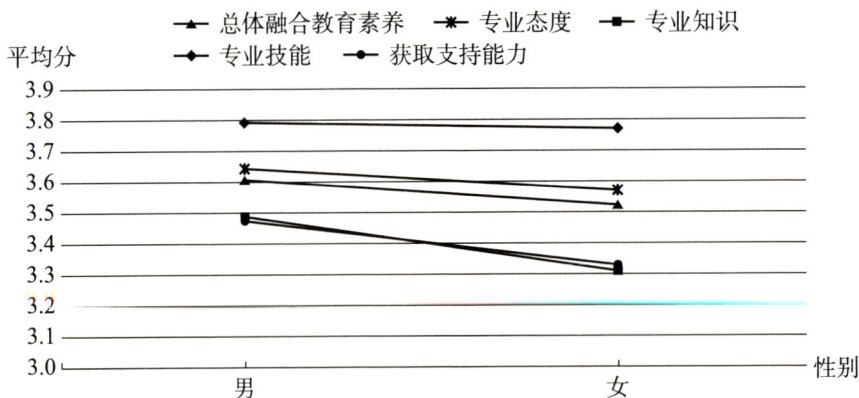

图 4-3　不同性别教师融合教育素养状况

（2）年龄。

随着教师年龄的增长，除在专业知识上的得分整体变化不大，其在总体融合教育素养及专业态度、专业技能、获取支持能力维度上的得分均呈现先高后低再缓慢上升的趋势，并在专业态度上表现出显著的差异 $[F（3，$

1672）=3.966，$p<0.01$]。事后检验表明，在专业态度维度上，21—30岁教师得分显著高于31—40岁、41—50岁教师，不同年龄教师的素养水平如图4-4所示。

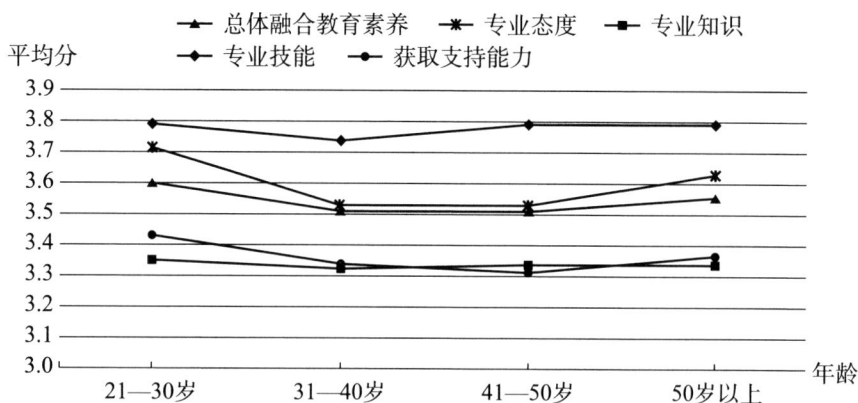

图4-4　不同年龄教师融合教育素养状况

3．职业特征因素

（1）教龄。

随着教师教龄的增加，其总体融合教育素养呈现逐渐下降再缓慢上升的趋势。除获取支持能力维度得分持续缓慢下降外，专业态度、专业知识、专业技能维度表现出与总体融合教育素养同样的趋势，具体如图4-5所示。

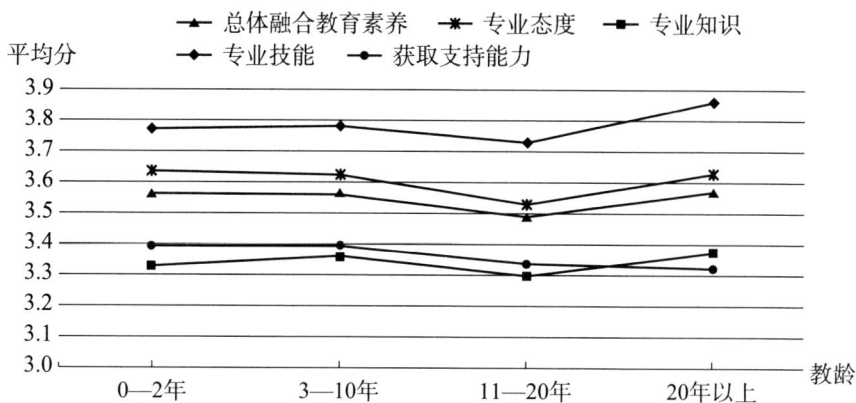

图4-5　不同教龄教师融合教育素养状况

（2）随班就读工作年限。

随着随班就读工作年限的增加，教师的总体融合教育素养、专业技能及获取支持能力维度呈现先上升后下降的趋势。在专业态度维度上，呈现波动变化的趋势，其中从事随班就读 11—20 年的教师在专业态度维度上得分最高，但从事随班就读 20 年以上教师的专业态度得分下降，这种变化无显著性差异，具体如图 4-6 所示。

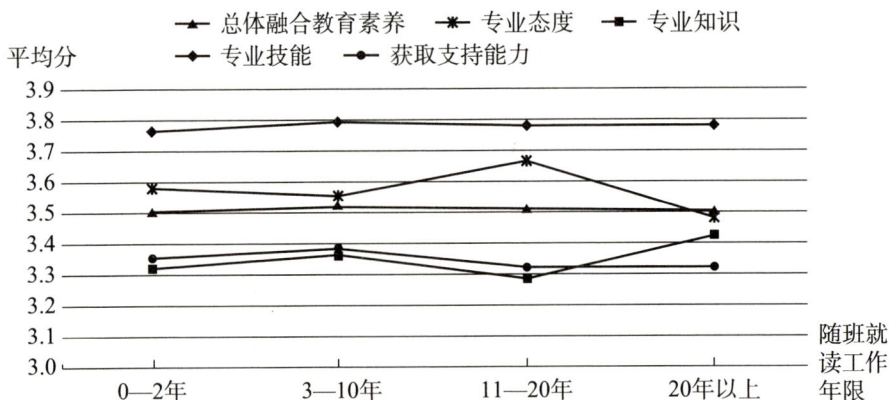

图 4-6　不同随班就读工作年限教师融合教育素养状况

（3）所教学科。

不同学科教师在总体融合教育素养、专业态度、专业知识、专业技能和获取支持能力维度上得分存在显著差异〔$F_{总体}(1, 1675)=0.042$，$p<0.01$；$F_{专业态度}(1, 1675)=0.012$，$p<0.01$；$F_{专业知识}(1, 1675)=0.806$，$p<0.01$；$F_{专业技能}(1, 1675)=0.005$，$p<0.05$；$F_{获取支持能力}=0.422(1, 1675)$，$p<0.05$〕。其他学科教师在获取支持能力、专业技能、专业知识、专业态度四个维度与总体融合教育素养上的得分均显著高于基础学科教师，具体如图 4-7 所示。

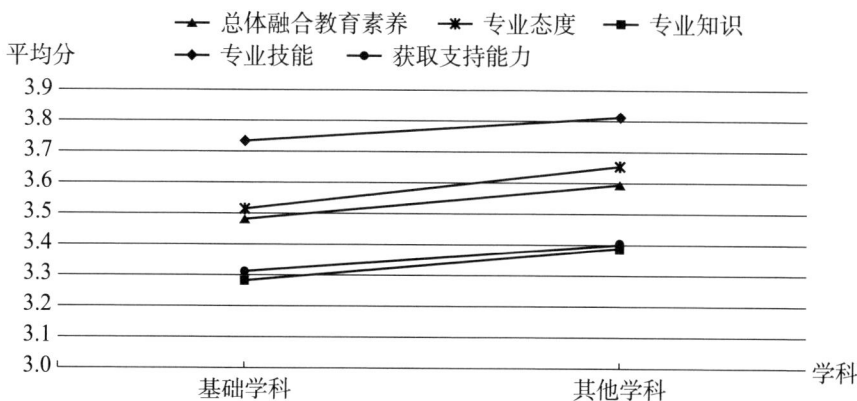

图 4-7 不同学科教师融合教育素养状况

（4）学段。

不同学段的教师在专业技能维度上存在显著差异 $[F(1, 1675)=0.445,$ $p<0.01]$。初中学段的教师在专业技能维度上的得分显著高于小学阶段的教师，具体如图 4-8 所示。

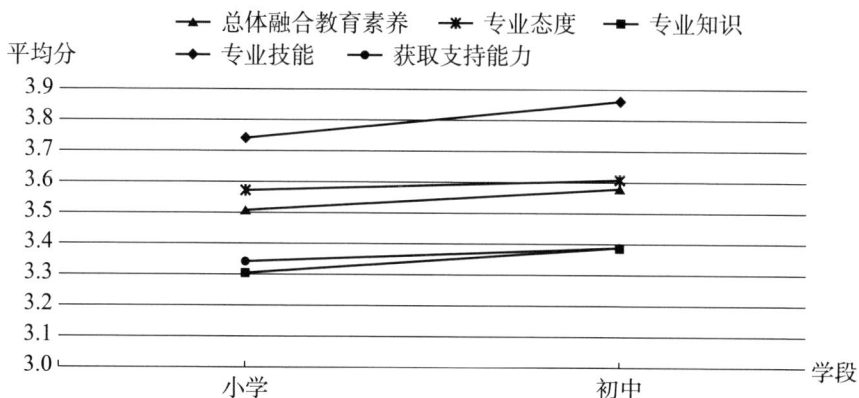

图 4-8 不同学段教师融合教育素养状况

（5）教师身份。

是否担任班主任对教师融合教育素养的获取支持能力和专业知识得分有显著影响 $[F_{获取支持能力}(1, 1675)=0.305, p<0.01; F_{专业知识}(1, 1675)=1.090, p<0.01]$。不担任班主任的教师在获取支持能力和专业知识维度上的得分均高于担任班主任的教师，具体如图 4-9 所示。

平均分

▲—总体融合教育素养　＊—专业态度　■—专业知识
◆—专业技能　●—获取支持能力

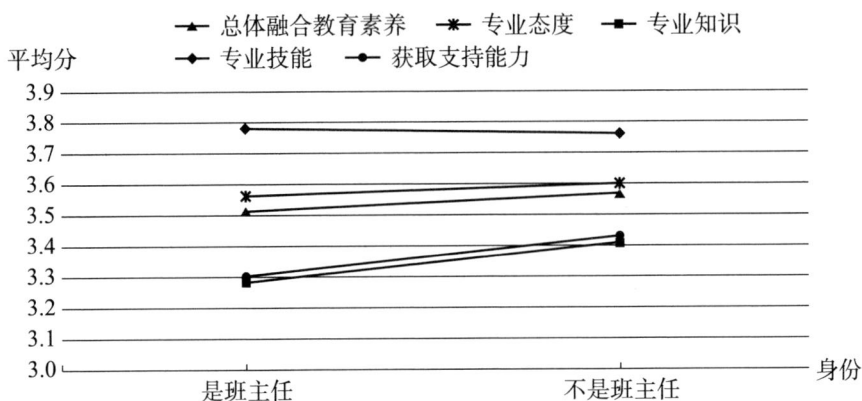

图 4-9　不同身份教师融合教育素养状况

（6）职称。

随着职称级别的增高，教师的总体融合教育素养表现出缓慢下降再升高的趋势，其中：一级职称教师的得分最低，未评定职称的教师、高级职称的教师的总体融合教育素养较高。在专业态度维度上，不同职称教师表现出显著差异 $[F(5, 1670)=2.845, p<0.05]$，未评定职称教师的专业态度得分显著高于三级、二级、一级及高级教师，具体如图 4-10 所示。

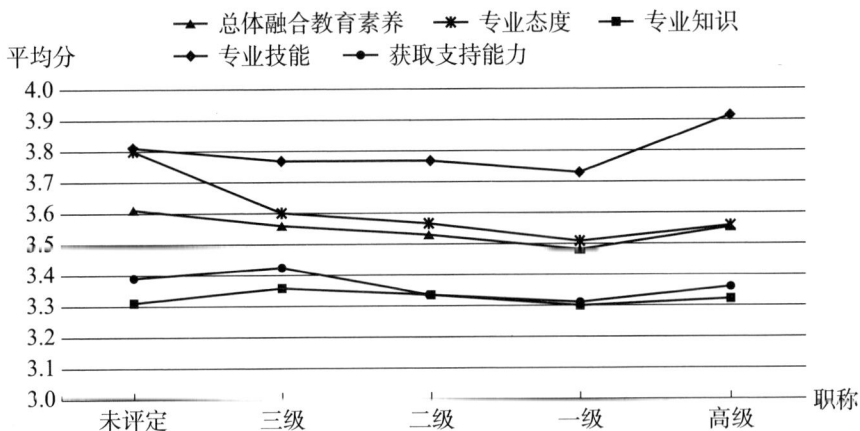

平均分

▲—总体融合教育素养　＊—专业态度　■—专业知识
◆—专业技能　●—获取支持能力

图 4-10　不同职称教师融合教育素养状况

4. 教育因素

（1）学历。

不同学历水平的教师在专业知识的积累上存在显著差异 $[F(1,1675)=$

0.110，$p<0.05$〕。本科及以上学历的教师在专业知识上的得分显著高于专科及以下学历的教师，具体如图 4-11 所示。

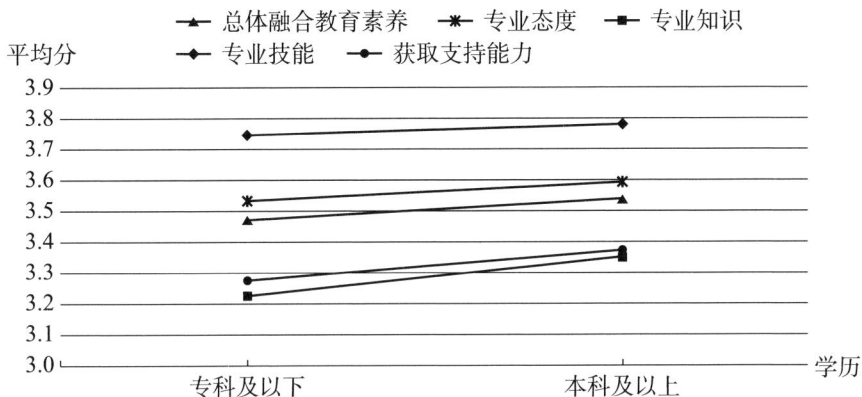

图 4-11　不同学历教师融合教育素养状况

（2）专业背景。

不同专业背景的教师在获取支持能力上存在显著差异〔$F(1, 1675) = 0.014$，$p<0.01$〕。经检验，普通师范类专业背景的教师在获取支持能力上的得分显著低于非师范类专业背景的教师，具体如图 4-12 所示。

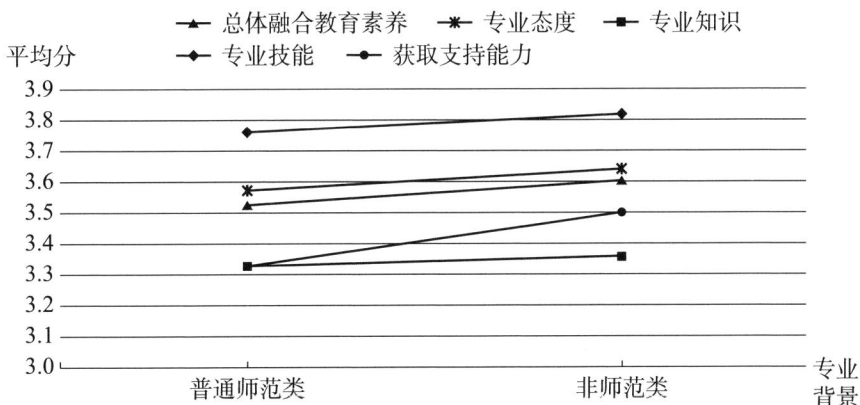

图 4-12　不同专业背景教师融合教育素养状况

（3）培训经历。

参加过特殊教育培训的教师在总体融合教育素养及专业态度、专业知识、专业技能及获取支持能力上的得分显著高于未参加过培训的教师

[$F_{总体}$（1，1675）=1.633，$p<0.001$；$F_{专业态度}$（1，1675）=0.310，$p<0.01$；$F_{专业知识}$（1，1675）=3.654，$p<0.001$；$F_{专业技能}$（1，1675）=7.609，$p<0.001$；$F_{获取支持能力}$（1，1675）=0.001，$p<0.001$]，具体如图 4-13 所示。

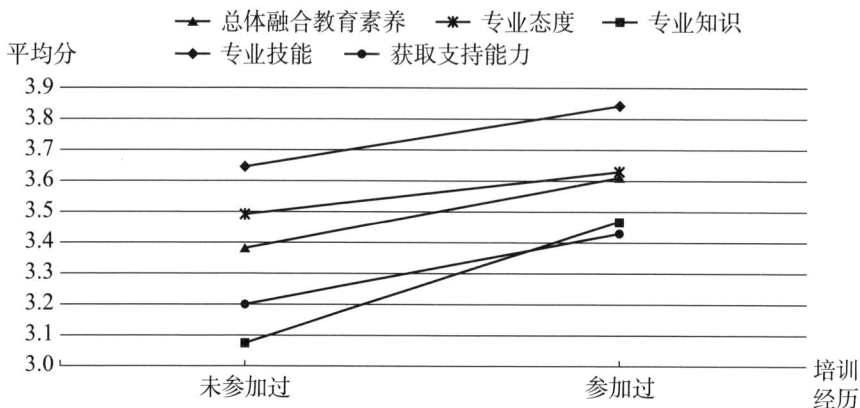

图 4-13　不同培训经历教师融合教育素养状况

（三）教师融合教育素养发展现状分析

1. 教师融合教育素养水平一般

本次调查发现，在教师融合教育素养各维度中，教师自我报告的平均得分在 3.33—3.77 之间；教师的总体融合教育素养得分为 3.53，处于"不确定"和"比较同意"的评价之间。这说明我国教师融合教育素养水平一般，各维度得分从高到低依次为专业技能、专业态度、获取支持能力、专业知识。相比较而言，教师的融合教育专业技能较好，但专业态度、获取支持能力及专业知识仍有较大的提升空间。

（1）教师对特殊儿童持相对接纳的态度。

本研究发现，教师对特殊儿童持相对接纳的态度，与近些年的相关研究基本一致。[1][2] 如前文所说，教师融合教育态度经历了由消极到积极再到理性认同及谨慎对待的转变。总的来说，在当前阶段，教师对融合教育

---

[1]　吴扬. 幼儿园教师融合教育素养的调查研究 [J]. 中国特殊教育，2017（11）：8-13.

[2]　李静. 幼儿园教师融合教育素养与培训需求分析：以北京地区为例 [J]. 教师发展研究，2017（4）：62-68.

形成了相对接纳的态度，可以主要归纳为两方面的原因。一方面，这可能与政策变化有关，我国近些年颁布的系列政策对融合教育有直接的推动作用。教师作为教育政策的践行者，在政策的引导下，也能够更快地更新理念，以积极的心态对待特殊儿童。因此，大部分教师在涉及公平正义的理念问题上有着较高的自我评价，如本研究中71.12%的教师在"特殊学生都应该像正常学生一样平等接受教育"问题上选择"比较同意"或"非常同意"。另一方面，专业态度的转变和发展得益于教师在教学实践中的努力，这种积极的态度是在教师与特殊儿童、与特殊教育相关专业人员以及与特殊儿童家长的互动中逐渐培养的，是在特殊儿童表现出正向的、积极的和发展性的特质时逐渐形成的。特殊儿童融入普通课堂，虽然可能会增加教师的工作任务量，但同时也会为教师的专业发展提供机会，有助于普通儿童和特殊儿童的个性化发展。如65.39%的教师在"随班就读使教师更加关注学生间的个体差异"问题上选择"比较同意"或"非常同意"，反映出教师对融合教育有积极的认识，并体现为教师在专业态度上的得分相对较高。与此同时，教师在自己是否有信心教好特殊学生方面却呈现较低的自我评价，如只有39.32%的教师在"我有信心能教好班里的特殊学生"选项上选择"比较同意"或"非常同意"，反映出大部分教师在特殊学生教学方面信心不足。

（2）教师的融合教育相关知识较为匮乏。

研究发现，在专业知识方面，教师的自我评价最低，其得分显著低于专业态度和专业技能，并在平均数上低于获取支持能力。数据显示，在受调查的教师中有47.73%在"我了解教育特殊学生的基本原则与方法"、41.77%在"我了解地方政府管理部门制定的随班就读规章与管理制度等政策措施"、46.54%在"我了解所教特殊学生的心理与行为特征"、36.93%在"我了解所教特殊学生的教育评估方法"、41.11%在"我了解随班就读相关的实践措施"、43.97%在"我了解融合（全纳）教育的理论"问题上选择了"比较同意"或"非常同意"，说明还有相当一部分教师对融合教育政策法规、理论、基本原则方法、具体的教学手段以及特殊儿童心理与行为特征等都不够了解。由于我国职前教师培养中普遍缺乏融合教育相关课程，因而教师融合教育素养中专业知识的提升对职后培训的依赖性更强，虽然也可以通过实践摸索、积累，但是这种职后培训学习体系需要继续完善。在接受调查的教师中，有 34.30% 的教师没有接受过特殊教育相关的在职培训，虽然 65.70% 的教师接受过特殊教育专业的相关培训，但是缺乏系统的学习，对特殊教育专业知识的了解还不够全面、深入，这可能是导致教师专业知识得分整体较低的原因。

（3）教师的融合教育相关技能相对较好。

研究发现，在专业技能方面，其得分显著高于专业态度、获取支持能力及专业知识。对教师在专业技能维度下各题项的作答进行分析发现，每个题项下均有至少 60% 的教师选择"比较同意"或"非常同意"。有约 70% 的教师在"我能对特殊学生使用弹性的作业布置方式和评价方式""我能使用小组讨论、合作学习的方法来帮助特殊学生""我能使用个别辅导的方式来满足特殊学生的学习需要"题项上选择"比较同意"或"非常同意"。教师认为自己在面对特殊儿童时，能够使用一些有效的方法来解决教学过程中遇到的问题。但是，分别有 39.80% 和 39.38% 的教师在"在班里，普通学生与特殊学生能互相帮助、互相学习""我能对特殊学生进行有效的行为管理"题项上选择"不确定""不太同意""非常不同意"，说明仍有部分教师认为自己在指导同伴交往方面和对特殊儿童进行行为管理的技能不足。整体而言，教师具有相对较高水平的融合教育技能。该结果可能的原因，一是随班就读的教育对象一般为各类轻度或中度特殊儿童少年[①]，其知识接受能力相对较好，因此，针对普通儿童的教育教学策略比较容易迁移到特殊学生身上；二是教学技能可以通过实践经验积累、摸索，并通过模仿其他专业人士或者向特殊教育教师学习获得。

（4）教师的获取支持能力相对较弱。

教师认为自己获取专业支持的能力相对较弱。本研究显示，不足 50%

[①] 杨希洁.随班就读学校残疾学生发展状况研究[J].中国特殊教育，2010（7）：3-10.

的教师在"我能够利用资源教室来帮助特殊学生""我能争取各级领导支持随班就读工作""我能主动寻求特殊学校教师的指导与帮助"等多个题项上选择"比较同意"或"非常同意"，说明一半以上被调查的教师获取支持的能力不强。其可能的原因在于，相较于特殊儿童，普通儿童是班级的主体，普通儿童人数上的优势及由此产生的教育需求必将占据教师更多的精力，进而限制教师对支持的主动获取。虽然普教领域早已倡导素质教育，但教师不可避免地注重学生学业成绩的提升。如此特殊儿童的全面发展自然被忽视，进而限制了教师对支持的获取。在特殊儿童仅处于物理性融合的现实情境中，徘徊在融合教育边缘的特殊儿童的学习需要未进入教师关注的视野，教师自然不会主动获取对"对象"的支持资源。如博尔（A. D. Boer）等对中国等 16 个发展中国家的融合教育方案进行分析后发现，发展中国家的融合教育实践只是增加了特殊儿童在普通学校的人数，而未触及学业参与及社交参与。[①] 又如《〈国家中长期教育改革和发展规划纲要〉中期评估——特殊教育专题评估报告》显示："作为我国特殊教育主体形式的随班就读呈萎缩态势，质量堪忧。"另外，相对于缺少支持而言的处境，教师也可能因获取"无门"而未行动，这可能是限制教师支持获取的又一原因。

2. 教师融合教育素养水平存在地区差异

究其原因，可能与各地区教育发展、特殊教育发展，尤其是融合教育的发展有关。教育发展不均衡是我国教育事业的主要问题之一，不仅普通教育的发展如此，融合教育与特殊教育的发展也面临同样的问题。融合教育的实施，必然要关注其主要实施者——班级教师的融合教育素养的提升。我国教师融合教育素养职前培养的情况并不乐观：一方面表现为普通师范专业开设融合教育相关课程的数量少，另一方面是即使高校开设融合教育

---

① SRIVASTAVA M, BOER A D, PIJL S J. Inclusive education in developing countries: a closer look at its implementation in the last 10 years [J]. Educational review, 2015, 67 (2): 179-195.

相关课程，其在课程性质、目标、内容等方面均存在一定的限制。[①] 多数教师融合教育素养的养成依赖职后的培训，以及融合教育实践。

北京市作为华北地区的代表，其经济发展水平处于全国前列，教育资源充分，特殊教育起步早、发展快，获得了较多的关注和支持，更是率先响应并推进融合教育的城市。北京市从 20 世纪 90 年代开始就贯彻落实国家文件精神，出台了《北京市残疾儿童少年随班就读工作管理办法》等文件提供强力保障，在全国较早开始探索资源教室、特殊教育中心等专业支持模式，2002 年增设专项资金着力推进资源教室建设。北京市在随班就读的政策支持、物质保障、专业指导、师资培训和教育教学质量提高等方面做出了有益的探索和切实的实践，走在全国前列。北京市融合教育整体实施水平较高，不过存在各方面发展不平衡的问题。[②] 近年来，北京市不断满足特殊儿童少年教育需求，着力从政策保障、专业支持、社会环境建设等方面，聚焦供给侧结构改革，积极推进融合教育发展。在融合教育的推进过程中，教师融合教育素养的养成是必须触及的问题，是整个支持保障体系建设中重要的支持成分。融合教育整体质量提高，可能是影响教师融合教育素养的因素。

3. 教师融合教育素养水平在人口统计学方面表现出差异

（1）男性教师的融合教育素养水平高于女性教师。

这与其他研究者的研究存在一定相似之处。如有研究发现男女教师在拒绝与接纳的部分存在显著差异，男教师在认同特殊儿童与普通儿童平等的受教育权利和接纳特殊儿童方面比女教师积极，男教师在评价与期望和教育教学分量表上得分比女教师高。[③] 还有研究发现男女教师在态度与信念、课程与教学上存在显著差异，且男性教师的满意程度普遍高于女性教

① 冯雅静，李爱芬，王雁. 我国普通师范专业融合教育课程现状的调查研究 [J]. 中国特殊教育，2016（1）：9-15，29.
② 颜廷睿，关文军，邓猛. 北京市中小学融合教育实施情况的调查研究 [J]. 残疾人研究，2017（2）：90-96.
③ 李秀. 普小教师对随班就读态度的调查研究：以福建省为例 [J]. 绥化学院学报，2016（4）：20-25.

师。[①] 究其原因，一方面可能与男、女教师的性别比失衡、样本差异大有关。另一方面可能与不同性别教师的人格特质有关。总体来说，男性在挑战性工作方面比女性积极，事业上更追求变化与挑战。同时，由于随班就读工作具有一定的挑战性，会影响教师随班就读工作的开展。有研究发现，高达 69.6% 的小学随班就读教师工作压力偏大，而女教师在学校因素方面的压力感高于男教师。[②] 教学过程被看成教师实施既定教学步骤的过程，然而，当特殊需要学生进入课堂，教师按照原来准备好的教学计划实施教学时，却发现随班就读的特殊学生因情绪行为的状态扰乱了课堂秩序；抑或是对学习内容不感兴趣，完全没有参与课堂……。教师会发现自己所处的情境一次又一次地偏离了原定的计划，充满了不确定性。这样的情境就是舍恩形容的"低洼湿地"。[③] 直面融合教育课堂，不难发现，教师就是时时处于复杂的、不确定的、不稳定的、独特的和价值冲突的"低湿洼地"中的实践者，因而，教师需要勇气面对挑战，在复杂多变的融合教育实践情境中灵活地调整自己。

（2）随着年龄的增长，教师融合教育素养水平呈现先高后低再缓慢上升的趋势。

近些年，我国融合教育高调推进，并从政策层面把随班就读推向融合教育，与此相伴的是对教师融合教育素养培养、培训的要求及相应的行动。如 2012 年教育部等《关于加强特殊教育教师队伍建设的意见》指出："支持师范院校和其他高等学校在师范类专业中普遍开设特殊教育课程，培养师范生具有指导残疾学生随班就读的教育教学能力。"一些师范院校开设了与融合教育相关的课程，针对教师进行融合教育素养的培养；一些地方通过入职培训或职后培训，提高教师指导随班就读学生的能力。从融合教育

---

① 石梦良，陈敏怡.广东省普通教师对融合教育态度的调查研究 [J].长春大学学报，2017（7）：106–111.
② 张晓东.小学随班就读教师工作压力现状调查研究：以广东省 S 市为例 [D].黄石：湖北师范大学，2019.
③ 舍恩.反映的实践者：专业工作者如何在行动中思考 [M].夏林清，译.北京：教育科学出版社，2007：35.

推进的时间段上看，这可能是 21—30 岁年龄段教师融合教育素养水平较其他年龄段高的原因。尤其在专业态度维度上，这种差异表现出显著性。一项对幼儿教师融合教育素养的调查得出了相似的结论，25 岁及以下的幼儿教师对融合教育的态度明显优于 36 岁及以上的教师。[①] 30 岁以下阶段的教师还处于职业生涯的初期阶段，他们在不断探索职业生活的可能性，以建立一个稳定的框架。[②] 他们或许通过职前的培养及入职培训等，接受了融合教育的理念及新的教育思想[③]，再加之"初生牛犊不怕虎"的年龄特征，所以他们对融合教育的态度更为积极。其他年龄段的教师随年龄的增长其融合教育素养水平呈缓慢上升的趋势，则可能与教师在教育实践情境中与特殊学生互动而生成的教育智慧及教育经验的积累相关。

4. 教师融合教育素养水平在职业特征因素上表现出差异

（1）教师融合教育素养水平随教龄增加呈现逐渐下降再缓慢上升的趋势。

此总体趋势与年龄因素的总体趋势基本一致。其原因一方面可能与我国融合教育实践发展年限有关，另一方面可能与教师职业发展不同时期的特点有关。

（2）随着随班就读工作年限的增长，教师融合教育素养水平呈现缓慢上升再缓慢下降的趋势。

随着随班就读工作的开展，教师在与特殊儿童互动时，会探索解决随班就读中的问题，这会促使教师逐渐习得相关知识，积累相关经验，这可能是从事随班就读 10 年以内的教师得分相对高的原因。而从事随班就读工作 10—20 年的教师得分最高的原因，一方面是该随班就读工作年限的教师在开展工作时赶上了融合教育政策的推进，这为开展随班就读工作提供了保障；另一方面是这些教师正处于职业发展的成熟时期，在多年从事随班

---

① 亓娟. 皖北地区幼儿教师融合教育素养的调查研究 [D]. 淮北：淮北师范大学，2017.

② 黄英. 校长：新教师专业成长的引领者 [J]. 教育导刊，2007（4）：51–52.

③ BERRY R A W. Novice teachers' conceptions of fairness in inclusion classrooms [J]. Teaching and teacher education, 2008, 24 (5): 1149-1159.

就读工作的过程中，一次次与特殊儿童的互动及成功的案例，会使其对融合教育的理念越来越认同，对随班就读持越来越积极的态度。而从事随班就读工作20年以上的教师得分最低，这可能是由于教师即将结束其职业生涯，工作的热情和拼劲不足，对随班就读工作产生了倦怠继而体现为消极态度。

（3）教授其他学科教师的融合教育素养水平较优。

其他学科教师在总体融合教育素养与专业态度、专业知识、专业技能、获取支持能力4个维度上的得分均显著高于基础学科（语、数、外）教师。这可能与不同学科的性质及学科的受重视程度有关。学科受重视程度对教师的融合教育工作有一定的影响。一项对400多所中小学融合教育情况的调查显示，超过70%的学校特殊学生与普通学生评价方式相同，但成绩不纳入班级考评[①]，这给不同性质的学科教师带来的教学压力程度不一。另有调查显示，教师认为基础学科出现的融合问题最多，其他学科出现融合问题较少。[②] 语数外基础学科需要学生具备一定的认知能力，而我国随班就读学生中大多数是存在发展障碍的学生，其认知能力与同龄普通儿童有差异，再加上大班额等因素，教师在上课时要照顾到大多数学生的学习，因而对班级中特殊学生"冷处理""忽略"也就在所难免，教师也就较少分心去关注自身融合教育素养的提升。而其他学科，如体育、美术等，相较于基础学科而言，从学科本身的特性来说比较易于特殊学生参与，其参与度比基础学科课堂要好。教师有时间和机会关注特殊儿童在课堂上的表现，发现他们与大多数学生的不同，进而对所教学科的课程进行灵活调整以满足特殊儿童的需要。科任教师能够研究随班就读课堂教学策略，关注随班就读学生的特殊学习需要，实施针对性教学。这也就不难理解教授其他学科教师的融合教育素养水平较优的事实。

---

① 江小英，牛爽爽，邓猛.北京市普通中小学融合教育基本情况调查报告[J].现代特殊教育（高教），2016（7）：22-27，72.
② 王红霞，彭欣，王艳杰.北京市海淀区小学融合教育现状调查研究报告[J].中国特殊教育，2011（4）：37-41.

（4）初中学段教师融合教育素养水平较优。

对教师专业技能维度进行具体分析发现，在教师对自我专业技能的评价上，其中有 4 个题项涉及教师的合作教学与指导策略，3 个题项涉及个别化教育计划的不同方面，1 个题项涉及行为管理。初中教师在这些方面的评价显著高于小学教师，说明教师在对特殊儿童实施合作教学与指导策略、个别化教育计划教学策略及行为管理上具有更高的技能水平。有研究发现初中教师在融合教育教学效能感上的自我评价高于小学教师，7—9 年级教师融合教育教学指导效能感、开展合作效能感与行为管理效能感的得分均高于 1—3 年级教师和 4—6 年级教师，其中在开展合作效能感上，1—3 年级和 4—6 年级教师的得分显著低于 7—9 年级教师。[①] 这可能与随班就读学生具有较好的融合经历有关，特殊学生能进入初中阶段进行随班就读的学习，说明他们已经具备了小学阶段成功的融合教育经验，这其中就包括特殊学生的配合意愿和学习能力、家长对教师工作的支持以及特殊学生个别化教育计划档案等。这些都为中学教师的随班就读工作带来了便利，教师在进行教学时具有更好的适应性。因此，初中教师对自身教学技能具有较高的评价。

（5）非班主任教师融合教育素养水平较优。

这可能与不同身份的教师面临的压力有关。一项对全国 9697 名中小学教师的抽样调查显示，班主任多由基础学科（语文、数学、英语）教师担任。其中，语文教师担任班主任的占 49.9%，数学教师担任班主任的占 28.0%，英语教师担任班主任的占 13.3%。"安全责任压力"（76.7%）、"班级管理任务重"（65.1%）、"工作量大"（64.8%）是班主任工作压力大的三个主要原因。[②] 另有研究发现，班主任缺乏系统性的支持，常陷入孤立无援境地，绝大多数班主任教师在遇到问题时只会向领导和学科教师寻求支持，除此之外，很少有教师能想到向心理教师、校医、家长等寻求支持和

---

① 熊琪，CUMMING T，李泽慧.随班就读教师融合教育教学效能感研究 [J]. 中国特殊教育，2019（2）：50-57.

② 赵福江，刘京翠.我国中小学班主任工作现状问卷调查与分析 [J]. 教育科学研究，2018（11）：38-43.

帮助。① 相较于非班主任教师，班主任教师承担着较大的工作压力，他们可能较少分配时间及精力去关注自身融合教育素养的提升。而非班主任的教师因较少存在班主任教师面临的困扰和压力，再加上所教学科的性质，则更有可能关注和思考班级中特殊儿童的教学问题。因此，非班主任的教师在教师融合教育素养的知识累积与获取支持上表现好于班主任教师。

（6）未评定职称、高级职称教师融合教育素养水平较优。

随着职称级别的提高，教师的总体融合教育素养表现出缓慢下降再升高的趋势，一级职称教师的得分较低，未评定职称教师、高级职称教师的总体融合教育素养较高。在专业态度维度上，不同职称教师表现出显著差异，未评定职称教师的专业态度得分显著高于三级、二级、一级及高级教师。这与我国随班就读发展的大背景及教师融合教育素养形成的复杂性相关。一方面，随着融合教育的发展，更多年轻的教师在职前培养或入职培训中接受了融合教育的理念，同时又没有经历融合教育实际情境的无奈；另一方面，高级职称的教师，教龄长，经验丰富，其专业技术及工作能力处于较高水平，在融合教育的实际情境中虽经历过无奈，但也会在专业发展过程中不断探索或接受相应的培训，积累融合教育知识，提升相关的技能。至于未评定职称教师的专业态度显著好于其他职称的教师，可能与未评定职称教师整体较年轻且没有相关经历等有关。未评定职称的教师多为刚入职 1 年左右的新教师，他们接受教育培训项目中融合教育的观念，更愿意将特殊儿童纳入课堂。黄（Y. S. Hwang）等人的研究发现，较年轻、经验不足的教师态度更积极，更愿意将特殊学生纳入课堂，这可能是在职前教师教育方案中提倡融合教育理念的结果。②

5. 教师融合教育素养水平在教育因素上表现出差异

（1）本科及以上学历教师融合教育素养好于专科及以下学历教师。

学历是教师的一个重要特征变量，不同学历表明教师所接受的职业训练程度不同。师范教育培养教师从事教育工作所必需的学科专业知识、教

① 耿申. 我国中小学班主任工作现状及对策 [J]. 教育科学研究，2018（11）：44-50.

② HWANG Y S, EVANS D. Attitudes towards inclusion: gaps between belief and practice [J]. International journal of special education, 2011, 26 (1): 136-146.

育专业知识与技能以及其他方面的素质。相较于大专及以下学历的教师，本科及以上学历的教师接受了更高程度的专业训练，且教育的年限长。本科及以上学历的教师在求学阶段对教育理论、知识等方面的学习会更加广泛和深入，专科及以下学历的教师在求学过程中可能更加注重与教学相关技能的培养，这是出现以上结果的可能原因。

（2）非师范类专业背景教师融合教育素养稍好于师范专业背景教师。

这可能与非师范专业背景的教师在面对教学压力时的应对策略有关。如张晓东在对 205 名小学随班就读教师的研究中发现，高达 69.6% 的随班就读教师都认为压力较大。[①] 特殊儿童随班就读的确使传统课堂上学生之间的差异加大，无论是班级管理还是课堂教学，都是教师需要面对的挑战。研究显示，非师范毕业的新教师分析问题时能够从多角度考量，遵循一定的方法，思考角度更加全面，能够灵活应对。而师范类毕业的教师具备积极探索问题和总结经验的精神，这种优势主要体现在教学能力上。[②] 获取支持能力体现了教师的能动性，需要教师具备批判性地应对问题的能力。[③] 教师面对的融合教育的问题不仅体现在教学上，而且体现在方方面面。非师范专业背景教师面对问题时不墨守成规，以灵活的方式应对问题的优势是出现上述结果的可能原因。同时也不排除这种差异与两个群体样本量差异大有关。

（3）参加过特殊教育培训的教师融合教育素养好于未参加过培训的教师。

教师的专业发展是一个持续不断的过程，其融合教育素养水平的提升亦是如此。职前培养是塑造教师融合教育素养的好时机，但我国在融合教育师资队伍培养方面的经验还不成熟，只有较少的师范类高校开设了融合教育方面的课程，多数高校并未开设此类课程。[④] 融合教育的发展使得越来

---

① 张晓东. 小学随班就读教师工作压力现状调查研究：以广东 S 省为例 [D]. 黄石：湖北师范大学，2019.

② 陈奚. 新教师入职适应性研究：基于师范与非师范生的对比 [D]. 上海：上海师范大学，2019.

③ EMIRBAYER M, MISCHE A. What is agency?[J]. American journal of sociology, 1998, 103 (4): 962-1023.

④ 关文军，邓猛. 我国高等师范院校中开设融合教育专业（本科层次）的思考与建议 [J]. 黑龙江高教研究，2017（7）：105-109.

越多的特殊儿童进入普通学校接受义务教育，然而多数教师并未具备相应的融合教育素养。原因在于部分高校对教师融合教育素养职前培养的不重视或忽略。教师的职后培训成为提升其融合教育素养的"补救"方式，因而也就显得特别重要。多数研究发现，接受与融合教育相关的培训，有助于提升教师的融合教育素养。如对幼儿教师融合素养的调查发现，接受过特殊教育专业培训的幼儿园教师融合教育素养整体水平及各维度得分均显著高于没有接受过培训的教师。[①] 另有研究显示特殊教育课程培训显著影响幼儿教师融合教育的态度和技能。[②] 而本研究再次印证了职后培训对教师融合教育素养提升的重要性。本次调查还发现，有 48.7%（817 名）的教师从事随班就读工作的时间不足两年，而这些教师中只有 62.7%（512 名）参加过相关培训。可见，即使是职后的融合教育相关培训，也未做到全覆盖。在向基础教育要质量的今天，这应引起各方高度的关注。

第三节　教师融合教育素养影响因素及其作用的理论基础

一、教师融合教育素养的影响因素研究

教师专业发展是教师个体社会化的重要内容，它与教师的职业生活密切联系，是教师个人职业生涯的一个持续不断的动态过程。教师需要不断学习和努力，提高教育教学认识，改进教育教学实践，促使其专业态度、专业知识以及专业技能不断发展和完善。由此可见，教师的专业化发展是优秀教师素养形成的有力保障，而教师素养的提升则是教师专业化发展的集中体现。实现教师自身的专业发展，关键在于不断提升教师的专业素养。

专业发展作为个体社会化过程的一个重要组成部分，总要受教师个体所处时代科技文化与生活方式等大环境的影响，同时也要受其工作的学校环境和生活的家庭环境的制约。教师专业发展过程本身就是教师个体内部

---

① 吴扬. 幼儿园教师融合教育素养的调查研究 [J]. 中国特殊教育，2017（11）：8-13.
② 亓娟. 皖北地区幼儿教师融合教育素养的调查研究 [D]. 淮北：淮北师范大学，2017.

因素相互影响，同时回应外部环境因素，此消彼长、循环互动的过程。^① 教师融合教育素养的影响因素也分为教师自身的内部因素及外部环境因素。

（一）教师融合教育素养的内部影响因素

关于影响教师融合教育素养的内部因素，上一节主要围绕教师自身的学历、专业背景、教龄、所教学科等方面进行了探讨，本部分论述的重点是除了人口统计学特征之外的其他内部因素。

作为贯穿个人职业生涯的一个持续不断的动态过程，教师的专业发展不仅受教师现有专业背景因素的制约，而且与其自身的专业心理（自我专业发展意识、教师职业认同、成就动机、自我效能感）等其他内部因素有着更为密切的联系。^② 也就是说，如果教师在工作岗位上可以充分发挥自身的能动性，不断挖掘自身潜能，积极自主行动，则可以逐渐打破已有专业背景的桎梏，为自身的专业发展提供源源不断的动力。事实上，有研究者发现，能动性是教师在应对复杂教育情境时改变自身工作及工作环境的重要核心力量，^③ 在很大程度上影响着教师的工作方式、工作机会、专业兴趣、教学观点以及工作满意度与未来发展前景^④。

国外对能动性的关注由来已久，关于能动性的研究主要涉及哲学、心理学和社会学等领域。研究者认为，能动性是个体对自然和自身生活质量实施个人控制的能力，^⑤ 可以产生有目的的行动，也是引起事物发展的原动力^⑥。这体现在人类个体是受内在动力驱使和自我调节的，他们的行动是自

---

① 刘洁. 试析影响教师专业发展的基本因素 [J]. 东北师大学报（哲学社会科学版），2004（6）：15-22.

② 韩淑萍. 我国教师专业发展影响因素研究述评 [J]. 现代教育科学，2009（5）：76-79，90.

③ SANNINO A. Teachers' talk of experiencing: conflict, resistance and agency [J]. Teaching and teacher education, 2010, 26 (4): 838-844.

④ SUTHERLAND L, HOWARD S, MARKAUSKAITE L. Professional identity creation: examining the development of beginning preservice teachers' understanding of their work as teachers [J]. Teaching and teacher education, 2010, 26 (3): 455-465.

⑤ BANDURA A. Human agency: the rhetoric and the reality [J]. American psychologist, 1991, 46 (2): 157-162.

⑥ BIESTA G, PRIESTLEY M, ROBINSON S. The role of beliefs in teacher agency [J]. Teachers and teaching, 2015, 21 (6): 624-640.

发且有目的的，他们总是积极活跃地参与某些活动。① 从发展的角度看，个体不断地与环境发生交互作用，在这一过程中，个体行进在一条自我主导的道路上，并赋予其在这条道路上的行为以意义。因而在有限的时间和空间内，个体通过自身的判断做出选择，从而塑造自身以及所生活的环境。

近年来，大量研究从教育学的视角出发，促进了能动性在教育学领域的发展。研究表明，教师能动性是指在专业发展过程中，教师朝着个人制定的专业发展目标，积极发挥内在潜能，主动借助外部资源，从而提升自身专业发展水平，改变其所处专业发展环境的个人品质，② 它是专业主体做出选择进而影响其工作和专业认同的实践，③ 也是教师专业发展的内在动力④。在融合教育情境下，教师能动性是指教师作为行为主体，应对特殊儿童在普通班级中与普通儿童共同学习这一客观事实，主动做出积极反应的一种心理特性。融合教育教师能动性的发挥不仅体现在意识层面上对自身胜任融合教育教学的认知和判断，同时也体现在行为层面上的自主建构，这就构成了融合教育教师能动性的两个维度，即教学效能感和建构性参与。⑤ 其中教学效能感是融合教育教学的灵魂与核心，而建构性参与则贯穿整个融合教育教学实践。一项针对我国融合教育教师的研究发现，教师能动性对教师融合教育素养中的技能维度具有正向预测作用。⑥ 此外，也有研究者探讨了融合教育背景下能动性在教师专业发展中的作用，在面对融合教育开展过程中的诸多理论困惑与实践问题时，教师往往需要在专业发展

---

① BIESTA G, TEDDER M. Agency and learning in the lifecourse: towards an ecological perspective [J]. Studies in the education of adults, 2007, 39 (2): 132-149.

② 张娜，申继亮. 教师专业发展：能动性的视角 [J]. 教育理论与实践，2012（19）：35-38.

③ ETELÄPELTO A, VÄHÄSANTANEN K, HÖKKÄ P, et al. What is agency? conceptualizing professional agency at work [J]. Educational research review, 2013 (10): 45-65.

④ 戴双翔，姜勇. 论教师的自由 [J]. 教育发展研究，2008（1）：7-10.

⑤ 周丹. 随班就读教师能动性结构及相关因素的作用机制研究 [D]. 北京：北京师范大学，2019.

⑥ Mu G M, Wang Y, Wang Z, et al. An enquiry into the professional competence of inclusive education teachers in Beijing: attitudes, knowledge, skills, and agency [J]. International journal of disability, development and education, 2015, 62 (6): 571-589.

的意识下主动探索和解决问题，通过能动的实践，获取实践智慧，提升专业水平。①换言之，教师具备一定的能动性将更有利于自身融合教育素养的提升。

随着融合教育的开展，教师能动性逐渐体现出主动性、课堂情境性、即时性、渐进性等特点。首先，教师能动性具有主动性。融合教育背景下，教师主动性表现在遇到学生问题行为等诸多困境时能够从积极视角出发，自觉地意识到自己所处的环境与状况，明确目前的困境和危机，从而主动出击迎接挑战。其次，教师能动性具有课堂情境性。课堂是教师实施教育教学的主阵地，特殊儿童的加入使"原生"课堂环境瞬间发生变化，课堂这一场域急需重新建构适于所有学生共同成长与发展的生态平衡。教师个体能动性的发挥也同样需要适应融合教育课堂情境的发展与变化。再次，教师能动性具有即时性。由于特殊儿童的加入，融合环境的课堂可能出现突发事件或偶然事件，从而影响正常教学秩序。面对这种情况，教师必须具备应对突发事件的即时反应能力，能够在极短的时间内迅速做出决定，并给予正确的引导和帮助。最后，教师能动性具有渐进性。能动性的提升需要一个相对漫长而持续的发展过程，不可一蹴而就，需要循序渐进、逐步深入。

另外，面对特殊儿童融合教育的需求，教师不仅是知识的传授者和引领者，还需要做到以下几点：第一，在教育教学方面，能够根据特殊儿童的具体情况，制定专门的教育方案，使其真正融入班级教学，从而提高教育效果。第二，积极开展家庭教育指导工作，注重家校合作，加强教育的连续性。第三，处理好普通儿童与特殊儿童之间的关系，形成团结友爱的班风，营造良好的融合课堂氛围。第四，主动参加学校组织的各种融合教育相关知识和技能的培训活动，尽快掌握管理特殊儿童和处理偶发事件的专业技能等。可以看出，教师的能动性影响着教师的融合教育素养，影响

---

① 王雁，王志强，冯雅静，等. 随班就读教师专业素养现状及影响因素研究 [J]. 教师教育研究，2015（4）：46-52，60.

着教师开展融合教育的教学动机以及教师的专业成长。

（二）教师融合教育素养的外部影响因素

教师专业素养的提升不能只靠个人的孤军奋战，还需要教师所在集体乃至社会群体的支持与合作。[①] 这就意味着学校作为教师从事教育教学活动的主要场所，在物质、制度、文化等方面对教师的专业素养有显性或隐性的影响。此外，有研究发现，随着融合教育的发展、教育改革措施的推进，教师所面对的课堂正在发生翻天覆地的改变，教师身处融合教育的浪潮，也感受到了新的工作压力，[②] 这些都势必会成为影响教师融合教育素养提升最为直接的外部因素。

1. 学校融合氛围

学校氛围体现了学校生活的质量和特点，反映出一所学校的准则、目标、价值观、人际关系、教学和学习实践以及组织结构，[③] 可以对包含教师在内所有成员的行为产生相对持久而稳定的影响。组织行为学的研究发现，积极和谐的组织氛围是缓解个体压力和焦虑情绪、提高工作和生活满意度的重要因素，同时也是提高工作效率和劳动产出的重要因素。

融合教育背景下，学校的融合氛围则是指为实施融合教育，教师及其周围环境中的各因素在教学与互动中逐渐形成的一种相对持久和稳定的气氛。国外研究者施菲尔（J. Schaefer）认为，学校融合氛围包括特殊儿童对学校活动的参与度、普通教师与特殊教师的合作与支持、学校校长支持和学校实践活动。[④] 我国研究者周丹在此基础上进行了本土化的分析，提出了学校融合氛围的二维结构，即学校校长支持和学校实践活动。其中，学校校长支持是指校长自身不仅应具备丰富的融合教育知识，还应能传播融合

① 陈向明. 教师最需要什么素养 [J]. 中国教育学刊，2018（8）：3.
② WALLEN M, TORMEY R. Developing teacher agency through dialogue [J]. Teaching and teacher education, 2019, 82: 129-139.
③ COHEN J, MCCABE L, MICHELLI N M, et al. School climate: research, policy, practice and teacher education [J]. Teachers college record, 2009, 111 (1): 180-213.
④ SCHAEFER J. Impact of teacher efficacy on teacher attitudes toward classroom inclusion [D]. Minneapolis: Capella University, 2010.

教育理念，为学校开展融合教育提供支持与保障，体现为校长实施融合教育的理念与行为。学校实践活动是指为融合教育实践而制定的学校发展规划、为教师接纳特殊儿童所做的准备工作及开展的专业发展活动等。①

已有研究发现，学校融合氛围对教师的融合教育素养具有显著的预测作用。②也就是说，如果一所学校的融合氛围更加积极，这所学校将更为重视融合教育理念的落地，这不仅对教师的融合教育态度有着潜移默化的影响，也意味着学校会主动为教师提供更多的融合教育培训与学习机会，提高教师的融合教育知识水平。③④此外，学校还可以通过开展丰富的融合教育教学活动提升教师的融合教育技能，⑤进而促进教师融合教育素养的整体提升。

今天，在融合教育理念的影响下，越来越多的特殊儿童得到了进入普通学校接受教育的机会。普通学校开始承担起面向特殊儿童实施融合教育的任务。面对特殊儿童进入普通学校带来的教育教学及课堂管理挑战，学校所能提供的支持将直接影响教师的融合教育素养，进而通过教师的专业态度、知识与能力等决定特殊儿童接受的融合教育的质量。因此，一所学校的教学设备、班级规模、课程、教学制度、教师文化、校长的办学思想与管理作风等无不对教师的融合教育素养产生着影响。事实上，融合教育理念的传播及其在教育领域引发的巨大变革，迫切要求学校建立教师融合教育素养提升的体制机制。同时，教师个体素养的提升重点在于职后培训，这也客观地要求学校为教师的融合教育素养提升提供源源不断的动力支持。

① 周丹. 随班就读教师能动性结构及相关因素的作用机制研究 [D]. 北京：北京师范大学，2019.
② 张丽莉. 随班就读教师专业素养、课堂支持现状及关系研究：以哈尔滨市为例 [D]. 北京：北京师范大学，2016.
③ TAYLOR D. A case study of principal leadership and school-wide inclusion practices in a low-SES elementary school [D]. Nacogdoches: Stephen F. Austin State University, 2005.
④ MCLESKEY J, BILLINGSLEY B, WALDRON N L. Principal leadership for effective inclusive schools [M]// BAKKEN J P, OBIAKOR F E. General and special education inclusion in an age of change: roles of professionals involved. Bingley: Emerald Group Publishing Limited, 2016: 55-74.
⑤ POMIRLEANU N, MARIADOSS B J. The influence of organizational and functional support on the development of salesperson job satisfaction [J]. Journal of personal selling and sales management, 2015, 35 (1): 33-50.

因此，学校在促进教师融合教育素养提升方面责无旁贷，而构建积极和谐的学校融合氛围则是目前最为有效的选择。

总之，学校是一种特殊的组织，积极的学校融合氛围可以促进教师积极的心理和教学行为发展，[①②] 培养教师的融合教育素养，使教师为教育包括特殊儿童在内的所有儿童做好相应的准备，以应对融合教育给教师带来的挑战。

2. 工作压力

工作压力是指由某些因素导致个体在工作中产生的一系列情绪上或者生理上的消极反应。它包括外部情境及相对应的愤怒、焦虑、紧张、沮丧等反应。工作压力通常被理解为一个动态过程，包含压力源和压力结果。[③] 工作压力源是指导致工作压力的刺激、事件或环境，也可以是外界物质环境和个体内环境。压力结果是指由压力源产生的压力反应。

人们普遍将教师工作压力默认为一种压力过度状态，将其解释为在工作环境中使教师个体受到威胁的压力源长期、持续地作用于教师而使其产生一系列生理、心理和行为反应的过程。[④] 教师一直以来就是高压力的职业，[⑤] 教师不仅承受着工作负荷、职业声望压力等，还承受着由教师职业特殊性所带来的压力，如教书育人、传承文化的历史重任，以及由学生发展及考试评价所带来的压力等。当前，社会飞速发展，价值观趋向多元化，社会各方面对教师的期望也越来越高。在多方的期望之下，教师的工作压力与日俱增。另外，融合教育的实施使得越来越多的特殊儿童进入普通学

① CHURCHILL G A, FORD N M, WALKER O C. Organizational climate and job satisfaction in the salesforce [J]. Journal of marketing research, 1976, 13 (4): 323-332.

② WANG Y, ZHANG W. The effects of principal support on teachers' professional skills: the mediating role of school-wide inclusive practices and teacher agency [J]. International journal of disability, development and education, 2021, 68 (8): 773-787.

③ 詹文慧，高金金，陈毅文. 组织气氛对工作倦怠的影响：工作压力的中介作用 [J]. 浙江大学学报（理学版），2013（1）：112-118.

④ 黄益远. 关于中小学教师职业压力的研究 [J]. 教学与管理，2002（11）：9-10.

⑤ KYRIACOU C. Teacher stress and burnout: an international review [J]. Educational research, 1987, 29 (2): 146-152.

校，这不仅要求教师在高度多样性的学校环境中相互合作、协同教学，而且也要求教师掌握融合教育相关的知识与技能，从而更好地开展有针对性的指导和个别化教育，根据学生不同的学习风格、能力水平和学习偏好实施差异化的课程教学，这些都给教师带来了更大的挑战和压力。[①]

国内外的许多研究表明，较高的工作压力会导致教师的工作效率降低、教学效能感不足，[②③] 从而影响教师的身心健康状况。工作压力长期得不到有效的控制和缓解会导致个体心理和情绪上的极度疲劳，最终导致以情绪耗竭、去人格化和低个人成就感为显著特征的职业倦怠。与此同时，较大的工作压力也会影响教师开展融合教育的积极性，阻碍其融合教育素养的提升，不利于其专业发展。[④⑤]

一言以蔽之，在融合教育背景下，影响教师融合教育素养的因素涉及教师自身及外部环境等方面。其中，教师能动性是较为重要的内部影响因素，学校融合氛围和工作压力是较为重要的外部影响因素。但这三个因素如何影响教师融合教育素养的提升，具体的内在发展机制如何，目前还未有研究进行系统地解释。

二、影响因素作用的理论基础

（一）教师专业发展的生态学取向

生态学（ecology）是关于"生态系统的结构与功能"[⑥] 的科学，是研究动物与有机环境和无机环境的全部关系与相互作用的一门学科。生态学理论认为，任何生物都不是孤立存在的，而是存在于一定的环境之中，并与

---

① DIXON F A, YSSEL N, MCCONNELL J M, et al. Differentiated instruction, professional development, and teacher efficacy [J]. Journal for the education of the gifted, 2014, 37(2): 111-127.
② 毛晋平. 中学教师工作压力与教学效能感的关系 [J]. 中国临床心理学杂志，2005（4）：458-459.
③ SCHWARZER R, HALLUM S. Perceived teacher self-efficacy as a predictor of job stress and burnout: mediation analyses [J]. Applied psychology, 2008, 57(s1): 152-171.
④ KALLIATH T J, O'DRISCOLL M P, GILLESPIE D F, et al. A test of the Maslach Burnout Inventory in three samples of healthcare professionals [J]. Work and stress, 2000, 14(1): 35-50.
⑤ 王芳，许燕. 中小学教师职业枯竭状况及其与社会支持的关系 [J]. 心理学报，2004（5）：568-574.
⑥ 吴林富. 教育生态管理 [M]. 天津：天津教育出版社，2006：13.

其构成一个整体系统。① 生态学注重生物体与其生存的环境所形成的各种关系对其所造成的影响。生态学的概念最早在动、植物领域内发展，之后逐渐衍生出人类生态学、社会生态学以及教育生态学等分支学科。尤其是 20世纪 80 年代以来，一些研究者开始将目光聚焦于教育现实问题的生态学分析，推动了教育生态学研究的纵深发展。

就教师群体而言，在教师专业化发展取向中，主要存在三种观点②：一是教师专业发展的理智取向。该取向强调科学知识和知识基础对于教学专业的重要性，认为教师的专业能力是受学科知识和教育学、心理学的科学原理与技术所制约的，需要通过熟练掌握这些专业知识、原理、技术来保障教师的专业程度。二是教师专业发展的实践-反思取向。该取向认为教师主要不是通过"接受"知识，而是通过"反思"理解自己的实践，并凭借"实践性知识"保障教师的专业程度。三是教师专业发展的生态取向。它超越了前两种取向主要关注教师本身的局限，转而关注教师的专业背景、专业图景中各因素的关系，强调团队的合作与和谐，试图在更大的视野中看待教师的专业发展问题。该取向认为教师的专业成长是个体和环境互动的结果，将教师置于成长的时空构架中，以更开阔的视角看待教师的专业成长。

教师专业发展的生态取向，不仅是对理智取向和实践-反思取向的一种质疑和发展，同时也是一种完善化的补充。更为重要的是生态取向为教师专业发展研究提供了一种整体的、情境的和关联的视角，一种研究路径的转换。在教育生态学的宏观研究领域，将教师教育与生态环境关联，探究教师专业成长生态环境系统间的相互关系及其机理；在教育生态学的微观研究范畴，以教师专业成长为主线，涉及学校中的各种关系，在教育内部事物的相互关联中探究教师专业成长的原因和意义。

因此，生态取向的教师专业成长通过主体的教师与学校、管理者、其他教师群体、学生、家长以及研究者等系统内的多重主体建立联系，把彼

此互动的方式表达出来，并且构成了以教师专业成长为主线的围绕生态环境研究的逻辑框架。其中各子系统共同构成的生态环境会通过影响教师表层的行为与语言的变化进而深入影响教师的教育信念和观念、自我和职业认同、幸福感、知识结构、教育教学行为等，最终影响教师的专业成长。

在融合教育的背景下，由于越来越多的特殊儿童进入普通学校的课堂，班级内学生的异质性与差异性更加明显，教师与学生、家长以及其他教师群体间的关系均发生了巨大的转变。同时，平等、多元、参与、高质量等融合教育的理念不断融入学校的文化与氛围，也在无形中冲击着教师的固有观念，这些都对教师融合教育素养的提升提出了极为迫切的要求。教师专业发展的生态取向更为重视教师发展赖以"坐落"的"场域"对教师专业成长的影响，强调"场域"中的群体的作用，强调群体中的价值观、文化、氛围等对教师主体意识的影响和激发，为当前研究者探讨教师融合教育素养的提升以及融合教育背景下教师的专业发展路径提供了一种全面的视角。

（二）场动力理论

场动力理论是由德裔美国心理学家勒温（K. Lewin）提出来的，该理论主要用于解释导致个体行为产生及变化的空间场域和深层原因。场动力理论由场论和动力理论构成。

一方面，场动力理论解释了个体心理和行为产生的特定空间。勒温认为，任何一种行为都产生于各种相互依存的事实的整体，而这些相互依存的事实具有一种动力场的特征。场动力理论主要基于生活空间或动力场来研究人的行为和心理活动。场动力理论认为，为了理解或预测行为，就必须把人及其环境看作一种相互依存因素的集合。我们把这些因素的整体称作该个体的"生活空间"。

生活空间由个体、环境以及个体与环境的相互关系构成。行为发生在生活空间中，它既是人与环境的函数，也是生活空间的函数。因此，分析个体行为需要在个体所在的特定时空场域之中，从个体特征和个体所处的环境来分析其行为产生和变化的原因。

另一方面，场动力理论还可以解释个体行为动力产生的心理机制。勒温倾向于对行为动力做一种关系性的理解，把人的心理与行为的动力本质归结为包括人与环境在内的各种力之间相互作用而产生的心理紧张系统。个体行为动力产生于对"稳态"的追求，即达到心理的平衡。因此，动力的产生机制就在于消解失衡以达到平衡这样一个动态的过程。勒温认为，心理过程通常出自趋于平衡的倾向，正如普遍的生物过程以及物理、经济或是其他过程一样。即在某一点上，平衡被打破了，于是朝向一种新的平衡状态的过程便开始了。

鉴于教师专业发展动力是在特定的场域中产生的，李森和崔友兴根据勒温的场动力理论，提出教师专业发展动力的三维发展模型，如图 4-14 所示。该模型由教师主体动力系统、学校场域动力系统和社会场域动力系统组成，教师专业发展动力是三者相互作用而形成的合力。[①]

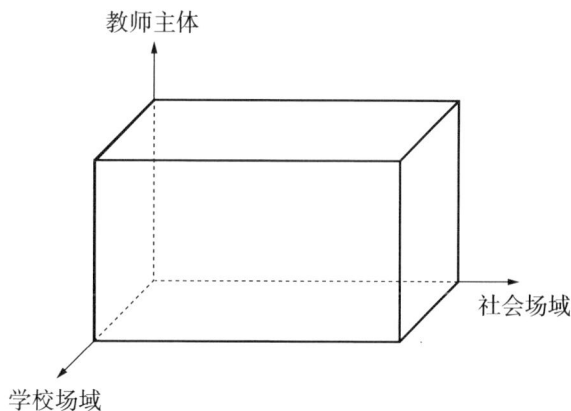

图 4-14　教师专业发展动力系统

教师主体动力系统由认知子系统、情感子系统、意志子系统和理念子系统构成，它们是教师主体动力产生的载体。在教师主体动力的产生过程中，教师通过认知子系统界定和分析问题；利用情感子系统进行情感性因素介入，调节认知和行为过程；通过意志子系统来影响问题解决的持续性；运用理念子系统引导和调节各个子系统之间相互作用的方向。子系统之间

---

① 李森，崔友兴. 论教师专业发展动力的系统构建和机制探析：基于勒温场动力理论的视角 [J]. 教育理论与实践，2013（4）：33-36.

既相互统一又相互斗争，通过复杂的相互作用来实现理念子系统规定的行为和价值取向。

良好的学校场域有助于激发教师专业发展的动力。学校场域动力是指由学校各个构成部分相互作用而形成的促进教师专业发展的力量的总和，包括校园文化、组织结构、规章制度、领导管理等。其中，校园文化是学校发展的积淀，引领着教师的教育理念，也在潜移默化中规范着教师的行为，因而是教师专业发展动力生成的核心。组织结构是学校的基础，合理完善的组织结构可以激发教师专业发展的动力。规章制度规范学校内部的行为，健全的制度能够保障教师专业发展动力的生成。领导管理影响着校园文化的建设、组织结构的建立和重组以及规章制度的制定和完善，因而是教师发展动力生成的关键。

经济、政治、文化、科技、人口等要素构成了整个社会系统，各个子系统相互作用、相互影响。社会场域动力是指社会各个子系统自身的矛盾运动以及各个子系统相互作用所产生的、起推动作用的力的总和。社会场域影响和制约学校和教师的发展，其中社会场域动力通过推动学校的发展，进而促进教师的专业发展。

结合文献分析来看，推动教师融合教育素养提升的主体动力因素主要是教师能动性，而学校场域动力因素主要是学校融合氛围和工作压力。基于此，在教师融合教育素养的提升过程中既要考虑教师的内部主体需求，也需要考虑外部环境的支持，内外同时发力，推动教师素养的提升。

（三）工作要求-资源模型理论

关于工作特征对职业的影响，心理学家曾经提出一系列理论模型予以解释。其中，最具影响的理论模型当属工作要求-资源模型（Job Demands-Resources Model，简称 JD-R 模型）。研究初期主要用于阐释个体工作条件等因素对职业倦怠的影响。[①] 随着研究的不断深入，巴克（A. Bakker）等

---

① DEMEROUTI E, BAKKER A B, NACHREINER F, et al. The job demands-resources model of burnout [J]. Journal of applied psychology, 2001, 86(3): 499-512.

人把工作投入纳入其中，形成了能量损耗过程和激励过程交互并存的一种解释个体工作状况的普适性模型理论。[①]

JD-R 模型的核心假设是：每种职业都有影响工作者身心健康及其工作状况的独特因素，所有这些因素可归为工作要求和工作资源。工作要求（job demands）是指工作中与身体、社会或组织有关的需要持续不断地付出身体或心理努力的因素，主要与身心消耗有关，具体包括工作负荷、角色冲突、情绪要求等。工作资源（job resources）指个人从工作中获得的心理、社会或组织资源，包括以工作自主权等为内涵的任务资源、以职业发展等为内涵的组织资源以及以与同事良好互动交流等为内涵的社交资源。[②]

初始 JD-R 模型主要表达了三个观点，具体如图 4-15 所示。

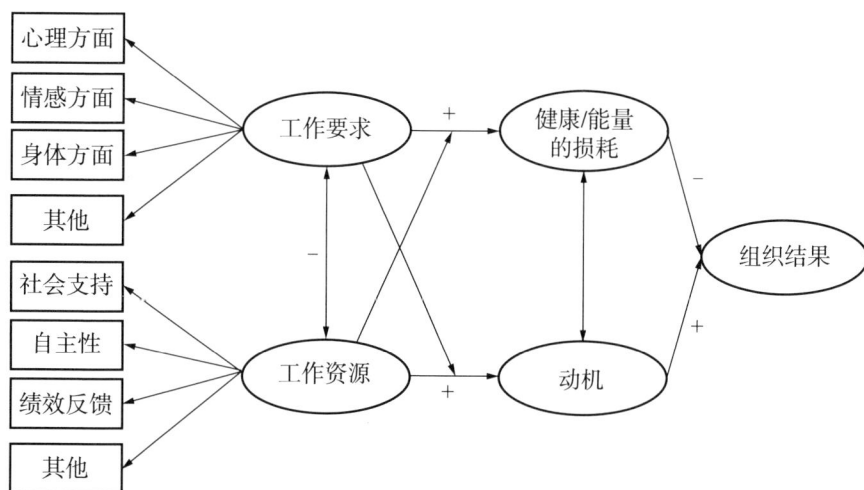

图 4-15 初始 JD-R 模型

第一，无论哪种职业都有其特定的与工作压力相关的风险因素，一类是工作要求，另一类是工作资源。工作要求不一定是消极因素，但如果需

---

① BAKKER A B, DEMEROUTI E, SCHAUFELI W. Dual processes at work in a call centre: an application of the job demands-resources model [J]. European journal of work and organizational psychology, 2003, 12(4): 393-417.

② 梁文艳. 工作要求、工作资源与教师的工作满意度：基于上海教师教学国际调查数据的实证研究 [J]. 教育研究，2020（10）：102-115.

要个体付出较大努力，又不能及时恢复精力，它就会成为应激源，造成消极后果。工作要求过高或持续时间过长会导致健康受损，并产生职业倦怠。工作资源是对工作要求的能量补充与压力缓解，具有动机的潜力。为个体提供必需的工作资源，能激励其更积极地参与工作，并提高工作绩效。[①] 但是，由于该模型更关注外部组织资源的作用，相对忽视了内部资源的作用。在后续的模型完善过程中，工作资源的内涵得到拓展，除了组织层面的资源、社会资源，如上级支持、同事帮助，个体资源，包括自我效能感、心理弹性、心理资本、职业胜任力等逐渐得到研究者的重视。

第二，两类因素分别具有独立的路径机制。一是健康/能量的损耗路径，即不当的工作设计、过高的工作负荷可能会导致个体生理和心理资源过度损耗，引发职业倦怠和健康问题，进而降低工作绩效或导致旷工辞职。二是激励路径，即充分的工作资源可能会激发个体的工作潜能，使其产生工作投入、组织承诺等内在动机，从而更有效地参与工作，促进个人的专业成长与发展。[②③]

第三，两条路径机制可交互发生作用，即工作要求和工作资源的交互作用对个体工作状况也具有重要影响。一方面，工作资源能够缓冲工作要求对职业倦怠等负面因素的影响。如果工作要求过高，但工作资源匮乏就容易造成职业倦怠。反之，如果工作资源较为充分，即使工作要求较高，也能减少高要求对职业倦怠等结果变量的损耗。另一方面，在工作要求高的条件下，工作资源的动机作用则更加显著，尤其是当工作要求和工作资源的性质相同时，两者的交互效应最明显。

最初的 JD-R 模型只关注了工作特征因素对职业心理健康的影响，而忽

① XANTHOPOULOU D, BAKKER A B, DEMEROUTI E, et al. Work engagement and financial returns: a diary study on the role of job and personal resources [J]. Journal of occupational and organizational psychology, 2009, 82 (1): 183-200.

② BAKKER A B, DEMEROUTI E, SCHAUFELI W. Dual processes at work in a call centre: an application of the job demands-resources model [J]. European journal of work and organizational psychology, 2003, 12(4): 393-417.

③ FERNET C, AUSTIN S, VALLERAND R J. The effects of work motivation on employee exhaustion and commitment: an extension of the JD-R model [J]. Work and stress, 2012, 26 (3): 213-229.

视了个体层面变量所带来的影响。毋庸置疑，良好的工作条件能够激发工作者的动机。然而，如果不具备良好的工作条件该怎么办？一些研究者提出了一个新的概念——工作重塑（job crafting）。工作重塑指个体为了使自己的兴趣、动机和激情与工作相一致而主动做出的一系列使其工作任务及关系边界发生改变的积极行为。[①] 蒂姆斯（M. Tims）等人认为，工作重塑就是工作者自发地对所面临的工作要求和工作资源进行改变，以保持或促进他们个人（或工作）目标的完成，其目的是获得工作意义感与身份感。[②] 例如，教师设计出创新性的教学方案以提高学生的学习积极性。

工作重塑强调个体在工作中的主观能动性，个体受雇于组织后，可以根据自己的能力和偏好等主动地调整自己的工作，而不是完全被动地接受组织规定的工作。在组织中，个体的适应性和主动性是两个不同的过程，适应行为强调个体对改变的应对和处理，而主动行为强调个体自发的主动改变，关注个体如何对工作进行自觉感知和积极操作。[③]

工作重塑可以从不同的角度划分为不同的类型。其中，瑞斯尼斯基（A. Wrzesniewski）和达顿（J. E. Dutton）的分类标准得到了较多研究者的认同。他们将工作重塑分为任务重塑、关系重塑和认知重塑三种。[④] 任务重塑（task crafting）是指个体改变工作任务的数量、范围和类型，包括增加或减少任务量，改变任务的性质，改变时间和精力在多个任务上的分配等。任务是最基本的工作单元，个体的工作是由一系列归属在一个工作名称下的任务构成的，并由个体自身来完成。因此，任务重塑是工作重塑的首要形式。关系重塑（relational crafting）是指个体改变在工作中的交往形式、时间以及对象。认知重塑（cognitive crafting）则是指个体改变对工作

---

① WRZESNIEWSKI A, DUTTON J E. Crafting a job: revisioning employees as active crafters of their work [J]. Academy of management review, 2001, 26(2): 179-201.

② TIMS M, BAKKER A B, DERKS D. Development and validation of the job crafting scale [J]. Journal of vocational behavior, 2012, 80(1): 173-186.

③ 张春雨，韦嘉，陈谢平，等. 工作设计的新视角：员工的工作重塑 [J]. 心理科学进展，2012（8）：1305-1313.

④ WRZESNIEWSKI A, DUTTON J E. Crafting a job: revisioning employees as active crafters of their work [J]. Academy of management review, 2001, 26(2): 179-201.

中任务和关系的感知方式，如只将工作视为一些精细的部分或将其视为一个整体。

然而，"工作特征—工作重塑—职业心理健康"之间的过程路径尚不清晰，初步建构的理论模型如图4-16所示。根据已有研究经验，可能有两种：一是工作要求/资源的不协调/不匹配致使工作者进行工作重塑，以改善工作要求/资源的现状，进而产生积极结果；二是积极的工作状态促进了工作重塑的发生，进而改善工作要求/资源的现状。无论如何，这都是一个相互影响、循环渐变的过程。①

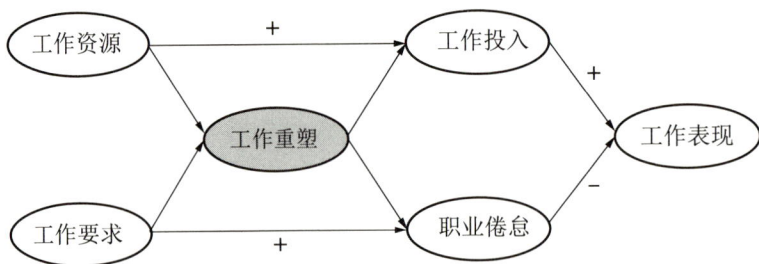

图4-16 引入个体资源和工作重塑后的 JD-R 模型

尽管国内关于教师群体工作重塑的研究较为缺乏，但仍有研究者进行了初步的探讨。譬如，齐亚静等人采用《中小学教师工作重塑问卷》和《中文版 Utrecht 工作投入量表》，对332名教师进行了为期6个月的追踪研究：第一时间点的工作重塑能够显著正向预测第二时间点的工作投入，表明工作重塑是"因"，工作投入是"果"。② 于梅芳针对465名中小学教师进行的一项研究也发现，师徒指导功能（指在对教师的指导过程中，师父为徒弟提供全面支持并发挥正向的指导作用）、工作重塑和教学能力之间存在显著的相关，且工作重塑在师徒指导功能与教学能力之间起部分中介作用。③

---

① 齐亚静，伍新春. 工作要求—资源模型：理论和实证研究的拓展脉络 [J]. 北京师范大学学报（社会科学版），2018（6）：28-36.

② 齐亚静，伍新春，王晓丽. 中小学教师工作重塑与工作投入的交叉滞后分析 [J]. 中国临床心理学杂志，2016（5）：935-938，942.

③ 于梅芳. 中小学教师的师徒指导功能及其多重职业效能研究 [D]. 无锡：江南大学，2018.

由于职业倦怠是教师专业发展能动性的直接制约因素，[1] 而提升教师专业素养则是克服职业压力、缓解职业倦怠的根本方法，因此，在教育研究当中，职业倦怠通常被看作教师专业发展的反向指标，JD-R 模型也可以应用于指导教师融合教育素养影响机制的建构。具体而言，本研究中的工作要求是指教师需要在一定程度上付出情感和行为并承受来自社会层面的工作压力。工作资源是指能促进个体实现工作目标并获得个人发展的学校因素，即学校融合氛围。工作重塑指向教师能动性，是教师个体积极主动地朝个人所制定的专业发展目标努力，发挥内在潜能，同时借助外部资源，提升自身专业发展水平，改变所处的专业发展环境。依据拓展后的 JD-R 模型，工作重塑可能在工作特征影响教师职业发展的路径中发挥着重要的中介作用。该理论为把学校融合氛围、教师工作压力及教师能动性三者作为影响教师融合教育素养提升的关键因素进行探讨提供了重要的依据。

正如前文所述，学校融合氛围、教师工作压力和教师能动性可能对教师的融合教育素养有不同的影响，然而，这三个因素如何对教师的融合教育素养产生影响？基于上述教师素养影响因素的理论模型和已有的相关研究结论，本研究旨在探讨教师融合教育素养与学校融合氛围、教师工作压力和教师能动性三者之间的作用机制，我们将基于实证分析检验以下研究假设。

研究假设 1：学校融合氛围对教师融合教育素养有显著正向影响。

研究假设 2：教师工作压力对教师融合教育素养有显著负向影响。

研究假设 3：教师能动性对教师融合教育素养有显著正向影响。

研究假设 4：教师工作压力在学校融合氛围影响教师融合教育素养的过程中起中介作用，即学校融合氛围通过影响教师工作压力进而影响教师融合教育素养。

研究假设 5：教师能动性在学校融合氛围影响教师融合教育素养的过

---

① 齐亚静，王晓丽，伍新春. 教师专业发展能动性及影响因素：基于工作特征的探讨 [J]. 中国临床心理学杂志，2020（4）：779-782，778.

程中起中介作用，即学校融合氛围通过影响教师能动性进而影响教师融合教育素养。

研究假设6：教师工作压力和教师能动性在学校融合氛围影响教师融合教育素养的过程中起链式中介作用，即学校融合氛围通过影响教师工作压力，进而影响教师能动性，并进一步对教师融合教育素养产生影响。

第四节　教师融合教育素养主要影响因素的关系及其作用机制模型

目前，对教师融合教育素养影响因素的研究不多，已有研究多关注内部或外部因素，少有研究关注内、外部因素对教师融合教育素养产生作用的机制。因此，本研究以在普通学校承担特殊儿童随班就读班级教学任务的教师为研究对象，基于前文构建的教师素养影响因素的理论模型和研究假设，考察学校融合氛围、教师工作压力、教师能动性与教师融合教育素养的关系，采用结构方程模型进一步探索教师工作压力和教师能动性在学校融合氛围与教师融合教育素养关系中的中介效应。

数据采用 SPSS 20.0、Amos 23.0 以及 R 等软件进行相关分析、回归分析、中介检验、结构方程模型检验等统计分析。

一、教师融合教育素养主要影响因素的关系研究

为了探讨学校融合氛围、教师工作压力、教师能动性对教师融合教育素养的影响，需要先分析学校融合氛围总体水平及各维度、教师工作压力总体水平及各维度、教师能动性总体水平及各维度和教师融合教育素养总体水平及各维度之间的关系。

（一）学校融合氛围与教师融合教育素养的相关

对学校融合氛围总体水平及各个维度和教师融合教育素养总体水平及各个维度进行两两相关分析，如表4-4所示。结果表明，从总体水平看，学校融合氛围与教师融合教育素养具有显著中度正相关。

学校融合氛围总体水平及两个维度和教师融合教育素养总体水平及四

个维度的相关系数在 0.307 到 0.449 之间。两两之间均表现为显著正相关。

表 4–4　学校融合氛围与教师融合教育素养总体水平及各维度的相关分析

（ *n*=1676 ）

	专业态度	专业知识	专业技能	获取支持能力	教师融合教育素养
学校校长支持	0.323**	0.307**	0.417**	0.358**	0.408**
参与学校实践活动	0.342**	0.364**	0.433**	0.417**	0.449**
学校融合氛围	0.346**	0.347**	0.442**	0.401**	0.445**

为了更清晰地探讨学校融合氛围对教师融合教育素养的影响趋势，建立一元线性回归模型来描述二者之间的关系。一元线性回归预测模型可表述为：$\hat{Y}=1.884+0.395X$，回归直线如图 4–17 所示。

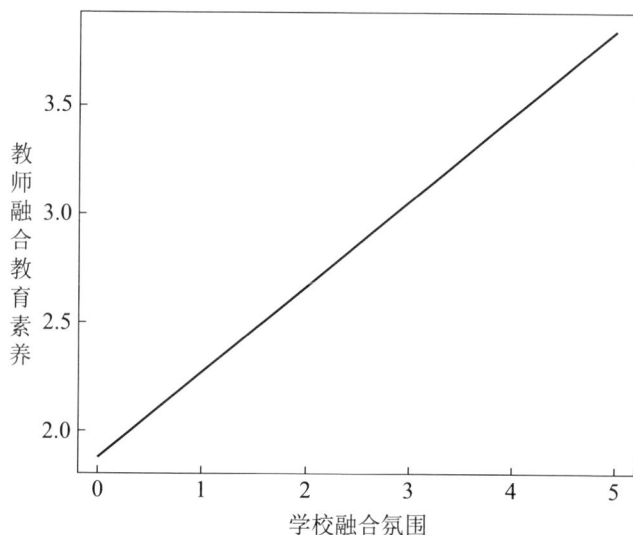

图 4–17　学校融合氛围与教师融合教育素养的一元线性回归模型

（二）教师工作压力与教师融合教育素养的相关

对教师工作压力总体水平及各个维度和教师融合教育素养总体水平及各个维度进行两两相关分析，如表 4-5 所示。结果表明，从总体水平来看，教师工作压力与教师融合教育素养具有显著低度负相关。

教师工作压力总体水平及五个维度和教师融合教育素养总体水平及四个维度的相关系数在-0.326到-0.142之间。两两之间均表现为显著负相关。

表4-5　教师工作压力与教师融合教育素养总体水平及各维度的相关分析

（n=1676）

	专业态度	专业知识	专业技能	获取支持能力	教师融合教育素养
工作负荷压力	-0.278**	-0.271**	-0.296**	-0.281**	-0.326**
学生学业压力	-0.249**	-0.246**	-0.229**	-0.241**	-0.279**
社会与学校评价压力	-0.203**	-0.216**	-0.176**	-0.208**	-0.232**
专业发展压力	-0.181**	-0.173**	-0.246**	-0.142**	-0.217**
学生问题行为压力	-0.217**	-0.185**	-0.149**	-0.176**	-0.212**
教师工作压力	-0.271**	-0.263**	-0.263**	-0.253**	-0.305**

为了更清晰地探讨教师工作压力对教师融合教育素养的影响趋势，建立一元线性回归模型来描述二者之间的关系。一元线性回归预测模型可表述为：$\hat{Y}$=4.514-0.296X，回归直线如图4-18所示。

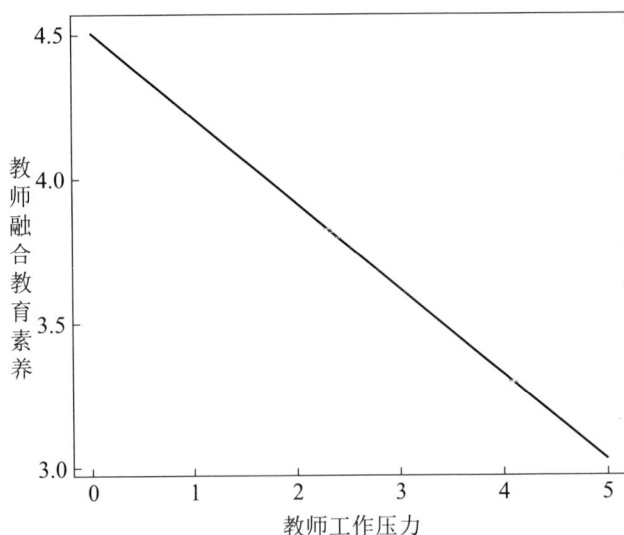

图4-18　教师工作压力与教师融合教育素养的一元线性回归模型

（三）教师能动性与教师融合教育素养的相关

对教师能动性总体水平及各个维度和教师融合教育素养总体水平及各个维度进行两两相关分析，如表4-6所示。结果表明，从总体水平来看，教师能动性与教师融合教育素养具有显著中度正相关。

教师能动性总体水平及两个维度和教师融合教育素养总体水平及四个维度的相关系数在0.372到0.653之间。两两之间均表现为显著正相关。

表4-6　教师能动性与教师融合教育素养总体水平及各维度的相关分析

（n=1676）

	专业态度	专业知识	专业技能	获取支持能力	教师融合教育素养
教学效能感	0.501**	0.535**	0.650**	0.532**	0.642**
建构性参与	0.372**	0.395**	0.573**	0.412**	0.508**
教师能动性	0.462**	0.493**	0.653**	0.501**	0.611**

为了更清晰地探讨教师能动性对教师融合教育素养的影响趋势，建立一元线性回归模型来描述二者之间的关系。一元线性回归预测模型可表述为：$\hat{Y}$=0.758+0.717X，回归直线如图4-19所示。

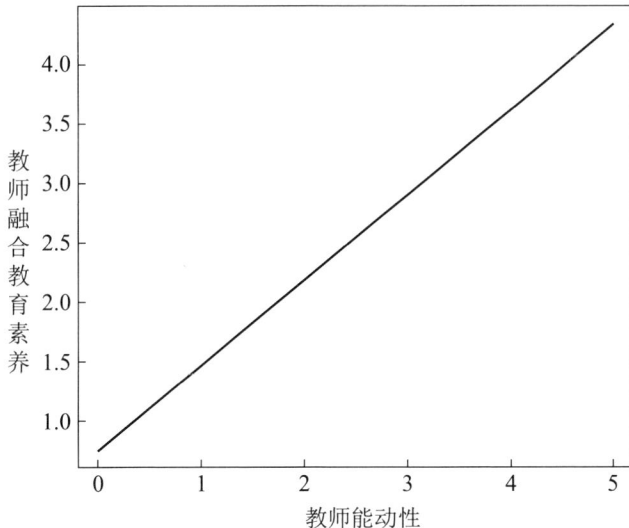

图4-19　教师能动性与教师融合教育素养的一元线性回归模型

(四) 多元回归分析

为了进一步探讨学校融合氛围、教师工作压力、教师能动性与教师融合教育素养之间的关系，本研究建立多元线性回归模型，采用强迫进入变量法（Enter 法）进行分析。首先经过检验发现各变量间不存在多重共线性问题。然后把学段、性别、年龄、教龄和从事随班就读工作年限等人口统计学变量设置为虚拟变量，作为多元回归分析的控制变量。在此基础上，分析学校融合氛围、教师工作压力、教师能动性对教师融合教育素养总体的预测作用（见表 4-7）。

表 4-7　学校融合氛围、教师工作压力、教师能动性
对教师融合教育素养的多元回归分析结果

预测变量	回归系数	标准误	标准化回归系数	t 值
截距	1.256	0.149	—	8.414
学校融合氛围	0.152	0.019	0.171	7.778***
教师工作压力	−0.160	0.019	−0.165	−8.550***
教师能动性	0.567	0.026	0.483	21.694***
控制变量	已加入	已加入	已加入	已加入

$R=0.652$　$R^2=0.425$　调整后 $R^2=0.421$　$F=87.949$***

如表 4-7 所示，在控制了学段、性别、年龄、教龄和从事随班就读工作年限等人口统计学变量之后，学校融合氛围、教师工作压力、教师能动性三个自变量与教师融合教育素养效标变量的多元相关系数（R）为 0.652，多元相关系数的平方（R^2）为 0.425，表示三个自变量一共可以解释教师融合教育素养 42.5% 的变异量。其中，学校融合氛围、教师能动性两个自变量的标准化回归系数均为正数，表示这两个自变量对教师融合教育素养的影响均为正向；而教师工作压力的标准化回归系数为负数，表示教师工作压力对教师融合教育素养的影响为负向。在回归模型中，学校融合氛围、教师工作压力、教师能动性三个预测变量对教师融合教育素养均有显著的影响。从标准化回归系数来看，三个回归系数显著的自变量中，教师能动

性的标准化回归系数绝对值较大，表示教师能动性预测变量对教师融合教育素养有较高解释力。

二、教师融合教育素养主要影响因素的作用机制模型

基于上文的研究结果，学校融合氛围、教师工作压力、教师能动性和教师融合教育素养之间具有显著相关性，可以进行模型建构。本研究采用结构方程模型，使用 Amos 23.0 软件进行建模，以学校融合氛围为预测变量、教师融合教育素养为效标变量、教师工作压力和教师能动性为中介变量进行链式中介模型的检验，以完整考察内外部影响因素与教师融合教育素养的关系。本研究建立链式中介模型，检验模型的拟合情况及各路径的显著性。

模型分析结果表明该模型是递归的，样本量为 1676。模型拟合结果见表 4-8。由表 4-8 可知，除 $\chi^2/df=13.322>5.000$ 外，其他各项拟合指标都达到了良好水平，表明模型能够与实际观测数据较好拟合。模型标准化回归路径系数结果如图 4-20 所示。

表 4-8 学校融合氛围影响教师融合教育素养的中介模型拟合结果

拟合指数	χ^2	df	p	χ^2/df	TLI	CFI	RMSEA	SRMR
数值	293.080	22	0.000	13.322	0.950	0.970	0.086	0.017
判断标准	—	—	—	<5.000	>0.900	>0.900	<0.080	<0.080

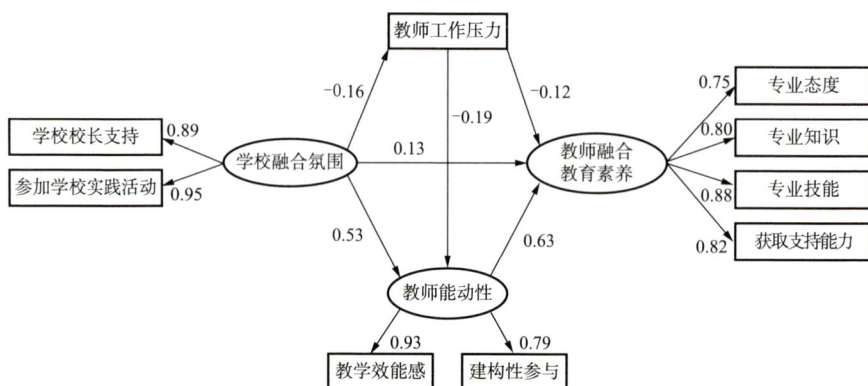

图 4-20　教师工作压力和教师能动性在学校融合氛围

与教师融合教育素养之间的链式中介作用模型

　　各变量之间的路径系数均达到显著水平，即学校融合氛围既可以分别通过降低教师工作压力和提升教师能动性来提高教师的融合教育素养，也可以通过"教师工作压力→教师能动性"的链式中介作用影响教师的融合教育素养。进一步采用非参数百分位 Bootstrap 方法检验该中介效应的显著性，若 95% 的置信区间不包括 0，则说明中介效应显著。检验结果如表 4-9 所示，教师工作压力、教师能动性分别在学校融合氛围与教师融合教育素养之间起到显著的中介作用，且"教师工作压力→教师能动性"还起到显著的链式中介作用。具体而言，学校融合氛围越好，教师的工作压力越小，教师发挥出的能动性水平越高，教师的融合教育素养水平也会越高。

表 4-9　直接路径与各间接路径的 Bootstrap 检验结果的效应值和置信区间

效应	路径	效应值	95% 的置信区间	
			下限	上限
直接效应	学校融合氛围→教师融合教育素养	0.103	0.057	0.149
中介效应	学校融合氛围→教师工作压力→教师融合教育素养	0.016	0.009	0.025
	学校融合氛围→教师能动性→教师融合教育素养	0.258	0.212	0.307

续表

效应	路径	效应值	95% 的置信区间	
			下限	上限
中介效应	学校融合氛围→教师工作压力→教师能动性→教师融合教育素养	0.015	0.009	0.022

三、对教师融合教育素养主要影响因素及其作用机制的阐释

(一)结果分析

本研究将学校融合氛围、教师工作压力和教师能动性联合起来以考察教师自身的内部因素和外部环境因素对教师融合教育素养的影响,如图4-21所示。

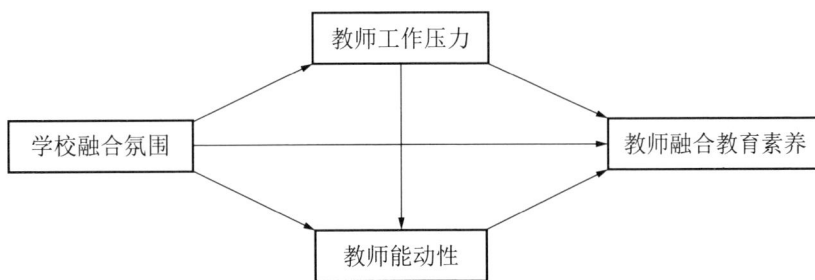

图 4-21　教师融合教育素养中介模型

第一,学校融合氛围对教师融合教育素养有显著正向影响,支持了本研究提出的研究假设 1。就学校管理者而言,主动营造良好的学校融合氛围有助于提升教师的融合教育素养。这与其他研究结果基本相符,说明学校融合氛围是教师融合教育素养的一个重要外部因素。

第二,教师工作压力对教师融合教育素养有显著负向影响,支持了本研究提出的研究假设 2。具体来说,较大的工作压力会影响教师开展融合教育的积极性,阻碍其融合教育素养的提升,不利于专业发展。

第三,教师能动性对教师融合教育素养有显著正向影响,支持了本研究提出的研究假设 3。同时,相比学校融合氛围和教师工作压力,教师能动性预测变量对教师融合教育素养具有较强的解释力,即在学校融合氛围、

教师工作压力、教师能动性三个影响因素中，教师能动性对教师融合教育素养的影响最大。

第四，教师工作压力在学校融合氛围影响教师融合教育素养的过程中起到了部分中介作用，即学校融合氛围通过影响教师工作压力进而影响教师融合教育素养，支持了本研究提出的研究假设4。也就是说，学校融合氛围不仅能直接作用于教师融合教育素养，还能在一定程度上通过教师工作压力的间接作用来影响其融合教育素养水平。

第五，教师能动性在学校融合氛围影响教师融合教育素养的过程中起到了部分中介作用，即学校融合氛围通过影响教师能动性进而影响教师融合教育素养，支持了本研究提出的研究假设5。也就是说，学校融合氛围不仅能直接影响教师融合教育素养，还能通过教师自身能动性的中介作用影响教师融合教育素养。同时，该路径的中介效应值与其他路径相比较大，即相较于教师工作压力的中介作用，学校融合氛围更可能通过教师能动性的中介作用对教师融合教育素养产生影响。

第六，本研究通过建构结构方程模型，验证了教师工作压力和教师能动性在学校融合氛围和教师融合教育素养之间的显著链式中介作用。良好的学校融合氛围缓解了教师的工作压力，进而增强了教师自身的能动性，并进一步提升了教师融合教育素养，支持了本研究提出的研究假设6。

上述研究结论表明，影响教师融合教育素养的因素主要包括教师自身的内部因素和外部环境因素。其中，教师能动性是较为重要的内部因素。教师能动性与教师融合教育素养存在显著正向相关关系，该结果与其他关于教师能动性与教师专业发展之间关系的论述及研究结果一致[1][2]。我们认为，教师在教育实践中的主动建构参与是教师专业发展的根本动力。教师作为一名能动的行动者，必须持开放的态度，面对融合教育所带来的复杂

---

① 王振宏，王克静，游旭群，等. 教师效能、工作动机与心境对教学创新的影响 [J]. 心理科学，2010（5）：1254-1257.

② 王双龙. 教师自我意识与学校支持氛围对教师专业发展的影响研究 [J]. 教育科学研究，2017（11）：74-78.

的教育实践，建构性地参与融合教育教学，主动迎接教育的"美丽风险"，当教师发现融合教育对于改进课堂教学卓有成效时，他们会迅速打破习惯壁垒，重构教学空间，[1] 积极、主动地投入融合教育改革与实践，运用融合教育理念解决问题，并在此过程中增加经验、积蓄力量，使自身能动性提升的条件日益丰盈。在此基础上，教师逐步建立能够帮助所有学生提高学习能力和获得成长与进步的信念和信心。同时，能够与家长、领导、同事和专业人员积极合作，并通过恰当的方法进行班级管理，获得包括融合教学效能感、合作支持效能感、课堂行为管理效能感等在内的多种教学效能感，最终实现融合教育素养的提升、专业发展以及自我成长。

　　学校融合氛围和教师工作压力是较为重要的外部环境因素。研究发现，教师工作压力与教师融合教育素养主要表现为反比关系，即教师工作压力越大，其融合教育素养水平越低，从而阻碍教师的专业成长与发展，这与已有的研究结论一致 [2][3]。在融合教育的推进中，承担特殊儿童教学任务的教师是特殊儿童融合教育的直接实施者，兼具一定的特殊教育知识技能是有效实施融合教育的基本要求。[4] 教师所要承担的角色日趋复杂，繁重的融合教育教学工作、丰富多样且灵活的培养目标、学生的问题行为、社会与学校的多元评价，甚至诸多无法控制的因素，都给教师造成了更大的心理压力，影响教师开展融合教育的积极性。教师甚至会出现职业倦怠，回避融合教育实践，阻碍其融合教育素养的提升。

　　为营造良好的学校融合教育氛围，校长对教师应真切关怀与支持、搭建平台、提供多方机会鼓励教师参加实践活动，这些有利于教师的专业成长与发展，促进其开展融合教育，提升融合教育素养，这也与已有的研究

① 操太圣，乔雪峰. 能动性与教师本体性安全 [J]. 全球教育展望，2011（5）：45-49.
② 张国礼，边玉芳，董奇. 中小学教师教学素养、工作压力、主观幸福感的关系 [J]. 中国特殊教育，2012（4）：89-92.
③ 黄依林，刘海燕. 教师职业压力研究综述 [J]. 教育探索，2006（6）：111-113.
④ 朱楠，王雁. "复合型"特殊教育教师的培养：基于复合型的内涵分析 [J]. 教师教育研究，2015（6）：39-44.

结论一致[①②③]，进一步证明了学校融合氛围是教师融合教育素养提升的重要保护因子，是教师成长与专业发展不可或缺的外部条件。学校融合氛围是学校环境中相对持久的特性，由校长行为和教师行为交互产生，能对每位教师的专业态度、专业知识、专业技能以及获取支持能力产生重要影响。如今，一所学校的融合氛围必定蕴含着一定的融合教育价值取向、思想信念、教学方法等精神因素，体现着该学校的独特风格或个性。教师沉浸在具有开放、接纳和归属感的学校氛围当中，如同有双无形的手，牵引着教师不断学习、勇于创新，自觉提升自身融合教育素养，从而更好地为特殊儿童提供接受高质量教育与相关服务的机会。

本研究发现，教师能动性和教师工作压力是学校融合氛围对教师融合教育素养影响路径中的中介变量，这两个中介变量共形成了三组显著的中介效应，其中两组是这两个变量各自独立的中介效应，结果与以往研究具有一致性[④⑤]。教师能动性的中介效应要强于教师工作压力的中介效应，学校融合氛围通过教师能动性间接且显著地影响其融合教育素养。可见教师融合教育素养的提升路径是有迹可循的，教师作为学校层面变革的积极推动者，沉浸在学校的物质环境、精神环境中，若想通过学校氛围促进教师素养持久地提升，需要教师将外在的影响转化为内在的能动性。也就是说，需要给予能动性足够的重视，通过营造开放、接纳和有凝聚力的学校文化氛围以及相互信任合作的教研交流氛围，鼓励教师在学校开展融合教育的过程中表达诉求，更好地满足教师专业发展的需求，激发教师内在发展热

① 赵昌木，徐继存. 教师成长的环境因素考察：基于部分中小学实地调查和访谈的思考 [J]. 湖南师范大学教育科学学报，2005（3）：16-22.
② 郭红霞. 信息素养促进教师专业能力发展的内在机制及其养成 [J]. 中国电化教育，2012（5）：58-61.
③ 王双龙. 学校的组织氛围、自我导向学习对教师专业发展的影响研究 [J]. 教学与管理，2016（6）：55-59.
④ 贺文洁，李琼，穆洪华. 学校文化氛围对乡村教师工作满意度的影响：教师能动性的中介作用 [J]. 教师教育研究，2018（3）：39-45，128.
⑤ 詹文慧，高金金，陈毅文. 组织气氛对工作倦怠的影响：工作压力的中介作用 [J]. 浙江大学学报（理学版），2013（1）：112-118.

情以及积极改变的行动力量。教师的能动性越强，越可以促进教师融合教育素养的提升。与此同时，学校管理者除营造良好的学校融合氛围外，还应当尽量采取有效措施降低教师的工作压力。例如，鼓励推广具有社交效益、健康效益的服务性和体育性活动，促进教师身心健康发展，塑造优质的教学师资队伍。

此外，研究还发现了另外一组显著的中介效应："教师工作压力→教师能动性"的链式中介效应。在良好的融合教育氛围中，不仅可以通过各种途径减轻教师的工作压力，而且可以通过鼓励其在教育教学中积极发挥自身能动性，从而提升融合教育素养，这说明教师工作压力与教师能动性具有协同作用。"教师工作压力→教师能动性"构成的链式中介在以往研究中没有涉及。从该意义上讲，本研究的贡献之一在于将教师工作压力和教师能动性这两个变量及其链式组合作为中介变量扩展到了学校融合氛围与教师融合教育素养的关系中，为学校融合氛围影响教师融合教育素养的路径提供了实证依据。

值得注意的是，在教师能动性和教师工作压力两个中介变量中，教师能动性处于更重要的地位，一方面它作为独立中介变量时效应值更大，另一方面还与教师工作压力形成了一组链式中介变量。

（二）理论阐释

结合教师专业发展的生态取向、场动力理论以及 JD-R 模型，本部分试图对教师融合教育素养的作用机制进行理论阐释。

1. 教师专业发展的生态取向在教师融合教育素养作用机制中的运用

从教师专业发展的生态取向来看，教师融合教育素养的提升涉及学校中的各种关系，教师与学校、特殊儿童、特殊儿童家长、普通儿童家长以及资源教师等的多重关系构成了融合教育背景下教师专业成长的更为复杂的生态环境。[①]学校、管理者、教师、学生、家长等子系统所构成的生态环境一旦发生改变，会通过教师表层的语言与行为的变化导致教师的教育信念、教

---

① 殷世东. 生态取向教师专业发展的阻隔与运作 [J]. 教师教育研究，2014（5）：36-41.

育观念、自我和职业认同、幸福感、知识结构、教育教学行为等多方面的变化，最终影响教师的专业成长。因此，为了提升教师的融合教育素养，提高融合教育的教学质量，我们需要营造开放、接纳和有凝聚力的学校融合氛围，采取各种有效措施减轻教师的工作压力，通过外部环境的变化来影响教师素养的提升。良好的学校融合氛围不仅能直接促进教师融合教育素养的提升，同时还可通过减轻教师的工作压力，助力教师融合教育素养的提升。

2. 场动力理论在教师融合教育素养作用机制中的运用

依据场动力理论，教师融合教育素养的提升是一个系统过程，它不仅来自各子系统自身的矛盾运动所产生的动力，同时也来源于各子系统之间相互对立与统一运动所形成的合力。学校融合氛围和工作压力作为重要的学校场域动力要素，对教师的专业素养产生影响是毋庸置疑的。一方面，公平民主的校园文化、和谐互助的人际气氛等使教师融合教育素养的提升成为可能。另一方面，来自特殊儿童、家长、学校等的工作压力会阻碍教师主动开展融合教育，进而使教师丧失发展自身专业的重要契机。同时，代表教师主体动力系统的教师能动性水平更是直接决定了教师融合教育素养的提升程度。简言之，教师融合教育素养的提升受教师主体动力与学校场域动力的综合影响。

事实上，教师融合教育素养的作用机制是教师主体动力系统与教师所在学校、社会等临界场域之间的矛盾运动。已有研究发现，个体动力的产生在于追求"稳态"，即达到一种平衡状态，它包括个体内部身心的平衡和个体与外界的平衡，追求"稳态"的目的在于消解"失衡"达到"平衡"。由此可见，教师融合教育素养提升的源泉即是教师在特定场域中的"失衡"，而消解"失衡"达到"平衡"这样一个动态复杂的过程则是教师融合教育素养的提升过程。① 由于场动力理论尤其强调教师的主体动力，认为教师在专业发展的过程中发挥着决定性的作用。因此，教师融合教育素养的提升并不是被动地回应外在场域，而是可以通过主动寻找支持和发挥自

① 李森，崔友兴. 论教师专业发展动力的系统构建和机制探析：基于勒温场动力理论的视角 [J]. 教育理论与实践，2013（4）：33-36.

身主观能动性，进而获取专业知识，提升专业能力，转变专业态度。在这个与外在场域"斗争"的过程中，教师积极主动地应对各种困难，逐渐从"失衡"的状态中走出来，重新建立自信，并尽快形成新的"平衡"，从而促进了其融合教育素养的提升。

本研究发现教师能动性在提升教师融合教育素养中扮演着重要角色：一是在控制了学段、性别、年龄、教龄和从事随班就读工作年限等人口统计学变量之后，教师能动性对其融合教育素养仍存在显著的正向影响。教师的能动性越强，融合教育素养越高。二是在学校融合氛围影响教师融合教育素养的过程中，教师能动性可以起独立的中介作用，且其中介效应要大于教师工作压力独立的中介效应。三是教师能动性还与教师工作压力形成了显著的链式中介。因此，相比其他变量，在影响教师融合教育素养的路径中，教师能动性处于更为核心的地位，也再一次呼应了教师专业发展的场动力理论所强调的教师主体动力系统。

3. JD-R 模型在教师融合教育素养作用机制中的运用

教师能动性在自身融合教育素养的提升过程中发挥着极为重要的作用。因此，除了教师专业发展的生态取向与场动力理论之外，本研究也试图运用 JD-R 模型理论来解释教师融合教育素养作用机制中教师能动性作为中介变量的研究结果。

在工作要求（工作压力）和工作资源（学校融合氛围）对工作表现（教师融合教育素养）的影响中，工作重塑（教师能动性）起到了极为重要的中介作用。工作重塑强调个体在工作中的主观能动性，关注个体如何对工作进行感知和操作，它可以在影响教师工作表现的能量激励路径和能量损耗路径中扮演重要的角色。在能量激励路径中，良好的学校融合氛围通过激发教师的能动性，进而促进教师融合教育素养的提升。而在能量损耗路径中，过大的工作压力可能会导致教师心理资源过度损耗，丧失专业发展的动力，引发职业倦怠和健康问题。面对越来越复杂的教育生态环境，如果教师能够根据自己的特点，自发地对所处的教育教学情境加以调整与塑造，会有助于融合教育素养的提高，并快速适应融合教育环境的变化。

四、教师融合教育素养的提升策略

"从任何一项教育政策或任何一个问题来看，列出所有具有影响力的因素，这些因素可能会与问题的解决有关，并为有成效的变革所需要。"[①]

本研究建构了教师融合教育素养提升的模型，如图 4-22 所示，并据此提出了提升策略。

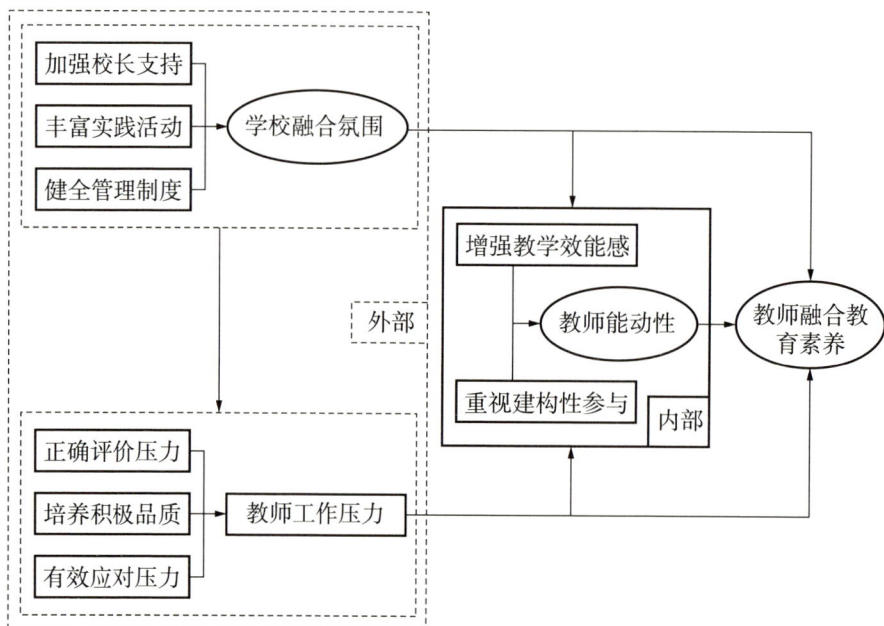

图 4-22　教师融合教育素养提升模型

注：虚线框内为外部因素，实线框内为内部因素

（一）教师能动性是提升教师融合教育素养的内在基础

早在 21 世纪初，叶澜等研究者就指出，未来教师的发展应当由强调外部动机转向重视内部动机，充分发挥教师作为独立个体的主观能动性。[②] 她还充分强调发挥教师专业发展能动性的积极意义，将作为职业主体的教师

[①] 富兰.变革的力量：透视教育改革 [M].中央教育科学研究所，加拿大多伦多国际学院，译.北京：教育科学出版社，2004：27.

[②] 叶澜，白益民，王枬，等.教师角色与教师发展新探 [M].北京：教育科学出版社，2001：3.

个人的追求、自觉与切实的行动视为教师专业发展最终能否实现的决定性因素。她认为生存环境与教师没有必然的关系，体现在两方面：一方面，再好的生存环境也不会自动转化为教师的发展。另一方面，即使生存环境有再多问题，追求发展的教师总能找到可能的发展空间，自觉努力的教师总会拓展出更大的可能空间，切实行动的教师总会出现相对于昨日之我的真实发展。[①] 辛普森（A. Simpson）等人认为，生态观下的教师能动性为教师专业化发展提供了动力，且能动性是教师工作得以建构的认识论立场，探索和发挥教师能动性具有重要价值。[②] 教师教学行为改变和专业水平的提升最长效的动力来自教师内心的主动追求。[③] 能动性强的教师在专业学习的过程中能够充分发挥主动性，积极地制定发展目标，并可以借助外界资源和支持的力量，尽可能地提升专业能力，更好地促进自身专业发展。[④] 以往的实证研究表明，教师能动性是一种介于社会文化环境与个体行为之间的内在核心中介因素，[⑤] 也是教师改变自身工作及其工作环境的积极力量[⑥]。本研究的结果再一次印证了教师能动性的发挥对提升教师融合教育素养的重要作用。良好的学校融合氛围如果作用于一个无动于衷的个体，其效果也将大打折扣，教师能动性的发挥强化外部环境因素（学校融合氛围）对教师融合教育素养的影响。由此可见，充分发挥教师的能动性是提升融合教育素养的重要策略之一。

　　融合教育背景下教师的能动性包括教学效能感和建构性参与。其中，教学效能感属于意识层面，反映了教师对融合教育教学工作的认知和主观判断，主要包含融合教学的效能感、合作与支持的效能感以及气质性乐观，

---

① 叶澜.改善发展"生境" 提升教师自觉 [N].中国教育报，2007-09-15（3）.
② SIMPSON A, SANG G, WOOD J, et al. A dialogue about teacher agency: Australian and Chinese perspectives [J]. Teaching and teacher education, 2018, 75: 316-326.
③ 姜珊珊.幼儿园教师胜任力及其影响因素研究 [D].北京：北京师范大学，2013.
④ 刘胜男.教师专业学习影响因素及其作用机制研究 [D].上海：华东师范大学，2016.
⑤ MCNAY L. Agency and experience: gender as a lived relation [J]. The sociological review, 2004, 52(s2): 173-190.
⑥ SANNINO A. Teachers' talk of experiencing: conflict, resistance and agency [J]. Teaching and teaching education, 2010, 26(4): 838-844.

是融合教育教学的灵魂与核心。而建构性参与属于行为层面，主要包含自我调节和参与学校活动，强调的是教师的自主建构过程，贯穿于整个融合教育教学实践。基于此，我们可以从以下两方面入手激发教师的能动性。

1. 增强教学效能感

第一，教师要树立坚定的融合教育信念，让公平与优异、接纳与包容、多样化与归属感等原则成为积淀于教师内心的价值观念，更要成为教师日常的一种习惯。面对特殊儿童进入课堂所带来的一系列问题，一定要树立能够胜任融合教育工作的信心。教师一旦树立了信心，就能焕发出融合教育工作的热情，遇到困难不屈不挠，百折不回。第二，教师要敢于跳出以往教学的"舒适区域"，积极面对大差异课堂，拥抱新的教育教学环境，采取乐观、积极、正向的态度面对可能要遇到的教育教学难题。第三，教师应借助各种途径学习特殊教育的相关知识与技能，在教育教学过程中力求了解每个儿童的需求，据此合理地预先制定教育教学目标，为每个儿童提供公平、有质量的教育。同时，通过对儿童的定期评估及沟通交流，获得儿童的积极反馈，增强自身的教学成就感与满足感，激发融合教育素养提升的主动性。第四，教师还要主动行使自身的权利，在融合教育工作中遇到困难时，应积极寻求学校支持与帮助，保持与儿童家长的长期密切联系，努力将外界资源转化为融合教育质量提升的重要助力。

2. 重视建构性参与

在关注教师教学效能感的同时也不能忽视建构性参与的重要性。在制度建设方面，教师不仅要在班级中建立行之有效的融合教育管理制度，还要发挥教育智慧，在学校有关融合教育规章制度制定的过程中建言献策。在专业发展方面，除了尽可能争取参加各项有利于自身专业成长的教师培训和教师专业发展活动，还要充分挖掘自身潜能，增强自我反思的意识，积极主动地进行"自我引导—自我激励—自我监控—自我评价—自我反思"的循环往复的专业发展实践，逐渐摸索出一条适合自身特点的道路，最终获得对自身专业成长的领悟。总之，教师能动性的提升并非一蹴而就，而是持续而漫长的过程。

以上两点还启发我们，在未来的教师培训中，应当以发挥教师自觉能动性为"本"，除了传授融合教育相关的理论知识和操作技能外，还要创设丰富且有效回应教师需求的课程内容，创新培训方式，通过开展小组学习为教师搭建对话与交流的平台，鼓励教师积极参与，充分激发教师学习的主动性，以求取得最佳培训效果。这就要求培训者转变自身角色，从传统的"教师""专家""信息发布者""标准答案的核实者"转变为教师学习的"激发者""促进者""服务者""协作者"。此外，在教师的学习活动中，不应给教师贴"是与否"的标签，尽量避免负面的评价，使教师克服一切学习上的障碍，让他们有充分的机会感受成功的喜悦，在不断进步中获得自我效能感。

（二）学校环境是提升教师融合教育素养的外在保障

作为教师专业发展的直接环境——学校环境，对教师融合教育素养有着直接的影响。基于研究结果，改善影响教师融合教育素养的外部环境因素可以从以下两点着手。

1. 积极营造学校融合氛围

哈尔平（A. W. Halpin）认为，学校氛围之于学校，就像人格之于个体，学校氛围是学校的个性，它在一定程度上体现了学校的整体质量和水平。[①]学校氛围对于提升教师专业素养具有积极力量。结合本研究的结果，学校管理者可以从校长支持、实践活动和管理制度三方面入手，为学校营造良好的融合教育氛围。

（1）加强校长支持。

在融合教育的环境中，校长首先要丰富自身的融合教育知识，在更新自身融合教育理念的同时，还需要清晰地把融合教育的理念传达给在校工作的每一个人。此外，校长应当为每一位参与融合教育的教师提供平等且全方位的支持，大力提倡普通班级教师与资源教师等人员之间的合作，引

---

① 张平平，李凌艳，辛涛.学校氛围对学生数学成绩影响的跨文化比较：基于多水平分析的结果[J].心理发展与教育，2011（6）：625-632.

进校外资源，实现共同的教育教学目标，保障所有儿童都能真正地参与课堂，接受高质量的教学。

（2）丰富实践活动。

在特殊儿童入学前，学校管理者就应当重视教师接纳特殊儿童的准备工作，并组织班级教师主动与特殊儿童的家长进行沟通，提前做好儿童家长的思想工作，赢得儿童和家长的理解与配合，把好家校合作关，为特殊儿童顺利进入班级打好基础。

在特殊儿童的教育教学过程中，学校管理者可以开展教师融合教育素养的提升培训、融合教育的校本研究、以观摩课为形式的教研活动等教师专业发展活动以提升教师融合教育素养。

（3）健全管理制度。

学校管理者要不断健全学校的管理制度，形成组织有序的制度文化。从大的方面而言，学校可以尝试构建融合教育的工作网络，在特殊教育专家的指导下，建立从校长总负责到教师全员参与的分级管理工作秩序。在具体实施过程中，在学校融合教育的发展规划、教师实施融合教育的奖励机制、资源教室的建设与使用等方面，都要形成规范的管理与运作制度，为促进教师融合教育素养的提升构建一种自主支持的学校生态系统。在科学合理的学校管理制度下，融合教育的开展才会更加有序、有效。

2. 努力减轻教师工作压力

目前来看，融合教育教师的工作压力主要体现为工作负荷压力、社会与学校评价压力、教师专业发展压力、特殊儿童问题行为压力和普通儿童学业压力等方面。在课堂管理中，教师既要管理普通儿童，又要兼顾特殊儿童。教师需要具备能随时应对特殊儿童需求的反应能力，在制订教学计划时，要付出更多的时间和精力，融入专门为特殊儿童设计和实施的课程内容。为减缓工作压力，教师及学校管理者可以采取以下几种方法。

（1）正确评价压力。

教师及学校管理者应正确评价工作压力源，发掘积极压力。塞利格曼（M. E. P. Seligman）等人认为，减轻工作压力需要注重对人类积极心理的研究，并认识和了解积极压力以及积极压力产生的方式。[①] 因此，教师应该对所要面对的压力有正确的认识，能够挖掘积极压力，并在积极压力的作用下，促进自身的专业成长与发展。

（2）培养积极品质。

通过培养积极品质提高教师素养。拉特（M. Rutter）指出，培养并发展良好的个性品质能够帮助个体缓解压力。[②] 在教师面临工作压力的时候，可以通过增进教师的积极体验来培养个体积极人格，抑制工作压力带来的消极情绪。

（3）有效应对压力。

应对不良压力的策略是可以学习和训练的，学校管理者可以通过开展各种形式的活动帮助教师掌握和运用各种积极应对压力的策略，从而应对未来工作可能出现的困难与挑战。这也就要求教师培训者要积极探索更加有效的教师培训方式，不停留在理念和知识层面，要真正帮助教师解决融合教育实践过程中所面临的问题，真正帮助教师走出困境。

总之，在教师融合教育素养提升模式中，教师能动性是教师融合教育素养提升的内部动因，是教师融合教育素养提升的主渠道；学校融合氛围及教师工作压力共同构成了影响教师融合教育素养的外部因素，其中学校融合氛围是教师融合教育素养提升的积极因素，而教师工作压力则是教师融合教育素养提升的消极因素，这些外部因素主要通过内部因素——教师能动性发挥作用。所以，在教师融合教育素养的提升路径中，若没有教师能动性的发挥，教师融合教育素养的提升就会如同"无源之水""无本之木"，失去"生命力"。

---

① SELIGMAN M E P, CSIKSZENTMIHALYI M. Positive psychology: an introduction [J]. American psychologist, 2000, 55(1): 5-14.

② RUTTER M. Resilience in the face of adversity: protective factors and resistance to psychiatric disorder [J]. British journal of psychiatry, 1985, 147(6): 598-611.

第五章　教师融合教育素养培养的国际经验

　　教师教育意味着将教师的职前培养、入职教育和在职培训连成一体，成为一个可持续发展的终身教育过程。在教师教育中，应在职前就对教师进行融合教育素养的培养，使他们崇尚融合教育理念，形成实施融合教育的坚定信念，接受和支持多样性，公平对待大差异班级中的每一位学生，灵活使用教学方法、教材，适应多样化的学习需求并应对挑战。

　　西方实施融合教育较早的一些国家，其教师教育机构率先变革，从职前就开始培养教师具备一定的融合教育素养，以回应特殊儿童加入、教育对象差异增大给普通学校教师素质和教师培养工作带来的挑战和需求。为此，需要对国际教师融合教育素养培养的经验进行挖掘，为我国教师融合教育素养的培养提供借鉴和启示。本章仅探讨教师融合教育素养职前阶段的培养。

第一节　教师融合教育素养培养概况

一、教师融合教育素养培养的意义

　　融合教育强调平等、参与、合作，它提供了更丰富、更具挑战性的真实环境，要求教师具备尊重差异、课程调整、合作教学、多元评估、家校合作等融合教育素养，在大差异课堂中满足学生多样化的教育需求，而不论学生的能力、种族、文化、语言、身体情况和社会背景。各发达国家和地区发布的教师专业标准也普遍强调教师的融合教育素养：欧洲特殊需要教育发展署提出了融合教育教师素养的四个核心价值，即重视学生的差异、支持所有的学生、与他人合作以及个人专业发展，并认为这四个核心价值是所有教师开展融合教育工作的基础。苏格兰地区出台的《注册教师专业标准》(The Standards for Registration: Mandatory Requirements for Registration with the General Teaching Council for Scotland，2012 年)，从专业价值和个人承诺、专业知识和理解以及专业技能和能力三个维度做出规定。专业价值和个人承诺维度要求职前教师在社会公平、诚信、信任和尊重、个人承诺等方面具备相应素养，如具备平等与正义的教育和社会价值观，尊重社会、文化与生态的多样性，承认学生的特殊学习需求；专业知识和理解维度要求职前教师在课程、教育系统和专业责任、教育学理论和实践等方面具备相应素养，如要求职前教师理解在教学中使用和设计教材以激发和支持所有学生的重要性，并选择最适合的方法满足所有学生的需求，以及理解学生的认知、社交、情感发展，以此考虑所有学生的需求等；专业技能和能力维度要求职前教师在教与学、课堂组织与管理、学生评估、专业反思和沟通等方面具备相应素养，如适当地计划有效教学，使用各种沟通方法来满足所有学生的需求，创造安全、关怀的学习环境，建立积极的关系和使用积极的行为策略，使用各种方法进行形成性和终结性评估以回应所有学生的需求等。[①]澳大利亚于 2011 年发布国家教师专业标准，其中有两条标准涉及融合教育素养，即专业知识领域的标准"理解学生及其学习方式"中提到"支持特殊需要学生充分参与的策略"，专业实践领域的标准"创建和维持支持、安全的学习环境"中指出"支持学生参与"和"实施融合策略支持所有学生的学习"，对毕业阶段、胜任阶段、成熟阶段和领

---

① THE GENERAL TEACHING COUNCIL FOR SCOTLAND. The standards for registration: mandatory requirements for registration with the General Teaching Council for Scotland [S/OL]. [2020-01-14]. https://dera.ioe.ac.uk/16191/1/standards-for-registration-1212.pdf.

导阶段的教师提出不同水平的进阶要求。[①] 同时，各个国际组织如残疾人权利委员会（Committee on the Rights of Persons with Disabilities，CRPD）[②]、世界卫生组织（World Health Organization，WHO）和世界银行（World Bank）[③] 也都强调有必要使教师具备相应的素养以为特殊需要学生的融合做好准备。残疾人权利委员会指出，对教师的支持和帮助是融合教育的核心特征之一，所有教师和其他工作人员均接受所需教育和培训（其中包括残疾人教师），以具备适应包容性学习环境的核心价值观和能力。包容性文化提供了一个无障碍和扶持型的环境，鼓励通过协作、互动和解决问题开展工作。

　　然而，现实状况却是教师队伍普遍缺乏融合教育素养，并未具备有效的融合教育知识和能力[④]，如缺乏融合教育态度、知识和能力，很难接纳有特殊需要的学生，不知如何调整课程；缺少时间、资源以及与专业人员的合作以支持特殊需要学生；一些教师对于承担调整特殊需要学生问题行为、调整课程与教学、在教室中扮演监护人角色等工作感到有负担。[⑤][⑥] 尽管接受了融合教育和有效课堂策略等方面的在职培训，教师在实际课堂中的应用却非常少，[⑦] 没有为融合教育做好充分准备[⑧]。

---

① AUSTRALIAN INSTITUTE FOR TEACHING AND SCHOOL LEADERSHIP. Australian professional standards for teachers [S/OL]. [2020-04-27]. https://www.aitsl.edu.au/standards.

② COMMITTEE ON THE RIGHTS OF PERSONS WITH DISABILITIES. General Comment No. 4 on article 24: the right to inclusive education [EB/OL]. (2016-11-25)[2020-01-14]. https://www.ohchr.org/EN/HRBodies/CRPD/Pages/GC.aspx.

③ WORLD HEALTH ORGANIZATION, WORLD BANK. World report on disability [EB/OL]. (2011-12-14) [2020-01-14]. http://www.who.int/publications/i/item/9789241564182.

④ SOKAL L. What are schools looking for in new, inclusive teachers?[J]. McGill journal of education, 2012, 4 7(3): 403-420.

⑤ JEE J. Narrative inquiry about implementing inclusive education of elementary school teachers [J]. The journal of special education: theory and practice, 2010, 11(4): 181-205.

⑥ 同③.

⑦ SUCUOĞLU N B, BAKKALOĞLU H, AKALIN S, et al. The effects of the preschool inclusion program on teacher outcomes in Turkey [J]. Journal of early childhood teacher education, 2015, 36(4): 324-341.

⑧ PIJL S J. Preparing teachers for inclusive education: some reflections from the Netherlands [J]. Journal of research in special educational needs, 2010, 10(s1): 197-201.

为实现融合教育这一愿景，所有教师必须做好充分准备，即具备相应的融合教育素养，以支持所有学生平等地接受优质教育。[①]作为融合教育的实施主体，教师的素养是影响融合教育质量的关键要素。[②③] 教师培养、培训在推动融合教育的过程中起着至关重要的作用，然而在推行融合教育的过程中仅仅通过职后培训的方式来提升教师融合教育素养是远远不够的，还亟须在职前阶段对教师进行融合教育素养的培养。

首先，职前要培养教师具备一定的融合教育素养，培养其融合教育的态度，以及形成实施融合教育的信念。如果教师在接受教师教育之初就接触融合教育，在融合教育环境获得滋养，有助于将来接受多样化、大差异的课堂，提供优质的教学，自如面对课堂上、学校中的各种挑战。其次，职前对教师进行融合教育素养的培养，提升教师知识和能力，可以使教师具备满足不同文化背景学生多元需求的能力，并将对其后续的教育教学工作产生一定的影响。再次，在教师入职之前对其进行融合教育素养的培养，比入职之后努力改变他们的态度、行为要更为高效与深刻。[④] 最后，让教师从他们职业发展的第一天开始就一直学习、体验、实践融合教学的方法，能促进教师持续性地改进融合教育教学方法。在教师职前教育中就培养融合教育素养是推进融合教育的重要一环。

二、国外教师融合教育素养培养的发展历程

发达国家和地区如美国、英国、日本等自融合教育开展之初，就率先在教师教育领域有所变革，即对教师融合教育素养培养进行了规定和要求，

---

① BLANTON L P, PUGACH M C. Using a classification system to probe the meaning of dual licensure in general and special education [J]. Teacher education and special education, 2011, 34(3): 219-234.

② WAITOLLER F R, ARTILES A J. A decade of professional development research for inclusive education: a critical review and notes for a research program [J]. Review of educational research, 2013, 83(3): 319-356.

③ 冯雅静. 国外融合教育师资培训的部分经验和启示 [J]. 中国特殊教育，2012（12）：3-7.

④ 王雁，范文静，冯雅静. 我国普通教师融合教育素养职前培养的思考及建议 [J]. 教育学报，2018（6）：81-87.

把一定学时的特殊教育或融合教育课程以必修或选修的形式纳入教师职前培养之中。①②2008 年韩国教育部要求必须为职前教师开设 30 小时的融合教育或特殊教育相关的课程，2009 年所有教师教育项目都引入了特殊教育导论这一门必修课，将其作为获取教师资格的条件之一。③ 发展中国家如墨西哥则分别在 1997 年和 1999 年修改了学前和小学教育专业的职前教师教育课程，引入了一学期的特殊教育课程，向职前教师提供有关学校融合教育的一些基础知识，培养职前教师对特殊儿童的积极态度，提高职前教师鉴定和支持特殊儿童的技能。④ 西非国家也做出了相应努力，如加纳的所有教育学院都为职前教师提供 2 学分的特殊教育或融合教育课程，以提升职前教师的融合教育素养。⑤

从最早仅开设一门特殊教育课程，再到将融合教育理念、知识及技能融入教师教育课程，职前教师融合教育素养培养的理念与实践经过不断探索与变革，从独立设课发展为独立设课与项目融合并存。⑥ 本部分以美国为例，详述教师融合教育素养培养的发展历程。

（一）20 世纪 70 年代至 20 世纪末，独立设课时期

1975 年美国颁布"P.L.94-142 公法"，即《全体残疾儿童教育法案》（Education for All Handicapped Children Act），提出在最少受限制的环境中为特殊需要学生提供免费合适的公立教育，并要求为特殊需要学生制

---

① 赵微.英国培养普通师资具有特教技能 [J].中国特殊教育，1998（4）：33-36.

② 曹婕琼，昝飞.美国、日本、中国大陆地区融合教育的比较与思考 [J].中国特殊教育，2003（4）：70-74.

③ SONG J, SHARMA U, CHOI H. Impact of teacher education on pre-service regular school teachers' attitudes, intentions, concerns and self-efficacy about inclusive education in South Korea [J]. Teaching and teacher education, 2019, 86, Article 102901.

④ ROMERO-CONTRERAS S, GARCIA-CEDILLO I, FORLIN C, et al. Preparing teachers for inclusion in Mexico: how effective is this process?[J]. Journal of education for teaching, 2013, 39(5): 509-522.

⑤ NKETSIA W, SALOVIITA T. Pre-service teachers' views on inclusive education in Ghana [J]. Journal of education for teaching, 2013, 39(4): 429-441.

⑥ 王雁，范文静，冯雅静.我国普通教师融合教育素养职前培养的思考及建议 [J].教育学报，2018（6）：81-87.

订个别化的教育计划等，但当时大部分教师并不具备相应的融合教育素养。为回应这一法案，美国各州纷纷采取措施，包括制定本州的教师专业标准、规定州内教师教育项目中的特殊教育课程时数，以及为本州的大学或学院开展教师教育项目提供州认证的通用指南。有些州基于自身的发展需求制定和实施了教师培养要求细则和教师教育项目准则等。有些州则使用某些教师教育专业组织制定的教师专业标准，要求教师具备一定的融合教育素养，以适应特殊需要学生在普通学校就读所带来的变化。美国国家教师教育与证书主管协会（National Association of State Directors of Teacher Education and Certification，NASDTEC）制定了州际教师教育标准（Standards for State Approval of Teacher Education，1981 年），其目的是为各州提供与教师教育项目认证相关的程序、标准的实施细则，其中提出职前教师需要具备评估学生能力的技能、为最少受限制环境中的所有学生设计教学计划、具备学习特殊教育方面知识的能力等要求。① 同年，美国联邦政府的院长基金项目（Deans' Grants）启动，支持教师教育机构合作培养普通教师和特教教师，一定程度上实现二者的交融。② 这一时期占主导地位的是技术理性的教师教育观，资格能力本位的教师教育模式大行其道，即明确职前教师应该获得的能力以及应达到的标准，并引导职前教师达到这些标准。③

然而，早期仅有部分州要求职前教师具备教导特殊需要学生的态度、知识和能力，同时要求教师教育机构开设特殊教育课程，以满足职前教师

---

① HARTLE H. Teaching handicapped students in the regular classroom: state preservice certification requirements and program approval standards [M/OL]. Washington, D.C.: American Association of Colleges for Teacher Education, 1982: 2-5 [2020-01-14]. https://files.eric.ed.gov/fulltext/ED221513.pdf.

② KLEINHAMMER-TRAMILL J. An analysis of federal initiatives to prepare regular educators to serve students with disabilities: deans' grants, REGI and beyond [J]. Teacher education and special education, 2003, 26(3): 230-245.

③ 何菊玲. 教师教育范式研究 [M]. 北京：教育科学出版社，2009：86.

了解特殊儿童和青少年特点的需求。①② 例如，马里兰州要求自 1985 年 7 月 1 日起所有教师资格证书的申请者都必须修习 3 学分的特殊教育课程，同时要求教师教育项目符合州际教师教育标准，并要求教师：了解关于特殊需要学生融合教育的基本原理和法律基础知识，了解特殊需要学生的特征及其对教育计划的影响，知道如何识别和评估特殊需要学生，具备计划和实施教学策略的能力以满足特殊需要学生的个人需求，理解沟通过程中各个参与者的功能和职责，理解教师和同伴对特殊需要学生的态度及其影响，等等。亚拉巴马州要求职前教师修习 3 学分的特殊儿童教育课程学分，州内的教师教育项目需符合亚拉巴马州的认证要求和州际教师教育标准。③

随着"P.L.94-142 公法"和融合教育的全面推行，独立设课这种方式成为 20 世纪 70 年代至 20 世纪末美国教师融合教育素养培养的主要方式。独立设课是指在教师的职前培养方案中加入一至两门针对融合教育或特殊教育的专门课程，为普通教育职前教师提供修习特殊教育或融合教育课程的机会，职前教师修完一定学分即可申请从业资格证书，是教师融合教育素养培养中一种操作性强、较为便利的方式。这一时期融合教育或特殊教育课程"知识补充"的定位非常明显，开设的课程以对特殊教育、特殊儿童基本知识的介绍为主体内容，纯知识性内容的比例远远高于技能性内容。④⑤

① SMITH J E, SCHINDLER W J. Certification requirements of general educators concerning exceptional pupils [J]. Exceptional children, 1980, 46(5): 394-396.

② GANSCHOW L, WEBER D B, DAVIS M. Preservice teacher preparation for mainstreaming [J]. Exceptional children, 1984, 51(1): 74-76.

③ HARTLE H. Teaching handicapped students in the regular classroom: state preservice certification requirements and program approval standards [M/OL]. Washington, D.C.: American Association of Colleges for Teacher Education, 1982: 16-20 [2020-01-14]. https://files.eric.ed.gov/fulltext/ED221513. pdf.

④ JONES S D, MESSENHEIMER-YOUNG T. Content of special education courses for preservice regular education teachers [J]. Teacher education and special education: the journal of the teacher education division of the council for exceptional children, 1989, 12(4): 154-159.

⑤ 冯雅静，王雁. 融合教育背景下美国普通教师职前培养的变革历程和特征 [J]. 中国特殊教育，2021（1）：3-9.

有研究表明，这些课程对职前教师的融合教育态度有积极影响。①

　　以独立设课方式培养职前教师融合教育素养虽简便易行，但也面临着巨大的挑战。首先，仅设置一至两门融合教育或特殊教育课程，无法确保职前教师获得一定的融合教育素养以支持其满足所有学生的教育需要。研究发现，一些教师认为自己没有准备好应对融合教育环境，无法在融合课堂中进行有效教学，②其原因可能在于职前阶段教师教育机构所开设的特殊教育或融合教育相关课程的数量不足，类型单一。③其次，课程的内容及其应用受到限制，知识性内容偏多，这与不断变化的学校和课堂实践之间的差距日渐加大。课程内容主要针对立法、障碍类别和特征，旨在增加职前教师对特殊教育的了解，较少关注融合教育知识和技能的实际应用。④⑤某些州要求职前教师参加一门介绍特殊教育和障碍类别的课程，⑥这样的课程内容有可能会强化职前教师对特殊需要学生的刻板印象。最后，教师教育课程缺乏整体性的设计，更侧重于将特殊教育内容和经验纳入职前教师课程中，而不是重新设计整个职前课程，也未将学生的多样化需求作为教师培养的前提，使得职前教师无法为融合教育做好充分准备。

　　（二）21 世纪至今，独立设课与项目融合并存时期

　　20 世纪 90 年代初期独立设课这种知识补充型的融合教育课程越来越多地出现在教师培养项目中，然而职前阶段接受过课程学习的教师仍然难

---

①　ZUNDANS-FRASER L, LANCASTER J. Enhancing the inclusive self-efficacy of preservice teachers through embedded course design [J]. Education research international, 2012, 52, Article 581352.

②　FULLERTON A, RUBEN B J, MCBRIDE S, et al. Evaluation of a merged secondary and special education program [J]. Teacher education quarterly, 2011, 38(2): 45-60.

③　HE Y, COOPER J. Struggles and strategies in teaching: voices of five novice secondary teachers [J]. Teacher education quarterly, 2011, 38(2): 97-116.

④　FENDER M J, FIEDLER C. Preservice preparation of regular educators: a national survey of curricular content in introductory exceptional children and youth courses [J]. Teacher education and special education, 1990, 13(3-4): 203-209.

⑤　ALLDAY R A, NEILSEN-GATTI S, HUDSON T M. Preparation for inclusion in teacher education pre-service curricula [J]. Teacher education and special education, 2013, 36(4): 298-311.

⑥　KOZLESKI E B, WAITOLLER F R. Teacher learning for inclusive education: understanding teaching as a cultural and political practice [J]. International journal of inclusive education, 2010, 14(7): 655-666.

以实施融合教育实践，[①②] 这一现实困境也促使研究者重新思考独立设课模式的效果、职前教师应具备何种融合教育素养以及如何培养职前教师的融合教育素养等问题。基于对知识补充型融合教育课程效果的反思及对融合教育素养需求的重新思考，教师教育机构尝试将课程定位从知识补充转向技能提升，从课程的内容到实施方式上均表现出了明显的实践转向：内容上不再拘泥于特殊教育本身的学科逻辑和知识体系，而是按照融合教育对教师素养的现实需求，安排较多的技能性内容；课程的实施更注重职前教师与融合教育实践的直接互动，强调教师在与真实教学情境的互动中通过自主探究、体验感悟等方式建构自己的个性化知识，最终实现实践。[③④] 在反思性实践的教师教育观的指导下，职前教师的目标是培养具有反思性的专业人员，他们能在自己的课堂中做出正确的判断，能够根据不同文化背景及不同学业层次学生的学习需求进行调试性教学。[⑤⑥] 基于此，融合教育课程逐渐增加了长时间的融合实践、大量小组合作项目、在教学实践中的行动研究和自主探究以及以小组为单位的融合教育课程设计与评价等实践环节，以提升职前教师对融合教育理论与实践的理解。[⑦]

随着融合教育理念和实践的深入发展，特殊儿童的个性与差异得到更多的尊重和重视，同时越来越多的特殊教育需要儿童进入普通学校接受教育。真正能够胜任融合教育实践的教师需要的不是普通教育知识与特殊教育知识的简单叠加。即便在课程中添加了针对特殊需要学生的田野实践，

① ASKAMIT D L. Practicing teachers' perceptions of their preservice preparation for mainstreaming [J]. Teacher education and special education, 1990, 13(1): 21-29.

② WELCH M. Teacher education and the neglected diversity: preparing educators to teach students with disabilities [J]. Journal of teacher education, 1996, 47(5): 355-366.

③ LOMBARDI T P, HUNKA N J. Preparing general education teachers for inclusive classrooms: assessing the process [J]. Teacher education and special education, 2001, 24(3): 183-197.

④ 冯雅静，王雁. 融合教育背景下美国普通教师职前培养的变革历程和特征 [J]. 中国特殊教育，2021（1）：3-9.

⑤ 蔡克纳. 新自由主义思想和美国教师教育的变革 [J]. 基础教育，2009（4）：7-12.

⑥ 周钧. 当前美国大学教育学院教师教育改革 [J]. 教师教育研究，2010（1）：71-75.

⑦ NOWACEK E J, BLANTON L P. A pilot project investigating the influence of a collaborative methods course on preservice elementary education teachers [J]. Teacher education and special education, 1996, 19(4): 298-312.

依旧很难真正提升职前教师的融合教育素养，为应对融合教育课堂做好准备。①② 进入 21 世纪后，美国州际教师评估与支持联盟对教师专业标准进行了解读，再加上《不让一个孩子掉队》法案的颁布和《残疾人教育法》的重新授权，使问题再次聚焦于教师应具备融合教育素养并为教育所有学生做好准备。随着融合教育的发展及教师教育的变革，教师融合教育素养培养的变革直指普通教育教师培养与特殊教育教师培养的藩篱，教师教育机构和教师教育者尝试将原有项目合并，并将其直接命名为"融合的教师培养项目"，体现了普通教育教师培养与特殊教育教师培养的交融。③ 融合后的项目将融合教育理念、知识和技能融入所有课程，不仅为教师提供一门独立的融合教育相关课程，还为其提供大量的实践机会，如在特殊教育学校、融合班级中实习，并且通过各种研讨机会促进教师的实际教学技能和反思能力提升。达到毕业要求后，教师可同时考取普通教育教师和特殊教育教师双重从业资格，依据学校工作的实际需要和个人意愿担任普通学校中的普通教师或特殊教育教师。④ 如此，普通学校的教师已经不再有普通和特殊之分，同一名教师可以在两种角色间进行切换，直接体现了融合教育教师培养的最根本要求。⑤

　　融合的教师培养项目打破了普通教育教师和特殊教育教师分开培养的局面，形成了"教师资格证 + 特殊教育教师资格证"双证制的教师培养模式。例如，哥伦比亚大学教师学院（Teachers College, Columbia University）

---

① DAVERN L. Parents' perspectives on personnel attitudes and characteristics in inclusive school settings: implications for teacher preparation programs [J]. Teacher education and special education, 1999, 22(3): 165-182.
② GETTINGER M, STOIBER K C, GOETZ D, et al. Competencies and training needs for early childhood inclusion specialists [J]. Teacher education and special education, 1999, 22(1): 41-54.
③ 王雁，范文静，冯雅静. 我国普通教师融合教育素养职前培养的思考及建议 [J]. 教育学报，2018（6）：81-87.
④ 冯雅静，王雁. 融合教育背景下美国普通教师职前培养的变革历程和特征 [J]. 中国特殊教育，2021（1）：3-9.
⑤ FLORIAN L, LINKLATER H. Preparing teachers for inclusive education: using inclusive pedagogy to enhance teaching and learning for all [J]. Cambridge journal of education, 2010, 40(4): 369-386.

的小学融合教育与特殊教育硕士双证项目（M.A. Elementary Inclusive Education and Teaching Students with Disabilities）规定，职前教师完成融合小学教育中的课程与教学、小学阅读／写作的教与学、中小学多元文化和社会研究以及残疾、排斥等课程，可申请小学教师资格证书；继续修读 4 门（12 学分）特殊教育课程，完成学校实习，则可申请特殊教育资格证书。[①] 与独立设课相比，项目融合成为一种更理想的帮助职前教师为融合教育做好准备的方式。[②] 然而，项目融合也面临着一系列的挑战，如需要投入更多的人力、物力和财力，需要普通教育专业和特殊教育专业克服困难精诚合作，以及教师教育机构先进理念的引导，并受教师教育机构本身的体制和整体社会文化影响较大。[③] 因此，目前美国融合教育教师培养中单独开设融合教育通识课程的情况仍大量存在，与项目融合（普通教育与特殊教育教师合并培养）一起，共同服务于融合教育师资培养和教育质量提升。

美国教师融合教育素养培养的发展历程和脉络主要表现出以下三方面明显的趋势和特征：第一，独立设课与项目融合均依据融合教育实践对教师素养的要求调整融合教育课程与教学，而非以特殊教育学科本身的知识体系和逻辑为依据。第二，职前培养中所开设的融合教育通识课程逐渐表现出更强的实践性特征，鼓励职前教师在真实的大差异课堂中实践感知、与其他专业人员直接互动。[④] 第三，融合教育是教师教育改革的契机，融合的教师培养项目将成为未来教师培养项目的重要趋势之一。

---

① 倪萍萍，昝飞.国外职前融合教育教师培养模式及其对我国的启示 [J].基础教育，2015（1）：93-99.

② LADSON-BILLINGS G J. Is the team all right? Diversity and teacher education [J]. Journal of teacher education, 2005, 56(3): 229-234.

③ MILLER P S, STAYTON V D. Blended interdisciplinary teacher preparation in early education and intervention: a national study [J]. Topics in early childhood special education, 1998, 18(1): 49-58.

④ 冯雅静.普通教师职前培养中"实践导向"的融合教育通识课程构建研究 [D].北京：北京师范大学，2015.

三、教师融合教育素养培养的模式

越来越多的教师教育机构以不同方式将融合教育知识与技能纳入教师教育项目，以此培养职前教师融合教育素养。这些教师教育机构经过长期的尝试和探索，基于独立设课和项目融合两种方式，发展出分散模式（discrete model）、综合模式（integrated model）以及合并模式（merged model）。①

（一）分散模式

分散模式，对应教师融合教育素养培养发展历程中的独立设课，即普通教育专业的职前教师修读一至两门融合教育的独立附加课程，可获得普通教育的初始教师资格。在分散模式培养项目中，一门至多门融合教育课程被嵌入现有课程体系中，缺乏跨课程和实践方面的合作；特殊教育与普通教育的师资培养计划基本相互独立，普通教育学院与特殊教育学院的合作最少。在这种情况下，职前教师如要申请特殊教育初始许可证，还需另外完成特殊教育教师培养项目中的所有课程和田野实践。分散模式以其简便易行的特点在教师培养项目中极为盛行，这种模式也克服了以往忽视融合教育实践的缺陷，一些教师培养项目增加了融合教育课程的实践比例。例如，威斯康星大学麦迪逊分校（University of Wisconsin-Madison）的儿童早期/英语作为第二语言初等教育学士项目（Elementary Education: Early Childhood/English as a Second Language）采用分散模式，即独立设置了一门3学分的融合学校策略必修课程，同时在教学实践中增加融合教育方面的内容，以促进职前教师帮助普通班级中的特殊教育需要儿童。②

本部分选取一个澳大利亚教师培养项目，简要介绍项目中独立设置的

①　PUGACH M C, BLANTON L P. A framework for conducting research on collaborative teacher education [J]. Teaching and teacher education, 2009, 25(4): 575-582.

②　UNIVERSITY OF WISCONSIN-MADISON. Bachelor of science in education (B.S.E.) in elementary education [EB/OL]. [2021-08-14]. https://ci.education.wisc.edu/academics/undergraduate-majors/elementary-education-b-s-e/.

融合教育课程及其对职前教师的影响。[①] 这门为期 9 周（共 18 小时）的融合教育课程的对象是初等或中等教育职前教师，该课程旨在使职前教师理解：只有真正了解特殊需要学生而非仅知道其特征，才能成功教导他们。该课程为职前教师提供一系列融合教育策略以应对班级中的特殊需要学生。该课程让职前教师理解融合教育的结构，了解支持融合教育的地方政策和法规，了解支持和反对融合教育的理由，认识到教育者的态度如何影响教学环境，以及学习融合课堂中四种有效的教学策略，包括合作学习、同伴指导、差异教学和合作教学。其间，还有一位重度残疾学生的家长做演讲，以使职前教师了解融合教育中特殊儿童家庭方面的观点。该课程通过讲授、讨论、演讲等多种方式实施，要求职前教师积极参与课堂讨论、进行课堂演示以及阅读融合教育方面的文本。课程评价通过两种方式进行，一是要求职前教师做课堂演示，主题为"如何在课堂上使用一种有效的融合教学策略"；二是考试，包括对课程所涵盖关键概念的理解（25% 的分数），以及通过分析案例应用所学知识和技能（75% 的分数）。学习融合教育课程后，职前教师融合教育素养得到有效提高：首先，增强了职前教师对融合教育的积极态度，同时职前教师也认识到正确实施融合教育不会增加工作量，也不会给课堂管理带来负面影响。其次，职前教师对实施融合教育的担忧减少了，包括对班级中其他学生接受特殊需要学生的担忧、对接纳特殊需要学生对班级其他学生学业成就影响的担忧等。最后，职前教师的融合教育技能得以提高，包括使用融合教学策略以及与其他专业人员合作等。

（二）综合模式

综合模式对应教师融合教育素养培养发展历程中的项目融合，是由普通教育学院和特殊教育学院的教师教育者相互合作，有计划地、系统地重新设计部分职前课程，实现普通教育与特殊教育课程一定程度上的相互补

---

① SHARMA U, NUTTAL A. The impact of training on pre-service teacher attitudes, concerns, and efficacy towards inclusion [J]. Asia-Pacific journal of teacher education, 2015, 44(2): 142-155.

充，整合与协调课程学习和实践体验，以期为职前教师教导所有学生做好准备。在综合模式培养项目中，普通教育学院与特殊教育学院的教师教育者相互认可彼此的专业知识，并对各自在项目中的角色和贡献有深刻的理解。在这一培养模式下，职前教师可获得一至两个初始教师资格，通常首先会获得普通教育的初始教师资格，然后再选择是否获取特殊教育的初始教师资格。

本部分选取北卡罗来纳大学夏洛特分校（University of North Carolina at Charlotte）的教师培养项目作为案例进行简要介绍。随着越来越多的特殊需要学生进入普通课堂，仍采用传统的隔离式普通教育教师和特殊教育教师培养方式，会导致两类教师对融合教育的准备不足。因此，北卡罗来纳大学夏洛特分校的特殊教育和儿童发展部（Department of Special Education and Child Development）与阅读和初等教育部（Department of Reading and Elementary Education）启动了"特殊教育－普通课程和初等教育学前到六年级双证项目"（B.A. in Special Education-General Curriculum and Elementary Education K-6 Dual Program）。[①] 该项目是四年制的本科层次双证培养项目，毕业后职前教师可获得学士学位以及特殊教育、初等教育双重教师资格，并可以在学前至小学六年级水平（K-6）的融合环境中从事教学工作，可教授学前到六年级的轻度残疾儿童。

该项目建立在初等教育和特殊教育专业的教师教育工作者广泛合作的基础之上，在对北卡罗来纳州专业教学标准（North Carolina Professional Teaching Standards）和 10 项美国州际教师评估与支持联盟发布的专业标准进行审查后，确定了培养计划。该项目每学年只招收 30 名学生，选取对特殊教育和初等教育都有浓厚兴趣和热情的职前教师，这些教师希望学习这两个学科的知识和技能，以便有效地教导多样化的学生。项目要求职前教师在 4 年内完成至少 120 学分的学习。整体来说课程可分为以下几类：通

---

① UNIVERSITY OF NORTH CAROLINA AT CHARLOTTE. Special education general curriculum and elementary education K-6, B.A. dual program [EB/OL]. [2021-08-14]. https://catalog.uncc.edu/preview_program.php?catoid=29&poid=7544.

识教育课程（31—35 学分）、基础课程（6—7 学分）、专业课程（7—8 学分）、相关资格证要求课程（3 学分）、无限制选修课（根据需要取得毕业所需学分），如表 5-1 所示。

表 5-1 "特殊教育 – 普通课程和初等教育学前到六年级双证项目"

课程和实践要求 [①]

学期	课程名称	学分	见习、实习	InTASC 专业标准
第 1、2 学期（申请项目前）	学校教育和多样性的基础	3	课程要求：普通幼儿园或小学课堂 10 小时的课程观察	标准 1、标准 2、标准 3、标准 4、标准 9
	特殊需要学生导论	3		
第 3 学期	特殊教育和双证项目导论	3	课程要求：小学课堂 10—15 小时的课程观察，包括对教学实践和使用循证实践、普通教育与特殊教育合作的观察，并逐步了解学校环境的各种情境	标准 1—标准 10
第 4 学期基础课程	初等教育中的教学设计和评估	3	主要在 K-2 课堂中完成至少 40 小时的见习，包括观察多种类型的学生、干预小学生的阅读和数学等	标准 1—标准 10
	学校里的儿童	3		
	城市教育公平的理论与实践	3		
	小学生的数学 K-2 教育	3		
	早期阅读和评估	3		

① UNIVERSITY OF NORTH CAROLINA AT CHARLOTTE. Special education + elementary education dual undergraduate program [EB/OL]. [2021-08-14]. https://spcd.uncc.edu/sites/spcd.uncc.edu/files/media/SPEL_Dual_Program_Clinical_and_Assessment_Map.pdf.

续表

学期	课程名称	学分	见习、实习	InTASC 专业标准
第 5 学期	特殊教育和初等教育评估	3	主要是在小学的资源教室每周半天时间的见习，包括为不同障碍类型和支持需要的学生创建积极行为支持与干预计划、为高发病率残疾类型和有需求的学生制订数学教学计划	标准 1—标准 10
	特殊需要学生的数学教育	3		
	特殊需要学生的阅读教育	3		
	课堂管理	3		
	移民学生的融合教室	3		
第 6 学期	特殊教育教学计划	3	在 3—6 年级的课堂中完成至少 40 小时的见习，这包括 5 小时的强化实践，以及 2 周的密集实践（大约需要 35 小时）	标准 1—标准 10
	小学生的科学教育	3		
	社会研究与多样性教学	3		
	小学生 3—6 年级的数学教学	3		
	应用阅读和实践	3		
第 7 学期	特殊教育：小学的咨询与合作	3	1 年实习期的第 1 个学期，每周安排 1 整天的时间在实习学校，并且还须完成为期 1 周的 25 小时以上的密集实践，包括教授课程、直接与学生合作、设计评估并练习解释数据结果等	标准 1—标准 10
	特殊需要学生的书面表达教学	3		
	小学课堂的评估和差异教学	3		
	在小学教室中创建有效的环境	3		
	小学课堂多元化教学计划	3		
第 8 学期	学生教学 / 研讨会：初等和特殊教育 K-6 双证项目	15	1 年实习期的第 2 个学期，完成全日制 7.5 周的特殊教育学生教学和 7.5 周的初等教育教学	标准 1—标准 10

　　基础课程、专业课程共 84 学分，涵盖了普通教育和特殊教育领域两方面的课程，实现了普通教育课程与融合教育课程的相互补充。学校教育和

多样性的基础、特殊需要学生导论作为基础课程必须在第 1 学年以 C 或以上的成绩完成，职前教师才有资格申请"特殊教育－普通课程和初等教育学前到六年级双证项目"；通识教育课程以及特殊教育和双证项目导论则需要在第 3 学期全部完成。专业课程中的融合教育相关课程极为丰富，包括特殊教育和初等教育评估、特殊需要学生的数学 / 阅读教育、课堂管理、特殊教育教学计划、小学课堂的评估和差异教学等。可以发现特殊教育方面课程较为平均地分布在各个学期，除了第 5 学期由于实习点主要在小学资源教室，所以融合教育课程安排较为密集。同时，为提高职前教师的实践能力，每学期都有明确的见习或实习时间要求，既有普通课堂的体验也有资源教室的实践，第 4 学年（第 7、8 学期）包括为期 1 年的实习，这为职前教师提供了长期观察、互动及教学的机会。

在 4 年培养过程中，该项目基本在每个学期都会通过现场经验日志、实习导师对职前教师的反馈、班级讨论记录、进 / 出项目调查表等各种方式收集数据，以评估职前教师能否有效地将普通教育和特殊教育的知识和技能应用于教学实践，并安排与职前教师的非正式讨论、焦点小组讨论等以提供个性化支持。此外，项目将美国州际教师评估与支持联盟所发布的专业标准作为导向之一，将每学期的课程和见习、实习所塑造的态度、知识和能力与教师专业标准挂钩，以帮助职前教师为教育所有学生做好准备。

通过该项目的课程和实践学习，职前教师既可获得初等教育领域的知识和能力，又可获取特殊教育领域的知识和策略，能一贯地实施融合教育、差异教学及合作教学。职前教师能够采用多种方式使学生理解学习内容，为学生建立标准并提供评估反馈，制订与州和地区相一致的课程计划，监控和调整课程计划，与其他专业人士合作，在专业情境中展现领导力，与家庭沟通合作等，并获取普通教育、特殊教育的初始教师资格。北卡罗来纳大学夏洛特分校的教师培养项目通过普通教育和特殊教育领域教师教育者的相互合作，系统地重新设计和组织课程框架，使融合教育的理论和实践与普通教育相互补充，以达到职前教师在融合环境中有效地对所有学生实施教育的最终目标。

（三）合并模式

合并模式同样对应教师融合教育培养发展历程中的项目融合，指在整合多专业资源的基础上，普通教育和特殊教育领域的教师教育者深度合作，基于一组共同价值观重新设计和整合所有职前课程与实践，让融合教育素养培养全面融入整个课程体系。合并模式要求普通教育和特殊教育各个部门一贯协作和相互依赖。项目结束后，职前教师可以获得普通教育和特殊教育的初始教师资格。这也意味着，所有职前教师一旦进入学校，既可作为普通教师，又可作为特殊教师，模糊了普通教师与特殊教师之间的区别。合并模式中的特殊教育初始教师资格仅限于轻度和中度残疾学生的教育教学，通常不涉及重度和极重度残疾学生。

本部分选取苏格兰爱丁堡大学（University of Edinburgh）的小学教师教育专业硕士项目（Professional Graduate Diploma in Education Primary，简称 PGDE Primary）为案例进行简要介绍。苏格兰地区为消除入学障碍、满足不同学生需要、促进教育公平颁布了一系列法案，如《卓越课程》（Curriculum for Excellence，2004 年）、《学习的额外支持（苏格兰）法案 2004》[Additional Support for Learning (Scotland) Act 2004]、《对每个孩子都正确》（Getting It Right for Every Child，2006 年），将特殊教育需要（special education needs）替换为"额外支持的需求"（additional support needs），其融合内涵更为丰富，教育对象包括所有需要支持的学生。同时，为保障教师教育项目质量，苏格兰地区的教师教育多次改革，相继出台了《注册教师专业标准》（The Standards for Registration: Mandatory Requirements for Registration with the General Teaching Council for Scotland, 2012 年）[1]、《苏格兰教师职前培养项目指南》（Guidelines for ITE Programmes in Scotland，2013 年）[2] 等文件，对教师专业标准、职前培养项目及其课程设置提出了要求。

---

[1]　THE GENERAL TEACHING COUNCIL FOR SCOTLAND. The standards for registration: mandatory requirements for registration with the General Teaching Council for Scotland [S/OL]. [2020-01-14]. https://dera.ioe.ac.uk/16191/1/standards-for-registration-1212.pdf.

[2]　THE GENERAL TEACHING COUNCIL FOR SCOTLAND. Guidelines for initial teacher education programmes in Scotland [EB /OL]. [2020-01-14]. https://dera.ioe.ac.uk/19281/.

　　爱丁堡大学的小学教师教育专业硕士项目为期 36 周，目标是培养对学生需求敏感、对教育系统变化能做出反应并致力于自身专业持续发展的成功的反思型教师。[①] 该项目在课程内容安排上不分科，以学生身心发展特征为依据将学生发展划分为儿童低龄段、小学中年级、小学高年级三个阶段，每阶段由教学准备与教育实习两部分构成，课程与实习比为 1:1。如表 5-2 所示，教学准备主要涉及相应年龄阶段儿童的相关知识，与融合教育相关的知识与技能等被融入课程中，注重教师融合教育素养的养成；教育实习的内容包括加深对于融合教育实践中儿童额外需求与多样性的理解、应用所学知识以在实践中满足所有学生的需要等。准备与实习均强调普通教育知识内容与融合教育知识内容的高度融合，在课程学习和教育实习方面逐渐培养职前教师的融合教育素养以应对普通班级中的大差异课堂。

表 5-2　爱丁堡大学的小学教师教育专业硕士项目课程内容[②]

课程名称		部分内容摘要
儿童低龄段	教学准备 1	关于早期教育的教育学科知识，教育学的专业议题，现代教育的目的、性质和结果
	教育实习 1	在实习中扩展和应用关于低龄段儿童教育的课程、政策、原则和背景的相关知识，在社区实践中发展协作工作能力，通过课程在教室中应用教育学理论知识
小学中年级	教学准备 2	满足儿童的需求：课程、教学和评估。理解苏格兰的教育政策与评估、教学、学习的关系
	教育实习 2	加深对学校的额外需求、公平性和多样性的理解；组织与管理课堂；在每个课程领域制订有效和持续的教学计划，充分利用信息通信技术资源并酌情参与跨学科教学；形成对课程、教学和评估之间关系的理解；在计划周期中以反思的方式使用评估，以提高对反思教学过程的理解；通过参加合作研讨会，增进专业调查领域的知识和技能；合作教学，全权负责班级学生 1 周

---

① THE UNIVERSITY OF EDINBURGH. Professional graduate diploma in education (PGDE) primary [EB/OL]. [2020-01-14]. https://www.ed.ac.uk/education/graduate-school/taught-degrees/pgde/primary.

② 刘斌. 英国全纳教师职前培养的个案研究：以爱丁堡大学为例 [D]. 北京：北京师范大学，2018.

续表

课程名称		部分内容摘要
小学高年级	教学准备 3	教师作为变革的推动者：设计和实施课程。在课程中职前教师将准备承担所有职责范围内小学教师的角色，以系统地反映其影响学生的能力；促进自身的学术和专业发展；设计和实施针对自己专业实践的研究；进行跨学科教学法的辩证思考；深入反思在项目中的学习与教学
	教育实习 3	展示教师职前培养所期待的全部素养，包括知识、技能、专业贡献等；全职负责一个项目（包括整个班级），使其至少有效运转 3 周；口头报告跨学科教学策略的规划、实施与评估；向班主任提供一份儿童进步总结，并以模拟报告的形式告知相关工作人员

小学教师教育专业硕士项目的课程主要由爱丁堡大学的教师教育者和实习机构导师实施，针对教学准备与教育实习的课程实施方式也不尽相同。教学准备主要以讲座、研讨会、在线学习、导师指导或独立学习等方式开展，使职前教师能够灵活、自主地深入学习以及探讨如何满足所有学生需求。学校教学则以田野调查为主，使职前教师在实践中体验和感知融合教育实践，并通过实践中产生的问题反思教学，促进其融合教育素养的形成。同时，在实施课程时努力弥合理论与实践的鸿沟，平衡安排教学准备和教育实习，可以促进职前教师将教学理论与教学实践相结合。同时，该项目运用多种评价方式评估职前教师融合教育素养培养的质量，教学准备方面采用书面评估、报告、学生档案、论文／研究项目报告等方式评估职前教师的学习成果，学校教学则采用基于实践的评估、口头报告和演示等方式评价职前教师的实习成果。

该项目的成功取决于教师培养项目本身的设计，其中培养目标、课程以及评估相互关联和渗透。为达到培养目标并且通过苏格兰教学协会（General Teaching Council for Scotland）的评估，课程采用合并模式力图使职前教师具备满足所有学生需要的融合教育素养，并通过培养目标和课程评估调整培养项目，形成一个循环高效的培养模式。然而，无法控制每门课程任课教师对融合教育知识的掌握水平和重视程度，可能会致使培养质量不尽如人意。

分散培养模式简便易行，综合模式和合并模式能够使教师教育机构与普通学校等其他机构深度合作，形成有效整合的高质量教师培养项目、充足的融合教育课程、大量的融合教育课程实践，从而高质量地培养教师融合教育素养。

第二节　教师融合教育素养培养项目的实施研究

本部分主要采用文献研究法，运用关键词如"pre-service (teacher)"/"initial teacher"/"student teacher"，"teacher preparation"/"teacher education"和"inclusion"/"inclusive"等组合在 ProQuest 数据库中检索2010—2019 年教师融合教育素养培养的实证研究，以探讨当前国际教师融合教育素养培养项目的实施现状。筛选标准为：①研究对象是职前教师（学前教育、小学教育、中学教育专业），排除特殊教育专业、专业助手等职前教师以及在职教师；②研究内容涵盖具体的融合教育课程实施；③对培养项目有评估，即有测量职前教师态度、知识或能力的量表或问卷等。由此共获得文献 16 篇。

对 16 项研究的统计分析发现，采用分散模式的项目有 14 项，此外仅有 2 项属于长期培养项目，分别是综合模式的双重认证融合教师培养计划（4 年），以及合并模式的苏格兰新时代职前教师教育培养项目（4 年）。可见，当前国际教师融合教育素养培养项目采用分散培养模式居多。由于大部分研究都是独立设置一至两门课程，同时有些文献涵盖两组参与者，很难从教师培养项目出发分析融合教育素养培养实施过程和效果。因此，本部分从课程实施角度出发，梳理国外教师融合教育素养培养项目实施的现状，着重分析项目中的融合教育课程实施效果、探寻教师融合教育素养培养的效果，展现当前国际教师融合教育素养培养项目中融合教育课程的性质、时长、内容及评价方式等状况，以期为我国教师融合教育素养培养提供参考和借鉴。

一、教师融合教育素养培养项目的实施现状

如表 5-3 所示，16 项研究 20 组课程共有 2165 名职前教师参与，其中参与人数最少的有 20 名职前教师参加，参与人数最多的有 777 名职前教师参加。大部分参与者是初等、中等教育以及学前教育专业职前教师，且本科培养项目居多。

（一）融合教育课程名称及其时长

按照课程持续时间将 20 组课程分为短期课程（1 组）、学期课程（17 组）和长期项目（2 组）。[①] 短期课程即融合体育教育工作坊，时长约为 6 小时；[②] 学期课程的时长从 13 小时至 62 小时不等，平均时长（不含实践时数）约为 33 小时；长期项目的持续时间为 4 年。国际上普遍采用的"独立设课"方式占比最大。从课程名称或主题来看，短期课程以工作坊形式提供融合教育课程。学期课程中大多数课程以融合教育（5 组）、特殊教育导论（3 组）、特殊与融合教育（3 组）为课程名称或主题，其他课程包括体育课程调整（2 组）、融合教学策略（1 组）、特殊教育课程与教学（1 组）、聚焦行为问题的挑战性行为（1 组）、多样性研究（1 组）。长期项目中双重认证融合教师培养计划将重点放在学校的多样性上，以使职前教师能够在当今文化多元的学校和教室中教导普通和特殊儿童，其课程体系不仅有特殊教育课程，还包括在融合环境和特殊学校的见习、实习；苏格兰新时代职前教师教育培养项目关注融合教育和社会公正，强调课程需要为培养能够促进所有儿童机会均等的教师做好准备，并为情感和行为障碍等学生提

---

① 陈光华，李茂粉.国际融合教师教育模式研究的回顾：基于近 10 年文献的元分析 [J]. 中国特殊教育，2019（8）：21-27.

② NEVILLE R D, MAKOPOULOU K, HOPKINS W G. Effect of an inclusive physical education (IPE) training workshop on trainee teachers' self-efficacy [J]. Research quarterly for exercise and sport, 2019, 91(1): 102-114.

表5-3　2010—2019年国际教师融合教育素养培养项目基本信息

序号	文献信息	参与者	课程名称、性质与时长	课程内容	课程评价方式	课程评估结果
1	LANCASTER J, BAIN A. The design of pre-service inclusive education courses and their effects on self-efficacy: a comparative study[J]. Asia-Pacific journal of teacher education, 2010, 38(2): 117-128.	36名澳大利亚二年级初等教育职前教师	A组：融合教育（基于原理嵌入式的课程），必修课，39小时（13周）	理论：沟通、阅读和数学困难，与社会和情感相关的困难以及辅助技术等，以及认知策略训练，合作学习和同伴辅助学习等融合教学法（基于嵌入式原理四级水平的课程学习）	课程作业、考试	与未来特殊学生互动的自我效能感显著增强
			B组：融合教育（基于直接实践体验的课程），必修课，39小时	理论：沟通、阅读和数学困难，与社会和情感相关的困难以及辅助技术等，以及认知策略训练，合作学习和同伴辅助学习等融合教学法（基于嵌入式原理一级水平的课程学习）实践：参加两个基于社区的课后计划的课程和评估作为特殊学生提供识字和算术教学，包括阅读指导，小组活动指导和一对一读写能力指导练习（共11小时），职前教师使用	课程作业、实践作业、考试	与未来特殊学生互动的自我效能感显著增强

续表

序号	文献信息	参与者	课程名称、性质与时长	课程内容	课程评价方式	课程评估结果
2	SOSU E M, MTIKA P, COLUCCI-GRAY L. Does initial teacher education make a difference? the impact of teacher preparation on student teachers' attitudes towards educational inclusion[J]. Journal of education for teaching, 2010, 36(4): 389-405.	196 名苏格兰初等教育职前教师	苏格兰新时代职前教师教育培养项目, 4 年	第一和第二年——理论：通过参考家庭、学校和社区在学习过程中的作用，发展职前教师对理论知识的理解，帮助教师胜任教授所有儿童的角色；实践：21 天连续学校见习，研究影响儿童成长和学习的不同因素 第三和第四年——理论：促进职前教师专业知识、技能和价值观发展，学习课程与教学知识，融合教学法、儿童权利立法、护理伦理以及孤独症和阅读障碍等知识；实践：学校实习（第三年 10 周，第四年 14 周），要求职前教师与其他专业人士对话，探讨如何作为跨学科团队一起工作以支持学生的学习，提供授课机会	实践作业、其他技术报告	职前教师对教育公平持积极态度，对融合教育的态度改变显著，并对所有儿童都有相当高的学习期望。职前教师的融合概念注重营造归属感、公平、灵活以及支持性的环境，以把所有儿童都纳入课堂
3	FORLIN C, CHAMBERS D. Teacher preparation for inclusive education: increasing knowledge but raising concerns[J]. Asia-Pacific journal of teacher education, 2011, 39(1): 17-32.	67 名澳大利亚的大学三年级学前、初等教育职前教师	多样性研究, 选修课, 39 小时（13 周）	理论：介绍融合教育政策，讨论与残疾、性别和文化有关的支持与反对融合教育的观点，介绍西澳大学融合教育与培训部提出的融合教育原则和实践；实践：提供两种实践选项，一是每一个或多个特殊学生接触 10 小时，二是寻找并评价本地社区的融合教育计划	实践作业	对融合教育的态度更积极，对融合教育实施的担忧略有增加，教导特殊儿童的信心显著增强，对于特殊教育立法相关知识的了解度显著提高

续表

序号	文献信息	参与者	课程名称、性质与时长	课程内容	课程评价方式	课程评估结果
4	GAO W, MACER G. Enhancing preservice teachers' sense of efficacy and attitudes toward school diversity through preparation: a case of one U.S. inclusive teacher program[J]. International journal of special education, 2011, 26(2): 92-107.	163 名美国双证初等与特殊教育职前教师	双重认证融合教师培养计划，4 年	学习教育导论加融合环境 20 小时见习，发展对学校和融合教育的基本了解；学习特殊教育导论加普通课堂 20 小时见习，批判性地研究关于残疾和多元文化问题的不同观点；特殊教育实践Ⅰ，针对特殊儿童的 20 小时见习；专业实习Ⅰ，融合环境中教授数学、社会研究、科学和适应课程 120 小时；专业实习Ⅱ，在两种环境中教授数学、社会研究、科学和适应课程 6 周；特殊教育实践Ⅱ，在特殊教育学校实习，教授重度残疾儿童；学生教学，在大学每周参与一天研讨会	课程作业、实践作业、档案袋评价	个人教学、一般教学效能感显著提升，对融合教育的积极态度显著增强，对多样性的专业信念显著增强
5	MALE D B. The impact of a professional development programme on teachers' attitudes towards inclusion[J]. Support for learning, 2011, 26 (4): 182-186.	48 名英国硕士阶段职前教师	特殊和融合教育的概念与情境，62 小时（10 周）	理论：对特殊和融合教育中各种问题和困境的认识，包括各类学习障碍、孤独症等	未报告	对融合教育的积极态度显著增强

续表

序号	文献信息	参与者	课程名称、性质与时长	课程内容	课程评价方式	课程评估结果
6	SHARMA U. Changing pre-service teachers' beliefs to teach in inclusive classrooms in Victoria, Australia[J]. Australian journal of teacher education, 2012, 37(10): 53-66.	27名澳大利亚的大学四年级初等、中等教育职前教师	特殊与融合教育，选修课，20小时（10周）	理论：融合教育的国际与地方政策，支持与反对融合教育的观点，同伴辅助，合作学习，基于课程的评估和差异教学等融合教学策略，具备高融合教育素养的教师案例研究实践：参观1所融合学校	课堂作业、考试	对融合教育的积极态度显著增强，情感得到显著改善（在与特殊学生互动时表现更自如），对融合教育实施的担忧显著降低
7	SWAIN K D, NORDNESS P D, LEADER-JANSSEN E M. Changes in preservice teacher attitudes toward inclusion[J]. Preventing school failure: alternative education for children and youth, 2012, 56(2): 75-81.	777名美国初等、中等教育语言病理学职前教师	特殊教育导论，1学期	理论：特殊教育法律和诉讼，《残疾人教育法》所支持的障碍得类别，课程调整以及行为管理实践：20小时的现场体验，在特殊和融合环境中观察和教学	实践作业	对融合教育的积极态度显著增强

序号	文献信息	参与者	课程名称、性质与时长	课程内容	课程评价方式	课程评估结果
8	ZUNDANS-FRASER L, LANCASTER J. Enhancing the inclusive self-efficacy of preservice teachers through embedded course design[J]. Education research international, 2012, 52, Article 581352.	38名澳大利亚的大学二年级学前、初等职前教育教师	嵌入式融合教育课程，14周	理论：融合教育立法和政策，融合实践，以家庭为中心的实践，个别化课程，早期干预，社会互动，沟通和转衔	课程作业、每周测验	与未来特殊学生互动的自我效能感显著增强
9	KILLORAN I, WORONKO D, ZARETSKY H. Exploring preservice teachers' attitudes towards inclusion[J]. International journal of inclusive education, 2014, 18(4): 427–442.	81名加拿大初等、中等教育职前教师	融合教育，选修课，36小时（8天或12周）	理论：社会对残疾人的偏见及陈旧观念、残疾的社会建构观，以及融合教育作为一项人权的重要性；同伴拒斥如何影响特殊儿童和非特殊儿童的社交和情绪发展；引入通用学习设计和差异教学策略；教师、同伴和家长、同伴和专业人员在支持融合教育实践方面的合作	未报告	对融合教育的积极态度显著增强

续表

序号	文献信息	参与者	课程名称、性质与时长	课程内容	课程评价方式	课程评估结果
10	PEDERSEN S J, COOLEY P D, HERNANDEZ K. Are Australian pre-service physical education teachers prepared to teach inclusive physical education? [J]. Australian journal of teacher education, 2014, 39(8): 53-62.	塔斯马尼亚大学31名三、四年级体育职前教师	体育调整课程，选修课，13小时	理论：有关特殊学生运动、教育学知识（评估、行为管理）和体验活动（开发适合的游戏和适应性水上运动）的讲座（13小时），关注孤独症、智力障碍、感觉和神经肌肉状况相关的障碍类别 实践：1所特殊学校5小时的实践活动，内容包括观察性学习和教师辅助学习	课程作业、实践作业、考试	对于注意缺陷多动障碍、孤独症学生的态度更加积极
	乐卓博大学本迪戈校区25名三年级体育职前教师		体育调整课程，选修课，13小时	理论：有关标签理论、个别化计划的开发，计划支持小组策略、医疗和安全注意事项、理解特殊学生、个别化计划的目标以及课程调整的讲座（13小时），关注肢体障碍、视觉障碍、严重行为障碍、听力障碍、智力障碍和孤独症等障碍类别 实践：在隔离和融合学校的体育课见习40小时，包括观察性学习、辅助教师学习、特殊学生一对一指导及设计该学生的课程发展计划	课程作业	对于注意缺陷多动障碍、孤独症学生的积极态度显著增强

续表

序号	文献信息	参与者	课程名称、性质与时长	课程内容	课程评价方式	课程评估结果
11	PEEBLES J L, MENDAGLIO S. The impact of direct experience on preservice teachers' self-efficacy for teaching in inclusive classrooms[J]. International journal of inclusive education, 2014, 18(12): 1321-1336.	14 名加拿大初等、中等教育前教职前教师	融合教育课，必修课，39 小时（10 周）	理论：学生多样化的教育需求及教育意义和教学策略，特定障碍类型如情绪和行为障碍，超常，肢体障碍和学习障碍等相关知识，以及如何重新构建差异和多样性的融合课堂 实践：另外完成 3 周的见习，组织个人和小组教学并制订计划	课程作业、实践作业	融合教学的自我效能感显著增强
12	SHARMA U, SOKAL L. The impact of a teacher education course on pre-service teachers' beliefs about inclusion: an international comparison[J]. Journal of research ir special educational needs, 2015, 15(4): 276-284.	25 名澳大利亚初等、中等教育前教职前教师	特殊与融合教育，18 小时（9 周）	理论：融合教育的国际政策，支持与反对融合教育的观点，同伴辅助，合作学习，基于课程的评估和差异教学四种融合教学策略，具备高融合教育素养的教师案例研究 实践：参观 1 所融合小学	课堂作业、考试	对融合教育的积极态度显著增强，对融合教育实施的担忧显著减少，融合教学的自我效能感得到显著增强
		60 名加拿大前职教师	特殊教育导论，必修课，30 小时（15 周）	理论：特殊教育相关知识 实践：提供特殊儿童生活与学习场所的实地考察，访谈资源教师，为特殊儿童提出学习计划建议等	考试	对融合教育的积极态度变弱，对融合教育实施的担忧显著减少，融合教学的自我效能感得到显著增强

续表

序号	文献信息	参与者	课程名称、性质与时长	课程内容	课程评价方式	课程评估结果
13	O' NEILL S C. Preparing preservice teachers for inclusive classrooms: does completing coursework on managing challenging behaviours increase their classroom management sense of efficacy?[J]. Australasian journal of special education, 2016, 40(2): 117-140.	20 名澳大利亚初等教育职前教师	聚焦行为问题的挑战性行为，选修课，20 小时（10 周）	理论：前 7 周学习功能性行为分析、行为支持计划，并将所学应用于每周的案例研究；后 3 周学习管理过度行为的策略、科尔文的升级周期、孤独症和对立反抗性障碍学生的主要特征和对立预防策略等。实践：后 3 周专业见习，将其行为功能的知识应用于 K-6 见习教室中所遇到的情况，并根据见习期间辅导的学生生成数据集	实践作业	课堂管理的效能感显著增强
14	SHARMA U, NUTTAL A. The impact of training on pre-service teacher attitudes, concerns, and efficacy towards inclusion[J]. Asia-Pacific journal of teacher education, 2016, 44(2): 142-155.	30 名澳大利亚初等、中等教育职前教师	重点是融合教学策略，选修课，18 小时（9 周）	理论：融合教育的结构、地方政策和法规、支持与反对融合教育的观点、合作学习、同伴辅助、差异教学和协作教学四种融合教学有效策略、认识教育者的态度如何影响教学环境	课堂作业、考试	对融合教育的积极态度显著增强，对融合教育实施的担忧显著减少，融合教学的自我效能感得到显著增强

续表

序号	文献信息	参与者	课程名称、性质与时长	课程内容	课程评价方式	课程评估结果
15	RAKAP S, CIG O, PARLAK-RAKAP A. Preparing preschool teacher candidates for inclusion: impact of two special education courses on their perspectives[J]. Journal of research in special educational needs, 2017, 17(2): 98-109.	29名美国学前教育职前教师	特殊教育导论、必修课，56小时（14周）	理论：提供残疾和相关法律的一般概述，学习特殊教育的目的、计划和提供特殊教育服务，与家庭合作，成人转衔，早期特殊教育，以及了解智力障碍、情绪行为障碍、孤独症、沟通障碍、听力障碍、视力障碍、超常儿童等	课程作业	对融合教育的积极态度有所增强，愿意将特殊儿童纳入教室，与特殊儿童互动的不适感有所缓解
			特殊教育课程与教学、必修课，56小时（14周）	理论：聚焦融合教学策略，如早期融合教育、高质量学习环境的设计，为教学发展设立高质量学习目标，自然教学概览，自然教学计划、自然教学实施、自然教学评估，认识养和回应性互动对支持社会情感发展的重要性，高质量的支持环境、社会情感教学策略，确定具有挑战性的合适功能，制订行为干预计划，课程内容领域的设计和教学（语言和早期识字、数学、科学和社会研究）。实践：幼儿园见习14周，为特殊儿童制订、实施并评估个别化教育计划和积极行为支持计划	实践作业、论文	对融合教育的积极态度显著增强，将特殊儿童纳入教室的意愿显著提升，与特殊儿童互动的舒适程度显著提升

续表

序号	文献信息	参与者	课程名称、性质与时长	课程内容	课程评价方式	课程评估结果
16	NEVILLE R D, MAKOPOULOU K, HOPKINS W G. Effect of an inclusive physical education (IPE) training workshop on trainee teachers' self-efficacy[J]. Research quarterly for exercise and sport, 2020, 91(1): 102-114.	366名英格兰初等、中等教育体育职前教师	融合体育教育工作坊，约6小时	将融合合作为有效教师的核心能力，指导职前教师通过融合学习环境的四种不同类型的活动（不设计融合个体差异的活动）：（1）开放活动（不强调个体差异的活动）；（2）调整活动（在整个团体活动中向个人提供差异化指导）；（3）平行活动（将班级按能力分组）；（4）独立活动（对个别学生进行临时干预以确保他们的活动与课程的学习目标一致）	设计教学活动，分享成果	融合教学的自我效能感明显增强

供学习机会。

由此可见，当前教师培养项目中所开设的融合教育课程名称基本以融合教育、特殊教育、特殊与融合教育为主。课程时长上，一般为 1 学期的融合教育课程学习（平均时长约 33 小时）。对于学期课程，有研究者指出仅仅靠 1 门融合教育课程或特殊教育导论提供残疾与法律的一般概述等知识是远远不够的，还应向职前教师提供几门必修课程，为其提供教学策略并使其有机会在课堂环境中应用。[①] 总体来说，无论是学期课程还是长期项目，对职前教师的融合教育态度、知识或技能等方面都有积极影响，这与以往大多数研究的发现一致。[②③] 但事实并非总是如此，与现有两组长期项目对职前教师态度的积极影响相反，有研究者发现中等职前教师融合教育态度有消极化趋势，由此学习者在 4 年的本科学习中逐渐持有更多的负面态度。[④] 这意味着尽管融合教育课程可以使职前教师产生积极的态度，但这种变化可能难以长期发展和维持。未来研究可以考虑：一方面，继续研究分散模式对职前教师融合教育素养的影响；开展综合模式和合并模式的纵向研究，探索职前教师在项目学习过程中态度、知识、技能以及效能感等因素的发展和变化，以及影响职前教师态度转变的关键因素。另一方面，采用横向比较的方法，探讨不同的融合教育课程 / 融合教育培养项目对职前教师融合教育素养的影响。

（二）融合教育课程内容与评价

学期课程中，融合教育相关课程性质为选修课（7 组）和必修课（6 组），其余课程未报告课程性质。课程内容一般分为理论课程和实践课程两

---

① RAKAP S, CIG O, PARLAK-RAKAP A. Preparing preschool teacher candidates for inclusion: impact of two special education courses on their perspectives [J]. Journal of research in special educational needs, 2015, 17(2): 98-109.

② COSTELLO S, BOYLE C. Pre-service secondary teachers' attitudes towards inclusive education [J]. Australian journal of teacher education, 2013, 38(4): 129-143.

③ ANDERSON K, SMITH J, OLSEN J, et al. Systematic alignment of dual teacher preparation [J]. Rural special education quarterly, 2015, 34(1): 30-36.

④ 同②.

部分，实践课程或附加在理论课程中，或作为单独的实习嵌入综合或合并模式的教师培养项目中。本部分将从理论课程和实践课程两方面分析与总结 17 组学期课程的教学内容。融合教育理论课程的内容主要遵循"是什么"和"怎么做"的逻辑，即包括陈述性知识和程序性知识[1][2]。陈述性知识涵盖了特殊需要学生的类别和特征（10 组）、融合教育与特殊教育内涵与发展（8 组）、融合与特殊教育法规政策（7 组）等。程序性知识涉及与成功融合有关的教学策略，包括合作学习（6 组）、同伴辅助（5 组）、课程评估（4 组）、课程设计与调整（3 组）、差异教学（4 组）、行为管理（4组）、个别化教育计划与课程（3 组）、与家庭和专业人员合作（2 组）、认知策略（2 组）、协作教学（1 组）、通用学习设计（1 组）等。例如，夏尔马（U. Sharma）和努德尔（A. Nuttal）研究了为期 9 周的融合教学策略选修课，其内容既包括融合教育的结构、融合教育地方政策和法规等陈述性知识，还包括合作学习、同伴辅助、差异教学和协作教学策略等程序性知识。[3] 可以发现，教师教育机构将融合教育课程作为选修课或必修课纳入培养计划，将广义的融合教育作为课程的核心内容，强调为所有学生提供教育支持，渐渐脱离以往以为特殊儿童提供教育服务为主的课程内容。尽管一些教师教育机构仍然把特殊教育、特殊与融合教育作为课程名称，但其课程内容也更偏向适应融合环境的知识与技能。例如，斯温（K. D. Swain）等人的研究中设置的特殊教育导论课程，其内容涵盖特殊教育法律和诉讼、障碍类别、课程调整策略以及行为管理策略，要求职前教师在特殊和融合环境中观察和教学 20 小时。[4] 教师融合教育素养培养项目中应该包含哪些理论性知识，目前并没有一致的意见，研究中所涉及的课程内容通常包括

---

[1] KURNIAWATI F, DE BOER A A, MINNAERT A E M G, et al. Characteristics of primary teacher training programmes on inclusion: a literature focus [J]. Educational research, 2014, 56(3): 310-326.

[2] 陈琦，刘儒德. 当代教育心理学 [M]. 2 版. 北京：北京师范大学出版社，2009：251-252.

[3] SHARMA U, NUTTAL A. The impact of training on pre-service teacher attitudes, concerns, and efficacy towards inclusion [J]. Asia-Pacific journal of teacher education, 2016, 44(2): 142-155.

[4] SWAIN K D, NORDNESS P D, LEADER-JANSSEN E M. Changes in preservice teacher attitudes toward inclusion [J]. Preventing school failure: alternative education for children and youth, 2012, 56(2): 75-81.

障碍类型及特征、融合与特殊教育的内涵与发展、融合与特殊教育法规政策、课程与教学知识、有效的融合教学策略以及融合环境的实践体验等，这与以往研究一致。[1][2] 未来仍需继续探索作为必修课和选修课的融合教育课程，对教师的融合教育素养的培训是否有显著效果，以进一步确定融合教育课程的地位和作用；继续开展融合教育课程内容的研究，探讨哪些知识和技能影响教师开展融合教育，以支持职前教师为所有儿童的教学做好准备。

　　仅有 11 组融合教育学期课程和 2 组长期项目为职前教师提供了附加或单独的实践课程，主要是在融合幼儿园、小学或特殊学校的见习和实习。其中，附加的实践课程，职前教师需见习 5 至 40 小时，时长约 3 至 14 周。其实践内容包括参观学校，了解、研究校内儿童和融合教育，在融合学校、特殊学校或社区观察并针对特殊儿童制订和实施教学计划，直接与特殊儿童接触以及评估融合教育社区计划等。例如，为期 10 周的挑战性行为选修课，在后 3 周进行专业见习，在见习期间职前教师需要将前期学到的行为管理相关知识应用于融合教育环境并对特殊儿童进行行为干预。[3] 提供单独实习的长期项目，其实践持续时间更长，实习内容通常包括在融合学校或特殊学校教授课程、与其他专业人员对话与合作等。以苏格兰新时代职前教师教育培养项目为例，在培养的前两年要求职前教师 21 天内连续进行学校见习，以研究影响儿童成长和学习的不同因素，在第三年和第四年分别在融合环境中实习 10 周和 14 周，要求职前教师与专业人士合作探讨以支

① ROUSE M. Reforming initial teacher education: a necessary but not sufficient condition for developing inclusive practice [M]// FORLIN C. Teacher education for inclusion: changing paradigms and innovative approaches. London: Routledge, 2010: 47-55.

② SHARMA U, FORLIN C, LOREMAN T. Impact of training on pre-service teachers' attitudes and concerns about inclusive education and sentiments about persons with disabilities [J]. Disability and society, 2008, 23(7): 773-785.

③ O'NEILL S C. Preparing preservice teachers for inclusive classrooms: does completing coursework on managing challenging behaviours increase their classroom management sense of efficacy?[J]. Australasian journal of special education, 2016, 40(2): 117-140.

持所有的学生。^①整体来说，大部分的学期课程和长期项目都提供了实践课程，只有 5 组课程未提供田野实践。与融合教育理论课程相比，学期课程的实践课程时间普遍较短，有些课程的实践内容也仅限于参观学校。^②正如洛尔曼（T. Loreman）等人指出的那样，实践体验是职前教师融合教育素养培养中不可或缺的组成部分，融合环境有足够的支持和资源，可使职前教师获得改变固有态度的机会，也可以为职前教师反思这些固有态度提供支持。^③与单独的融合教育理论课程相比，结合了融合环境实践的课程会有更好的效果。^{④⑤}同时，实践的时间长短也可能会导致职前教师态度不同。^⑥实践时间超过 30 天的职前教师在融合课堂中的教学效能感更高。^⑦虽然很多研究支持实践对职前教师的积极影响，但兰开斯特（J. Lancaster）与贝恩（A. Bain）的研究却发现单纯的课程学习、课程学习和实践体验相结合的两种课程设计对职前教师的影响并没有显著差异，即参与现场实践并未显著影响职前教师的信念。^⑧未来研究需要继续考察和探索理论课程与实践

---

①　SOSU E M, MTIKA P, COLUCCI-GRAY L. Does initial teacher education make a difference? the impact of teacher preparation on student teachers' attitudes towards educational inclusion [J]. Journal of education for teaching, 2010, 36(4): 389-405.

②　SHARMA U. Changing pre-service teachers' beliefs to teach in inclusive classrooms in Victoria, Australia [J]. Australian journal of teacher education, 2012, 37(10): 53-66.

③　LOREMAN T, EARLE C, SHARMA U, et al. The development of an instrument for measuring pre-service teachers' sentiments, attitudes and concerns about inclusive education [J]. International journal of special education, 2007, 22(2): 150-159.

④　SOKAL L, WOLOSHYN D, FUNK-UNRAU S. How important is practicum to pre-service teacher development for inclusive teaching? Effects on efficacy in classroom management [J]. Alberta journal of educational research, 2013, 59(2): 285-298.

⑤　SOKAL L, SHARMA U. Do I really need a course to learn to teach students with disabilities? I've been doing it for years [J]. Canadian journal of education, 2017, 40(4): 739-760.

⑥　PEDERSEN S J, COOLEY P D, HERNANDEZ K. Are Australian pre-service physical education teachers prepared to teach inclusive physical education?[J]. Australian journal of teacher education, 2014, 39(8): 53-62.

⑦　SPECHT J, MCGHIE-RICHMOND D, LOREMAN T, et al. Teaching in inclusive classrooms: efficacy and beliefs of Canadian preservice teachers [J]. International journal of inclusive education, 2016, 20(1): 1-15.

⑧　LANCASTER J, BAIN A. The design of pre-service inclusive education courses and their effects on self-efficacy: a comparative study [J]. Asia-pacific journal of teacher education, 2010, 38(2): 117-128.

体验之间的关系、持续多长时间的实践会使得职前教师的态度发生明显的转变，以及实践在职前教师融合教育课程中应如何安排等问题，以实现最优的融合教育课程设计。

　　从当前短期和学期融合教育课程或长期项目来看，课程评价多采用形成性评价和总结性评价相结合的方式，通常包括课程作业、实践作业、考试三种考核方式，并将见习、实习等作为课程考核的重要内容。课程作业包括课堂展示、阅读相关文献、参与课堂讨论等。例如，夏尔马的研究要求 3 名职前教师以小组形式共同进行课堂演示，主题涉及破除融合教育在课堂实施的障碍，参与者需使用残疾的社会学模型并采用反思性实践模式来识别和解决融合教育实施的障碍。[①]对于长期项目的评估，除了课程评价之外，在最终结束时双重认证融合教师培养计划还会采用基于四个标准的档案袋评价，即具有明确目标的计划和教学，计划和实施教学以使所有学生有意义地参与课堂，在计划和实施课程过程中有效地使用技术策略，以及维持尊重、合作、具有挑战性和文化回应性的学习环境。[②]

二、教师融合教育素养培养项目的实施效果

　　教师融合教育素养培养项目不仅通过课程评价获取职前教师对课程的掌握情况，还将职前教师的融合教育态度、效能感、知识及担忧作为课程或项目的评估指标，以此检验课程或项目的有效性。20 组课程主要从融合教育态度、教师效能感、对实施融合教育的担忧以及对融合教育知识和策略的掌握等方面进行评估，大部分研究证实了融合教育课程或融合教育素养培养项目对职前教师具有积极影响。14 组课程测量了职前教师的融合教育态度，总体而言职前教师的融合教育态度变得更为积极：其中有 11 组报

① SHARMA U. Changing pre-service teachers' beliefs to teach in inclusive classrooms in Victoria, Australia [J]. Australian journal of teacher education, 2012, 37(10): 53-66.
② GAO W, MAGER G. Enhancing preservice teachers' sense of efficacy and attitudes toward school diversity through preparation: a case of one U.S. inclusive teacher program [J]. International journal of special education, 2011, 26(2): 92-107.

告职前教师融合教育的积极态度显著增强，其他 3 组报告职前教师虽然态度变得积极但并未达到统计意义的显著水平，还有 1 组报告职前教师对于融合教育积极态度显著变弱。10 组课程测量了职前教师的效能感，包括融合教学的效能感（6 组）、与未来特殊学生互动的效能感（3 组）、课堂管理的效能感（1 组），均报告了职前教师效能感显著增强。例如，通过为期 14 周的融合教育课程，研究者发现职前教师与未来特殊学生互动的效能感显著增强。[①]5 组课程测量了职前教师对实施融合教育的担忧，包括对资源缺乏、学业成绩下降以及对工作量增加等方面的担忧，结果表明通过融合教育课程学习，职前教师的担忧均有所减弱，其中有 4 组课程报告职前教师的担忧显著减弱，1 组课程发现职前教师对特殊教育立法知识的掌握水平显著提升。

　　总的来说，大部分研究通过前后测实验设计证实了融合教育素养培养的短期课程、学期课程和长期项目的积极影响，即经过融合教育课程学习，职前教师对融合教育的中立或消极态度转变成更为积极的态度，教学效能感增强，融合教育知识和策略显著扩充，对实施融合教育的担忧大幅减少，这与以往研究的发现一致。[②③] 仅有一项研究发现，与澳大利亚职前教师对融合教育的积极态度相反，加拿大职前教师的融合教育积极态度显著变弱，这可能是由加拿大的课程实施多样、授课教师不统一或职前教师与特殊学生相处的消极体验等原因造成的。[④] 需要说明的是，虽然大部分研究的职前教师表达了积极态度，但我们需要警惕社会期许效应，即职前教师可能倾

① ZUNDANS-FRASER L, LANCASTER J. Enhancing the inclusive self-efficacy of preservice teachers through embedded course design [J]. Education research international, 2012, 52, Article 581352.

② SHARMA U, FORLIN C, LOREMAN T. Impact of training on pre-service teachers' attitudes and concerns about inclusive education and sentiments about persons with disabilities [J]. Disability and society, 2008, 23 (7): 773-785.

③ TAYLOR R W, RINGLABEN R P. Impacting pre-service teachers' attitudes toward inclusion [J]. Higher education studies, 2012, 2(3): 16-23.

④ SHARMA U, SOKAL L. The impact of a teacher education course on pre-service teachers' beliefs about inclusion: an international comparison [J]. Journal of research in special educational needs, 2015, 15(4): 276-284.

向于给出社会可接受的陈述，①而持有融合教育积极态度是一种令人满意的回应。同时，态度并不一定表示行为，有研究指出尽管课程结束后职前教师的态度更为积极，但当被问及他们是否相信大多数特殊儿童可以融入普通课堂时，有 30.4% 的职前教师不同意或不确定。②未来研究可考虑调查职前教师在实践期间与特殊儿童接触时产生的正面和负面经验的类型，以确定它们如何影响职前教师对融合教育的态度和实施融合教育的信心；还应考虑采用质性研究方法，通过观察和访谈职前教师，获取其真实的态度及其态度转变的原因。

此外，融合教育态度、教师效能感、融合教育知识水平和对实施融合教育的担忧四个评估指标可能存在着密切关系。研究者发现教师效能感、融合教育知识水平与融合教育态度存在正相关，与对实施融合教育的担忧存在负相关，即教师效能感越高、知识水平越高，态度就会越积极，对实施融合教育的担忧会越少。③④然而，需要注意的是，仅仅提高职前教师的知识水平和效能感，并不足以改善职前教师对融合教育的态度并消除其忧虑。有研究指出，课程开始时职前教师担心能否在融合教室里教学，课程结束后大多数职前教师认为已为融合教育做好准备，但却担心是否会得到相应的支持以教导所有儿童。⑤因此，除了在职前阶段为职前教师提供融合教育素养培养之外，还需要为教师提供持续和适当的融合教育培训以及相应的资源保障。未来的研究应使用来自不同教师教育机构的大量样本，继

①　MALE D B. The impact of a professional development programme on teachers' attitudes towards inclusion [J]. Support for learning, 2011, 26 (4): 182-186.

②　MCCRAY E D, MCHATTON P A. "Less afraid to have them in my classroom": understanding pre-service general educators' preceptions about inclusion [J]. Teacher education quarterly, 2011, 38(4): 135-155.

③　SHARMA U, SOKAL L. The impact of a teacher education course on pre-service teachers' beliefs about inclusion: an international comparison [J]. Journal of research in special educational needs, 2015, 15(4): 276-284.

④　GAO W, MAGER G. Enhancing preservice teachers' sense of efficacy and attitudes toward school diversity through preparation: a case of one U.S. inclusive teacher program [J]. International journal of special education, 2011, 26(2): 92-107.

⑤　SHARMA U. Changing pre-service teachers' beliefs to teach in inclusive classrooms in Victoria, Australia [J]. Australian journal of teacher education, 2012, 37(10): 53-66.

续调查融合教育课程对职前教师的融合教育态度、职业效能感、融合教育知识水平以及实施融合教育担忧的影响，为职前教师融合教育素养培养方案的设计和评估提供依据。

三、总结

融合教育的准备意识不仅取决于态度，职前教师还需具有融合实践的知识和能力。[1][2] 那么职前培养项目应如何培养教师使其具备良好的融合教育素养？作为专业发展和终身学习的初始阶段，职前培养可能是提高教师融合教育素养的关键[3]。通过分析16项研究发现，当前分散模式是培养教师融合教育素养的主要方式，学期课程以融合教育知识与策略的理论学习以及融合教育实践操作为课程内容，并以职前教师的融合教育态度、效能感、知识等作为课程的评估指标。同时，也证实了无论是短期课程、学期课程还是长期项目，均对职前教师的融合教育态度和信念、知识或技能产生了积极影响。未来还需进一步探讨融合教育课程和融合教育素养培养模式的有效实施。正如欧洲特殊需要教育和融合教育发展署指出的那样，应继续探究教师融合教育素养培养的有效性证据，评估不同培养模式和课程组织、课程内容及教学方法的有效性，努力培养合格的教师，以满足所有儿童的多样化需求。[4]

---

① CARROLL A, FORLIN C, JOBLING A. The impact of teacher training in special education on the attitudes of Australian preservice general educators towards people with disabilities [J]. Teacher education quarterly, 2003, 30(3): 65-79.

② BURTON D, PACE D. Preparing pre-service teachers to teach mathematics in inclusive classrooms: a three-year case study [J]. School science and mathematics, 2009, 109(2): 108-115.

③ STITES M L, RAKES C R, NOGGLE A K, et al. Preservice teacher perceptions of preparedness to teach in inclusive settings as an indicator of teacher preparation program effectiveness [J]. Discourse and communication for sustainable education, 2018, 9(2): 21-39.

④ EUROPEAN AGENCY FOR DEVELOPMENT IN SPECIAL NEEDS AND INCLUSIVE EDUCATION.Teacher education for inclusion: key policy messages [EB/OL].(2020-03-18)[2021-08-10]. https://www.european-agency.org/sites/default/files/te4i-key-policy-messages_en.pdf.

第三节　教师融合教育素养培养的特征与展望

当今教师融合教育素养培养呈现多样化的态势，有效培养职前教师的融合教育素养已成为一项国际挑战。越来越多的研究者和教师教育者不断探索教师融合教育素养培养的成功要素，通过对当前国际教师融合教育素养培养项目的整理与分析，我们发现这些项目在培养依据、培养模式、培养目标、培养过程以及培养评价等方面存在许多共性。本节旨在总结当前国际教师融合教育素养培养的特征，围绕教师融合教育素养培养的经验和挑战，为我国教师融合教育素养培养提供参考。

一、教师融合教育素养培养的特征

（一）教师融合教育素养培养的依据：教师专业标准

教师专业标准规定着合格教师的基本专业要求，是引领教师专业发展的基本准则，同时也是教师培养、准入、培训、考核等工作的重要依据。美国、澳大利亚、加拿大等国家的教师专业标准明确而清晰地体现出教师在融合教育中的角色地位及其素养要求，为教师教育机构培养职前教师提供了规范和方向。[1][2][3]

美国州际教师评估与支持联盟于 2011 年修订的 InTASC 教师标准[4]详细阐明了教师的融合教育责任，在其中的学生及其学习、教学实践和专业责任领域下的学生的发展、学习差异、学习环境、评估、教学计划、教学策略、专业学习和伦理实践、领导和合作八个标准中均渗透了融合教育的

[1] 冯雅静，宋楠，王雁.美国国家性教师专业标准中融合教育相关要求探析 [J]. 教师教育研究，2016（4）：121-128.
[2] 俞婷婕.专业取向的抉择：澳大利亚教师专业标准影响下的大学教师教育课程设置 [J]. 清华大学教育研究，2016（6）：46-52.
[3] 巫娜.中国-加拿大中小学教师专业标准比较研究 [D]. 重庆：西南大学，2018.
[4] INTERSTATE TEACHER ASSESSMENT AND SUPPORT CONSORTIUM (InTASC). InTASC model core teaching standards: a resource for state dialogue [EB/OL]. [2021-08-10]. https://www.ccsso.org/sites/default/files/2017-11/InTASC_Model_Core_Teaching_Standards_2011.pdf.

理念和实践要求。这一教师专业标准为培养具备融合教育素养的职前教师指明了方向，一些教师教育机构如北卡罗来纳大学夏洛特分校、北科罗拉多大学（University of Northern Colorado）等均以此标准培养职前教师。

此外，美国的教师教育机构认证标准和职前教师培养标准中也融入了融合教育素养内容。美国教师培养认证委员会（Council for the Accreditation of Educator Preparation，CAEP）于 2013 年公布了新一代教师教育认证标准，其以培养高素质的教师为目标，从职前教师的选拔、课程设置、结果评价以及质量保障和改进等方面对培养合格的教师提出要求。融合教育素养作为职前教师培养目标之一也在其中，如标准一"学科知识与教育学知识"就强调教师教育机构要确保职前教师对学科的关键概念和原则有深入了解，能通过运用学科知识和教学实践灵活地促进所有学生的学习，并要求职前教师对学生、学习、学科内容、教学实践、专业责任的理解水平达到美国州际教师评估与支持联盟的 10 条评价标准。[1]2018 年美国教师培养认证委员会则对 K-6 年级的职前教师培养标准进行了规定。[2]这一标准在方方面面都显现着融合教育理念，已被批准为各州的职前教师培养标准选择之一。理解和解决所有学生的发展和学习需求，评估、计划和设计学习环境，使用有效教学支持所有学生的学习，以及评估专业人士这四个标准均凸显着融合教育的理念、知识和技能。例如，评估、计划和设计学习环境这一标准，要求职前教师要实施差异教学计划，以满足课堂中不同学生的需求，使用有效教学支持每位学生的学习，有效地组织和管理小组教学，以提供更有针对性的密集教学和差异教学。

不论是针对在职教师还是针对职前教师的培养标准，甚至是教师教育机构的认证标准，都为教师的专业实践和行为设定了明确的期望基准，也为教师培养提供了坚实的依据和方向。这些标准从教师的理念伦理、教学

---

[1]　邓涛.美国教师教育认证改革：机构重建和标准再构 [J]. 教师教育研究，2016（1）：110–115.

[2]　COUNCIL FOR THE ACCREDITATION OF EDUCATOR PREPARATION. CAEP 2018 K-6 elementary teacher preparation standards[EB/OL].[2021-08-11]. http://caepnet.org/~/media/Files/caep/standards/2018-caep-k-6-elementary-teacher-prepara.pdf?la=en.

实践、教学评估等领域出发，对融合教育素养做出了具体规定和明确表述，使职前教师明晰自身的融合教育责任及其在融合教育实施中的重要地位，并以此为基础支持自身持续的专业发展和成长。同时，也为教师教育机构培养教师提供了具体清晰的依据，使教师教育机构的培养方案制定、招生选拔、课程设置、成果评价以及质量保障和改进等形成了良性循环，有效推动了教师融合教育素养的培养。

（二）教师融合教育素养培养的模式：多样化

通过理论与实践探索，逐渐形成了独立设课与项目融合两种方式进行教师融合教育素养培养，并发展出分散模式、综合模式以及合并模式等多样化的教师融合教育素养培养模式。由此，教师培养项目建立在统一的概念框架基础上，通过教师教育学院调整现有课程、与其他学院合作设计课程或整合资源重置所有职前课程，将融合教育素养贯穿于职前培养项目，确保职前教师获得基本的融合教育态度、知识和技能，指导职前教师实施融合教育实践。

有些教师培养项目还基于现有的教师融合教育素养培养模式进行积极创新，如开发在线教学的分散模式（即单独的融合教育线上课程）以培养职前教师融合教育素养。澳大利亚塔斯马尼亚大学（University of Tasmania）融合教育实践课程就采用了线上教学的方式，对政府和非政府相关专业人士进行访谈并录制视频，要求职前教师在线学习。访谈内容从融合教育的定义和学生的特征（理论）自然地转向可在课堂实施的融合教育策略（实践）。研究发现这种线上访谈课程确实改善了职前教师的参与和学习以及对融合教育理论与实践理解的一致性。[①]

除此之外，教师培养项目还积极寻求与实习学校的深度合作以培养职前教师的融合教育素养。例如，旨在促进职前教师学习和发展融合教育的特殊教育沉浸项目与多所小学展开了深度合作，组建了合作密切的大学指

---

① RAYNER C, ALLEN J M. Using online video-recorded interviews to connect the theory and practice of inclusive education in a course for student teachers [J]. Australasian journal of special education, 2013, 37(2): 107-124.

导团队和学校指导团队，选取部分本科四年级学生为其提供一年的融合实践机会。①大学指导教师除了教授多样的融合教育课程，还需要与教师培养项目中的其他指导教师、实习小学协调员以及实习学校和在职教师密切合作，以确保职前教师沉浸于融合教学实践。学校指导教师会给予职前教师专业帮助，包括适时和及时的反馈、示范回应学生多样化特殊教育需求的一系列策略等。研究发现，这种双导师制的教师培养项目与实习学校深度合作的方式，对于减少职前教师的焦虑以及培养职前教师的融合教育素养有重要影响，使职前教师在实习学校体验高质量的融合实践，推动了职前教师观察、讨论、试验和反思融合教育理论与实践。

（三）教师融合教育素养培养的核心：建立融合教育信念

融合教育理念强调所有儿童都应平等地接受教育，教师应尊重不同儿童的差异性和多样性并满足其教育需求。这无疑要求教师重新认识和审视自身在融合教育实施过程中所扮演的角色和所承担的责任，同时具备融合教育方面的态度、知识和能力，才能最大限度地为所有儿童提供高质量教学。与普通儿童相比，特殊儿童需要更多的支持，而他们是否能获得支持往往取决于教师的信念。②鉴于教师对融合教育的积极信念是成功开展融合教育的关键因素，③④⑤大部分教师融合教育素养培养项目均将培养融合教育信念与态度作为核心内容和重要任务。

例如，苏格兰阿伯丁大学教育学院融合实践项目（University of Aberdeen School of Education Inclusive Practice Project，简称 IPP）围绕着

① GRIMA-FARRELL C. Mentoring pathways to enhancing the personal and professional development of pre-service teachers [J]. International journal of mentoring and coaching in education, 2015, 4(4): 255-268.

② JORDAN A, GLENN C, MCGHIE-RICHMOND D. The supporting effective teaching (SET) project: the relationship of inclusive teaching practices to teachers' beliefs about disability and ability, and about their roles as teachers [J]. Teaching and teacher education, 2010, 26(2): 259-266.

③ TIWARI A, DAS A, SHARMA M. Inclusive education a "rhetoric" or "reality"? Teachers' perspectives and beliefs [J]. Teaching and teacher education, 2015, 52: 128-136.

④ CAMERON D L. Teacher preparation for inclusion in Norway: a stud of beliefs, skills, and intended practices [J]. International journal of inclusive education, 2017, 21(10): 1028-1044.

⑤ BOYLE C, SCRIVEN B, DURNING S, et al. Facilitating the learning of all students: the professional positive' of inclusive practice in Australian primary schools [J]. Support for learning, 2011, 26(2): 72-78.

"为融合学校环境中所有学生的发展做好准备""成为课程的有效教师""达到高水平的专业实践"三个培养目标,将融合教育理念贯穿培养的全过程,强调教师支持所有学生学习的责任并促进其对融合教育参与的理解。[1][2] 该项目通过课程使职前教师意识到"所有的学生都不相同""不应忽略或否认人类之间的差异""教师必须相信他们有能力教所有儿童",并且提出教师教育必须从一开始就将差异作为人类发展的中心概念加以考虑,努力推动教师信念转变,如教师需要采取社会文化理论视角去理解和应对不同类型学生教学的复杂性并且必须不断开发与他人合作的创新方式,以支持所有儿童的学习。澳大利亚一所城市大学为三年级或四年级学前、小学和中学教育职前教师开设了 12 周的特殊教育选修课,该课程的总体理念就是"融合教育是优质教育",培养教师在融合环境中理解教学的概念和实践,经过课程学习,职前教师均表现出更加积极的融合教育态度。[3] 美国纽约一所大学的教师培养项目将"优秀的教师重视多样性,并知道如何满足多样化的学生需求"这一信念作为重点,期待职前教师在培养过程中树立尊重、重视课堂和学校社区差异的价值观,调整目标和策略以支持有特殊需求学生的学习,并使用有关学生生活背景的信息(如文化和语言)为个人和班级构建更丰富的融合学习环境。[4]

总之,大部分的教师融合教育素养培养项目均强调融合教育信念的树立,通过融合教育课程以及充分的融合教育实践使职前教师认识到融合教育的意义和价值,充分接纳融合教育,为融合教育知识与技能的学习奠定坚实的基础。在这一过程中,职前教师不再将特殊教育需要儿童视为特殊教育教师的责任,而是视为自己的责任,并与特殊教育教师有效合作,做

① FLORIAN L, ROUSE M. The inclusive practice project in Scotland: teacher education for inclusive education [J]. Teaching and teacher education, 2009, 25(4): 594–601.
② SPRATT J, FLORIAN L. Inclusive pedagogy: from learning to action. Supporting each individual in the context of 'everybody'[J]. Teaching and teacher education, 2015, 49: 89-96.
③ VARCOE L, BOYLE C. Pre-service primary teachers' attitudes towards inclusive education [J]. Educational psychology, 2014, 34(3): 323-337.
④ MUELLER M, HINDIN A. An analysis of the factors that influence preservice elementary teachers' developing dispositions about teaching all children [J]. Issues in teacher education, 2011, 20(1): 17-34.

出考虑不同学生需求的周到决策，灵活选择教学方法，以提供高质量的教学。①②

（四）教师融合教育素养培养的路径：提供充分的融合教育实践

实践一直被认为是职前教师培养项目的关键要素，③同时也是教师培养项目的中心环节之一。教师培养项目通过将课程与职前教师现场实践经历相互整合，促使职前教师在教学理念、知识与技能方面有所提升。在教师培养项目中提供融合教育的现场实践，可使职前教师面对以往从未遇到过的包括特殊教育需要儿童在内的不同类型的处境不利学生，使职前教师基于自身以往经验主动修正和建构融合教育知识与技能；促进职前教师将融合教育理念和技能应用于实践，尤其是高质量实践课程以及在实践中特殊教育和普通教育职前教师相互合作等，都会对职前教师的融合教育态度产生积极影响。④

例如，有研究者设计了为期 8 周的融合学校见习，在此期间职前教师有机会观察和实施融合教学实践，见习结束后职前教师的融合教育态度更为乐观，变化最为显著的是职前教师对融合课堂教学的担忧或焦虑降低，同时对融合教育的信念和态度更为积极。⑤美国一所中西部城市大学的幼儿 / 幼儿特殊教育（Early Childhood/Early Childhood Special Education，EC/ECSE）教师培养计划强调融合是一种真实的课堂实践，将现场经验与课程相互整合，同时为职前教师提供了长达 752 小时的基于融合环境的观察与

---

① PUGACH M C. What do we know about preparing teachers to work with students with disabilities?[M]// COCHRAN-SMITH M, ZEICHNER K. Studying teacher education: the report of the AERA panel on research and teacher education. Mahwah, NJ: Lawrence Erlbaum, 2005: 549-590.

② KIRBY M. Implicit assumptions in special education policy: promoting full inclusion for students with learning disabilities [J]. Child and youth care forum, 2017, 46: 175-191.

③ FERRIER-KERR J L. Establishing professional relationships in practicum settings [J]. Teaching and teacher education, 2009, 25(6): 790-797.

④ KOSNIK C, BECK C. Priorities in teacher education: the 7 key elements of pre-service preparation [M]. London: Routledge, 2009: 104.

⑤ LAMBE J, BONES R. The effect of school-based practice on student teachers' attitudes towards inclusive education in Northern Ireland [J]. Journal of education for teaching, 2007, 33(1): 99-113.

见习以及融合环境的教学实习。① 例如，幼儿教育课程 I（Early Childhood Curriculum I）涉及融合教育的内容包括调整教学计划、与大学教师教育者进行融合教学、融合环境中的团队合作、环境调整、课程调整等，要求16 小时的融合现场见习时间，同时对基于融合环境的现场进行结构化观察和反思。职前教师在实习之前至少有 152 个小时的观察和见习时间，第一次融合环境的教学实习需要 200 小时，第二次融合环境的教学实习则需要400 小时。项目提供的课程与融合实践不仅强化了职前教师的融合教育积极态度、教学信心以及教学技能，还进一步促进了职前教师对融合教育的理解与反思。正如一些职前教师指出的："我了解到为有特殊需要的学生提供服务可能会非常具有挑战性，但是只要耐心并调整课程计划和策略，满足学生的需求，他们很有可能会以自己的速度发展和学习。""我与学生在合作学校的经历一直是融合课程最有用的地方，直到我在教学中实际运用这些策略，它们才真正彰显价值。"

因此，在职前阶段通过充分的融合实践发展职前教师的融合教育信念与态度、知识与技能是非常有必要的。②③ 大部分的教师融合教育素养培养项目都将融合教育实践视为不可或缺的重要环节，或将融合教育实践整合到课程见习中，或将其纳入整个项目的课程见习和教育实习中，使职前教师树立积极的融合教育信念并在融合实践中"扎根"，使其尝试在融合环境中观察、评估、计划、教学、反思以及沟通与合作，以改善其融合教学实践和教学质量。

（五）教师融合教育素养培养的保障：重视项目评估

项目评估是教师培养项目运行的必要环节，无论是分散模式还是综合模式或合并模式的教师融合教育素养培养项目，均对项目评估非常重视。

① VOSS J A, BUFKIN L J. Teaching all children: preparing early childhood preservice teachers in inclusive settings [J]. Journal of early childhood teacher education, 2011, 32(4): 338-354.
② BLAIR C W. Classroom teacher's perceptions of preservice education related to teaching the handicapped [J]. Journal of teacher education, 1983, 34(2): 52-54.
③ LAMBE J, BONES R. Student teachers' attitudes to inclusion: implications for initial teacher education in Northern Ireland [J]. International journal of inclusive education, 2006, 10(6): 511-527.

分散模式的教师融合教育素养培养项目的评估主要是课程评估，以课程作业、实践作业和考试等方式开展，有时辅以问卷或访谈的形式。综合模式或合并模式的教师融合教育素养培养项目更多是对项目培养的全过程进行动态监控和评估，将职前教师的融合教育素养作为教师专业素养的一部分纳入项目的各个评估环节中。

北科罗拉多大学的小学职前教师培养项目从入学选拔、专业选拔、课程学习表现、进入实习前评价、实习评价等各个环节入手测查职前教师对专业理念、知识和技能的掌握情况，项目实施过程中还会组织自我评价和培养结果评价，从而保障项目的培养质量。[①] 在实习之前职前教师需要达到修完所有规定课程、平均绩点不能低于 3.0 等硬性指标，并且通过大学教师对其以往表现和成绩的综合考察后才能进入实习环节。通过实习前评价，确保职前教师达到实习标准后，职前教师才能在大学指导教师和实习指导教师的监督和协调下完成 16 周的现场实习。当实习完成后职前教师必须达到以下标准：在实际教学单元获得 80% 的熟练度评估；在最终专业素质的所有项目上得分至少合格；在大学指导教师最终的现场评估表的所有指标中得分为 "熟练""成熟""模范"；通过大学指导教师和实习指导教师的最终线上评估；参加由大学指导教师组织的研讨会；达到诸如 InTASC 等教师专业标准要求，如职前教师必须表现出对学生多样性的欣赏和尊重，并针对英语学习者、特殊学生、不同文化背景学生进行课程调整，以及必要时为资优学生提供扩展课程。[②] 针对培养结果的评价，该项目采用了项目毕业生的满意度和项目用人单位（中小学校）对毕业生的满意度作为评价项目质量的依据。这一方面可以测查毕业生所接受的职前培养对其自身教学的作用和效果，了解毕业生在工作中的表现情况；另一方面也可从第三

---

① 付淑琼.美国中小学卓越教师职前培养的质量保障机制研究 [M]. 上海：华东师范大学出版社，2016：88-123.

② UNIVERSITY OF NORTHERN COLORADO. Student teaching handbook EDEL 454 elementary education fall semester 2021 [EB/OL]. [2021-08-12]. https://www.unco.edu/cebs/teacher-education/pdf/edel-454-handbook-f-21c.pdf.

方用人单位得到对教师培养的质量与问题的反馈。该项目 2013—2014 学年的结果评价发现，毕业生整体满意度较高，其中大部分毕业生（68.86%）对于教授特殊需要学生的准备情况满意度较高；[①]对毕业生所任教中小学的校长的满意度调查发现，毕业生在针对特殊需要学生设置适当教学目标这一部分达到甚至超出了校长的期望。[②]

科学有效的项目评估是教师融合教育素养培养的质量保证，也是项目持续改进的重要推手，通过收集和使用多种数据，可以有效地监控职前教师的培养进度、成就，定期评估和跟踪项目实施的进度和效率，将教师融合教育素养的培养落到实处，以客观、多元、科学、可持续的综合评价改善教与学，做出循证决策，最终保障职前教师的培养质量并推动教师培养项目的持续完善和进步。

二、当前教师融合教育素养培养面临的挑战

为使职前教师具备融合教育素养，必须澄清一系列问题：融合教育素养包含哪些内容？为了促进课程的连贯性，职前教师所需的共同的融合知识基础是什么？需要什么程度的融合教育知识准备？哪种培养模式能更有效地形塑职前教师的融合教育素养？怎样最优整合融合教育课程与实践？如何建构融合教育实践以促进职前教师对特殊需要学生的理解与接纳？[③]教师教育者应如何准备职前教师融合教育培养？教师教育机构内部与其他机构应如何合作？最重要的是，通过融合教育素养培养，职前教师是否能有效地在课堂上教导所有学生？审视国际教师融合教育素养培养的现状，融合教育课程、教师教育者以及教师教育机构内部与其他机构之间的合作等面临着一系列相互交织、相互作用的挑战。

---

① UNIVERSITY OF NORTHERN COLORADO. Alumni survey [EB/OL]. [2020-08-27]. https://www.unco.edu/education-behavioral-sciences/pdf/alumni-survey-b.pdf.

② UNIVERSITY OF NORTHERN COLORADO. Employer survey: spring 2014 [EB/OL]. [2020-08-27]. https://www.unco.edu/education-behavioral-sciences/pdf/employer-survey-principal-c.pdf.

③ FULLERTON A, RUBEN B, MCBRIDE S, et al. Evaluation of a merged secondary and special education program [J]. Teacher education quarterly, 2011, 38(2): 45-60.

（一）融合教育课程本身的缺陷

现有的融合教育课程或特殊教育课程更多的是选修课程或模块课程形式，未与教师教育课程有机结合，其课程体系中缺乏多元与差异主题的统整，课程内容也不足以使职前教师满足普通班级中特殊儿童的需求，并且课程的传授方式大多以理论讲授为主，缺乏实践基础。[①②③] 同时，由于培养内容决定着职前教师对融合教育的理解，当前仍有一些教师培养项目中的课程沿袭着特殊教育的传统，其教育对象更多地指向特殊儿童，并不适用于当下的融合教育情境。因此，教师教育机构必须审查融合教育课程，完成从特殊教育传统到融合教育的转向，将融合教育整合到教师教育的核心课程中，确保职前教师为融合教育做好准备。

（二）融合教育理论与实践脱节

融合教育理论与实践脱节、教师教育机构与当地学校之间的脱节严重影响着教师融合教育素养的培养质量。当前融合教育课程通常以一门或两门课程为基础，尽管职前教师在学习融合教育课程后，对融合教育理解并持积极态度，但研究发现职前教师在实施融合教育方面没有做好足够的准备。[④⑤⑥] 原因在于：首先，当前所开设的融合教育课程较少，且以理论学习为主，未能培养职前教师解决融合教育实际教学问题以及反思教学实践的能力。其次，教师教育者对职前教师缺乏支持和监督，这是因为一些教师教育者本身缺乏融合教育素养，很难帮助职前教师将理论与实际联系起

① AHSAN M T, SHARMA U, DEPPELER J M. Challenges to prepare pre-service teachers for inclusive education in Bangladesh: beliefs of higher educational institutional heads [J]. Asia-Pacific journal of education, 2012, 32(2): 241-257.
② PIJL S J. Preparing teachers for inclusive education: some reflections from the Netherlands [J]. Journal of research in special educational needs, 2010, 10: 197-201.
③ 卡普兰，刘易斯. 推进全纳教师教育：倡导指南 [M]. 长春：东北师范大学出版社，2015：65.
④ MAJOKO T. Mainstream early childhood education teacher preparation for inclusion in Zimbabwe [J]. Early child development and care, 2017, 187(11): 1649-1665.
⑤ CHIRESHE R. The state of inclusive education in Zimbabwe: bachelor of education (special needs education) students' perceptions [J]. Journal of social science, 2013, 34(3): 223-228.
⑥ HORNBY G. Preparing teachers to work with parents and families of learners with SEN in inclusive schools [M]//FORLIN C. Teacher education for inclusion: changing paradigms and innovative approaches. London: Routledge, 2010: 93-101.

来，也就无法有效支持职前教师解决实践问题；同时，教师教育者工作繁忙，对实习课程的监督不足。此外，职前教师在不支持融合教育的实习学校还会面临现实层面的挑战，强调竞争、考试成绩的实习学校和实习导师可能会忽视班级中的特殊学生，从而导致职前教师的融合教育信念动摇。①

（三）教师教育者缺乏融合教育专业素养

阻碍教师教育机构培养职前教师融合教育素养的关键问题之一，是教师教育者往往缺乏促进融合教育的能力。②作为参与教师融合教育素养项目开发、设计和实施的专业人员，教师教育者可能缺乏融合教育理论与实践经验。可能的原因，一是教师教育者可能更熟悉特殊教育理论与实践，对融合教育的理论与实践了解有限；二是教师教育者即便具备丰富的融合教育理论，但在融合教育实践层面常常缺乏第一手经验；三是学科领域的教师教育者往往不具备培养和评估职前教师计划和实施融合教学能力的资格。③四是教师融合教育素养培养仍是一个相对较新的研究领域，还未建立起系统完整的知识库，因此几乎没有向教师教育者提供有关开发和设计融合教育课程的指导准则。④

（四）教师教育机构内部合作不足

教师教育机构设有不同的部门，教师教育者认为"部门之间有砖墙""教师教育者的发展是零散的，由部门领导、分隔，工作重复很多""在团队里工作但不合作"。⑤每个部门有自己的专业发展计划，并且对融合教

---

① SMITH E R, AVETISIAN V. Learning to teach with two mentors: revisiting the "Two-Worlds Pitfall" in student teaching [J]. The teacher educator, 2011, 46(4): 335-354.

② CARNER P, ROSE R. A national strategy for supporting teacher educators to prepare teachers for inclusion [M]//FORLIN C. Teacher education for inclusion: changing paradigms and innovative approaches. London: Routledge, 2010: 23-33.

③ ZHANG J, WRIGHT A M, KIM E, et al. A collaborative journey toward inclusive teacher education programs [J]. Curriculum and teaching dialogue, 2019, 21(1-2): 37-51, 161, 164-165.

④ WALKER N, LAING S. Development and initial validation of a questionnaire to improve preparation of pre-service teachers for contemporary inclusive teaching [J]. e-Journal of business education and scholarship of teaching, 2019, 13(2): 16-34.

⑤ BOOTH T, NES K, STROMSTAD M. Views from the institution: overcoming barriers to inclusive teacher education?[M]// BOOTH T, NES K, STROMSTAD M. Developing inclusive teacher education. London: Routledge Falmer, 2003: 33-57.

育的相关问题的关注程度不同。此外，特殊教育领域的教师教育者与学科领域以及其他领域如言语病理学、心理学等领域的教师教育者合作较少。[①]通常特殊教育领域的教师教育者不是学科领域的专家，同样学科领域的教师教育者也很少具备融合教育素养，无法为职前教师提供课程调整等方面的知识和个性化指导，因此教师教育机构必须努力与不同部门或学院通力合作，共同促进职前教师融合教育素养培养。

三、对我国教师融合教育素养培养的启示与建议

（一）将融合教育课程纳入职前培养方案，将融合教育性质课程设为必修课

目前我国在政策层面仅对教师教育机构开设融合教育相关课程进行鼓励和倡导，尽管 2018 年教育部发布的《普通高等学校本科专业类教学质量国家标准》指出，所有教育学类专业基础课程中要求开设"特殊教育概论"，在学前教育专业的专业方向课中设置"学前特殊儿童教育"，但教师教育机构对于是否开设融合教育课程仍然具有较大的自主权和灵活性，大部分教师教育机构并未开设融合教育课程。有研究指出长期项目和后续课程（另添加一门课程）可以确保教师融合教育素养的持续发展。[②]与长期项目和开设多门融合教育课程相比，一门学期课程可能更为符合我国教师教育机构的现实情况，并且从已有研究来看，学期课程也能有效改变教师的融合教育态度。因此，为使职前教师具备一定的融合教育素养，须尽快将融合教育课程纳入职前教育培养方案的核心课程中，将融合教育课程设为必修课，课程时长至少为 1 学期，课程学时不少于 32 小时，融合教育课程内容可涵盖特殊学生类型及特征、融合教育与特殊教育的内涵与发展、融合教育与特殊教育法规政策、融合课程与教学知识、有效的融合教学策略

[①]　DELANO M E, KEEFE L, PERNER D. Personnel preparation: recurring challenges and the need for action to ensure access to general education [J]. Research and practice for persons with severe disabilities, 2008, 34(1): 232-240.

[②]　KURNIAWATI F, DE BOER A A, MINNAERT A E M G, et al. Characteristics of primary teacher training programmes on inclusion: a literature focus [J]. Educational research, 2014, 56(3): 310-326.

以及融合环境的实践体验,同时融合教育课程必须体现平等、融合和人本等理念。

（二）融合教育课程需凸显实践导向，培养职前教师的融合实践素养

教师融合教育素养培养项目应重视融合环境实地经验的重要性,融合教育课程需凸显实践导向,以使职前教师弥合融合教育理论与实践之间的鸿沟。仅仅是融合教育理论课程,不足以培养教师应对大差异课堂的能力,无法满足学生的多样化教育需要。有研究发现,职前教师在融合教育环境中与学生（包括特殊儿童和普通儿童）的互动和经历在整个职前培养过程中起着至关重要的作用,实践经历使职前教师对融合教育的态度及合作、观察、反思、反馈的能力都有了较大程度的改善。[1]要使职前教师为当今的特殊儿童教育做好充分准备,就必须使职前教师能够充分参与课程和实践的循环,同时职前培养应通过合作学习等深刻影响学习经历的方法,反复地使职前教师体验融合教育实践。[2]因此,建议融合教育课程增加职前教师在融合环境中的实践体验。首先,在课程计划上增加实践课时的比重,在课程组织形式上多采用合作学习等融合教学法。其次,在融合教育课程开设的同一学期提供特殊和融合环境的实地体验,使职前教师初步了解融合教育的实施,获得教学实践的各方面反馈。最后,在职前教师实习期间,应将其尽量安排在有特殊儿童并践行融合教育理念的班级和实习学校,为其提供观察、教学、评估和反思的机会,发展职前教师的融合教学实践能力,并塑造其积极的融合教育态度。

（三）重视职前教师融合教育态度的评估，保障融合教育素养培养的有效性

将职前教师的融合教育态度、职业效能感、融合教育知识水平、对实施融合教育的担忧等指标作为教师融合教育素养培养项目评估的重要内容

---

[1] GERACI L M. Preparing preservice teachers for inclusive field-based experience: a case study of field-based tutoring experience [D]. New York: University at Buffalo, State University of New York, 2009.

[2] BAIN A, LANCASTER J, ZUNDANS L, et al. Embedding evidence-based practice in pre-service teacher preparation [J]. Teacher education and special education, 2009, 32(3): 215-225.

之一。回顾以往研究，无论是学期课程还是长期项目，均以融合教育态度等作为衡量职前教师学习成果的指标。这是因为教师的融合教育态度和信念作为一个关键因素，影响着融合教育的成功实施。因此，建议教师融合教育素养培养项目在开始时就关注职前教师的态度、效能感、知识水平等指标，并据此调整项目，使职前教师具备必要的融合教育素养，提升其融合教育态度、效能感、知识水平，并减少其对融合教育实施的担忧。将对态度和效能感的培养融入教师融合教育素养培养的各个环节，通过多种方式促使职前教师树立融合教育理念。教师教育机构还须从入学选拔、专业选拔、课程学习表现、进入实习前评价、实习评价等各个环节入手，采用访谈、观察、反思性日志、考试等多种方式，测查职前教师的融合教育理念、知识和技能掌握情况，有效监控和定期评估职前教师的培养进度与效果，以此保障融合教育素养培养的有效性。

（四）提升教师教育者融合教育素养，促进教师教育机构内部与其他机构通力合作

教师融合教育素养培养是一个系统工程，教师教育机构应在培养职前教师融合教育素养方面发挥关键作用，[①②] 教师教育机构要进行体系变革，以积极应对融合教育的开展给教师教育带来的挑战。[③] 教师教育机构、教师教育者须积极转变角色。教师教育机构负责人需要扮演融合教育领导者的角色，推动教师教育者理解和认同融合教育理念。教师教育者的融合教育专业发展同样是职前教师融合教育素养培养中的关键要素，教师教育机构需要为教师教育者提供更多的融合教育合作机会，以参与者和协作者的身份反思、讨论和推进融合教育课程教学，以确保融合教育课程开发者和实

① SHARMA U, FORLIN C, LOREMAN T, et al. Pre-service teachers' attitudes, concerns and sentiments about inclusive education: an international comparison of the novice pre-service teachers [J]. International journal of special education, 2006, 21(2): 80-93.

② ROMI S, LEYSER Y. Exploring inclusion pre-service training needs: a study of variables associated with attitudes and self-efficacy beliefs [J]. European journal of special needs education, 2006, 21(1): 85-105.

③ 王雁，范文静，冯雅静. 我国普通教师融合教育素养职前培养的思考及建议 [J]. 教育学报，2018（6）：81-87.

施者对特殊需要和融合教育的理解，促进职前教师理解融合教育理论与教学实践之间的联系。①②③此外，教师教育机构还需促成建立融合教育团队，将融合教育领域、学科教学领域的教师教育者与教师教育机构其他学院如心理学院、信息技术学院等，以及普通中小学、幼儿园、特殊教育学校等各方力量整合，调整和融通学科课程、融合教育课程，形成互补的课程体系，将融合教育相关知识和技能融入教师教育、学科课程。例如，可将差异教学知识融入教育学、心理学以及学科课程中；与普通中小学、幼儿园开展深度沟通与合作，通过实习指导教师发展融合教育素养，促进建立教师融合教育素养培养共同体。最后，教师教育机构须加快探索适合本地随班就读发展的教师融合教育素养培养模式，对学期课程、多门融合教育课程以及长期培养项目进行研究，探讨不同培养模式对职前教师融合教育素养培养的影响，或与其他机构如高校内的信息技术学院合作开发教师融合教育素养培养慕课，拓展多样化的培养方式，探索职前教师融合教育素养培养的最佳实践模式。

---

① 卡普兰，刘易斯. 推进全纳教师教育：倡导指南 [M]. 长春：东北师范大学出版社，2015：66-81.

② FLORIAN L. Teacher education for the changing demographics of schooling: inclusive education for each and every learner [M]//FLORIAN L, PANTIĆ N. Teacher education for the changing demographics of schooling. Cham: Springer, 2017: 9-20.

③ VILLEGAS A M, CIOTOLI F, LUCAS T. A framework for preparing teachers for classrooms that are inclusive of all students [M]//FLORIAN L, PANTIĆ N. Teacher education for the changing demographics of schooling. Cham: Springer, 2017: 133-148.

第六章 教师融合教育素养的培训研究

实践表明，教师的融合教育素养准备不足成为当下制约融合教育发展的瓶颈，[①] 提升教师的融合教育素养已成为提高随班就读质量的关键。系统的职前培养、严格的考核与准入制度、常规化的职后培训体制是打造"专业型"融合教育教师队伍的必由之路。[②] 但我国高等师范院校对特殊教育教师和普通教育教师实行二元分立的培养模式，也没有硬性要求普通师范生必修特殊教育学分，这导致了绝大多数教师在入职前不具备融合教育素养，难以胜任融合教育工作。[③] 基于这样的现实，职后培训在提升我国教师融合教育素养方面显得尤为重要。我国多项相关政策文件也都对教师融合教育素养职后培训做出了明确规定，1988年《中国残疾人事业五年工作纲要（1988—1992年）》提出要"对普通学校的教师进行特教知识培训"。此后的文件又相继对培训主体、培训对象和培训内容做出规定，并要求教师资格考试要含有一定比例的特殊教育相关内容，比如《"十四五"特殊教育发展提升行动计划》明确提出"推动师范类专业开设特殊教育课程内容，列为必修课并提高比例，纳入师范专业认证指标体系，落实教师资格考试

---

① 黄建辉.从二元并列走向一体化：美国融合教育教师职前培养实践及其启示 [J].中国特殊教育，2018（4）：19-25，39.

② 谢正立，邓猛.论融合教育教师角色及形成路径 [J].教师教育研究，2018（6）：25-30.

③ 田波琼，申仁洪，廖丽莉.苏格兰中小学融合教育教师职前培养的背景、特点及启示：以 IPP 项目为例 [J].外国中小学教育，2017（10）：39-46.

中含有特殊教育相关内容需求。组织开展特殊教育学校和随班就读普通学校的校长、教师全员培训,将融合教育纳入普通学校教师继续教育必修内容"。这些政策文件也成为开展教师融合教育素养职后培训的重要依据和制度保障。但已有文件对培训工作的诸多细节,如培训目标、培训时长、考核方式以及经费保障等内容尚未做出明确规定,可操作性不强,强制力也有待提升。正因如此,如今针对教师融合教育素养提升的职后培训专业性不足,效果不甚理想。

时至今日,我们仍要追问:我国教师对融合教育是如何理解并践行的?针对教师融合教育素养提升的培训开展情况如何?各地区、学校在提升教师融合教育素养方面又做出了哪些尝试与探索?本章将围绕以上问题分别展开探究。

第一节　倾听教师的声音:教师对融合教育的理解与践行

一、现象与问题

发端于欧美的融合教育在"回归主流""一体化"运动的基础上发展而来,强调为特殊儿童提供正常化的教育环境,在普通班级中为有特殊教育需要的学生提供必需的支持资源和相关服务,从而促进特殊教育和普通教育相互融合。融合教育因其蕴含"受教育权乃人的基本权利"的道德观念以及"人权、公平、主流化"的价值判断而在全球教育领域拥有主导性话语权,在多个国家以教育政策或文件的形式得以确证并推广。受这一思潮影响,我国也相继出台一系列政策推动融合教育的发展。1987年《全日制弱智学校(班)教学计划》首次指出轻度的智力障碍儿童也可以随班就读,以随班就读的形式践行融合教育理念。近年来,融合教育逐渐取代随班就读成为官方话语出现在国家政策中并呈现兴盛态势,如《残疾人教育条例》(2017年修订版)对发展特殊教育的理念做出重大调整,强调要优先发展融合教育,通过强制性规定将融合教育上升到法制层面;《中国教育现代化

2035》也指出，要推进适龄残疾儿童少年教育全覆盖，全面推进融合教育。各种政策均为融合教育的推行提供了强有力的制度支持。

值得注意的是，不能只把融合教育作为一种"被仰望"的理想型政策框架，更应当关注如何对其进行解释并付诸实践。[①]教师作为最重要的实施主体，是否对融合教育持积极的态度、是否具备相应的专业知识和教育意识来应对有特殊需要的学生直接决定着融合教育实施成功与否。[②]然而诸多研究表明，现阶段在不少国家，包括中国在内，大多数教师对融合教育仍抱持较为消极的态度，主要包括条件性认同、中立观望甚至是谨慎、怀疑，极少有教师表示完全认同和接纳。[③④]而且，教师自身关于融合教育的"知觉行为控制"（perceived behavioral control），（包括知识、能力和自我效能感等）水平较低，导致教师在融合课堂的教学实践中仅做出"符号性的改变"而非教育教学上的真正创新。[⑤]譬如虽然多数教师具备为特殊学生课堂学习提供支持的意识，但支持的内容和措施单一，[⑥]且倾向于选择那些使用方便、容易、偏重情意层面且不会影响大多数普通学生的教学调整策略，[⑦]而对于需要花费较多时间和精力以及要求较强专业能力的课程内容和教学策略的调整则较为罕见[⑧]。这些都导致融合教育实践效果不尽如人意，甚至不少在普通学校就读的特殊学生又回流至特殊学校。[⑨]

---

① LINDSAY G. Inclusive education: a critical perspective [J]. British journal of special education, 2003, 30(1): 3-12.
② 卢乃桂. 融合教育在香港的持续发展：兼论特殊学校的角色转变 [J]. 中国特殊教育，2004（11）：82–91.
③ 张悦歆. 普校教师对残疾儿童随班就读的态度研究 [J]. 教育学报，2016（3）：104–113.
④ DE BOER A, PIJL S J, MINNAERT A. Regular primary schoolteachers' attitudes towards inclusive education: a review of the literature [J]. International journal of inclusive education, 2011, 15(3): 331-353.
⑤ TIWARI A, DAS A, SHARMA M. Inclusive education a "rhetoric" or "reality"? Teachers' perspectives and beliefs [J]. Teaching and teacher education, 2015, 52: 128-136.
⑥ 关文军. 融合教育学校残疾学生课堂参与的特点及教师提供的支持研究 [J]. 中国特殊教育，2017（12）：3–10.
⑦ 曾雅茹. 普通小学教师对随班就读的态度、教学策略与所需支持的研究 [J]. 中国特殊教育，2007（12）：3–7，18.
⑧ WESTWOOD P. Differentiation'as a strategy for inclusive classroom practice: some difficulties identified [J]. Australian journal of learning disabilities, 2001, 6(1): 5-11.
⑨ 傅王倩，肖非. 随班就读儿童回流现象的质性研究 [J]. 中国特殊教育，2016（3）：3–9.

由此可见，融合教育并未对教师的课堂教学实践产生实质性影响，教师陷入"实施难"的窘境。现有研究往往通过直接询问教师"在实施融合教育过程中遇到何种困难与挑战"以对其进行简单概括并分析原因。原因多集中于外部环境和教师自身两大方面。前者包括成绩至上的教育评价体制、大班额、师资不足以及不完善的支持体系，后者则涉及教师个体有限的时间和精力、匮乏的专业知识和技能、医学模式的残疾观等。①②③ 但相关研究对原因之间的内部联系及其作用机制的探讨却略显薄弱。此外，已有研究在一定程度上将教师视为融合教育的被动执行者，对教师实施融合教育的过程关注不足。实际上，教师对融合教育赋予一定的意义与解释，并据此开展课堂教学实践，影响着融合教育的最终效果。因此，本研究从具备能动性的教师这一主体出发，遵循质性研究范式，对教师进行深入访谈，力图了解教师如何理解并践行融合教育理念或政策，并尝试挖掘背后的原因与作用机制。

二、理论基础

尽管官方颁布的政策文本为推行融合教育提供了有利的制度环境，但政策在普通学校落实的情况却不尽如人意，融合教育面临实施难的困境。换言之，学校组织内部并未实现融合教育的制度化。"制度变迁"是社会学新制度主义关注的核心议题之一，主要探讨组织如何实现制度化。④⑤⑥近些年来，我国部分学者尝试借此分析教育领域中制度变迁何以产生与发

① YOUNG K, MCNAMARA P M, COUGHLAN B. Authentic inclusion-utopian thinking?—Irish post-primary teachers' perspectives of inclusive education [J]. Teaching and teacher education, 2017, 68: 1-11.

② TIWARI A, DAS A, SHARMA M. Inclusive education a "rhetoric" or "reality"? Teachers' perspectives and beliefs [J]. Teaching and teacher education, 2015, 52: 128-136.

③ 张悦歆. 普校教师对残疾儿童随班就读的态度研究 [J]. 教育学报，2016（3）：104-113.

④ MEYER J W, ROWAN B. Institutionalized organizations: formal structure as myth and ceremony [J]. American journal of sociology, 1997, 83(2): 340-363.

⑤ ZUCKER L G. Institutional theories of organization [J]. Annual review of sociology, 1987, 13(1): 443-464.

⑥ DIMAGGIO P J, POWELL W W. The iron cage revisited: institutional isomorphism and collective rationality in organizational fields [J]. American sociological review, 1983, 48(2): 147-160.

展，①② 从中观的组织层面出发为阐释融合教育实施困难的问题提供了新思路，但制度影响学校内部活动的过程仍未得到充分揭示。概括地说，这与社会学新制度主义自身的理论不足相关。

除制度变迁外，社会学新制度主义还关注制度的构成要素、制度类型、制度对组织结构产生的影响与作用机制以及影响组织的制度环境等重要议题。③ 尽管该流派扩大了制度分析的内涵，关注文化在制度变迁中的作用，一定程度上突破了旧制度主义的结构性要素对个体行为的完全制约，但仍将组织中的"人"视为被动的意义携带者和接受者。④⑤ 事实上，制度变迁不仅受到外部环境的影响，其实际运行还有赖于组织内部能动个体的意义建构并据此做出相应的行动，⑥ 因此应当对制度运作的微观基础进行探究⑦⑧。有鉴于此，本研究力图将组织中的"人"带回制度分析的视域，即将普通学校教师视为行动的主体，阐释他们如何理解并践行融合教育，呈现个体的意义建构和应对策略以及在此基础上生成操作层面的制度建议，为分析融合教育实施难的问题提供新视角。

三、研究方法

本研究关注教师为融合教育政策赋予怎样的意义和理解，进而采取怎样的行动，最终在实践层面又形成何种融合教育形态，这与质性研究范式

---

① 尹弘飚. 论课程变革的制度化：基于新制度主义的分析 [J]. 高等教育研究，2009（4）：75–81.

② 柯政. 学校变革困难的新制度主义解释 [J]. 北京大学教育评论，2007（1）：42–54.

③ 郭建如. 社会学组织分析中的新老制度主义与教育研究 [J]. 北京大学教育评论，2008（3）：136–151，192.

④ ZUCKER L G. The role of institutionalization in cultural persistence [J]. American sociological review, 1977, 42(5): 726-743.

⑤ DIMAGGIO P J. Interest and agency in institutional theory [M]// ZUCKER L G. Institutional patterns and organizations: culture and environment. Cambridge, MA: Ballinger, 1988: 3-22.

⑥ HALLETT T, MEANWELL E. Accountability as an inhabited institution: contested meanings and the symbolic politics of reform [J]. Symbolic interaction, 2016, 39(3): 374-396.

⑦ HALLETT T. Symbolic power and organizational culture [J]. Sociological theory, 2003, 21(2): 128-149.

⑧ HALLETT T. Between deference and distinction: interaction ritual through symbolic power in an educational institution [J]. Social psychology quarterly, 2007, 70(2): 148-171.

的意义性、诠释性和主体性等特征相契合。探寻和理解意义正是质性研究对社会现象进行探索的根本途径，也是开展质性研究的重心和关键。① 因此，本研究采取意义–阐释取向的质性研究方法来回答研究问题。

（一）参与者

质性研究在选取个案时遵循典型、丰富的原则以便在最大程度上凝聚研究所需的信息。② 本研究采用目的性取样和便利性取样相结合的方式，分别在北京与上海融合教育开展较好的地区选取教师参与研究。具体而言，研究者在北京市海淀区、上海市长宁区特殊教育资源中心负责人的协助下与区域内开展融合教育的学校管理者取得联系，通过他们向正在承担随班就读工作的教师发起邀请，最终共确定 11 名教师作为参与者，如表 6–1 所示。这些研究参与者来自 4 所不同的中小学，在年龄、教龄、所教学科等方面不尽相同，但他们接触随班就读工作时长均已超过 2 年，对融合教育基本形成了较为稳定的、具有个人特色的理解，能够提供丰富且翔实的资料。

表 6–1　参与者信息

	性别	年龄	所在城市与学校	教龄	接触融合教育年限与学生障碍类型	任教科目	兼任
林老师	男	>35 岁	上海 XJ 中学	22 年	3 年，智力障碍、孤独症	数学	班主任
倪老师	女	>35 岁	上海 XJ 中学	24 年	2 年，多动症	英语	班主任年级组长
朱老师	女	>35 岁	上海 XJ 中学	17 年	3 年，阅读障碍	语文	——
杨老师	男	>35 岁	上海 XJ 中学	25 年	2 年，智力障碍	英语	——

---

① BAZELEY P. Qualitative data analysis: practical srategies [M]. London: Sage, 2013: 156.
② 应星. 质性研究的方法论再反思 [J]. 广西民族大学学报（哲学社会科学版），2016（4）：59–63.

续表

	性别	年龄	所在城市与学校	教龄	接触融合教育年限与学生障碍类型	任教科目	兼任
徐老师	女	>35 岁	上海 HM 小学	20 年	4 年，孤独症	英语	—
姜老师	女	>35 岁	上海 HM 小学	22 年	4 年，孤独症	数学	—
赵老师	女	30 岁	北京 QH 一小	8 年	4 年，孤独症	数学、语文	班主任
牛老师	女	34 岁	北京 BY 附小	12 年	2 年，孤独症	语文、数学	班主任
郑老师	女	26 岁	北京 BY 附小	4 年	4 年，孤独症、多动症	音乐	—
王老师	女	34 岁	北京 BY 附小	12 年	7 年，智力障碍、孤独症、肢体障碍	美术	—
周老师	女	>35 岁	北京 BY 附小	20 年	19 年，听力障碍、智力障碍、孤独症、肢体障碍	英语	—

（二）资料的收集与分析

资料收集运用半结构式的深度访谈法，在紧跟研究主旨的前提下，挖掘更为丰富的主题信息，问题主要涉及：①班里特殊学生属于何种障碍类型？其特征和表现是什么？②特殊学生出现问题时教师会如何解决？③教师对融合教育相关政策的了解如何？④教师如何看待融合教育？⑤教师在实际教学过程中为特殊学生做过哪些调整？效果如何？⑥如何应对践行融合教育理念的过程中遇到的困惑与挑战？与11位教师的访谈时长为40—65分钟不等，征得研究对象同意后进行了录音。访谈地点为学校会议室或心理咨询室，环境安静私密。

所有访谈资料在匿名处理后，运用扎根理论的编码方法，借助MAXQDA 18.0软件进行分析，整个过程由两位研究者共同完成，通过同伴检核的方式来提高可信度。在开放编码阶段研究者精读访谈文本并逐行编码，初步界定暂时性的代码图式。紧接着进行轴心编码，选择那些最具代表性或最频繁出现的初始代码来分类、整合与组织大量的资料，发展出分析类属。持续比较法贯穿这一过程的始终，在资料间、类属间以及类属与资料间进行连续比较，不断修正分析类属以提高数据分析的可靠性，最终提炼出3个核心类属并分析其属性和维度。最后，在主题编码阶段，通过明确各类属之间可能的关系，将其重新编织在一起以总结出新的主题。以下简要展示编码过程，如表6-2所示。

表6-2 编码过程示例

三级：主题编码	二级：轴心编码	一级：开放编码			原始资料（节选）
		类属	属性：维度	贴标签	
教师对融合教育的践行	形式化教学调整	追求效率	保证正常教学：主一次	完成正常教学任务	"因为确实教学任务很紧，……他那再多需要几分钟的话，（我就）完不成教学任务，你想还有一堆的任务。"（王老师）
				考虑正常的教学时间和进度	Q："您课上有没有针对这个孩子的教学调整？会用到一些什么样的方法？"A："调整不大，出于时间和进度的原因。"（周老师）
			班级平均分：高一低	不影响班级平均分	"因为他现在随班就读之后，不算分数了。"（倪老师）
		教学调整	知识目标：有一无	对知识和学习不做要求	"所以在知识、学习方面可能就是不做要求了。"（牛老师）
			教学要求：高一低	回答简单问题	"前面课上尽量设置一些简单一点的问题，让他能够回答。"（姜老师）

续表

三级：主题编码	二级：轴心编码	一级：开放编码			原始资料（节选）
		类属	属性：维度	贴标签	
教师对融合教育的践行	形式化教学调整	个别教育计划（IEP）的制订和执行	个别教育计划制订中的协作：有—无	教师分别制订个别教育计划	Q："咱们这个计划是英文老师、数学老师、语文老师几个老师一块制订的？"A："分别制订的。"（徐老师）
			个别教育计划的执行：实质—形式	形式化的文档	"这个常规的都在做，效果还有待观察，还是形式比较多一点。……我们的事情太多了，就是一个老师现在基本上做各种 word 文档的东西。"（杨老师）

四、研究发现：教师理解与践行融合教育的图景素描

融合教育的实施有赖于普通学校中的一线教师，[1][2] 他们如何看待融合教育、是否认同融合教育对融合教育的实施有着举足轻重的作用，甚至决定着融合教育的成败[3]。在实际的教学过程中，教师基于自身认知经验对融合教育进行解读，生成独具特色的意义理解并据此展开实践。

（一）教师对融合教育的理解

研究发现，尽管大多数教师都认同并肯定融合教育在一定程度上有利于特殊学生社会性的发展，但当谈及融合教育在课堂层面的实施时，几乎很少有教师能真正接纳特殊儿童，而更倾向于从负面阐述自己对融合教育

---

[1] GUNNÞÓRSDÓTTIR H, BJARNASON D S. Conflicts in teachers' professional practices and perspectives about inclusion in Icelandic compulsory schools [J]. European journal of special needs education, 2014, 29(4): 491-504.

[2] DE BOER A, PIJL S J, MINNAERT A. Regular primary schoolteachers' attitudes towards inclusive education: a review of the literature [J]. International journal of inclusive education, 2011, 15(3): 331-353.

[3] HODKINSON A. Inclusive and special education in the English educational system: historical perspectives, recent developments and future challenges [J]. British journal of special education, 2010, 37(2): 61-67.

的看法与理解，表现出一种颇为谨慎、保留的态度。

1."对特殊学生家长来说是件好事"：融合教育是避免污名化的一种选择

访谈中，不少教师认为融合教育确实为特殊学生家长提供了一种可选择的安置方式。在与家长交流的过程中教师发现，一些家长会极力否认子女在智力或发展上的障碍。"我们班有一个轻度智力障碍的学生，但家长都不认为他们的孩子有智力障碍，就觉得这个孩子很聪明，什么都能学会。"（赵老师）他们坚持将自己的孩子送进普通学校。这些家长一方面希望子女在主流环境中与正常同伴交往以提高社会适应能力，同时在普通班级中接受更高质量的教育，以便孩子掌握相应的学业技能；另一方面也认为可以避免送子女入读特殊学校而被"扣帽子""贴标签"。"对这些特殊学生的家长来讲，他们可能觉得这样更合适一点。如果让孩子到特殊学校去，可能会带来一些'帽子'，甚至一些家长接受不了的情况。"（林老师）

虽然教师对家长的这一选择表示理解，但却认为这不利于特殊学生的发展。因为"在普通学校教育体制里，毕竟还是以正常的教学为主"（杨老师），教师必须优先考虑班级大多数学生的整体利益，难以为极少数的特殊学生提供所需要的特别关注或个别化服务。

2."文化课学不到什么，最好去特殊学校"

在实际教学中，教师总是会基于自身对学生能力或学习潜力的判断而对学生进行分类，并据此展开相应的教学实践。研究者发现教师大体上会将学生划分为"正常"（normal）与"非正常"（not normal）两类。前者包括学习能力较强和处于平均水平的学生，他们能够在教师的一般指导下解决自己的问题，是教师平时关注的重点。尤其是那些处于平均水平的学生，因其有可能通过努力提高成绩，成为教师投入时间和精力最多的学生群体。后者则指学习能力较弱的学生，他们往往需要额外的支持、时间、教学策略以及课程调整或学习材料，通常都持有诊断证明。[①]教师通过与特殊学生的接触发现他们的学习能力较差，不仅无法学习有高阶思维要求的课程内容，部分学生的认知水平甚至不能满足日常交往与沟通的需要，因此教师断定其难以在学业方面获得成功。"在（普通学校）文化课方面，他是学不到什么的，因为他的智力水平没有达到一定水平。"（姜老师）"所以在知识、学习方面可能就是不做要求了。"（牛老师）教师较少为其投入时间和精力。由于特殊学校具备专业的师资和科学的课程设置，教师普遍认为特殊学生若入读特殊学校能够获得更多关注和更为合适的发展机会。"我还是觉得，他们去特殊学校更合适。特殊学校的老师都是经过相关训练的，他们更了解特殊学生的问题、情绪反应和对应的处理措施，教授的内容也更适合特殊学生在社会上生存。"（郑老师）

3. 对课堂纪律与班级氛围造成干扰

在当前大班额教学情境下，教师尤其追求有序的课堂纪律。因为有序可以减少教学过程中的干扰，有助于顺利实现教学目标，从而确保效率。但特殊学生的存在似乎对课堂秩序提出了挑战。教师认为特殊学生受制于自身的身心发展状况，自控能力相对较弱，很容易在课堂上表现出情绪与行为问题，对班级其他学生的学习以及教师教学造成干扰。"在课堂上，有时候他会突然哭起来，也不知道为什么。如果这个孩子没有来的话，上课的秩序都会是很好的，学生们也都是集中注意力的状态。但他在场的情况下，他会躺在凳子上或者是把脚朝天，这会分散正常孩子的注意力，影响其他孩子听讲学习的过程。"（郑老师）有些存在攻击性行为的学生很容易与其他学生产生肢体冲突，影响班级氛围的和谐甚至是其他同学的人身安全。"他就是不大会跟同伴玩吧，感觉我打你一下，你来追我啊，这个是他最开心的事，因为男孩子之间玩起来没有分寸的，很容易发生肢体冲突。"（姜老师）正是特殊学生自身存在的一系列情绪与行为问题，使其成为班级潜在的"秩序威胁"，这也是教师不能真正认同和接纳融合教育的重要原因

---

① GUNNÞÓRSDÓTTIR H, BJARNASON D S. Conflicts in teachers' professional practices and perspectives about inclusion in Icelandic compulsory schools [J]. European journal of special needs education, 2014, 29(4): 491-504.

之一。

4．"不得不做的一件事"与"额外的工作负担"

从个人角度出发，教师对融合教育的意义和价值产生质疑。日常繁重的教学工作已使教师苦不堪言，教师没有足够的时间和精力学习融合教育的相关内容。尽管教师缺乏开展融合教育所需的知识和技能，但迫于外部环境压力又不得不遵从这一要求，有教师在访谈中直言融合教育是"不得不做的一件事"。"没有什么准备或不准备，就像这个学校必须得收这些孩子，你必须得教这些孩子。"（郑老师）教师基于理性考量认为开展融合教育除会极大增加自身工作负担之外，还无法对自身的教育教学产生较为持续的促进作用，因此"不值得在上面花太多精力"。"面对这样一个特殊孩子，他的学习节奏、学习内容等各方面跟其他孩子都是不一样的，老师工作的负担和压力其实很大，毕竟我教两个班就这一个特殊孩子，下一轮可能就遇不到这样的孩子。"（朱老师）教师平时也很少会专门针对特殊学生的需求而设计教学。"我们平时教研针对的都是普通学生，因为特殊学生到底是比较少的，他们是弱势群体，社会的关注度也不是很高，平时不可能为了这么一两个人专门搞一次教研。"（赵老师）教师更不可能专门安排时间去参加融合教育的相关培训。"我们参加培训的话，肯定是面对大部分孩子的普通教育的培训。因为我是教数学的，所以肯定要去参加数学方面的专业培训。不会因为你班级里面有一个特教的学生，就把这一天安排给你去做特教培训。"（姜老师）

教师在访谈中多次强调自己是"普通学校教师"，以与"特殊学校教师"和"融合教育教师"区分。他们将促进特殊学生的成长和发展视为特殊教育人员以及特殊学生家长而非自身的责任，且在实践中对二者表现出高度依赖：不仅期待家长能主动寻求专业人员的支持并提供有效信息以应对特殊学生出现的问题，还认为部分家长应该担负起陪读、在家庭生活中给特殊学生"补短板"的重任。当特殊学生在班级里出现问题时，教师也会第一时间求助于学校资源教师或负责特教工作的教师，认为特殊教育人员应当承担教育特殊学生的主要责任。"我们毕竟不是这方面的老师，像这些（工作）还是应该由更专业一点的教职人员来完成，（他们）能给孩子提供更专业的指导。"（林老师）而区域特教中心也会指派巡回指导教师每周进校指导，对特殊学生进行"抽出"（pull-out）式辅导，即离开原来班级，单独到资源教室进行一对一辅导或康复训练。这种"抽出"式服务又进一步强化了教师对"教授特殊学生是特殊教育人员的责任"的认识。

（二）教师对融合教育的践行

在实践中，教师基于以上的理解做出一系列"形式化"的调整来应对融合教育政策提出的要求，导致融合教育在实践中呈现出不同于理念与政策的样态。

1. 教育目标：引导行为规范而非学习知识

在教师看来，特殊学生受限于认知水平，无法达成普通学校的教学目标，教师普遍对特殊学生的学业不抱任何期待，对他们的要求也通常以不干扰课堂纪律和教学秩序为主。"我的目标也不高，我对他的要求是上课乖乖的，上课哪怕你不能控制住自己的思想，你最起码要乖乖地坐在那里。"（徐老师）只有两位教师提到会在教案预设中为其做专门的考虑，大多数教师在知识学习方面并没有为其设定明确的目标，他们的学习内容以抄写和复述为主，在课堂中让其参与一些简易的外显活动（如小组活动、集体朗读）以获得愉悦体验。"对于他来说，感受英语的快乐就好了。"（周老师）

教师认为，相较于知识的学习，帮助特殊学生学习行为规范、养成基本的生活习惯以适应学校生活更为重要。"我们主要就是培养他规范的习惯，……比如你能走对教室、课间知道上厕所，甚至找到自己的座位、听到铃声走到自己的座位。知识方面的目标很少，更多的是适应学校的生活。"（林老师）

2. 教学活动：形式化调整而非实质创新

普通学校内部的技术环境对教师教学提出了效率要求，使教师视班级的平均分、学生的升学情况、中考的合格率为"生命线"和"重中之重"。教师面对着教学、班级管理和学校指令性工作的负担，加之对特殊学生投入时间精力却难以获得与之匹配的反馈而产生的挫败感，使其在做出利益得失的理性计算之后不得不以选择性应付的方式开展融合教育。[①] 首先，教师为特殊学生做出的多是简便易行的调整，包括指定特殊学生座位，特意为其设置简单的问题、布置更少量的作业、降低任务难度、尽可能为其提供参与课堂教学的机会等。尽管如此，教师在课堂教学中做出的改变均属于象征性的结构化调整（structural changes），[②] 而非在教学方法和策略上进行创新和变革（pedagogical innovations）。其次，在制订个别教育计划（individual educational plan, IEP）的过程中，不同学科的教师之间、教师与特教指导中心的专业人员之间缺乏必要的交流与协作，并且 IEP 多以痕迹主义的形式出现在各类档案资料中。"这个常规的都在做，效果还有待观察，还是形式比较多一点。因为大家都很忙，对于这样一个特殊学生，你可能花出去的力气不是事倍功半，而是事倍没有功，所以基本上都在应付。"（杨老师）

3. 精力投入："顾好正常能力的孩子之余"

几乎所有教师都反复提及，其首要任务是完成正常教学，因此在教学过程中会将主要精力倾注在普通学生身上而难以兼顾特殊学生的需求——"我的时间和精力有限，我一定是顾好正常能力的孩子之余，才能够尽量多地关注到他。"（朱老师）教师言辞中也都以数据形式直观地呈现出时间紧张的教学安排。"我们本身的教学任务就已经很重了。语文课本一共 16 个单元，东西特别多。所以我在整体上课的时候不可能因为他去做专门调整。"（牛老师）"我们一个班 37 个人，一节课 40 分钟，1 分钟看一个人的话，这 37 分钟下来也就快下课了。所以他那再多需要几分钟的话，（我就）完不成教学任务。"（王老师）囿于有限的时间和精力，教师无法专门对特殊学生进行单独指导，只能利用课堂中的小组讨论以及大多数学生进行自

---

① MARCH J G. A primer on decision making: how decisions happen [M]. New York: The Free Press, 1994: 37.

② SINGAL N. Working towards inclusion: reflections from the classroom [J]. Teaching and teacher education, 2008, 24(6): 1516-1529.

学的时候给予零散的辅导。"学生在小组活动的时候，我会到他（特殊学生）那组去看看。……会跟他单独地讲讲。"（徐老师）可见，教师对不同学生的精力投入存在明显的主辅与先后之分，对特殊学生的额外关注和个别辅导均需在不影响普通学生和正常教学进度的前提下进行。

五、分析与讨论

总的来说，融合教育理念及政策倡议还远未成为普通学校教师广为接受的事实，亦没有形成强大的力量。教师对融合教育仍持较为消极的态度，绝大多数的教师都秉持一种实用的"部分融合"取向，将形式化的调整视为自身在教学过程中最大限度的改变。最终，教师在实践层面形构了一种与理想层面相去甚远的"象征性"融合教育。那么，教师到底为何如此理解？其背后的作用机制是怎样的？本研究认为新制度主义社会学理论能够为解释上述现象提供"良方"。

（一）理解背后：教师共享的文化－认知图式

新制度主义理论认为，人们的理解过程受到栖身于其中的文化框架的塑造，深藏人们头脑中的某些范畴、图式和信念左右着人们的行为选择。个体甚至没有觉察到自己做出了选择，只认为自己"理所应当"该这么去做。当行动者对某种特定情境有了共享的理解，意味着他们会给自身的行为赋予比规则和规范等制度层面更深层次的文化合法性。在本研究中，教师群体拥有的一套共享的认知图式使其做出了前述的解释与理解，进而影响了行为，并视其为"理所应当"，甚至超越了融合教育政策层面的影响。这种共享的认知图式突出表现在以下三方面。

1."我是普通学校教师而非特殊教育教师"的身份图式

访谈中教师反复强调"我们毕竟不是这方面（特殊教育）的老师""我们是普通学校，要以普通学生为主""因为我们是普通学校里的教师，参加的主要是普教学科类的专门培训"，都表明教师在长期的教学实践中形成了十分明确的"我是普通学校教师而非特殊教育教师"的身份认同。这一身份图式使教师产生了对什么是我的本职工作、什么是我应该做的以及什么是外在强加的任务的认识。对普通学校的教师而言，依靠行政力量推动的融合教育就是这样一种外在强加的任务，针对特殊学生的教学被视为非本职工作。如此，即便区域特教中心为教师提供相关培训机会和支持资源也会被拒之千里，因为原本就很繁重的教学、班级管理以及各种指令性工作早已令教师分身乏术。这种认识又直接影响了教师的融合教育行为：课堂教学过程中顾好大多数学生之余才会关注特殊学生，特殊学生出现问题时主要依赖特殊学生家长以及巡回指导教师或校内的资源教师帮忙解决。

2. "升学主义"与"分数至上"的应试教育图式

对分数与升学率的追求无疑是身处"考选世界"当中的教师最为普遍的价值选择。[①] 在本研究中，这一图式具体表现为教师对教学时间的格外珍视以及对教学秩序和课堂纪律的强调与掌控。在应试教育压力之下，教师竞相争夺时间资源来教授学业知识，完成教学进度并努力提升学生成绩。此外，面对大班额教学的现实，有序的课堂纪律也是保证教学进度和质量必不可少的要素。[②] 应试教育图式让教师自动而又坚决地把融合教育实施与班级教学质量、班级平均成绩对立起来。访谈中教师多次提及，实施融合教育必然会牵扯大量的时间和精力，影响教学进度；特殊学生表现出的一系列情绪与行为问题对其他学生听讲产生负面影响，进而影响课堂教学质量，拉低班级平均分。这与以往诸多研究发现相呼应，即教师在实施融合教育的过程中遇到诸多困难，比如被频繁提及的"缺少时间""大班额的限制""现有教育评价体制"等，其背后反映的正是根植于教师头脑中的应试教育图式。于是教师尽量减少对特殊学生的时间和精力投入，将主要精力倾注于帮助多数普通学生提高分数和提高升学率上。

3. 缺陷模式下的特殊学生观

不难发现，大多数教师仍秉持一种缺陷模式的特殊学生观。教师认为

---

① 周序, 刘庆龙. 教师与应试教育：从冲突走向和解 [J]. 湖南师范大学教育科学学报, 2017（5）: 92-97.

② SINGAL N. Working towards inclusion: reflections from the classroom[J]. Teaching and teacher education, 2008, 24(6): 1516-1529.

特殊学生的认知能力较差，难以在学业上有所成就，因此并不会对特殊学生的学业以及其他任何与教学相关的活动抱有期待，而只是尽可能让他们参与并感受到快乐。根据特殊学生的特征和需求设计个性化课程或在教学内容、策略上进行专门的调整则更是罕见。取而代之的是，教师认为发展特殊学生的生活适应能力才是优先考虑的事情，因此会更多地参与生活照料式的活动，管理并控制好学生的行为规范，认为特殊学校是更合适的安置形式。

（二）文化－认识图式背后：两套制度逻辑的博弈

上述在教师群体自身看来"理所当然"的认知假设和行为习惯，事实上都体现着制度逻辑的力量。[①] 制度逻辑（institutional logic）是指一套控制着特定组织域中各种行为的信念系统，为组织的参与者提供了有关应该如何开展行动的指南。[②] 组织域中的所有组织都有其正式和非正式的价值观、规则、习俗和利益，这些要素都以不同的作用机制使各种组织行为结构化和模式化。[③] 在社会这个复杂的组织域中，学校在维持自身生存与发展的过程中逐渐形成与社会交流的一种追求升学率的利己性制度逻辑，[④] 强调竞争、考试、选拔和比较。与此同时，在政府推行融合教育的政策环境下，学校及教师还面临着另一套强调尊重人权、争取公平、容忍差异、欣赏多元的融合教育制度逻辑。这两套制度逻辑的价值取向不同，甚至互有矛盾，却共存于学校场域中。

但正如卢乃桂[⑤] 所说，这两种价值取向不协调的制度逻辑有主次之分。融合教育作为一种依附性的政策，其存在要看它能否避免与学校里"表现主义"的要求产生严重矛盾。换言之，新兴的融合教育制度逻辑并未撼动

---

① 柯政.学校变革困难的新制度主义解释 [J].北京大学教育评论，2007（1）：42-54，189.

② 魏小梅，李宝庆.新高考进程中学校变革的困境与应对策略：新制度主义的视角 [J].教育发展研究，2017（22）：16-24.

③ 柯政.教师的文化－认知是如何影响课程政策实施的：以"研究性学习"政策为例 [J].全球教育展望，2011（3）：39-48.

④ 同②.

⑤ 卢乃桂.融合教育在香港的持续发展：兼论特殊学校的角色转变 [J].中国特殊教育，2004（11）：82-91.

原有的学校制度逻辑。在新制度主义看来，这是因为制度的形成需要同时依赖规定、规范以及文化-认知三根支柱。[①] 新制度只有在能契合相应的制度环境和组织文化、符合组织及其成员所认知并内化的社会规则时才会被接受。[②] 若只有变革政策做出的种种规定及伦理道德层面的规范，而失去文化-认知模式的支撑，新制度的形成步履维艰。因此，尽管我国政府和教育行政部门大力倡导融合教育，其重要性和价值理念也得到学校及教师的一致认同，但教师仅视其为一项行政命令，并未真正将之内化到头脑中并成为指导自己教学行为、理解教育现象的认知图式。关注个别差异、强调多元化教学和追求教育大众化的融合教育价值取向遭到原有学校制度逻辑的排斥，深入人心的学校教育选拔功能、社会群体所共同秉持的"学而优则仕""拔尖培优""重文化重学历"等传统人才培养观[③] 使得融合教育制度陷入被社会公众认可的"合法性"危机。追求升学率的制度逻辑在学校组织中牢牢占据主导地位，并被学校组织中的教师群体内化为共享的理解框架，取得了稳固的合法性地位，并成为教师实践的行动脚本。

（三）学校组织及教师的应对策略："政策-实践"松散耦合

尽管融合教育理念尚未内化为教师真正认可的认知图式，但作为政策话语的融合教育仍在规制和规范层面对教师施加着影响。融合教育在我国已发展了近40年，逐渐成为官方话语，并在教育政策框架内得以推行，影响了教师的感知和信念。已有不少研究指出，教师在道德规范层面都较为支持融合教育政策，但面对具体实施过程中的困难时又表现出谨慎、难以接受的态度，只是迫于大趋势以及日益增加的行政压力而不得不实施。[④] 外部制度环境与组织内部技术环境的要求常常是不一致的，如果

① 尹弘飚.论课程变革的制度化：基于新制度主义的分析 [J]. 高等教育研究，2009（4）：75–81.

② 张猛猛.大学章程实施的当下困境与破解之策：基于新制度主义的视角 [J]. 江苏高教，2019（3）：37–43.

③ 魏小梅，李宝庆.新高考进程中学校变革的困境与应对策略：新制度主义的视角 [J]. 教育发展研究，2017（22）：16–24.

④ TIWARI A, DAS A, SHARMA M. Inclusive education a "rhetoric" or "reality"? Teachers' perspectives and beliefs [J]. Teaching and teacher education, 2015, 52(12): 128-136.

合法性压力和效率是矛盾的，那么组织对策是什么呢？迈耶（J. W. Meyer）认为，组织的一个重要对策就是要把内部运作和组织结构分离开来，[①] 即组织更倾向于表面上遵从制度逻辑的要求，但在日常运作过程中有意识地采取"政策－实践"松散耦合策略，以满足其内部对效率的诉求。[②] 本研究中，教师在实践中所做出的种种形式化调整就是这样一种策略，其目的在于保证教学成绩和升学率不被"打扰"。融合教育制度带来的更多只是象征性的改变，对学校内部运作并未产生实质性意义。这种现象在国外诸多研究中也得到充分印证。如蒂瓦里（A. Tiwari）等研究发现，融合的官方话语对印度普通教师的课堂教学实践的作用微乎其微，教师仅仅在理论层面接受融合教育政策并表现出"仪式性遵从"，但却并不必然转化为实践。扬（K. Young）等发现，爱尔兰的小学教师大体上拥护融合教育的价值理念，然而实践层面却因外部因素的限制而并未展现出实施融合教育的能动性，并认为实施融合教育是一种遥不可及的"乌托邦"。[③] 还有一些研究者在对美国融合班级中的教师进行访谈时发现，尽管多数教师认为针对特殊学生进行课程调整是合理、有效的，但在实际进行分层教学时却在准备替代性材料、评估、课堂管理以及课堂环境营造等方面遇到重重困难，最终只会选用那些不需花费太多时间精力的调整策略。[④][⑤]

总之，融合教育因其自身所蕴含的价值理念的强大力量而成为一个被广为接受的"好"制度，并在国际组织的推动下被不同国家采纳。但至今

---

① 周雪光.组织社会学十讲 [M].北京：社会科学文献出版社，2003：77.

② 陈扬.组织多元应对策略前沿研究评述：从"制度逻辑"到"组织身份" [J].华东经济管理，2015（10）：146-151.

③ YOUNG K, MCNAMARA P M, COUGHLAN B. Authentic inclusion-utopian thinking?—Irish post-primary teachers' perspectives of inclusive education [J]. Teaching and teacher education, 2017, 68(11): 1-11.

④ WESTWOOD P. Differentiation'as a strategy for inclusive classroom practice: some difficulties identified [J]. Australian journal of learning disabilities, 2001, 6(1): 5-11.

⑤ GAITAS S, MARTINS M A. Teacher perceived difficulty in implementing differentiated instructional strategies in primary school [J]. International journal of inclusive education, 2017, 21(5): 544-556.

仍没有一个国家实现了高质量的、有效的融合教育。[①]由此不难看出，融合教育俨然已成为一种"理性神话"（rationalized myth）。

六、结论与建议

学校组织内部是一种以追求升学率，强调竞争、考试和选拔为特征的技术性环境。长期栖身于此的教师在这一制度文化框架的浸润下发展出一套共享的文化－认知图式，并依此来理解、实施融合教育政策。这套认知图式在教师心中根深蒂固，以至于在文化－认知层面解构了融合教育制度的合法性基础。在实践层面，教师表面上遵从融合教育政策要求，也认可融合教育对特殊学生社会性发展的益处，但在日常教学中却有意识地采取"政策－实践"松散耦合策略，如对特殊学生期待较低、形式化地调整教学策略、将主要的时间和精力倾注在大多数普通学生身上以保证成绩与升学率等。其结果是在学校内部形成了一种完全不同于政策话语的、象征性的融合教育制度。

但这并不意味着融合教育制度永远无法"落地"。基于已有研究，我们认为可从以下几方面继续推动融合教育发展：首先，在教师职前教育过程中注重培养教师的融合教育素养，帮助教师正确理解融合教育理念，塑造教师对融合教育的积极态度，使其具备胜任大差异课堂教学的专业能力。努力贯通我国长期以来特殊教育与普通教育师资培养的二元分立体系，将"多元、异质、平等"的融合教育理念融入教师教育的方方面面，鼓励教师主动承担起教授包括有特殊需求学生在内的所有学生的责任，并形成相应的身份认同，从而在文化－认知层面化解融合教育合法性危机。其次，坚定倡导"全面发展"的评价观，弱化单纯的应试倾向，减轻融合教育制度与学校内部技术环境之间的冲突，从而提升融合教育政策与实践之间的耦合程度，以真正的教育教学创新取代形式化调整。同时，加快完

---

① 邓猛，苏慧.融合教育在中国的嫁接与再生成：基于社会文化视角的分析[J].教育学报，2012（1）：83-89.

善与融合教育相关的配套制度变革的步伐，如课程评价制度、教师发展制度、专业支撑体系建设等。给予教师切实的物质奖励，将政策规定中的额外津贴与补助、绩效与职称评定向承担融合教育工作的教师倾斜等。最后，逐步建立并完善融合教育实施情况的督导检查和问责机制，将其纳入学校评估指标，以强化融合教育政策与实践之间的联系。

第二节　教师融合教育素养培训的相关研究

调查研究均表明，即使在融合教育开展较好的北京、上海等地区，教师对融合教育的理解与践行仍不理想，教师融合教育素养有待提高。基于这样的现实，我们更应该继续推动融合教育师资职后培训的规范化、制度化，加大教师融合教育素养培训的力度，切实增强培训的有效性。目前针对教师融合教育素养提升的培训开展情况如何？各地区、学校在提升教师融合教育素养方面做出了哪些尝试与探索？存在何种问题？本节将对以上问题做简单梳理和回答。

一、教师融合教育素养培训的理论研究：有效教师培训的要素与模型

教师培训是促进教师专业发展十分重要的途径，也是教师终身学习的需要，为此国家十分重视教师培训工作且投入巨大。一直以来，教师培训的有效性是社会各界广泛关注的问题，诸多学者致力于探究有效教师培训的关键环节或核心要素。这些核心要素主要包括培训需求、培训对象、培训目标、培训主题、培训内容、培训形式、培训师资、培训效果评估。各个要素之间环环相扣，组合在一起，保证培训的有效性。那么，这八个核心要素各自都发挥什么作用？各要素之间的关系如何？近些年，有研究者尝试建构有效教师培训的模型以厘清要素之间的关系。在这些模型中，核心是培训需求分析；内层是培训设计，具体包含培训目标、培训主题、培训内容和培训形式；中层是培训实施，主要包括对培训对象、培训师资的

分析；最外层则是培训效果评估，包括过程性评价和总结性评价。

在所有要素之中，培训需求分析是核心，也是开展教师培训的起点。它既是确定培训目标、设计培训课程的前提，又是评估培训效果的基础。[①]从需求分层出发，可将教师职后培训需求划分成社会、组织、工作岗位、教师四个维度。其中，社会需求分析主要立足于培训立项的社会背景，回答此培训的社会价值是什么、能在教育改革与发展过程中发挥什么作用等问题；组织需求分析主要是指教师所在的工作单位对教师培训的期待；工作岗位需求分析旨在从微观层面探究教师的专业化发展需求；教师层面需求分析则是分析教师在遇到教学困难等情况下主动感受到的培训需要。[②]研究者或培训组织者最应该关注工作岗位层面和教师个体层面的培训需求，既要关注教师参加培训的主观愿望、个体需求，又要找出教师的专业素养现状与理想状态相比存在的问题，有效缩小教师岗位胜任力与岗位标准之间的差距。

培训管理者要依据需求分析结果制定培训目标。培训目标是对预期培训结果的描述，旨在回答"培训要达到什么目标""教师在培训中要有什么变化、提高和发展""培训项目本身要取得什么成果"等问题。这主要体现在知识、能力、理解与体验三个维度上，旨在缩小教师自身专业素养现状与岗位标准之间的差距。此外，准确地表述目标也非常关键，目标阐述要具体、可评估，通常采用"ABCD"格式，即"行为主体＋执行行为＋执行条件＋执行标准"。[③]

在培训内容方面，培训管理者要根据需求分析的结果，结合培训目标设置有针对性的、系统性的培训课程。培训课程和培训目标之间存在内在逻辑关系，如果说培训需求是培训的起点，培训目标是培训的预期终点，

① 蔡迎旗，郑洁.幼儿园教师培训需求的实证研究 [J]. 教育研究与实验，2018（1）：66-70.
② 杜灵宇.云南少数民族农村地区随班就读教师职后培训内容需求研究：以陇川县为个案 [D].昆明：云南师范大学，2018.
③ 余新.有效教师培训的七个关键环节：以"国培计划——培训者研修项目"培训管理者研修班为例 [J].教育研究，2010（2）：77-83.

那培训课程就是起点和终点的连接线路。在课程内容的设置上，可从课程内容、课程类型和课程逻辑三个维度出发进行思考与组织。课程内容的选择应该满足需求，以引发教师学习动机；课程类型即课程领域，包括学科知识、条件性知识、实践性知识等知识类课程，以及操作技能类课程；课程逻辑主要是指课程的编排要建构在教师已有经验的基础上，课程内容的组织要有助于教师思考那些在教学实践中困扰他们的问题，培养教师问题解决的思维。①

在培训形式上，要充分发挥培训对象的参与作用。有效的培训形式需要建立在对学习者学习规律的把握上。教师作为成年人，学习的最大特点在于有经验基础，教师是基于自身已有经验来理解和接受培训者的观点。②这种特点要求培训形式注重互动，提供对话与合作的机会。目前的教师培训有丰富的互动参与形式，包括讨论、参与、案例研讨、小组合作等。当然，这些培训形式也要适合培训内容本身的特点，根据不同的培训内容选择最合适的培训形式。

在中层的培训实施环节，则有必要分析培训对象和培训师资的特征。对于一个有效教师培训项目来说，"培训谁"这个问题意味着需要对培训对象的意义进行再分析，即对学员个体培训需求开展深度分析。③除了一些背景变量（如培训对象的学科、学段、岗位、学历、年龄、性别等），最重要的还要分析培训对象的专业能力处于什么水平和阶段、知识结构如何。教师的专业发展表现出明显的阶段性，每个阶段都有其特殊性，培训目的、内容也相应不同。因此，教师培训要充分考虑教师的工作岗位要求和专业发展水平，增强培训的层次性、个性化。而优秀的培训师资是有效培训的重要保障，因此培训管理者也应严格遴选培训者，优化培训师资队伍，建设一支多元主体的教师培训团队。将理论专家、实践专家、优秀一线教师、

---

① 王秀英.有效教师培训的要素与模型建构 [J].中小学教师培训，2015（4）：18–21.

② 朱旭东，宋萑.论教师培训的核心要素 [J].教师教育研究，2013（3）：1–8.

③ 余新.有效教师培训的七个关键环节：以"国培计划——培训者研修项目"培训管理者研修班为例 [J].教育研究，2010（2）：77–83.

科研专家等都吸纳到团队中，既要发挥师资的教学功能，也要发挥其指导学员完成任务的支持功能，使教师能够在培训后得到培训团队的持续辅导和指导，使培训效果落实于教师的课堂教学之中。[①]

在外层的培训评估方面，培训管理者需密切关注培训效果如何，全程监测和控制培训质量。对于参训教师的评价，需要建构过程性评价、总结性评价、项目后评价相结合的评价体系。过程性评价可以以对参训教师的课堂表现和随堂作业做出点评为形式；总结性评价则包括定量和定性评价两部分，通过对参训教师完成作业情况的分析、参训教师对培训习得的技能展示与成果汇报等形式来进行；项目后评价则关注教师培训项目结束后，参训教师能否将培训所得带回学校和课堂，并最终影响学校、课堂和学生的表现。[②]

以上各要素构成了内部联系较为紧密的培训模型，但除此之外，还应将外部的制度政策、资源保障等也纳入培训模型之中，构建起一个内外部协同的培训模型。[③]本研究即以这些核心要素及其构成的培训模型作为分析基础，审视提升教师融合教育素养的相关培训研究。

二、教师融合教育素养培训的需求研究

在对教师职后培训需求的调研过程中，如何选取科学的需求分析方法进行数据分析尤为重要。管理领域最经典、最具影响力的两种培训需求分析模型分别是 OTP 模型和绩效分析模型。OTP 模型强调只有综合分析人员、任务、组织三个方面才能准确、系统、客观地分析培训需求。绩效分析模型虽在文献研究中影响力不如前者，但由于是在实践中总结出来的，在实际应用中地位更高。它聚焦于预期绩效与实际绩效之间的差距，分析造成差距的原因，从而具体分析培训需求。但这两种分析模型都起源于商业培训领域，没有体现教师职业的特点，在教师培训领域的适用性不强，而且

---

① 朱旭东，宋萑. 论教师培训的核心要素 [J]. 教师教育研究，2013（3）：1-8.
② 同①.
③ 李欢欢，黄瑾. "高素质善保教" 幼儿教师培训模型之构建 [J]. 中国教育学刊，2019（2）：11-17.

这些模型偏于宏观，在实际中操作性不足。一些学者意识到这一问题，于是在此基础上提出了教师培训需求的具体分析模型，比如余新提出的"冰山模型"和"弓箭模型"①。还有申军红等在借鉴 OTP 模型和绩效分析模型的基础上，以北京市海淀区中小学新任班主任为例，构建出"行为导向的教师培训需求分析进阶模型"。建构该模型共分为三个阶段：第一阶段是建构本岗位教师理想行为。第二阶段是分析行为差距，调研目标教师群体的实际行为，进而将理想行为与实际行为进行比较分析。第三阶段是分析导致行为差距的原因，通过判断其是否能够通过培训解决，来定位培训需求。只有当行为差距是由教师在知识、技能上的欠缺所导致，而且现阶段能通过培训加以解决时，行为差距才可以转化为培训需求。可以依据需求规划设计培训课程，包括课程模块、模块主题以及主题下的内容和相应的培训形式。②

在关于教师融合教育素养提升的培训研究中，研究者大多采用简单的百分比统计方式对调研对象进行问卷调查，根据相应维度进行数据的百分比统计，按照比例从高到低确定教师培训需求的内容和形式。③④⑤ 此类研究将培训需求分析简单等同于培训愿望分析。培训理应对教师愿望做出回应，这是调动教师参训积极性的前提，但若将满足培训愿望作为需求分析的价值所在和唯一依归，就可能使需求分析定位窄化，也会使培训者引领教师专业发展的主导作用被遮蔽。⑥ 因为有些参训教师可能受理论水平、专业发展意识、批判反思能力和自身立场的制约，无法有效识别自身的某些

① 余新.教师培训师专业修炼[M].北京：教育科学出版社，2012：90-110.
② 申军红，王永祥，郝国强.教师培训需求分析模型建构研究：以海淀区中小学新任班主任为例[J].教师教育研究，2016（6）：75-82.
③ 徐帅，赵斌.特殊教育教师专业发展与其培训需求的关系研究[J].教育导刊，2015（10）：79-82.
④ 李静.幼儿园教师融合教育素养与培训需求分析：以北京地区为例[J].教师发展研究，2017（4）：62-68.
⑤ 王红霞，彭欣，王艳杰.北京市海淀区小学融合教育现状调查研究报告[J].中国特殊教育，2011（4）：37-41.
⑥ 严加平.教师"想要的"就是"需求"了吗：OTP模式及其在教师学习需求分析中的运用[J].上海教育科研，2013（12）：35-38.

客观需求，或忽视"非个体"的需求。① 但近些年有研究者意识到这些问题，开始采用或借鉴某种经典需求分析模式，综合使用多种方法进行三角互证的研究，试图克服上述弊端，以挖掘出客观、真实的培训需求，并在此基础上设计培训课程。如杜灵宇就以"行为导向的教师培训需求分析进阶模型"为框架，对云南省少数民族农村地区随班就读教师职后培训需求进行了调查，并以此为基础制定出培训课程框架。第一，作者确定教师所应具备的理想的融合教育素养，在已有相关研究成果基础上稍加补充，从融合教育知识、技能和态度三个维度来界定"理想行为"标准。其中知识维度五项分别为"各类型特殊儿童身心特点、发展规律及教育需求""随班就读教育政策、法律、法规""随班就读教育、教学管理及改革发展前沿""特殊教育及融合教育基本概论"及"特殊教育研究方法"；技能维度包括"随班就读教育目标设定及具体教学策略""各类型特殊儿童行为矫正及补偿训练""随班就读课程、教材开发及调整""随班就读班级管理""个别化教育计划制定与实施"等共九项；态度维度两项，分别为"积极的随班就读理念"以及"完整的特殊儿童教育观"。② 第二，作者向调研对象发放自编问卷《云南少数民族农村地区随班就读教师职后培训内容需求调查问卷》，摸清该地区随班就读教师专业素养现状与职后培训需求，各维度下的条目得分越高，说明该项素养越不理想，越需要培训；同时，对教师和所在学校管理者辅以访谈法，深入了解教师融合教育素养发展现状以及该地区学校融合教育发展情况。第三，作者根据问卷各维度下各条目得分情况，将其与理想行为对比，找出行为差距。第四，作者根据对教师的深入访谈内容，分析导致行为差距的原因，判断其优先级以及是否能够通过培训加以解决，进而确定培训需求。在此以知识维度的培训内容需求为例简要说明分析过程。问卷分析结果表明，教师在知识维度的得分很低，说明知识素养很低，需要加强相关培训。其中尤以"特殊教育研究方法""各类型特殊儿童身心

---

① 赵德成，梁永正.培训需求分析：内涵、模式与推进 [J]. 教师教育研究，2010（6）：9-14.
② 杜灵宇.云南少数民族农村地区随班就读教师职后培训内容需求研究：以陇川县为个案 [D]. 昆明：云南师范大学，2018.

特点、发展规律及教育需求”以及“随班就读教育、教学管理及改革发展前沿”维度得分最低，结合访谈内容进行分析可知，“各类型特殊儿童身心特点、发展规律及教育需求”以及“随班就读教育、教学管理及改革发展前沿”维度确实是教师迫切需要的，而“特殊教育研究方法”维度虽得分也很低，但在教师心中这部分仅是作为教育教学的补充内容，且大部分一线教师教育研究压力较小，普遍缺乏该能力，短期内并不需要重点关注，但需将其列入教师专业发展的长期规划目标。因此，在知识维度最终确定的重点培训内容是“各类型特殊儿童身心特点、发展规律及教育需求”“随班就读教育、教学管理及改革发展前沿”以及特殊教育政策法规等知识，辅以“特殊教育研究方法”等。第五，依据需求规划设计培训课程，按照各维度急需补充的内容及重点关注的内容对课程进行分类、整合，设定了具体课时，同时给出了相应的培训形式。[①]

三、教师融合教育素养培训的内容、途径及模式研究

已有关于融合教育师资培训模式的研究，多是引介、总结、提炼国外培训项目或模式的经验，本土化的培训模式研究尚不成熟。如冯雅静总结部分国外融合教育师资培训项目在培训人员、内容和形式上的共同做法和经验，主要包括培训主体多样化、高度关注教师信念培养、为教师提供充分且广泛参与融合教育实践的机会、将教师的合作与共享能力作为培养和培训的核心能力以及重视项目实施后的效果评估这五个方面。[②]杜媛和孙颖采用文献分析法在比较分析了美国、欧盟、英国以及我国香港特别行政区提升普通学校教师融合教育专业素养的典型做法后，总结出包括“专业标准引领”“信念建构引领”“合作共同体引领”“学校变革引领”等在内的多重提升路径。进而以此为依据，对我国提升教师融合教育素养提出了一些颇有针对性的建议，比如：以特殊教育教师的专业标准为引领，增

---

① 杜灵宇.云南少数民族农村地区随班就读教师职后培训内容需求研究：以陇川县为个案 [D].昆明：云南师范大学，2018.

② 冯雅静.国外融合教育师资培训的部分经验和启示 [J].中国特殊教育，2012（12）：3-7.

强教师专业发展的包容性；倡导融合教育理念的建构，增强融合教育教师
专业发展的信念感；建立融合教育教师专业发展的合作共同体，积极吸纳
学校外部优质资源；积极推动学校融合教育的系统变革，实现教师自主专
业发展；等等。^① 此外，一些研究者还对我国香港特别行政区的做法进行
了较为细致的梳理。香港地区为积极推进融合教育，在地区教育局、香港
教育大学和中小学的三方合作下，从 2007 年就开始实施三个阶段的提升教
师融合教育素养的专业发展方案。第一阶段是教师全员培训阶段。香港地
区教育局部署专项资金，指定香港教育大学按照干预反应模式设计面向融
合教育的、以五年为一周期的"教师专业发展架构"，为在职教师提供系统
的"照顾不同学习需要"的基础培训、高级培训和专题培训课程，中小学
校长可以据此选派教师参加适当的培训。其中，初级培训包括 30 个学时，
主要指导教师掌握面向特殊需要儿童的必备知识和技能、教学策略、课程
调整策略、评估技术等以进行初级干预。高级培训包括 90 个学时，主要指
导教师如何为高危学生提供第二层级的干预。专题培训包括 90—120 个学
时，主要是指导教师针对不同障碍类别的学生进行第三层级干预。^{②③} 第二
阶段则是专家走进学校的现场支持阶段，其目的在于为学校提供持续有效
的现场支持而不仅限于一次性培训课程的短暂效果。在这一阶段，由香港
教育大学、一线教师和志愿者组成的专业团队进入学校，为特殊儿童及家
长提供现场咨询，同时还对教师进行现场培训。采用校本培训的方式，针
对差异化教学、特殊学生行为管理以及融合教育的整校推进等主题提供专
业知识讲解和问题解决的指导。第三阶段是学校开展融合教育的整校变革。
与前一阶段以校外专业支持为主不同，这一阶段的工作主要依靠校内教师
团队完成。教师团队通过合作备课、课堂观察、课后研讨等方式互相学习，

① 杜媛，孙颖.普通学校教师融合教育专业素养提升路径的分析及启示 [J].残疾人研究，2019（3）：71-79.
② 韩文娟.香港"全校参与"融合教育模式下的普通教育教师培训及启示 [J].现代特殊教育（高教），2016（11）：37-40.
③ 余玉珍，尹弘飚.香港融合教育政策下的教师专业发展 [J].华南师范大学学报（社会科学版），2014（6）：44-49.

在参与过程中不断反思、加深理解，实现自身的专业成长。^①以上学者的努力为提升教师融合教育素养培训的水平提供了很好的借鉴。

除了以上这些比较借鉴之外，从检索到的相关文献来看，国内一些研究者也开始尝试探索提升教师融合教育素养的本土化培训模式，基本上能够从有效培训的核心要素出发，理清培训思路并设计培训方案。其中对培训内容、培训途径或形式的探索尤为丰富，至于整体、系统的模式，还未成型。如黄美贤以上海市 C 区为个案，通过访谈调查了解该区随班就读教师专业培训的现状。^②该研究将 C 区的培训主要分为几个阶段：一是确定培训目标。通过梳理有关随班就读教师专业素养内涵的研究，从专业情意、专业知识和专业技能三方面来确定随班就读教师专业培训的目标。二是了解教师融合教育素养现状与培训需求。通过问卷调查、访谈了解教师基本情况，涉及教师的学历、教龄、从事随班就读的时间、专业态度、专业知识与技能水平以及培训需求、效果等。调查发现，C 区随班就读教师专业化水平还比较低，无论是专业情意，还是专业知识、专业技能，都有待进一步提高。因此，对他们进行专业培训很有必要。三是设计培训方案，明确培训主体、培训途径、培训内容和培训形式。培训主体主要是 C 区特殊教育康复指导中心（以下简称"特教中心"），由其具体负责本地区融合教育工作的开展。C 区特教中心逐步探索并形成了从区级、校级到教师各层面的教师融合教育素养专业培训途径。培训内容则是围绕着培训目的来确定的，选择培训内容通常有几种方式，包括参照有关随班就读教师培训的专用教材，查找相关研究文献，根据已有经验总结一些策略、方法，等等；同时，特教中心也会根据教师的培训需要，采用多种培训形式，主要包括组织专家讲座、观课评课、参观学习或交流研讨、巡回指导教师提供"一对一、面对面"的指导。个别积极开展培训的学校，在组织校本教研的时

---

① 杜媛，孙颖. 普通学校教师融合教育专业素养提升路径的分析及启示 [J]. 残疾人研究，2019（3）：71-79.
② 黄美贤. "随班就读"教师的专业培训问题与对策研究：以上海市 C 区为个案 [D]. 上海：华东师范大学，2010.

候，可以采用的方式有文献学习、案例讨论、集体研讨等。

四、存在的问题

从已有的研究来看，融合教育职后培训取得了一定的进展，各地区、各学校都在积极探索有效的培训模式，尤其是培训方式丰富多样，但尚有许多亟待解决的问题。

（一）需求分析"似有若无"，缺乏个性化和层次性的需求诊断

一方面，很多研究者和培训者对培训需求分析的理解存在偏差，导致需求分析"似有若无"。从目前已有的培训方案和过程来看，对培训需求的理解和重视程度仍远远不够。除杜灵宇的研究中有明确的培训需求分析模型指导外，其余几项研究均未涉及。多数研究者把培训需求分析简单等同于培训愿望分析，让参与者通过问卷或访谈的方式"说出"自己"想要的培训内容"和"最喜欢的培训形式"。但这种表达因为其具有"个人的、主观的、是被意识到的"等特点，而兼具了这三方面的局限，从而遮蔽了教师隐性的、真正的需求。这种浅显的理解导致需求分析的实质作用难以发挥。培训需求分析是确定培训主题、选择培训内容最重要的依据，若对需求分析的理解有偏差，那么选择的培训主题和内容也可能并非教师真正需要的。另一方面，很多需求分析也缺乏"个性化"和"层次性"的考量。已有研究尽管也调查了教师的基本情况和融合教育素养现状，但仅仅是指出"教师融合教育素养不高"的现实并将其作为培训必要性的依据，并未将其与需求分析结合起来讨论。研究者和培训者很容易忽视教师由自身教龄、职称、学历、专业发展阶段、接触融合教育的年限、接触特殊学生的障碍类型等因素导致的培训需求的差异，将所有教师的培训需求一视同仁，将培训重点放在大多数教师的需求或是大家认为最重要的需求上，进而忽略教师个体的需求。这也使得培训者无法开展精准的教师培训，培训效果不理想。

（二）培训要素分散、结构封闭，缺乏系统的模型建构

尽管已有研究也包含了有效培训的几个核心要素，包括调查教师的融

合教育素养现状、培训需求、培训内容及培训形式，但这些要素却各自分散，缺乏紧密联系，致使培训系统"血脉不畅"，培训系统内部还未形成一个有"生命力"或成熟的体系。比如，培训内容选择较为随意，常常是想到什么就选择什么，内容之间缺乏内在逻辑和系统性。这也造成许多负责培训的教师感到选择内容非常痛苦、培训效果不理想。究其原因，还是缺乏科学的培训需求分析，而且培训目标的定位、表述不明确。培训主题是需求的反映，培训内容要围绕一定的目标展开。培训目标是对预期培训结果的描述，旨在回答"学员在培训中要有什么变化、提高和发展"以及"培训项目本身要取得什么成果"，在阐述时，通常采用"ABCD"格式，即"行为主体＋执行行为＋执行条件＋执行标准"。但已有的研究多是仅说明培训旨在提高教师的融合教育素养，对于在哪些方面、有何种程度的提高和发展却语焉不详，导致培训课程主题不明，课程内容之间也缺乏逻辑关联。培训目标不明确也进一步导致培训评估缺乏针对性。

五、改进措施

基于以上分析，为增强教师融合教育素养培训的有效性，今后在开展培训过程中应努力做好以下几方面。首先，做好科学的培训需求分析是增强培训有效性、精准性的重中之重。研究者或培训组织者要正确理解培训需求分析的内涵与实质，在教师培训需求分析模型的指导下分阶段定位培训需求。以随班就读教师核心素养各维度作为理想行为标准，分析行为差距和原因，最终确定培训需求，依据需求分析的结果制定培训目标、设计培训课程。其次，要立足有效培训系统的整体来设计培训方案。根据需求分析的结果，结合培训目标来选择有针对性的内容，克服以往培训内容选择随意性的弊端。同时还要确保培训内容之间的逻辑性、系统性，根据培训内容本身的特点选择合适的培训形式。最后，充分利用相关政策制度、资源支持等外部能量，将其纳入培训系统之中，助力和调节教师培训系统内部的"能动循环"。

第三节　教师融合教育素养提升的培训模式
——来自 S 市 C 区的经验

本节主要以开展教师融合教育素养提升培训的 S 市 C 区特教中心为个案，通过访谈了解教师融合教育素养提升培训的探索情况，总结经验和问题，寻求改进对策，从而改善培训现状，提高教师融合教育素养水平。

一、研究方法

本研究采用质性研究中的个案研究法。采用目的性取样和便利性取样相结合的方式选择 S 市 C 区为个案，主要基于如下考量。

C 区自 1994 年开始在普通小学开展随班就读工作，比全市全面推进随班就读工作早了两年。2006 年，随着 S 市教委出台随班就读相关政策文件，C 区初中随班就读工作正式启动。近些年，在 S 市教育局的引领下，C 区通过课题引领以及区域教育行政部门、特殊学校、随班就读学校三方协作全面提升区域随班就读质量。具体来说，C 区特教中心牵头，通过与高等院校、幼儿园、职业技术院校、研究所等建立互助合作伙伴关系，申请、承担多项国家级以及市级的课题或实验项目，着力探索提升教师融合教育素养的有效途径，并取得明显成效，在特殊教育领域以及普通教育领域都引起了很好的反响，积累了一定的探索经验。

（一）研究对象的选取与介绍

为深入、细致了解 S 市 C 区特教中心在提升教师融合教育素养的培训中的有益做法，本研究对 C 区特教中心的 4 位教师、特殊教育初等职业学校（以下简称"初职校"）的 2 位教师、HG 幼儿园的 3 位教师以及 HM 小学的 1 位教师，共计 10 位教师分别进行了一对一半结构化访谈，研究对象基本情况如表 6-3 所示。

表 6-3　研究对象基本情况

研究对象	职务	工作年限	访谈时间	备注
夏老师	S 市 C 区特教中心主任	15 年	70 分钟	—
黄老师	S 市 C 区特教中心巡回指导教师	12 年	54 分钟	硕士学历
王 1 老师	S 市 C 区特教中心巡回指导教师	7 年	58 分钟	硕士学历
刘老师	S 市 C 区特教中心巡回指导教师	1 年	54 分钟	硕士学历
王 2 老师	S 市 C 区初职校教师	29 年	45 分钟	从事巡回指导工作 5 年
于老师	S 市 C 区初职校教师	22 年	43 分钟	从事巡回指导工作 11 年
姚老师	S 市 C 区 HG 幼儿园教师	3 年	51 分钟	接触特殊学生及融合教育 1 年，本科学历
胡老师	S 市 C 区 HG 幼儿园教师	5 年	51 分钟	接触特殊学生及融合教育 1 年，本科学历
朱老师	S 市 C 区 HG 幼儿园教师	9 年	51 分钟	接触特殊学生及融合教育 2 年，本科学历
姜老师	S 市 C 区 HM 小学教师	14 年	39 分钟	接触特殊学生及融合教育 2 年，本科学历

（二）资料收集的方法

资料收集主要运用半结构化访谈法，挖掘更丰富的信息。征得访谈对象同意后进行录音。在针对 C 区特教中心教师的访谈中，问题主要涉及教师在巡回指导工作中的具体情况，如形式、频率、效果及存在的问题等。而对 HG 幼儿园以及 HM 小学教师的访谈则更多起辅助作用，旨在从接受融合教育培训的教师角度了解培训的实际开展情况，与特教中心教师的访谈互为印证。访谈主要围绕目前教师在随班就读教学中面临的困难以及提升自身融合教育素养的途径、形式和效果等方面进行。

此外，研究者还收集了与此相关的文本资料，如 C 区特教中心的工作记录、特教中心黄老师以 C 区随班就读培训工作为主题的论文等，这些资料都为全面了解 C 区融合教育师资培训工作提供了强有力的支撑。

（三）资料整理与分析的方法

所有访谈资料在转录之后导入 MAXQDA 18.0 软件进行分析。借鉴三级编码的方式对访谈资料进行分析：首先，进行开放编码，对研究对象所使用的本土话语贴标签。其次，通过轴心编码对上述所得的开放编码进行有意义的分类，在反复比较的过程中明确这些分类之间的关系。最后，选择核心类属并与其他支援类属联系起来，整合为更高一级的编码。在此以"多层级培训途径"这一核心类属为例，简要展示本研究的编码过程，如表 6-4 所示。

表 6-4　编码示例

三级：主题编码	二级：轴心编码	一级：开放编码	原始资料（节选）
多层级培训途径	市级层面	打造 3 门融合教育主题的网络共享精品课程	市级的有 3 门，幼儿园教师学前融合教育专业提升课程、中小学随班就读教师研修课程，然后还有 1 门就是面向新入职教师的融合教育通史。（特教中心黄老师）
	区级层面	成立多样化且精细的随班就读中心组	那个在职的培训，我们有一些比较细化的中心组，因为特殊教育本身就有很多专业领域，……学前融合教育中心组、通用教学设计中心组、资源教师中心组，还有一个课程建设中心组，还有教导中心组，这些是紧紧围绕融合教育的。还有一些其他的，比如说像多动症以及其他特需孩子的一些教师培训的中心组，这些就是以中心组的方式运行的。（特教中心夏老师）

续表

三级：主题编码	二级：轴心编码	一级：开放编码	原始资料（节选）
多层级培训途径	区级层面	定期下校巡回指导	4 位资源教师就要负责全区 17 所中学的巡回指导与资源教学工作，平均每人要负责 4—5 所学校。（特教中心黄老师） 我一周有 5 个半天在外巡回指导，在具体的巡回指导时间分配上视每所学校的需求而定。若有的学校需求大，会每周去一次其至两次，若需求小，则可能一月一次。（初职校王 2 老师）
	校级层面	网络论坛研讨	我们从 2007 年开始建立随班就读网络论坛，论坛中的内容主要来自随班就读教师撰写的生动的教育教学的故事、案例，里面有困惑、有冲突，我觉得能够在整个群体中引起共鸣或者说集体的思考。……我们后来就逐渐从网络论坛搬到了其他应用软件。（特教中心黄老师）
		从教师专业发展项目到主题性校本教研	教师可以向中心申请课题，但是这个课题层次没有那么高，它可以是一个小小的学生个案，甚至是一份我们现在在学校推行的通用教学设计教案，比如说"三循环两反思"的教案。这个项目在进行过程中会有专家进行指导，我们也会帮忙去听课、评课，评了课以后再帮他们改课，帮助他们更好地开展教育或者随班就读的教学。（初职校于老师） 其实从 2017 年开始是叫主题性校本教研，倡导每个学校去立项一个小课题，然后根据这个小课题每个月定期开展随班就读教师的教研活动，这是各学校内部的活动，只不过每次教研活动也有特教中心的巡回指导教师、资源教师一起参加。每年还要围绕这个课题完成一个小的课题报告。（特教中心黄老师）

续表

三级：主题编码	二级：轴心编码	一级：开放编码	原始资料（节选）
多层级培训途径	校级层面	融合教育知识进校园	还有一个全面推广的活动，就是融合教育知识进校园，这个是去年就提出的项目，希望结合学校自身的需要，利用每周五下午教工大会的时间，请专家进入学校做相关的系列课程培训。（特教中心夏老师）
	教师层面	自主研修、撰写教育故事	这学期会关注这些特殊孩子，会时不时地写一些学习故事，记录一下自己是怎么帮助他们改善的，跟班里的老师都会互相交流。（HG幼儿园朱老师）

二、S市C区培训开展现状

（一）培训理念

C区特教中心在培训价值理念上倡导大融合教育观，即全部接纳，提出"潜能、支持、融合、生涯"的八字理念，认为所有学生，无论性别、年龄、学习能力、学习方式、文化背景、家庭经济状况等有何不同，都应该在主流教育体系中接受适合的教育。在大融合教育观下，C区特教中心打造出特别受家长和教师追捧的"资优项目"，即面向区域内的中小学发布招生通知，欢迎有意向的学生报名。特教中心会进行筛选，最终形成20人以内的小班对学生进行特色的思维训练。此外，特教中心在提供援助时也会考虑教师最迫切的需要，将教师非常关注的后进生、边缘生、问题学生也纳入融合教育范畴，因为他们在平时的教学中更容易受特殊学生影响。以此为突破点，当特教中心的巡回教师进校为特殊需要学生和教师提供支持援助时也就更容易被接纳。

（二）专业且多元的培训主体

1994年成立的C区特教中心，其主导功能是负责该区域融合教育工作的开展，对区域教师融合教育素养的专业培训具有管理、组织、监督等职能。近年来，C区特教中心更是吸纳了来自高等院校、研究所等的专家，以及一线从事融合教育工作的骨干教师和先进工作者、特殊学生家长等多种力量，打造了一支专业且多元的培训师资队伍，以特教中心为大本营，充分辐射、多管齐下、主动上门，为基层学校提供巡回指导，为特殊儿童少年提供鉴定服务、心理教育咨询服务，为教师提供教科研工作的指导。

（三）多层级培训途径

C区特教中心成立初期，由于人力资源匮乏、工作零散，巡回指导和培训有名无实。2006年9月，C区特教中心搬迁至C区初职校，借助特教专业的师资力量和科研力量，增加了巡回指导教师的数量。通过多年的探索与尝试，形成了市级—区级—校级—教师各层面的教师融合教育素养专业培训途径。由点到面、循序渐进、逐步辐射，先在全区开展随班就读的各学校培养起一批本土的资源教师骨干力量，带动学校内承担随班就读教学任务的任课教师和班主任，进而辐射所有教师。

1. 市级层面

在S市教委的组织和要求下，C区特教中心开发出3门市级网络共享精品课程，供全市有需要的教师修习、获得学分进而达到教师每学年360个培训课程学分的要求。3门课程分别是中小学随班就读教师研修课程、幼儿园教师学前融合教育专业提升课程以及面向新入职教师的融合教育通史。第一门课程由C区特教中心教师主讲，主要是对中小学教师在随班就读教学过程中遇到的问题进行分析和讲解。另外两门则由H师范大学特教领域的教授主讲，尤其是面向新入职教师的融合教育通史课程的设置，旨在从入职就培养教师接纳有特殊需要学生的融合教育意识。

2. 区级层面

（1）成立多样化且精细的随班就读中心组。

C区特教中心统一组织，对区域内各学校从事融合教育工作的骨干教师进行各种事务、专业知识与技能的培训。最初，中心组分类不明确，开展的工作也很零散、随意，但随着工作的开展、探索，逐渐积累了经验并摸清了工作思路。目前，区级中心组的成员是各学校分管随班就读的教导主任和随班就读骨干教师，旨在重点培养一批骨干教师，从而带动全区学校融合教育的整体发展。C区特教中心目前已按照不同的划分标准（如专业领域、特殊学生类型、年龄段等）打造出多样化且十分精细的专业中心组，包括学前融合教育中心组、教导中心组、资源教师中心组、通用教学设计中心组、课程建设中心组以及多动症学生中心组等，每月进行至少一次教研讨论。不同中心组的成员承担的具体任务、开展工作的形式各有不同。比如面向学校整体管理的各校教导中心组成员是各学校分管随班就读的教导主任，承担的任务主要包括学校随班就读工作管理、迎接各种专项检查、处理突发性棘手事件等。而其他专业领域的中心组则通过做中学的研修方式，就实践中遇到的困惑进行分析讨论和学习，教研之后再回到教学中实践，若再遇到问题就继续研讨，如此循环上升，促进教师融合教育知识与技能的不断发展。

下面将主要以学前融合教育中心组、资源教师中心组、通用教学设计中心组为例来介绍其主要的工作内容和形式等。

①学前融合教育中心组。学前融合教育中心组成立于 2014 年，H 师范大学周教授是中心组指导教师。"学前融合教育中心组的成立意味着学前融合教育从之前零散的探索开始走向系统、成体系的巡回指导。"（特教中心王 1 老师）中心组以打造成熟的教师教研队伍为抓手，每月到一所融合幼儿园进行至少一次的巡回指导。中心组现吸纳了区里 7 所融合幼儿园共 35 位有辅导特殊儿童经验的幼儿园教师，他们与来自 H 师范大学的周教授研究团队、中心巡回指导教师一起组成了相对成熟、稳定的教师教研队伍。而且，中心组还准备联合这 7 所融合幼儿园共同打造 C 区的"早期融合教育联盟"，即以特教中心和学前特教点（附设在 HG 幼儿园内）为核心圈、以 7 所融合幼儿园为基础圈，将融合教育支持性服务的影响力扩散至外围最大的扩展圈，也就是 C 区所有幼儿园，旨在让所有儿童受益，如图 6-1所示。

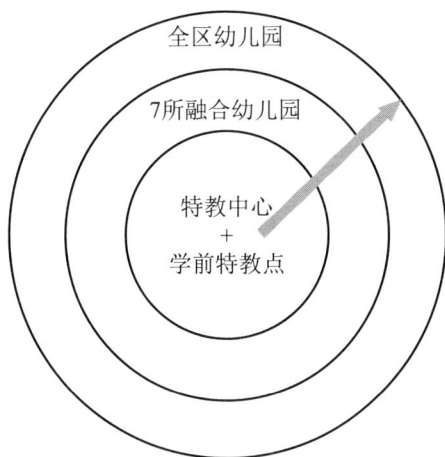

图 6-1　C 区"早期融合教育联盟"

区域"早期融合教育联盟"的功能定位是整合多方资源为特殊幼儿提供更高质量的融合保教。具体体现在以下几个方面：一是部门信息沟通平台。形成由学前特教专家、医生和学前特教巡回指导教师组成的工作小组，发挥其组织和协调功能，确保信息沟通顺畅，整体运行良好。二是园所资源共享平台。辐射核心幼儿园的融合教育经验，实现专家报告、特色课程、教学课例、成果手册、图书物资、信息资料等教育资源共享。三是教师专业提升平台。联盟帮助教师强化融合教育责任，形成良好的融合教育态度。同时，教师可通过联盟提高针对特殊儿童评估、干预、制订个别教育计划等的能力。四是家园资源共享平台。联盟中的家长可根据自己的需要获取相关的特殊教育知识与资源，如学校资源、专家队伍、志愿者组织和互联网资源等。五是服务延伸拓展平台。区域联盟一方面推进融合课程、融合活动不断发展，另一方面，也可辐射其他地区，促进融合教育经验共享、线上线下互动，发挥更大的功能。以下将结合对 C 区特教中心的学前融合教育中心组巡回指导教师的访谈，简要介绍中心组的日常工作。

首先，在进园前的准备上，中心组主要负责协调幼儿园方和专家方，更多地充当着沟通桥梁的角色。

我们要跟园长交流，要知道他们需要得到什么样的信息和支持。如果我们能给他们想要的信息，他们是愿意去接纳的。如果只是批评他们哪里做得不好的话，（处理）这个关系就挺麻烦。跟园长约好可以开展中心组活动的时间后，再去跟专家确定进园观察的时间。（特教中心王1老师）

专家和中心组教师进园之后，要进课堂听课、观察儿童游戏活动表现、访谈教师、搜集以往关于该儿童的诊断与评估信息，以全面了解儿童的特征。在了解儿童基本特征的基础上开展集体研讨。研讨过程中，中心组教师反复强调要引导普通教师不能将关注点只放在特殊儿童存在的问题上，更应重视发掘儿童潜能，看到他们的闪光点、需要和兴趣。研讨会参与人员既包括专家、中心组巡回指导教师，也包括幼儿园一线教师和特殊儿童家长，大家围绕着特殊儿童的问题各抒己见，在讨论、交流中形成解决问题的办法和建议。在交流中，大家都是平等的，分享自己丰富的教学经验或教育智慧，而并非专家一言堂。中心组还鼓励幼儿园教师将班级中的特殊儿童作为案例进行行动研究，撰写学习故事或论文，并由特教中心编撰成册，为其提供更大的交流平台。

在S市学前教育专业年会上，周教授提议设立学前融合教育专场，邀请四个区去做汇报。我们区就是学前特教点的老师去做汇报，以学习故事的形式选取一个案例来介绍我们区学前融合教育的开展情况。（特教中心王1老师）

此外，中心组还会利用周末的时间为家长提供一些支持性服务，比如对孩子进行康复训练，请名医坐诊，为家长进行心理疏导等。

②资源教师中心组。资源教师中心组的设立可追溯到2006年C区推行初中随班就读以来探索出的"双资源教师制度"。2006年，C区发布红头文件，开始在初中开展随班就读工作。由于是初期探索，只选择了3所试点校集中安置区域内有特殊需要的学生。但由于初中阶段课程难度大、对学生认知能力要求高，学校和教师还面临着中考的升学压力，因此初中随班就读工作开展难度更大，特殊学生大多在班级中"随班就坐"，不少教师表现出困惑、不接纳的态度。基于这样的背景，C区特教中心决定指派初职校有特殊教育背景的3名骨干教师作为巡回指导资源教师分别在3所试点

校"驻扎"。与此同时，在每所试点校推选 1 名本校骨干教师负责资源教师的工作，由此在每所试点校都形成了各有 1 名巡回指导资源教师和普通学校资源教师协同教学的"双资源教师制度"。2 名教师每天都会安排时间在资源教室对特殊学生进行一对一的辅导。其中，巡回指导资源教师主要负责康复类课程，普通学校资源教师主要进行以学科为主的补偿教学。资源教室的门上张贴着一张课程表，清晰地标示出什么时间段、哪名学生来上什么课。

"双资源教师制度"其实是特教中心在普通学校培植自己的"势力"的方式，扶持普通学校培养出自己的资源教师，以达到"星星之火，可以燎原"的目的。（特教中心黄老师）

如此持续到 2015 年，C 区初中随班就读全面开展以后，多所学校纷纷建立资源教室，现有的师资难以支撑"双资源教师制度"，于是特教中心又在全区牵头组织、成立专门的资源教师中心组。该中心组的骨干力量是最初 3 所试点校的 6 位双资源教师，其他成员则是来自开展随班就读中学的资源教师。由 6 位骨干教师带动整个中心组的发展，分享并推广前期双资源教师协同教学、一对一辅导特殊学生的经验。

③通用教学设计中心组。在包括特殊学生在内的多样化课堂授课，如何满足不同学生的需求、促进每位学生的发展，是普通学校任课教师所面临的巨大挑战。而通用教学设计为应对这种挑战提供了一条重要的途径。[1]决定融合教育成败的关键在于课程设计。特教中心的教师也考虑到这一点，成功找到在普通学校教学中实施融合教育的"抓手"——成立通用教学设计中心组，指导普通教师在教学中满足特殊学生的需要。

在这些方面呢，其实我们也做了一些工作，就像通用教学设计，我们也是跟有随班就读的学校的老师，请 H 师大的专家来做"一课三磨"，也是想要从教学层面上让老师们有一些更好的策略，既能顾全全班又能够照

---

[1]　周加仙. 为了每位学生的发展：基于脑与认知科学的通用教学设计 [J]. 全球教育展望，2010（1）：15-20.

顾到随班就读的学生。(特教中心黄老师)

我们也考虑到老师有工作的压力、学习的压力,因为刚刚推行 IEP 的时候,老师是很抵触的,我们也知道,可能整个学校非常大,1000 多个孩子中只有 1 个随班就读的学生,你不可能为这千分之一的孩子去让老师投入甚至 50% 的精力,这也是不合理的。……为什么想到采用通用教学?因为班级里除了随班就读的学生肯定还有后进生、学业成绩差的孩子,那么通用计划就能够帮助老师。当你掌握通用教学设计,如果班级里面没有随班就读的学生,但是有学业成绩较差,或者在某些学习方面有障碍的学生,比如视知觉、听知觉、阅读、书写障碍学生,也可以帮助你更好地教育这些孩子。这既减轻了老师的负担,又对老师个人的教学是有帮助的。(初职校于老师)

访谈中也有小学教师提到通过"一课三磨"的形式学习通用教学设计,并将其运用到日常备课与教学中。调研中我们收集到了几位教师运用通用教学设计原则、经历磨课后的教案,发现教师在"学情分析"阶段会针对特殊学生做专门的分析,也都会较为详细地记录学生学习的需要、使用的通用学习策略、成效以及后续改进。教师在经历三次磨课后总结道:

一次次的磨课慢慢地规整了通用教学,从一开始为了教材而设计教学,转变成依托教材关注学生从而再设计教学,多元呈现,异质分组,利用各种形式的合作,争取人人参与,让每一个学生都有展示的机会。

我刚开始接触通用教学时,忽略了班级中部分学生认知能力上的差异。小组合作交流讨论和通过画一画来比较同分母分数大小,找出其中的规律,对于班级中大部分的孩子来说是很容易的,但是一部分同学还不能做到通过实际的操作转化、提炼、总结结论,再通过总结出的结论直接进行同分母分数的比较。通过三次磨课,我可以找出学生存在的困惑,利用通用教学的理论,从一开始的备教材转变成为备学生,针对班级中不同层次的学生进行教学设计,给学生充分的独立思考与交流的时间和空间,在操作环节鼓励不同层次的学生采用不同的策略解决问题。让每个学生都参与教学活动,让每个学生都能体验成功的快乐。(HM 小学姜老师)

因通用教学设计能兼顾包括特殊学生在内的全体学生的需要，普通学校教师对其有着较高评价。

我们区里面也会针对这些有特殊需要的学生（做工作），我们也有教研、公开课等活动，像去年我们两个老师都做过融合教育的公开课，等于说"一课多磨"，也要写案例。我就说说我自己的这节融合课吧，当时三次磨课，H师大的专家、特教中心的老师就会告诉我这节课在融合教育方面还有哪里做得不够，或者怎样更好地帮助这部分孩子。我就回去改教案、再磨，等于说到了第三次才成形。……刚开始会觉得很耗精力，压力很大，三次磨课下来以后，就觉得有一点入门了，自己有很大提升。因为融合教育对任何班级、所有学生都是实用的，所以我感觉自己在专业上面还是有提升的。（HM小学姜老师）

（2）定期下校巡回指导。

在C区初中随班就读工作全面铺开之前的"双资源教师制度"之下，巡回指导资源教师的主要工作就是定点驻扎于一所中学，作为其资源教师之一，与本校负责随班就读教学工作的骨干教师共同负责该校的资源教学及其他与随班就读相关的工作，如资源教室建设工作以及迎接各种专项检查。但2015年之后，由于不再集中安置特殊学生，由初职校指派的4位巡回指导资源教师就要负责全区17所中学的巡回指导与资源教学工作。在这种情况下，每位教师一周有5个半天在外巡回指导，平均每人要负责4—5所学校。具体的巡回指导时间分配视每所学校的需求而定，若有的学校需求大，会每周去一次甚至两次，若需求小，则可能一月一次。工作内容包括帮助普通教师鉴定、评估学业或行为上有异常表现的学生；指导学校教师为特殊学生制订个别教育计划；指导干预特殊学生表现出的一些情绪和行为问题，帮助学生解决学习上遇到的困难，与班主任、家长沟通了解学生情况，有针对性地解决问题；为有需求的学生提供个别辅导和康复训练。由于特教中心资源教师数量较少，需要巡回指导的学校数量又较多，因此对随班就读学生的个别化辅导目前是以普通学校的教师为主，巡回指导资源教师则更多作为辅助。

3. 校级层面

校级层面的培训活动主要是由 C 区特教中心和学校骨干教师共同带动普通学校中所有承担随班就读工作的教师不断提升融合教育专业素养。各个学校组织从事随班就读教育教学工作的相关科任教师组成教研小组，围绕着随班就读日常教育教学中的问题开展校本研讨活动。

（1）网络论坛研讨。

C 区从 2007 年开始建立随班就读网络论坛，以全员讨论、人人参与的方式提升普通学校教师对随班就读的关注度和知识、技能等。

论坛中的内容主要来自随班就读教师撰写的生动的教育教学的故事、案例，里面有困惑、有冲突，我觉得能够在整个群体中引起共鸣或者说集体的思考。对于那些冲突特别大的案例，我们论坛帖子有这样一个格式，先是老师的案例，接下来是抛出一个问题用于聚焦，然后有一个负责我们帖子的资源教师，对这个案例进行解读，确定一个问题供大家讨论。这个是全员参与的，所有从事随班就读相关教学工作的老师都要上论坛学习交流。（特教中心黄老师）

随着信息技术的飞速发展，这种网络论坛形式的在线讨论逐渐演化成了更便捷轻松的形式，交流工具不局限于电脑。

我们后来就逐渐从网络论坛搬到了其他应用软件，也可以留言，更便捷了。或者发到微信群里，可以直接阅读，然后大家再一起讨论。其实这个学习是无时不在的。（特教中心黄老师）

（2）从教师专业发展项目到主题性校本教研。

特教中心受制于自身有限的人力和物力，难以兼顾全员性的培训，于是便需要充分调动学校的自主意愿和主动性行为，以"课题带动校本教研"的方式鼓励每个学校根据自己的实际情况开展本校的教研活动。最初命名为"为了每个孩子的发展"教师专业发展项目，鼓励承担随班就读、学前融合教育工作的一线普通教师将自己实践中的问题形成课题并申报，特教中心为其安排指导专家，进行研究，最终形成研究报告。这种行动研究的方式能切实提高教师的专业能力、研究能力。

前两年我以班里一个小朋友为个案，和特教中心的老师还有一些专家一起，他们帮助我一起做这个论文。专家们会告诉我一些研究方法、干预方法，教我怎么记录，例如拍一些照片和视频。最开始这个孩子进步很缓慢，但几个月之后还是有可见的变化的。……大概每隔几个礼拜我们就会交流一次，我告诉他们进展，最后也顺利结题了。（HG 幼儿园姚老师）

教师专业发展项目后来逐渐演化为主题性校本教研，主要是以课题推动普通学校教师与巡回指导资源教师共同开展教研活动，由特教中心为各中心教研组划拨 1000 元作为课题教研启动经费，期望教师通过行动研究来提升融合教育素养。

教师在平时的校本教研中也会一起对随班就读教育教学上遇到的问题进行交流探讨，有时候会针对预设的主题进行探讨，有时候则具有比较强的先成性，比如某个教师遇到特殊学生突发的行为问题等，教师们会一起讨论。

教研活动……肯定有预设的，也有生成的。预设的就是提前定一个主题。生成的，比如说在这个大活动当中，对有的特殊孩子，普通老师不知道怎么指导他，那么在教研活动当中，大家就这个问题讨论一下。教研活动还是要解决实际问题的。（HG 幼儿园胡老师）

（3）融合教育知识进校园：融入校本培训之中。

为了帮助全校教师培养融合教育意识，C 区特教中心还会与学校联合开展融合教育知识进校园的活动。考虑到随班就读学校每周五下午都有例行的教工大会并举办内容丰富的校本培训，C 区特教中心打造相关的融合教育培训课程并融入其中，由相关专家担任主讲，分批次、分阶段对区域内已开展随班就读工作的学校的每位教师进行培训。而培训课程的开发也是基于教师需求的，在确定培训内容之前，特教中心的教师都要先收集学校教师的需求，并与主讲专家对接、沟通，根据教师反馈的需求再有针对性地调整课程内容与培训形式。目前，C 区特教中心与学校骨干资源教师正在致力于制定一份融合教育知识进校园的"课程菜单"，力图满足教师的共同需求与个性化需要。

4．教师层面

教师层面的自主研修主要是指随班就读教师根据工作的实际需要，自发地进行学习、研究，解决实际工作中的问题，提高自身特殊教育专业知识与技能水平。

（四）明确每一类培训途径的参与对象

C区努力从市级—区级—校级—教师各层面去探索各类培训途径，目的就是让每一位教师都能得到培训和指导，而且对每一类培训途径的参与对象都做出了比较明确的规定。

参加随班就读中心组教研的是各普通学校负责融合教育的分管领导和骨干教师。接受巡回指导的教师群体较大，只要是承担随班就读学生所在班级教学任务的教师，在实际工作中遇到问题或困惑，都可以接受指导。学校随班就读教研的培训对象为学校担任随班就读学生所在班级教学任务的科任教师，一般为语文、数学、英语教师，如果学校领导和教师同意，也可将培训对象扩大为所有科任教师，比如融入学校每周五下午教工大会的有关融合教育主题的校本培训就是面向学校全体教师的。自主研修的主体则更宽泛，凡是对随班就读感兴趣的教师都可以通过查阅资料、自主学习等方式获得相关知识与技能。

（五）抓住一切机会为教师提供隐性培训

上文所介绍的皆可归为显性的培训。除此之外，C区特教中心十分注重隐含在其他各种日常工作中的隐性培训或研修，抓住一切机会提升教师的融合教育素养。而很多教师在访谈中多次提及的隐性培训主要包括C区教育局与特教中心定期组织开展的鉴定评估会议、转衔服务讨论会、视导工作等。教师在这些活动中通过与专家以及有经验的教师的沟通、讨论，不断丰富自己的知识与经验储备。

1．鉴定评估会议

当一个有特殊需要的学生进入普通学校之后，可能面临着鉴定评估的问题。那么，如何认定一个学生是随班就读学生呢？在这方面，C区特教中心做得较为专业、谨慎。首先，收集好相关医学资料之后，特教中心会协助学校召开专家鉴定会，开始正式、科学地认识"疑似"有特殊需要的学生。鉴定委员会成员包括特教专家、医生、有随班就读经验的骨干教师、有成功经验的家长以及有特殊需要学生的家长和班主任、学校教导主任等。委员会成员一起就这个学生进行讨论，把符合申请随班就读条件的学生留下。鉴定会不仅要鉴定，也要启动下一步工作：确定如何对待这个学生，区域内相关的有经验的骨干教师会分享经验，如学校应该怎么做、班主任应该怎么做、班级的氛围应该怎么营造等，以帮助教师提前做好准备以应对特殊需要学生带来的各种挑战。

2. 转衔服务讨论会

美国《残疾人教育法》在 2004 年对转衔服务做出了新的规定，转衔服务是针对特殊儿童开展的一系列有目的的协调性活动，重点是促进特殊儿童在学业和社会适应上的进步，以帮助他们顺利地从学校生活过渡到毕业后的社会生活。[①] 但本部分提到的转衔服务涵盖范围更广，涉及特殊学生在不同学段之间的转衔过程，如幼儿园到小学、小学到初中或初职校等关键转衔。在转衔服务讨论会上多方之间的交流与共享能帮助班主任和任课教师对随班就读学生的特征、能力、兴趣和需要有更具体的了解。

转衔服务是什么意思？就是前期进行一些评估，然后收集资料，明确他下一学段的去向以后，我们会把下一学段的老师召集起来，和上一学段的老师一起，再邀请医生和特教专家，坐在一起研讨这个学生个案。这个其实对下一学段的老师来说也是一次非常好的了解孩子的机会。上一学段的老师在会上主要是介绍这个孩子在之前学校里面的一些情况，他们怎么应对的。一些经验，不管是成功的，或者说还觉得遗憾的，都可以分享。那么他说的过程，其实也是一个自我提升的过程，对下一学段的老师来说

---

① 林潇潇，邓猛. 美国学习障碍学生的转衔及对我国特殊教育的启示 [J]. 中国特殊教育，2014（3）：42-47.

也是一个借鉴的过程。每个学生都要有这么半小时到一小时的研讨。（特教中心王1老师）

3. 视导工作

视导是C区教育局为了推进融合教育而开展的一种专项检查性工作，很大程度上有"以评促教"的意味，旨在督促区里各普通学校做好随班就读的管理工作。

2008年，区教育局出台了红头文件，这个文件非常详细地告诉大家，视导是怎么一回事，最重要的是制定了一个视导的评价表。这个评价表包括教育管理、教育科研和教育教学三个领域，每个领域都有评分细则。对于学校来说，他们对着评分标准就能够知道自己要做些什么了。（特教中心黄老师）

每年的巡回式视导都会成立"1+1+1+X"的团队，三个"1"分别代表了来自高校的特教专家、医生以及特教中心的巡回指导教师，"X"则代表特殊学生家长群体。团队成员会定期来到普通学校，随堂听课，并聆听学校教导主任和承担随班就读工作的教师对自己一年以来随班就读工作的总结、反思、自我评价。团队成员就普通教师目前存在的困难和疑惑进行交流、讨论，帮助教师制订或改进针对特殊学生的个别教育计划和通用教学设计，帮助他们明确接下来的工作方向和改进方式。

视导是这样的，我们会邀请一个特教专家，邀请一个医学专家。……如果学生是听障的，我们就邀请五官科的医生；如果是行为问题的，我们就邀请精神卫生中心的医生；如果是发展迟缓的，我们就邀请儿童医院儿童保健科的医生……。大家一起坐下来聊，怎么来更好地为这个孩子制订更适合的个别教育计划。然后还会听一堂课，也会要求这一堂课应用通用教学的理念，这样也是同时进行一个全区性的通用教学教育比赛。（初职校王2老师）

班级里的特殊学生都是一人一案，即制订个别教育计划，要许多人员共同参与。因为我们老师其实特教方面专业知识并不是很完善，所以需要各方面的人员，包括家长参与，然后还有专家一起来参与，我觉得这个计

划会更有价值一些。（HG 幼儿园朱老师）

虽说视导是一项检查工作，但是在这个过程中也能直面教师的困惑，共同商讨如何更好地为特殊学生制订个别教育计划、提升普通教师的融合教育素养。

在面对面研讨的过程中，其实老师也可以说说自己的困惑，比方说教育教学过程中碰到了什么问题，专家可以支招。也许困扰他好久的一些问题，突然之间豁然开朗了。所以说视导也可以作为提升老师观念、技能的一个途径。（特教中心黄老师）

除了视导工作之外，C 区针对融合教育的工作还有资源教室专项检查、个别教育计划专项检查、转衔服务专项检查以及后续的跟踪服务检查，检查结果都与学校年度考评结合在一起。因此，这些专项检查也确实起到了以评价促落实的作用。严格的监督检查机制督促学校将随班就读工作落到实处。C 区特教中心在实际检查中会更多利用检查考评的机会与承担随班就读工作的教师进行交流，了解他们的困惑，抓住一切机会提升普通教师的融合教育素养。

当然我们不是纯粹检查，实际上都是以正面鼓励为主的。但是检查过程中，我们会说你这个资源教室哪里是做得好的，哪里是可以改进的，包括个别教育计划我们会专项检查，检查他们哪些是做得好的，哪些是可以改进的，然后通过各式各样的手段来帮助他们把随班就读工作做得更好。（初职校于老师）

（六）根据培训需要，采用多种培训方式

C 区在开展融合教育师资专业培训过程中，能根据实际培训需要，采用多种培训方式。教研员在组织随班就读中心组的教研过程中，会根据每一阶段的培训目的和重点，组织专家讲座、观课评课、参观学习或交流研讨，巡回指导教师会提供一对一、面对面的指导，承担随班就读教学任务的教师可以就实际教育教学过程中遇到的问题与困惑直接与巡回指导教师交流，寻求解决问题的办法。个别积极开展校级随班就读教研的学校，在组织教师开展校本教研时采用的方式有文献学习、案例讨论及行动研究等。

文献学习主要是由负责教研的教师根据主题查找一些相关论文，大家一起学习。案例讨论更多的是大家聚在一起探讨班上特殊学生的表现和解决办法。行动研究则是教研组的教师以随班就读教学实践中遇到的问题和困惑为研究主题，设计行动方案，以课题研究的形式边行动边解决问题，最终呈现研究报告。这个过程既锻炼了教师的研究意识，同时又提高了教师的融合教育素养。

（七）培训效果

首先，多数教师从最开始的不接纳、排斥逐渐转变为在道德层面认同融合教育理念，能够更加谨慎理性、一分为二地看待融合教育这一安置形式对学生的影响。正如特教指导中心的教师所说的那样，"最困难的阶段已经挺过来了"。

一开始的时候，很多老师抱怨自己专业能力不够，……现在老师们很少再说，……以前都说这个孩子为什么到我们学校来，他应该到辅读学校去。我们做巡回指导的时候，直接就是被批评，我觉得那些（学生）都是我的孩子，听到了（批评）以后觉得真的很不好意思，就是求着人家低声下气的那种感觉。现在他们在观念上至少觉得这些学生应该融入进来。一些老师能够意识到，这些随班就读的学生不是麻烦，而是可以作为教育资源，给所有学生创造更好的教育环境和资源。（特教中心黄老师）

一开始特殊孩子进班，我认为进班了就是融合了。你待在这里不要出什么事情，可能会特意地叫你一起来回答两句话，哪怕是重复我的话也可以，或者是指认一下也可以，但我们的什么活动也不会特别针对你设计一些问题。但是现在慢慢地，我的观念改变了，他们进来以后，还是应该有点收获才能离开我们这个教室的。在培训课当中，我也会针对特殊孩子制定一些目标，也会考虑他们，关注他们，但是也不会放弃我们所有的普通的孩子。（HG 幼儿园朱老师）

我觉得融合教育对特殊学生来说有利有弊。在文化课方面，因为他的智力水平跟其他同学还是有差距的，有些跟不上，这个是我觉得对他不利的地方。但对他有利的地方（是），我觉得跟正常的孩子在一起，他能够学

到很多正常的人际交往、互相合作……（HM 小学姜老师）

其次，在日常教学实践中，多数教师能够有意识地给予特殊学生关注并促进其课堂参与，还能基于功能性行为分析原理对特殊学生的行为问题做出判断。使用最多的教学调整主要是简便易行的"简化"和"减量"，如指定特殊学生座位、特意为其设置简单的问题、布置更少的作业、降低任务难度、尽可能为其提供参与课堂教学的机会等，也有少数教师在经过通用教学设计的磨课之后能够有意识地尝试分层教学。

经过一段时间的巡回指导之后，老师们其实在观念上面是有所改变的，也能正确认识这些孩子的行为，知道如何正确地处理他的一些不当行为。比方说他要走出教室了，有个老师认为这个孩子其实不是要上厕所，他其实是借故逃避。老师们后面终于渐渐认识到，在学业要求上对不同的学生需要有所调整，要降低一些难度，设计适合他本身认知能力水平的一些内容。但是在品行和行为习惯上面，应该是同等对待的。（特教中心黄老师）

学生在小组活动的时候，我会到他（特殊学生）那组去看看。因为他有时候搞不太清楚，会跟他多说说，……对他的要求会低很多……（HM小学姜老师）

教学目标上也会有分层，对他的要求会降低。比如说洗手这个环节，我们要求小朋友用七步洗手法，可对他（特殊幼儿）来说，因为他的小肌肉发育得不好，没有办法做那种搓啊捏啊的动作，对他的要求就是能把袖子往上拉、拿肥皂，这就可以了。（HG 幼儿园胡老师）

再次，培训带来的效果还体现在教师主动寻求专业支持的意识明显提升。有教师曾在前期的访谈中表示，自己苦于没有门路寻求专业支持和帮助，但 C 区特教中心的定期巡回指导为教师提供了一个稳定的、明确的咨询渠道和专业支持中心，这对教师解决日常教学难题大有裨益。

三、分析与总结

在顶层设计层面，C 区特教中心负责人从特殊教育发展的三个模式出发进行分析，认为融合教育的推行最终要依靠中观的组织学模式。而中国特色的融合教育应落脚于特殊学校的职能转型，建立区域特教中心，将推进区域内融合教育发展作为主导功能和首要任务，进而提出应建立区域特教中心与普通学校协同运作的机制。在提升教师融合教育素养的职后培训中，C区特教中心充分发挥引领辐射作用，利用现有的特殊学校的专业师资力量，建立起以特教中心为主的专业支持保障体系。C区在大融合教育观的理念之下，借助多方资源打造出专业且多元的培训主体，初步探索出市级—区级—校级—教师多层次的培训途径，在每一个层级都有相应的培训主体、培训对象、指导内容和指导/培训方式，由此形成了多层次、多维度的立体全覆盖式培训网络，如图6-2所示。

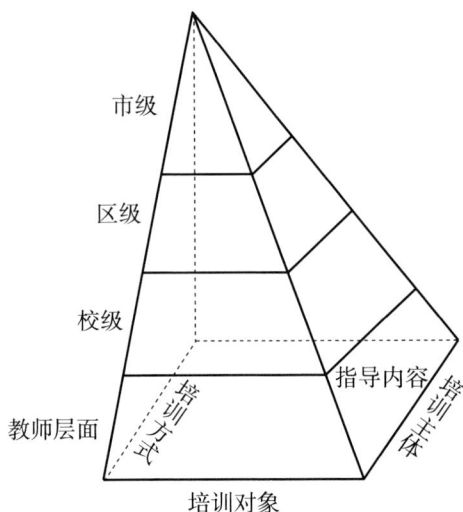

图6-2　多层次、多维度的立体全覆盖式培训网络

（一）大融合教育观下特教中心的支持与推动

特教中心在区域融合教育工作推进以及随班就读教师融合教育素养的提升中扮演着重要的行政管理和支持服务角色，发挥着无可替代的专业作用。对于普通学校教师来说，实施融合教育必然会牵扯大量时间和精力，影响教学进度。教师最开始产生的消极情绪及不认同是我国随班就读普遍遇到的问题，如何破除这一屏障，让普通学校的需求与特教中心的专业支持"同音共律"，取得普通学校的信任和主动，是提高C区教师融合教育素养首先要解决的问题。为此，C区特教中心以普通学校教师的实际需求为出发点，尝试为教师提供不限于特殊学生的专业支持，变"施予""植入"为对需求的专业支持，获取融合教育指导的"准入证"。然而，C区融合教育指导的实践证明，工具性的支持和辅助使教师对巡回指导教师产生依赖，无法激发学校实施融合教育的内在活力。作为实施融合教育的主体，普通学校始终处于被动状态，对融合教育的理念和执行仍比较消极。为此，特教中心提出了与普通学校协同运作的机制，通过多种途径为普通学校随班就读工作提供专业支持，提高普通学校对实施随班就读的主体责任的意识，并且调动教师开展随班就读工作的主动性。

第一，扶植骨干教师，形成星火燎原之势。一方面，开展以巡回指导为核心的"双资源教师制度"，通过"结对子"的方式搭建巡回指导教师与学校骨干教师的协同教学制度，双方共同辅导特殊学生，提高教师随班就读教学的实践参与度，从而提升骨干教师融合教育的能力，使普通学校培养出自己的资源教师，以达到星火燎原的目的。另一方面，围绕骨干教师打造多样化且十分精细的专业中心组，包括学前融合教育中心组、教导中心组、资源教师中心组、通用教学设计中心组、课程建设中心组以及多动症学生中心组等，通过创设丰富且有效回应教师需求的课程内容，创新培训方式，开展小组学习为教师搭建对话与交流的平台，鼓励教师积极参与其中，充分激发教师学习的主动性，在做和学中，取得最佳培训效果。

第二，改变学校管理者理念，开展随班就读管理工作指导。作为教师专业发展的土壤——学校环境，其对教师融合教育素养有着直接的影响。因而，C区特教中心面向学校管理者成立教导中心组。一方面，各学校分管随班就读的教导主任通过做中学的研修方式，透析学校随班就读工作管理、迎接各种专项检查、处理突发性棘手案例，促进其随班就读管理能力不断提升。另一方面，引领管理者转变教育理念，使管理者在更新自身融合教育理念的同时，把融合教育的理念清晰地传达给在校工作的每一个人，并通过加强行政力量，为每一位参与融合教育的教师提供平等且全方位的支持，引进校内外资源，减少教师教学工作压力，营造包容、积极、开放的学校融合氛围。

第三，为教师提供专业支持，搭建专家对话交流的平台。为了通过培训促进教师融合教育素养的提升，C 区特教中心开展以学分为驱动的网络共享精品课程，吸纳来自高等院校、研究所的专家，以及一线从事融合教育工作的骨干教师和先进工作者、特殊学生家长等多种力量，打造出一支专业且多元的培训师资队伍，以特教中心为大本营，充分辐射、多管齐下、主动上门，为基层学校提供在线培训。这样的培训形式，一方面可以借助外界资源和支持的力量，尽可能地提升教师专业能力，更好地促进教师专业发展。另一方面，以网络研修、修习学分等形式将融合教育素养的提升作为教师专业成长的一部分，有助于解决工学矛盾的问题，同时可以缓解教师的工作压力，唤醒教师自主学习的动机。

（二）构建学习共同体，发挥骨干教师的带动辐射作用

教师能动性是一种介于社会文化环境和行为之间的内在核心中介因素，[1]也是教师改变自身工作及工作环境的积极力量[2]。如何使普通学校的教师改变已有的认知图式，跳出以往教学的舒适区，积极面对大差异课堂，拥抱新的教育教学环境，采取乐观、积极、正向的态度面对可能要遇到的教育教学难题，是 C 区提升教师融合教育素养所要解决的关键问题。为此，C 区依靠骨干教师及管理人员的力量，构建基于学校层级的学习共同体，带动学校开展校级自主研讨与培训。

第一，升展教师专业发展项目与主题性校本教研活动，鼓励教师自主研究。以"课题带动校本教研"的方式鼓励每个学校根据自己的实际情况开展本校的教研活动。鼓励承担随班就读、学前融合教育工作的一线教师对自己实践中的问题进行研究。充分挖掘教师潜能，增强教师自我反思

---

① MCNAY L. Agency and experience: gender as a lived relation [J]. The sociological review, 2004, 52: 175-190.

② SANNINO A. Teachers' talk of experiencing: conflict, resistance and agency [J]. Teaching and teacher education, 2010, 26(4): 838-844.

的意识，教师在此过程中积极主动地进行"自我引导—自我激励—自我监控—自我评价—自我反思"，逐渐摸索出一条适合自身特点的道路，最终获得对自身专业成长的领悟。

第二，开展网络论坛研讨，以解决实践问题为驱动，激发教师参与研讨的内在动力。基于网络平台，以全员讨论、人人参与的方式提升普通学校教师对随班就读的关注度和知识水平，教师根据随班就读实际工作需要，自发地进行学习、研究，并解决实际工作中的问题，从而提高自身融合教育专业知识与技能。

（三）多措并举，营造学校融合氛围

教师的专业发展是在与其所处的学校环境的互动过程中进行的，因此学校是否形成融合教育的氛围，直接影响教师融合教育素养的提升。特教中心联合普通学校通过融合教育知识进校园和隐性培训营造学校融合教育氛围，进而促进教师融合教育素养的提升。

第一，开展融合教育知识进校园活动，提供外部学习资源，营造全员学习融合教育知识的氛围。通过举办融合教育知识进校园活动等，为教师提供融合教育相关知识、技能的学习机会，使教师在教育教学过程中了解每个儿童的需求，据此合理地预先制定教育教学目标，为每个儿童提供公平、有质量的教育。这种全员的培训还能帮助教师树立坚定的融合教育信念，让公平与优异、接纳与包容、多样化与归属感等原则成为积淀于教师内心的价值观念。

第二，推进基于实践活动的隐性培训，促进教师获得参与感和成就感。学校良好融合教育氛围的创造也需要管理者提供丰富的实践活动。特教中心以及实施随班就读工作的学校通过开展鉴定评估会议、转衔服务讨论会、视导工作等，不仅让教师感受到了浓厚的融合教育"味道"，同时还让教师通过与专家以及有经验的教师沟通、讨论，不断丰富自己的知识与经验储备。此外，教师通过对儿童的定期评估及沟通交流，能获得儿童的积极反馈，进而增强自身的教学成就感与满足感，激发其提升融合教育素养的主动性。

总的来说，尽管 C 区已初步探索出包括市级—区级—校级—教师四层

次且意在覆盖全体教师的培训网络，并取得了一些成效、积累了宝贵经验，但 C 区教师融合教育素养提升培训仍有很长的路要走。如有的教师主动参与区随班就读中心教研和巡回指导的积极性不是很高，特教中心和普通学校的关系仍未彻底改变"施"与"受"的状态。学校随班就读校本教研和教师自主研修难以定期开展，普通学校教师在"表现主义"文化带来的压力下，囿于有限的时间和精力，对融合教育的关注更多是"被推着走"，平时的教研活动、参加的培训仍主要围绕普通学生来开展，关于特殊需要学生的讨论大多是"生成性"的而非"预设性"的，很少在教研活动中特意安排讨论关于特殊学生的问题，培训内容的系统性和针对性有待加强。以上这些问题都会对培训效果产生负面影响，阻碍融合教育的推进。但瑕不掩瑜，一方面区域提供的经验可以为教师融合教育素养的培训提供有益的借鉴；另一方面也说明需要不断进行基于情境的行动研究，探索教师融合教育提升培训的模式、路径、策略等，以增强未来培训的有效性，进而真正提升普通学校教师融合教育素养，让融合教育行稳致远。

第七章　教师融合教育素养提升的行动研究

　　教师发展研究应深入学校的日常教育、教学生活中，使教师在自己所熟悉的领域中慢慢地体验成长与发展。[①]

　　融合教育的实施早已凸显出普通学校的主体责任，而学校中的教师则是实施融合教育的"细胞"。教师实施融合教育的能力必然与学校场域紧密相关，因而对教师融合教育素养提升的研究应深入学校的日常教育教学生活中。早在 1995 年就有研究者提出学校应实施负责任的融合教育（responsible inclusion)，其具体特征为：以学生为中心，为教师提供参与融合教育的机会，提供合适的人员与物力，由学校建立并实施融合教育模式，建立连续服务体，对服务方式进行动态评估，持续发展教育者的专业能力，在全校范围内树立融合教育理念，制定并不断完善满足所有学生需求的课程与教育方法。[②] 当我们深入教师的职场，即从事职业活动的场域——学校，"行动"在教师教育教学真实情境中，既是对教师融合教育素养提升路径的探寻，也是对前述教师融合教育素养影响因素及其机制研究的印证。因此本研究选择了一所普通小学，开展了教师融合教育素养提升的行动研究。

　　"行动研究"一词是 20 世纪 40 年代由美国社会心理学家勒温提出的，他提出了行动研究的基本理念，公开倡导行动研究，引起学界的关注。20

---

① 叶澜，白益民，王枬，等.教师角色与教师发展新探 [M].北京：教育科学出版社.2001：332–333.

② VAUGHN S, SCHUMM J S. Responsible inclusion for students with learning disabilities [J]. Journal of learning disabilities, 1995, 28(5): 264-270.

世纪 50 年代后，行动研究的思想逐渐进入教育研究领域，并逐步得到应用。不同的研究者对行动研究的定义有所差异。斯登豪斯（L. Stemhouse）认为行动研究的主要特征是"教师成为研究者"；埃利奥特（J. Elliott）将"改进实践"视为行动研究的基本目的和特征，"构建和利用理论"从属于这个基本目的；凯米斯（S. Kemmis）认为行动研究是社会情境中的实践者为了增强他们实践的合理性和正当性，加深他们对实践的理解，改善他们所处的社会情境而进行的自我反思的探究形式；①《国际教育百科全书》将行动研究定义为"由社会情境（教育情境）的参与者，为提高对所从事的社会或教育实践的理性认识，为加深对实践活动及其依赖的背景的理解，所进行的反思研究"②。

第一节　教师融合教育素养提升的行动研究方案

本研究旨在通过具体的行动方案，从教师自身、学校文化和管理、学校和社会支持等各方面，解决个案学校随班就读教育教学工作中教师融合教育素养缺乏的实际问题，提升个案学校的随班就读教育教学质量，并通过对整个行动过程的反思、总结与分析，探讨教师融合教育素养的提升历程及提升策略，为教师融合教育素养的提升提供一定的借鉴。

基于此，本研究包含两方面内容：一是在行动过程中，分析讨论教师融合教育素养提升的发展历程；二是结合教师专业发展理论，探索教师融合教育素养的提升策略。

一、研究对象

本研究选择安徽省合肥市包河区 T 小的普通教师（以下简称"教师"）为研究对象，即在 T 小任教的除资源教师外的所有普通教育教师。

T 小成立于 1981 年，是一所全日制普通小学，2005 年开始招收区内

① 刘良华.行动研究的史与思 [D].上海：华东师范大学，2001.
② 郑金洲.行动研究：一种日益受到关注的研究方法 [J].上海高教研究，1997（1）：23–27.

智力障碍儿童和孤独症儿童，成立辅读班（即由学龄特殊儿童组成的班级）。自 2012 年开始陆续有特殊儿童随班就读。2015 年学校开始有意识地转变辅读班的功能，逐步建设特殊教育资源教室，现有 3 名资源教师。目前，T 小资源教室仍处于转型时期，兼具辅读班集体教学与随班就读指导两项职能，即资源教师既是辅读班的科任教师，也是随班就读的指导教师。

本研究选择该校作为研究对象的原因有以下几点。

（1）T 小具有典型性。该校是在缺乏完善的支持保障体系下实施随班就读工作的普通中小学典型代表，具备大多数实施随班就读工作学校的共同特征，支持保障体系不完善、教师的融合教育素养不高、"随班混读"现象普遍存在。虽然 T 小有资源教师，但资源教师的主要职责在于辅读班的集体教学，学校对资源教师在随班就读工作中的指导和支持职责没有明确要求，同时学校还缺乏康复训练等专业支持。

（2）T 小存在迫切需要解决的问题。该校教师对随班就读工作不理解、难以认同等现状导致随班就读工作难以顺利进行，缺乏特殊教育技能导致随班就读教育教学难以有效果。为了提升随班就读教育教学质量，需要提升教师的融合教育素养。

（3）T 小有研究的基础。该校有随班就读的实践，尽管教师缺乏融合教育素养，但是对特殊儿童有一定的同情心和爱心。同时，近年来，学校管理人员逐渐意识到提升教师融合教育素养的重要性，不断引进特殊教育相关人才，有改善学校随班就读工作的意愿。

（4）T 小有研究的便利条件。本研究主要的研究者任职于该校，是学校 3 名资源教师中的一员，对学校有比较深入的了解，与研究参与者及研究对象的关系比较融洽，且是学校中层人员，在一定程度上有利于行动研究的推进。

二、研究方法

行动研究主要有以下几个特征。

一是改进。提高行动质量、改进实际工作是行动研究的首要目标，行动研究不仅能够解决教育实践中产生的问题，也能够提高教师的教育教学质量和研究水平。[①]

二是参与。教师参与研究过程，成为研究的主体。同时，这种参与还包含着合作与反思的特性。合作性参与意味着参与教师由个人化的、孤岛式的研究走向群体性的合作研究，这种合作包括教师与教师之间以及教师与外校工作者之间的主题式对话关系，也包括教师、专家、学校管理者、地方教育管理者之间的协作与支持。参与所蕴含的反思特性，使参与行动研究的教师成为反思性实践者，教师对实际问题具有"局外人"的眼光，具有专业研究人员难以替代的认识作用。研究要求实际工作者进行积极反思，将行动与研究融为一体。[②③]

本研究旨在通过行动方案提升 T 小教师的融合教育素养，关注教育实践问题的解决。行动研究更加适合具体活动的探究，因此，本研究采用行动研究的方法。

三、研究步骤

在之前对教师融合教育素养研究的基础上，将教师融合教育素养分为专业态度、专业知识、专业技能及获取支持能力四个维度，并据此开展教师融合教育素养行动研究。调查与分析 T 小教师的融合教育素养现状及发展需求，并结合其他相关文献，设计提升方案的内容与实施形式，调整实施环境。

本研究分为计划、实施和评估三个阶段，如图 7-1 所示。以下为每个阶段的主要工作内容。

---

① 郑金洲.行动研究：一种日益受到关注的研究方法 [J].上海高教研究，1997（1）：23-27.

② 刘良华.行动研究的史与思 [D].上海：华东师范大学，2001.

③ 同①.

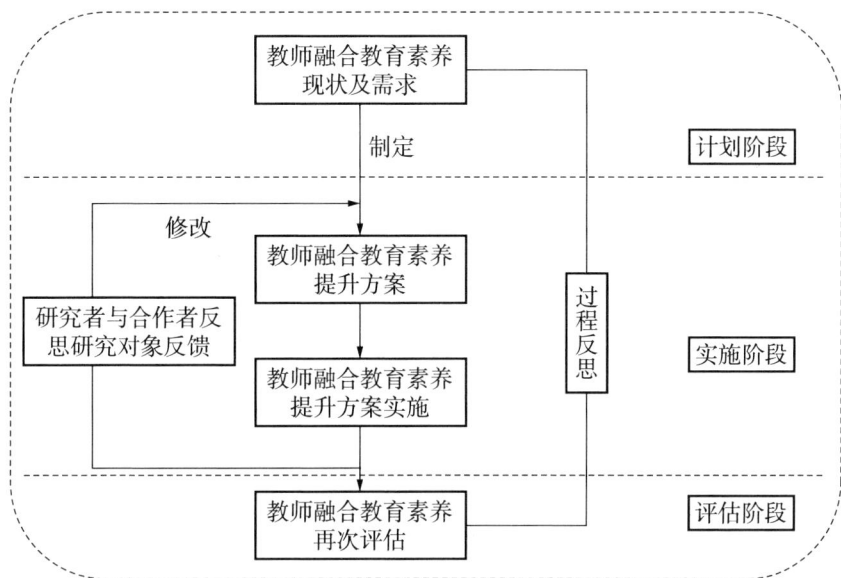

图 7-1　研究的技术路线

第一阶段：计划。仔细研读相关文献，确定行动研究方向；利用问卷调查、教师访谈、实物搜集等方法，深入了解教师融合教育素养的现状，分析研究对象的起点状态；根据现状，在教师专业发展理论的指导下，研究者与合作研究者进行讨论，制定行动方案，开展行动实施准备工作。

第二阶段：实施。研究者与合作研究者根据行动方案有计划、有组织地开展教师的融合教育素养提升行动。研究小组成员记录行动过程中的重要事件并进行个人反思；研究者在过程中收集教师的学习笔记、学校制度文件等各种文本资料，以及教师在行动过程中对行动方案的反馈资料，持续了解教师融合教育素养提升情况；研究者与合作研究者进行持续且密集的讨论，并不断修正素养提升方式。

第三阶段：评估。在行动结束后，研究者从教师、随班就读家长、合作研究者等不同对象处收集资料并进行分析，评估行动的有效性。主要评估方式为对教师的二次问卷调查，通过《教师融合教育素养问卷》进行后测，对比两次变化，并辅以教师访谈、随班就读家长访谈以及合作研究者访谈，探讨行动方案的效果。

四、资料收集方法

(一) 问卷调查法

本研究采用第三章编制的《教师融合教育素养问卷》对 T 小教师进行两次调查。第一次在行动方案实施之前进行，用于了解教师在提升方案实施前的融合教育素养情况；第二次在整个行动结束之后进行，再次调查其融合教育素养情况，通过两次对比，分析教师在行动前后融合教育素养的变化情况。调查问卷分两次发放，第一次（前测）于计划阶段发放，共发放 59 份，回收 43 份，回收率 72.9%；第二次（后测）于评估阶段发放，共发放 59 份，回收 48 份，回收率 81.4%。

(二) 访谈法

本研究主要通过半结构化访谈的方式，在行动计划阶段对教师进行访谈，了解行动之前教师对随班就读的态度以及相关需求。在行动评估阶段，对 T 小的教师、管理人员、资源教师、随班就读学生家长进行半结构化访谈，收集相关资料，征求访谈对象同意后，采取笔录或录音的方式记录访谈内容。研究者根据访谈提纲提问，希望能够获得访谈对象对随班就读的真实态度，了解教师在随班就读过程中的一些教育教学经历。同时，抓住时机进行追问，挖掘教师融合教育素养是否真的有所提升及深层次原因。访谈提纲见附录。

计划阶段，本研究以面对面的方式，访谈不同年龄、不同学科的教师共 8 名，基本信息如表 7-1 所示。

表 7-1　计划阶段访谈人员信息

序号	访谈对象	类型	学科	年龄	访谈时间
1	文老师	随班就读教师	体育	24	15 分钟
2	王老师	随班就读教师	语文	40	20 分钟
3	梅老师	随班就读教师	美术	39	15 分钟
4	胡老师	随班就读教师	音乐	26	13 分钟

序号	访谈对象	类型	学科	年龄	访谈时间
5	倪老师	随班就读教师	英语	42	18 分钟
6	蒋老师	非随班就读教师	数学	40	21 分钟
7	李老师	非随班就读教师	语文	37	26 分钟
8	郭老师	非随班就读教师	数学	33	16 分钟

注：随班就读教师指所教班级中有随班就读特殊学生的教师，非随班就读教师指所教班级中没有随班就读特殊学生的教师。

评估阶段，同样以面对面的方式进行半结构化访谈，共访谈不同类型的人员 15 名，基本信息如表 7-2 所示。

表 7-2　评估阶段访谈人员信息

序号	访谈对象	类型	学科	年龄	访谈时间
1	赵老师	随班就读教师	英语	27	17 分钟
2	胡老师	随班就读教师	音乐	26	14 分钟
3	梁老师	随班就读教师	美术	25	16 分钟
4	王老师	随班就读教师	语文	40	15 分钟
5	严老师	随班就读教师	语文	26	15 分钟
6	梅老师	随班就读教师	美术	39	17 分钟
7	段老师	非随班就读教师	语文	35	12 分钟
8	程老师	非随班就读教师	数学	44	13 分钟
9	金老师	非随班就读教师	语文	42	15 分钟
10	黄老师	非随班就读教师	数学	45	12 分钟
11	袁老师	资源教师	全科教师	26	20 分钟
12	庄老师	资源教师	全科教师	26	15 分钟
13	小 Q 家长	随班就读学生家长	无	36	31 分钟
14	小 T 家长	随班就读学生家长	无	64	30 分钟
15	小 G 家长	随班就读学生家长	无	37	35 分钟

（三）实物搜集法

实物体现了在一定情境中人们对一定事物的看法。本研究收集的实物有教师的学习笔记、学校的规章制度文本、随班就读学生的作业、资源教师随班就读指导记录等相关文本资料。

五、资料分析方法

本研究收集到的资料主要为两次问卷调查数据、访谈资料以及实物资料。

对于问卷调查收集的资料，采用 SPSS 20.0 软件对数据进行描述性统计，根据调查时间将数据分为两组，即前测组和后测组，从专业态度、专业知识、专业技能及获取支持能力四个维度进行配对样本 t 检验，以对行动前后教师随班就读素养的变化情况进行定量分析。

对于访谈资料、实物资料，研究者将其转换成文本，并对其进行归类和编码。根据教师专业发展理论及教师融合教育素养的内涵及结构将文本资料进行三级编码。第一步为归类编码，按照教师融合教育素养维度进行归类；第二步为类属编码，将文本资料分成变化类和归因类；第三步为开放式编码，对文本的具体信息进行开放式编码，如表 7-3 所示。

表 7-3　数据编码

归类编码	类属编码	开放式编码	示例
维度归类 A 专业态度	A-a 变化	A-a-1 前测	特殊儿童应该由专业人士来教育，到特教学校或辅读班，这样他们能够接受更专业的指导
		A-a-1 后测	应该根据特殊儿童的障碍程度和是否有严重行为问题来决定是否进行随班就读，程度较好的进入随班就读有利于他们与社会融合。如果是可以跟着班级学习的学生，我是愿意接纳的

续表

归类编码	类属编码	开放式编码	示例
维度归类 A 专业态度	A-a 变化	A-a-2 前测	班级还是会有一些普通学生用异样眼光看待他们，使得他们的身心受伤害，（他们）还是去专门的机构比较好
		A-a-2 后测	随班就读可以以小见大，通过小班级影响普通家庭和社会上其他人对他们的看法，促进社会（对他们）的接纳和认可
	A-b 归因	A-b-1 情感互动	熟了之后，他们常常会对我说"老师是我的好朋友""老师我爱你"这些话，节日也会给我送上自己制作的小卡片，让我觉得很感动
		A-b-2 资源教师支持	有一次资源教师给我们讲述了对特殊儿童的评价，多元的评价方式给我们很多的启发，也使我们更加深入地了解融合教育

第二节　教师融合教育素养提升的行动历程

一、道阻且长：教师融合教育素养提升的"原态"

在计划阶段，研究者通过对文本资料、教师访谈、调查问卷等的分析，获取了个案在行动方案实施之前的状态。

（一）肇始于"良心活"的随班就读

T 小的辅读班在开班之初并无明确的文件通知，也没有相应的配套措施，全凭校长对特殊儿童的同情心。随班就读工作的开展，最初也是为了解决辅读班班额过大的问题，没有明确的文件要求。而 T 小作为一所全日制普通小学，其主要任务也一直是普通学生的教育教学，上级政府部门在对学校进行目标管理考核（上级对学校工作的一种考核）时，也未将随班就读工作纳入其中。随班就读工作的开展全凭学校的"良心"，上级领导部门对其并没有强制性要求，也没有特别嘉奖。

同时，尽管 T 小辅读班开班十余年，随班就读工作开展也近 5 年，但在业内仍是默默无闻。"我们（T 小领导）一开始都不知道什么是随班就读，就是把多出来的学生（特殊儿童），挑出程度比较好的、不干扰课堂的放到普通班。""我（校长）完全不知道还有特殊教育委员会，跟特教的人也没有联系，好多特教的活动我们都没有渠道了解。"作为"良心活"的随班就读工作只是 T 小关起门来的"自娱自乐"，没有政策支持，也没有同行交流。

而在特殊儿童家长方面，家长抱有"只要有普通老师愿意接受我们就谢天谢地了"的思想，在随班就读工作中，基本依靠自身对孩子进行辅助，与科任教师沟通少。"好多学校的随班就读学生都是因为家长有关系才进去的，我们没有找关系，学校就让我们随班就读了，所以我也不敢麻烦老师，怕老师嫌烦，对孩子不好。"而部分家长会因为担心自己孩子在普通班受到异样的对待以及自己不能够很好地在普通班辅助孩子等，而不愿意让孩子随班就读。"我不想去随班就读，不想看到别人奇怪的眼光。""我也想让 ×× 随班就读，但我家还有个小的（孩子），我怕不能每次都陪读。"特殊儿童家长和教师之间沟通的缺乏，使得随班就读成了没有教师参与的特殊儿童家长的"单独任务"。

（二）"植入"的特殊教育

普通儿童和特殊儿童共存的校园在一定意义上打破了传统特殊教育学校和普通教育学校之间的隔阂，T 小十余年的辅读班工作给随班就读工作提供了基础。但其只在物理空间上打破了普通儿童和特殊儿童、教师和特殊儿童、教师和资源教师之间的隔阂，在文化氛围上似乎仍存在一堵"隐形墙"阻隔着大家……。大部分普通儿童并不知道学校还有特殊儿童的存在，或是认识不正确。"有一次，我（随班就读学生家长）在操场上听到几个小孩说辅读班是一群傻子，不要和他们玩，听了其实挺伤心的。"教师对特殊儿童有同情和怜悯，但在日常工作中与特殊儿童接触不多，互动较少；教师和资源教师因平时的工作内容不交叉，沟通交流机会少。"之前我们班（辅读班）有个代课老师，在学校两年了，还有好多（普教）老师跟她一句话都没有说过。"

制度层面上，T 小所在区域出台的相关政策中提出了教师考核和职称评审向从事随班就读工作的教师倾斜，但在具体执行过程中，学校的教师考核方案和评审方案中并没有向从事随班就读工作的教师倾斜这一规定，教师的随班就读工作既没有考核要求，也没有被制度认可，教师在随班就读工作中角色尴尬。同时，制度也没有明确资源教师的随班就读指导与支持责任，仅对资源教师在辅读班集体教学上有课时要求和教学常规的要求。"没有人要求我们进行随班就读指导，我们平时和普教教师的工作不交叉，交流也少，只是偶尔中午吃饭碰到，聊个几句。"

组织结构上，学校教科研方面仅有普通教育学科类的教研组，即语文教研组、数学教研组、综合教研组（含英语、音乐、美术等），教研活动不涉及对特殊教育相关知识技能的探讨，也不讨论随班就读相关问题，资源教师也依据所教主学科被编入普教教研组，参加普教的研讨活动。且学校没有诸如"老带新"等相对系统的教师专业成长机制，整体的教师专业发展氛围不浓厚。

学校领导的管理工作主要是围绕学校的普通学生来开展的。但自 2016 年开始，学校管理者逐渐意识到提升随班就读教育教学质量的重要性，新一轮的学校三年发展规划将融合教育作为学校办学的指导思想，将随班就读工作的开展作为重点任务之一，但仍未开展具体行动。

（三）迷茫中的教师

计划阶段的《教师融合教育素养问卷》调查和前期访谈数据，反映了个案学校教师融合教育素养的状态。教师对特殊儿童在一定程度上有同情心和爱心，70% 以上的教师认同特殊儿童与普通儿童一样具有平等接受教育的权利，但是倾向于让特殊儿童接受特殊教育，而非融合教育，认为"到特教学校或辅读班，这样他们能够接受更专业的指导"，一半以上的教师不能正确认识随班就读对特殊儿童的益处。"班级还是会有一些普通学生用异样眼光看待他们，使得他们的身心受伤害，还是去专门的机构比较好。"他们认为特殊儿童在普通班可能会受到歧视从而影响其身心发展。在实际的随班就读工作中，教师对随班就读学生通常采取忽视甚至漠视的态度，对其学业不做任何要求，并不期待其能够有学业进步，随班就读学生的辅导基本依赖陪读家长，如家长无辅导技能，学生只能是"随班混读"。

我们班（普通班）随班就读学生比较乖，基本上不会打扰我的教学，所以上课的时候我基本不用去关注他，在学业上我担心过多的要求会让他产生压力，所以作业基本是他想写就写，不想写就不写，而且他妈妈一直陪在身边，不用我操心。

普教教师融合教育素养总体偏低，如表 7-4 所示，其中专业知识和获取支持能力最为缺乏。普教教师有一定的正确观念，但不能很好地理解和认同随班就读这一形式，缺乏随班就读教育教学的专业知识和技能，导致其对班级中随班就读学生的忽视。

表 7-4　教师融合教育素养前测

	平均数	标准差
总体融合教育素养	3.14	1.01
专业态度	3.43	1.24
专业知识	2.65	1.16
专业技能	3.33	1.07
获取支持能力	2.99	1.15

教师普遍认为自己并不是专业的特殊教育教师，没有办法承担随班就读工作。"虽然我们学校有这些孩子（特殊儿童），但我们班没有，我也很少接触他们，所以我不了解，也不知道怎么去教。"他们认为即使因为学校安排接受了随班就读工作，也会因为自身专业问题而耽误特殊儿童。教师因为担心自己做不好，而在实际工作中呈现出一种不作为的状态。"当我知道我们班有个学生是孤独症（儿童）的时候，我完全不知道怎么办，他在课堂上有时候会发出声音，但我不知道怎么处理，也不敢随便处理，怕会给他或者其他学生带来不好的影响。"

当深入个案学校教师职业活动的实境，还原随班就读工作的实际，不难发现教师融合教育素养不足的状态及提升之路的重重阻碍。上级部门的放任、业内的"不知名"影响了学校和教师开展随班就读工作的积极性，特殊儿童家长的沟通不积极也使得教师无法从家长方面获取相关支持；学校隔离的文化氛围潜移默化地影响了教师对融合理念的接受，制度不明确导致了教师在随班就读工作中没有明确的身份，进而影响其融合教育素养提升的自主性和积极性，传统的组织结构阻碍了教师和资源教师就随班就读有关问题进行有效的沟通；学校管理领导虽有意识改善，但在具体行动上的"按兵不动"，也使得教师融合教育素养的提升缺少了来自学校管理者的支持。处于如此职业环境中的教师，其自身无特殊教育相关背景，对特殊儿童缺乏正确的认知，对自身在随班就读工作中的角色不明确，认为自己不专业，没有身份认同感，对班级中随班就读的特殊儿童的忽视在所难免。由此也不难看出提升教师融合教育素养的行动尤为艰难，可谓"道阻且长"。

二、艰难前行：教师融合教育素养提升的行动

（一）启航——破冰之旅

在摸清了教师融合教育素养的"原态"和分析了阻碍教师融合教育素养提升因素的基础上，研究者联动各方面的力量制定与执行行动方案。首先，与学校管理层联系并沟通，说明本研究的目的和意义，争取学校行政力量的支持；在获得了行政支持之后，研究者与学校的两位资源教师、一位教学副校长及一位高校研究者形成了合作研究的关系，组成研究小组，共同开展研究。本研究以学期为时间分界线，共执行两个阶段，分别为期四个月。

1. 获得家长支持，促进家长与教师的互动

为了获得家长的支持，通过家长微讲座、家长陪读指导等方式加强特殊儿童家长和教师之间的联系，促进互相合作。在这一过程中，将特殊儿童家长的心路历程以及对随班就读的愿望展现给教师，从家长角度阐明随班就读对特殊儿童的益处，更能够让教师共情。

有一次家长讲座让我印象深刻，每个家庭中的每个孩子都是独一无二的，特殊儿童的家长能用平和的心态去对待孩子，我们老师也要用这种平和的心态来对待他们，不能用太特殊的眼光看待他们，否则对特殊儿童的身心发展不利。

对随班就读学生家长进行陪读指导，从家长角度着手，推动特殊儿童家长和教师之间有效沟通，保持良好互动。这种良好的互动关系，不仅能够增强教师和家长之间的亲密感——"陪读家长在班级管理上会给我很多帮助，如会在我外出的时候应急处理一些学生意外情况，教师和家长之间互相需要"，也能让教师更加便捷、有效地获取家长支持，从家长处了解特殊儿童的特点和学习特征。

2. 打通多途，共创融合的校园文化

首先，研究小组争取到了学校领导的支持，且研究小组中的一位成员是教学副校长，利用行政力量确保了融合校园文化的顺利创建和随班就读知识技能校本培训的全员参与。

推倒"隐形墙"，创建融合的校园文化。本研究利用各类节日庆典，开展丰富的学生活动，辅读班的师生邀请普通儿童、教师进行手拉手活动，加强教师、普通儿童与特殊儿童的联系。"有一次我参加了辅读班学生的生日会，虽然活动结束了，但再见到他们，他们会跟我打招呼，让我很开心。"营造融合的氛围，增加互相了解。"我感觉班级的普通小孩对这些特殊儿童都很有爱，有时候我没有注意到，还会有其他小孩提醒我，让我觉得这个班级的氛围很有爱。"在理解的氛围中，普通儿童和教师互相影响，进而促进教师对特殊儿童的认知和情感转变。

T小开展"青蓝工程"项目，建立"老带新"的教师专业成长机制，即为年轻教师配备有经验的教师作为导师，通过集体备课、观摩课、公开课等形式提升年轻教师的教学业务水平。学校整体的专业发展氛围初步形成。教师融合教育素养的提升也作为教师专业成长项目之一，以校本培训的方式开展，资源教师作为培训讲师，全体教师为成员，系统学习随班就读相关教育理念、知识和技能。

此外，T 小制订了资源教师的随班就读咨询指导计划，将每周五下午作为随班就读线下咨询时间，创建线上咨询 QQ 群，由资源教师随时提供咨询服务，并在学校微信公众号上推送随班就读相关知识。同时，资源教师进入随班就读班级进行指导。随班就读咨询指导计划的实施，让教师和资源教师有了"官方"的对话平台，为教师提供了更为直接、有效的学习机会。

3. 由外至内，激发教师的主动性

学校领导的积极推动，融合氛围的潜移默化，资源教师的系统支持以及特殊儿童家长的主动沟通，共同激发了教师的主动性。

行政力量的强制推动让教师不得不面对会成为随班就读科任教师这一现实问题，外部较为权威的力量迫使教师重新定位自己的角色。在融合的氛围中，教师和特殊儿童的接触变多了，二者之间的陌生感有所减少，教师对特殊儿童的认知偏差得到纠正。"没接触特殊儿童的时候，不了解他们，觉得他们都是难以控制的，甚至都是会随意攻击人的，现在接触多了，觉得他们也是天真可爱的。"教师与特殊儿童之间的联系更加紧密，尤其是正在承担随班就读工作的教师，在多方支持下，他们能够使用合适的方式与特殊儿童进行交流，进而产生情感互动。"小 T（孤独症儿童）长得很可爱，我们办公室老师看见他都喜欢给他吃的，搞得他现在一下课就往我们办公室跑，还能记得很多老师，包括不教他的老师。"

教师对特殊儿童的正确认知有助于其对随班就读进行正确的分析，从而认可融合教育理念；与特殊儿童之间的情感联系，有助于提高其学习随班就读相关知识技能的积极性。

（二）反思——服从尝试

在第一阶段的行动之初，教师未认识到融合教育素养提升的重要性，提升行动需要依靠行政力量的强制推动和资源教师的主动介入，教师仅是被动接受随班就读相关知识和技能。

随着行动的推进，各个外部因素相互作用，促使教师的观念发生转变，相关知识、技能有所提升。在专业态度上，教师能够接纳特殊儿童随班就读，并能够积极引导特殊儿童与班级普通儿童之间的融合。"在班级活动的时候，小 N 走得比较慢，我（随班就读教师）会找个小伙伴陪她一起，牵着她走。""在一些纪念日，比如全国助残日，我们班会开展一些班会活动，让学生们学习怎么帮助特殊小伙伴。""随班就读可以以小见大，通过小班级影响普通家庭和社会上其他人对他们的看法，促进社会（对他们）的接纳和认可。"在专业知识和技能上，教师对融合教育内涵有所了解，开始尝试改变作业及考试方式。"多元的评价方式给我们很多的启发。""有的老师知道特殊儿童考试考不好可能跟他看不懂题目有关，而不是不会这个知识点，就给他们读题或是用其他方式代替纸笔测验。"在获取支持能力方面，正在承担随班就读工作的教师会主动寻求陪读家长的支持，了解学生的相关特征、学习特点，寻找随班就读教育教学过程发生的具体问题的解决方法。

但是，在本阶段教师创建班级融合氛围的时候，更侧重于生活上的融合，课堂教学中的融合较少。"老师一般不提问他，偶尔有那么一两次小 Q 举手，老师会提问，不过问题都很简单，比如读词语。"教师在获取资源教师的支持方面比较被动，主要依靠资源教师主动给予支持。而在资源教师方面，虽然制订了随班就读咨询指导计划，但资源教师的指导工作属于额外工作，并未以制度形式明确此为资源教师的职责范畴，在资源教师考核中也未以其他方式给予肯定，随班就读指导与支持属于资源教师自己的"私活"，导致资源教师的指导较为随意。"其实有时候我还是挺想去看看孩子们在普通班适应得怎么样，但有时候忙着忙着就忘了，学校也没说一定要做，也就不去了。"

第一阶段后期，教师对随班就读不再是一种被动接受的态度，对随班就读学生也不再是一种不作为的状态，大部分教师表现出愿意接纳的态度。"如果让我接受随班就读学生，我是愿意的，这种形式可以使他们的身心更加愉快，学会更多的生活技能，对他以后到社会上生活有帮助，为什么我们不做这些有意义的事情呢？"教师积极尝试创建班级融合教育氛围，主动寻求家长的支持。

（三）再起航——不断前行

第一阶段行动实施后，研究小组通过开放式问卷了解教师对行动方案的看法与建议，并结合研究小组在过程中的反思，对行动方案进行了修改，再次实施，继续推进教师融合教育素养的提升。

研究继续以随班就读家长陪读指导为主，深化教师和特殊儿童家长之间的有效沟通和互动。不断利用集体活动营造校园融合氛围，建立随班就读指导制度，明文规定资源教师每周随班就读进班指导时间不少于2课时，要求其记录每次指导的具体内容，并将这一工作纳入资源教师的考核。制度的建立让资源教师的指导时间有了保障，资源教师和班级教师的一对一沟通交流也得到加强。"主动向我们咨询问题的一般是班主任和基础学科老师，像语文、数学老师，一些其他学科老师带了很多班，一般不会特地过来问我们，现在我们有更多的时间进入普通班，和老师们面对面，讨论问题的次数就多了，也能说一些比较深刻的问题了。"同时，建立特教教研组，通过教研组的方式，组织教研活动，以大教研（全员参与）的形式为教师提供系统的随班就读知识技能学习平台；以公开课的形式，让教师走进特教课堂，观摩资源教师在辅读班集体教学时针对不同类型的特殊儿童所采取的教学方式等，让教师直观感受资源教师在课堂教学中的状态，从而影响其对特殊儿童的态度以及教育方式。"他们（资源教师）上课的时候比较有耐心，能关注到每个学生，而且我看有孩子会哭闹或是喊叫，感觉他们非常淡定，很佩服。"

大教研的内容侧重随班就读教育教学的调整，力图改善教师对随班就读课堂教学的认知，不仅关注特殊儿童在随班就读中的生活问题，更关注特殊儿童的学科学习问题。在这一行动中，教师对随班就读学生的学业表现开始有期望，并能从中获得满足感，会根据随班就读学生的能力发展水平调整教学目标和内容，使用合适的教学策略。"在提问的时候，我会根据学生的能力设计问题，比如之前会让他读词，现在慢慢地会让他读段落，开始时主要是（提）一些机械性的问题，现在会让他尝试思考一些问题。"同伴支持的内容也不再仅限于生活中的帮助，在学业上也会采取同伴指导的方式。"会在（美术课）教学过程中给他安排同伴，让同伴在画画的时候提醒他跟着我一步一步地做。"知识技能的学习使得教师在随班就读教学中对"不专业"的担忧有所缓解，教师将所学技能应用到教育实践中，获得学生的积极反馈，这种成就感与满足感有助于教师认同随班就读的工作，从而激发教师提升融合教育素养的主动性。

（四）再反思——若有所思

本研究在争取社会力量支持方面主要是采取措施获取特殊儿童家长支持，通过家长支持和良好反馈，增强教师提升融合教育素养的意愿。一线工作者不能直接参与或影响宏观政策的制定或修改，但一线工作者可通过自身的努力来获取社会相关人士的关注，影响他人的看法。在研究实施的第一阶段，T小因多年的特殊教育工作经验积累和近年在特殊教育工作方面的努力，逐渐在业内获得认可，加入了省特殊教育委员会，并在省特殊教育年会上就随班就读相关工作进行汇报，获得了好评，在业内也广受关注。同时，区教体局自 2017 年 1 月开始以 T 小为师德教育基地，为区内近300 名新教师开展"一日助教"活动，即新教师进入辅读班，跟随资源教师承担一天的助教任务，以了解特殊儿童，学习资源教师的教育精神，为全区中小学随班就读的开展做铺垫。业内人士及领导部门的认可是 T 小随班就读工作努力的结果，这也反过来影响着 T 小领导对随班就读工作的重视，第二阶段学校领导更加重视教师融合教育素养的提升。

而教师在行动过程中，逐渐对融合教育理念有更加全面深入的理解，对随班就读的态度发生改变，态度的改变影响其在随班就读相关知识技能学习方面的积极性以及持续性。尽管教师对于自身从事随班就读工作的能力仍有一些担心，但是愿意努力学习并尝试。"特殊儿童因为障碍类型的不同，每个人的学习特点都不一样，我只接触过孤独症的学生，对其他类型的孩子，我还需要不断学习摸索。"教师在随班就读过程中遇到困惑和困难，能够有自己的思考，并能够主动寻求身边的资源支持，而非视而不见。

同时，教师还会积极对本研究的行动方案提出建议，愿意思考什么方式能让自己的随班就读工作做得更好，对随班就读学生更好。"我觉得多一点一对一的指导会更好。""我们班没有这样的学生，如果可以到辅读班多看看，我觉得这样更直观。""我有个同学学美术，他应聘了特殊学校的工作，感觉他会花更多的时间去准备更多的课程，特别有想法，我会去问他一些问题，希望我的课上学生也能够学到更多的东西。"融合教育素养提升行动的全员参与性质，让随班就读不再只是特教专业教师的事情，不再是另外一个世界的"陌生事物"，而是成为教师日常工作的一部分。

从计划阶段教师融合教育素养的不足及提升路径的阻碍重重，到行动初始阶段利用行政力量强制"破冰"，再到行动后期多措并举、持续发力，教师融合教育素养提升的意愿增强，虽然道路颇为曲折，但终见曙光。

三、曙光乍现：行动的评估与反思

（一）评估：迎来曙光

两个阶段的行动之后，研究者再次利用《教师融合教育素养问卷》和后期访谈了解教师融合教育素养情况。行动方案实施后，教师的融合教育素养各维度均有所提升，如表 7-5 所示。

表 7-5　教师融合教育素养的前后测对比

	前测		后测		p 值
	平均数	标准差	平均数	标准差	
总体融合教育素养	3.14	1.01	3.52	0.53	0.052
专业态度	3.43	1.24	3.64	0.75	0.124
专业知识	2.65	1.16	3.81	0.58	0.051
专业技能	3.33	1.07	3.74	0.67	0.051
获取支持能力	2.99	1.15	3.32	0.71	0.125

在专业态度方面，教师对随班就读的态度有所改善，更加认可随班就读或融合教育对特殊儿童的积极作用，认同随班就读这一形式，但其认为特殊儿童能否随班就读需要根据特殊儿童的障碍程度及行为问题的干扰程

度来确定。

程度较好（学生）的进入随班就读有利于他们与社会融合。如果是可以跟着班级学习的学生，我是愿意接纳的。但是如果是残障程度太重，完全没办法跟上学习的学生，我觉得对于他来说，也是一种痛苦。

在专业知识方面，教师更加了解融合教育的理论，知道特殊儿童的一般身心特点和学习特征。"以前经常有（普教）老师问我，班级有个小孩特别内向，不说话，是不是孤独症，现在都不这么问了。"教师了解了特殊儿童教育评估方法。"其实这些方法我们（随班就读教师）也是学过的，但是在特殊儿童身上要真正用到实处，用得更细致。"

在专业技能方面，教师不再"不作为"，或是仅仅关注生活问题，而是能使用教学调整、弹性评价及小组合作、同伴支持等方式，在学科教学方面，提高特殊儿童的课堂参与率。"这学期（行动第二阶段）数学老师基本上每节课都会提问小 G，音乐课上老师还经常让他上台表演。"

教师获取支持的能力也有所提升，能够积极获取陪读家长和资源教师的支持。学校配有资源教师，且随班就读指导制度的确立，使教师与资源教师的直接交流机会增加，教师主动获取资源教师支持的频率也有所增加。"我们和普教教师不在一个办公室，很少有老师到我们办公室，现在我们进到班级，老师看到我们，问的也就多了。"而在获取家长支持方面，教师的主动性较强，陪读家长几乎是全天在校，与教师的接触率高，教师争取其资源和教学支持更便捷。"有一次小 T 上课上着就哭了，课下我直接去问他爷爷，爷爷告诉我是因为妈妈出差了，只要告诉他妈妈还有几天回来，他就不哭了，这样我就知道在他哭的时候怎么办了。"

（二）反思：来之不易

纵观整个研究过程，研究小组在获取学校领导支持，如制度环境建设层面仍有未到之处。学校仅对资源教师在随班就读中的职责、考核标准有了明确的规定，但是对于普通班级的教师在随班就读工作中的角色、工作范围以及考核要求，仍没有具体的、可操作的规定。教师在随班就读工作中没有教学效果评估的任务，在绩效考核中也没有实际的劳动认可，而在普通学生的教学中有学业成绩的任务，绩效考核会以教学成果奖来体现，因而教师仍将普通学生的教育教学作为工作重点。

尽管如此，随着行动的推进，教师一直在成长，随班就读工作对他们来说不再是一项"意义不大的行政任务"，而是一个对特殊儿童有益，并且自身能够从中获得满足感和成就感的事情。他们也从被动接受随班就读相关知识技能转变为主动学习，并积极将所学应用到实践中。"我会关注一些公众号或网站，通过关注一些活动，如孤独症日活动，来了解一些知识。"

目前班级有随班就读学生的教师，能够在自己的教学中进行反思，在实践中摸索对于随班就读学生的教学方法。"我觉得以后再教孤独症的学生，我还是有一定经验的，当然每个孤独症的学生不一样，但有些方法我还是可以用的。"这部分的普教教师在随班就读工作中已经不再是"旁观者"，而是"局内人"。目前班级无特殊儿童的教师对具体该如何教学基本没有思考："我们班还没这些学生（特殊儿童），所以我觉得怎么教这个问题离我还有点远。"但他们对于承担随班就读工作有信心，"虽然我不是专业的，但是我相信我可以慢慢地学习，在实践中摸索"。这部分教师因为缺乏真正的实践，在随班就读工作中的角色处于"旁观者"和"局内人"之间，并且不排斥成为"局内人"。

研究小组也会根据教师的变化及反馈，对行动方案进行修改，在这一过程中，研究小组成员的能力也在不断提升。资源教师在具备特教知识的基础上，也在不断补充普教知识，以期在给教师提供资源支持的时候能够更好地找到普教和特教的融合点，更好地将特教知识技能运用在普教课堂教学中。"我们也参加了普教那边的教研活动，这样更能了解普教的知识体系，这样在老师们问我特殊儿童学不会怎么办的时候，我可以更好地和普教教师讨论，找到解决办法。"

行动研究的开展让研究小组和研究对象双方对自身及整个行动都有了新的思考与期待，一步一步往前走，变化是会有的，前途也会是光明的。

第三节　教师融合教育素养的发展历程及提升策略分析

一、教师融合教育素养的发展历程

教师的专业发展是一个动态的、连续的过程，在不同发展阶段有着不同的专业需求、态度、信念以及知识技能水平。叶澜等人依据"教师自我专业发展意识"的指标，将教师专业发展的过程分为非关注、虚拟关注、生存关注、任务关注、自我更新关注五个阶段。[①] 教师的融合教育素养作为教师整体素养的一部分，在提升过程中的不同阶段也表现出不同的水平。深入个案学校教师的工作情境，关注教师提升其融合教育素养的行动研究，让我们发现了个案学校教师融合教育素养提升的阶段性。根据教师对素养提升的自我意识和主动性，教师融合教育素养的提升可分为"漠视—被动—尝试—探索"四个阶段。

（一）漠视阶段

在传统的普通教育中，教师的教育对象仅为普通儿童，特殊儿童被隔离在特教学校或机构中，由特殊教育教师进行教育教学。即使随着随班就读的推广，越来越多的特殊儿童进入普通班学习，教师的教育对象发生改变，但大多数教师仍将特殊儿童的教育教学任务归于特殊教育教师，将随班就读定位成特殊教育教师的专业工作，将自己排除在随班就读工作之外。在生活中，教师对特殊儿童有一定的同情心和爱心，但在自己的教育教学中忽视了这一群体的存在，未将随班就读学生纳入自己的教学范围，也不关注自身融合教育素养的提升。

（二）被动阶段

当教师将随班就读归为特教专业人士的工作，不认可自身在随班就读工作中的角色时，教师融合教育素养提升的能动性是很难激发的，此时需要外力的推动。

---

① 叶澜，白益民，王枬，等.教师角色与教师发展新探[M].北京：教育科学出版社，2001：227-302.

在教师融合教育素养的提升过程中，从学校管理入手，借助行政力量，改造学校的整体氛围，强制全体教师参与随班就读相关理念、知识与技能的学习。行政的介入，从组织上保障了集体性行动可以有序、顺利地开展，教师在这一集体行动的推动下，开始被动接受随班就读知识、技能，但在这一阶段，教师缺乏学习主动性，仅将这种学习作为一项行政任务来完成。

（三）尝试阶段

随着行政力量的介入，校园文化的整体改造初有成效，接纳、包容、尊重的校园融合氛围逐步形成。教师与特殊儿童及其家长之间的接触增多，在生活中逐渐产生较为亲密的情感关系。教师更加了解特殊儿童的身心特点和学习特征，对特殊儿童的认知偏差逐步得到修正，对融合教育的理念有了更加清晰的理解，并逐渐产生认同。同时，在资源支持下，教师能够持续学习随班就读知识、技能。

此时，教师开始思考所学知识技能与教育教学实践的关系，或是尝试将所学应用到实践中。这一阶段，教师开始关注自身融合教育素养的实用性，未承担随班就读工作的教师对未来从事此项工作表示愿意，并对自身的能力有了一定的信心；正在承担随班就读工作的教师会在实践中不断进行尝试，寻找理论知识与具体教育实践相契合之处。

（四）探索阶段

叶澜等人认为，教师的工作是充满创造的过程，教育过程中对知识的活化、对学生心理变化的敏锐感受、对教育时机的及时把握、对教育矛盾和冲突的巧妙化解，都是教师的创造力的表现，教师也可在这个过程中体会到职业内在的尊严和欢乐。[1]随着"行动"的不断推进，在不断的尝试中，特殊儿童及其家长给予的积极情感反馈会让教师产生满足感，特殊儿童的能力成长会让教师产生成就感。这不仅会改变教师对随班就读工作的认识，提升其随班就读的知识技能水平，更为重要的是可以促使教师主动关注自身融合教育素养的提升，去探索符合自身发展需求和学习习惯的提

---

[1]　叶澜，白益民，王枬，等.教师角色与教师发展新探[M].北京：教育科学出版社，2001：329.

升方式，进行更有针对性、更深层次的随班就读知识技能的学习，主动获取相关人士的支持，以便更好地进行教育教学实践。

在提升过程中，正在承担随班就读工作的教师，因班级有特殊儿童，与特殊儿童及其家长的接触更多，获得的积极反馈和家长支持更多，会更快进入探索阶段；而未承担随班就读工作的教师，班级没有特殊儿童，与特殊儿童及其家长的接触少，在日常的教学实践中缺乏互动，无法获得频繁、持续的积极反馈和家长支持，多数停留在愿意尝试阶段。

二、教师融合教育素养的提升策略

教师专业发展的话题日渐被关注，不论是在理论研究领域，还是在现实实践层面，教师发展经历了从强调外部发展动力到重视内部动机的发展过程。正如叶澜等在《教师角色与教师发展新探》一书中指出的："教师个体的专业化也经历了一个重心转移的过程，先是强调教师个体的被动专业化，后来才转向强调教师个体的主动专业化。"[①] 由于传统对于教师职业价值的认识主要停留在社会功能上，同时社会也总是以外部力量约束、导引教师的发展，对教师作为独立个体的主观能动性少有强调。"教育是一个使教育者和受教育者都变得更加完善的职业，而且，只有当教育者自觉地完善自己时，才能更有利于学生的完善与发展。"[②] 可见，教师的自我发展不仅是教师的义务，还是教师的权利，更是教师发展的最主要的动力。

学校是教师的职场，是教师从事教育教学活动的场所，相较于教师个体内部因素，学校环境是教师专业发展的直接外环境，其中的多种因素会对教师融合教育素养的提升产生影响。

（一）学校管理者催发的行政力量

在学校组织中，学校管理者处于学校组织架构的制高点，其角色非常重要，决定着学校的发展，是一所学校正常运转的关键所在。他们主导着

---

① 叶澜，白益民，王枬，等.教师角色与教师发展新探 [M].北京：教育科学出版社，2001：208.
② 同①3.

学校制度的制定，影响学校文化建设、资源支持的力度，影响组织决定的执行力度和执行结果等。从沃恩（S. Vaughn）和舒姆（J. S. Schumm）提出的应实施负责任的融合教育中[①]可以洞察学校在融合教育的实施中需要全方位行动，而这种行动需要学校管理者的决策及相应的支持。

在个案学校提升教师融合教育素养的行动研究，积极挖掘学校管理者资源，借助领导管理的支持，制定系列学校发展规划、制度等，激发学校行政的推动力，这股自上而下、自外而内的力量，强势打破了教师对融合教育素养提升的漠视态度，唤醒了教师融合教育素养提升的热情，激发了教师融合教育素养提升的内部动机，并在系列制度保障下，持续改进教师的融合教育素养。

在教师融合教育素养提升过程中，要增进学校领导管理人员，尤其是校长对融合教育理念的理解和认可以及对随班就读的正确认识，从领导管理人员出发，利用行政力量的强制性，在学校中自上而下、由外及内对教师融合教育素养的提升发力，从外部激发教师的内部动机。

（二）创建融合文化氛围

校园文化以学校师生群体价值观念为核心，这种群体价值观念在形成之后，对教师的行为有着潜移默化的引领和规范作用。在接纳、包容、和谐的融合文化氛围中，人与人之间相互尊重、理解差异，这种融合氛围一旦形成，就像一只无形的手，牵引着沉浸其中的教师主动调整自身态度和行为，从而促进教师对融合教育的认可和对随班就读知识技能的学习。

个案学校在教师融合教育素养提升过程中，发挥文化的激励作用，以融合教育为理念，积极创建融合文化氛围，精心开展融合文化活动。通过家长微讲座、家长陪读指导等方式加强特殊儿童家长和教师之间的联系与交流，促进互相合作；利用各类节日庆典，开展丰富的学生活动，邀请普通儿童、教师与特殊儿童进行手拉手活动，加强教师、普通儿童与特殊儿

---

① VAUGHN S, SCHUMM J S. Responsible inclusion for students with learning disabilities [J]. Journal of learning disabilities, 1995, 28(5): 264-270.

童的联系。个案学校在这些活动中融入全纳、包容的融合教育理念，积极构建群体价值观，营造有助于融合教育素养提升的浓厚的校园文化氛围；同时，在活动中增加了教师与特殊儿童及其家长接触的机会，促进教师和特殊儿童及其家长之间的积极互动，提高了教师对特殊儿童的认知，加强了情感联系，从而调动了教师提升融合教育素养的主动性。

（三）资源教师承上启下、连接内外

在普通学校，尤其是配有资源教师的普通学校，教师最易获得的资源支持来源于资源教师。资源教师作为普通学校内部的特殊教育专业人士，相比于普通班级的教师，具备较为丰富的特殊儿童教育教学理论知识与实践经验，能够为教师进行随班就读知识技能学习提供专业的资源支持；并且由于资源教师身处校内，其提供的专业支持不仅便于教师获得，而且还具有持续性。

在提升教师融合教育素养的行动研究中，作为个案学校主体成员的教师、资源教师、学校管理者"共生"于学校氛围的文化圈中。资源教师自下而上"开发"学校管理层，通过各种活动连接家长、教师、普通儿童、特殊儿童，通过为教师提供专业的支持，渐渐营造了接纳、包容、尊重的校园融合氛围。各主体成员与学校融合氛围之间呈现出动态的、双向互动的关系，既对融合氛围的营造有贡献，同时又受其影响，只不过这种影响和贡献随着行动阶段的不同而变化。如同教师专业发展过程本身就是教师个体内部因素相互影响，同时回应外部环境因素，此消彼长、循环互动的过程一样。融合的氛围不仅会促进教师了解特殊儿童的特点和学习特征，理解、认同融合教育，而且还能促使教师生成融合教育素养提升的主动性，是教师融合教育素养提升的路径之一。资源教师对学校管理层的"开发"，改变了管理者的观念和意识，通过管理层的行动，催生了一股行政推动力，推动教师由最初的被动渐趋主动，这是教师融合教育素养提升的主要途径。资源教师通过为教师提供专业的支持及创建多方的连接平台，不仅直接提升了教师的融合教育素养，还通过激发教师的情感及内部动机，影响了其融合教育素养的提升，这是提升融合教育素养的又一路径，如图

7-2 所示。

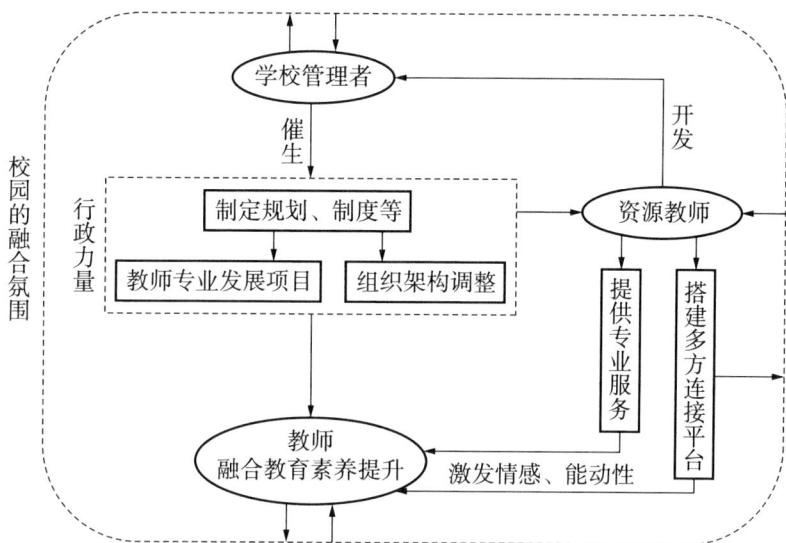

图 7-2　个案学校教师融合教育素养提升路径

基于个案学校教师融合教育素养提升的行动研究，提出如下提升教师融合教育素养的策略建议。

一是"开发"学校管理者，获取行政力量支持。挖掘学校管理层的资源，改变管理者的观念，推动学校制度环境的建设，保障制度规约下的各种措施直接作用于教师融合教育素养的提升，这是教师融合教育素养提升的主渠道。

二是通过多种方式营造融合教育的氛围，使全校形成融合教育的理念。融合教育的文化氛围似无形之手，激发教师提升融合教育素养的内部动机，促进教师对融合教育的认可，是提升教师融合教育素养不可或缺的途径。

三是充分发挥资源教师在教师融合教育素养提升中的支持作用。在我国融合教育发展的现阶段，资源教师仍属于普通学校中特殊教育专业人员的"唯一"，在教师融合教育素养的提升中，他们的作用不可小觑。

四是激发教师的内部动机，发挥其能动性。在教师融合教育素养提升的行动研究中，教师融合教育素养的提升走过了被动向主动的转变过程。只有关注教师能动性的激发，才能使教师融合教育素养的提升进入纵深阶段。

五是扎根于"实境"中的融合教育素养提升。教师融合教育素养的提升，离不开与特殊儿童及特殊儿童家长互动的"实境"，离不开特殊教育课堂"实境"，离不开随班就读"实境"。在职教师更喜欢在实践中学习，在问题解决过程中习得技能。因此教师提升融合教育素养一定要身处随班就读的实践场域及与特殊儿童、特殊儿童家长互动的场域，哪怕是在提供系统知识培训的时候也要理论结合实践，注重实践技能的习得。

附录　访谈提纲

行动计划阶段访谈提纲

1. 您是如何理解融合教育（随班就读）的？

2. 您是否愿意从事随班就读工作？为什么？

3. 您觉得您是否有能力从事随班就读工作？

4. 您觉得在随班就工作中您需要哪些支持？

行动评估阶段访谈提纲

普通教育教师版

1. 您是如何理解随班就读（融合教育）的？

2. 您是否愿意从事随班就读工作？为什么？

3. 您认为您是否具有从事随班就读工作的能力？为什么？

4. 对于学校的随班就读工作，让您印象深刻的事件有哪些？

资源教师版

1. 您如何看待学校的随班就读工作？

2. 您认为在提升过程中普通教育教师有哪些变化？

3. 在提升过程中，让您印象深刻的事件有哪些？

随班就读学生家长版

1. 您如何看待学校的随班就读工作？

2. 在这一年，您觉得任课教师在对待您的孩子方面有哪些变化？

3. 您平时是如何与任课教师进行沟通合作的？

后　记

　　普通学校是实施随班就读（融合教育）的主体，而普通学校的班主任、科任教师（以下统称教师）则是实施随班就读的主力军。他们能否形成融合教育的积极态度、坚定信念，是否具备教育特殊儿童少年的基本知识与技能等，即是否具备融合教育素养，关乎融合教育实践的有效性。提升教师的融合教育素养也就成了提升融合教育质量的关键抓手之一。

　　本书是国家社会科学基金"十二五"规划2015年度教育学一般课题"随班就读教师融合教育素养及提升模式研究"（BHA150086）的成果，结合研究团队数年在相关领域的深耕，实现了以下几个方面的突破：首次明晰了我国融合教育全面推进背景下的教师融合教育素养的概念及构成，构建了适于本土教师的融合教育素养的概念及指标框架；根据教师融合教育素养的概念模型，开发了融合教育全面推进背景下的教师融合教育素养指标和测评工具；首次大规模在全国范围内面向中小学教师开展融合教育素养状况调研，全面考察了教师融合教育素养的现状及相关影响因素，并揭示了其作用机制，构建了教师融合教育素养的提升模式；立足国家对融合教育师资队伍建设的战略需求，通过区域经验挖掘等行动研究，验证教师融合教育素养的提升模型。

　　感谢参与项目实施过程并提供支持的同人：华中师范大学教育学院的朱楠副教授、辽宁师范大学教育学院的王志强副教授、上海市长宁区特殊教育指导中心的夏峰主任……

　　感谢参与本书撰写的北京师范大学教育学部博士研究生团队：徐知宇、张文秀、王崇高、范文静、杨茹。感谢安徽省合肥市太湖路小学的黄玲玲老师，不仅全程参与了行动研究的实施，还参与了第七章的撰写。再次向你们表示感谢！

王雁

2022 年 9 月于英东楼

出 版 人　郑豪杰
责任编辑　何　蕴
版式设计　沈晓萌
责任校对　贾静芳
责任印制　叶小峰

图书在版编目（CIP）数据

中国教师融合教育素养及培养研究 / 王雁等著 . —
北京：教育科学出版社，2023.3
ISBN 978-7-5191-3441-9

Ⅰ. ① 中… 　Ⅱ. ① 王… 　Ⅲ. ① 特殊教育—师资培养—
研究—中国 　Ⅳ. ① G76

中国国家版本馆 CIP 数据核字（2023）第 035342 号

中国教师融合教育素养及培养研究

ZHONGGUO JIAOSHI RONGHE JIAOYU SUYANG JI PEIYANG YANJIU

出 版 发 行	教育科学出版社				
社　　　址	北京·朝阳区安慧北里安园甲 9 号		邮　　编	100101	
总编室电话	010-64981290		编辑部电话	010-64989421	
出版部电话	010-64989487		市场部电话	010-64989009	
传　　　真	010-64891796		网　　址	http : //www.esph.com.cn	
经　　　销	各地新华书店				
制　　　作	北京大有艺彩图文设计有限公司				
印　　　刷	唐山玺诚印务有限公司				
开　　　本	720 毫米 ×1020 毫米　1/16		版　　次	2023 年 3 月第 1 版	
印　　　张	21.75		印　　次	2023 年 3 月第 1 次印刷	
字　　　数	310 千		定　　价	78.00 元	